Friedrich Ludwig Leonhard Wiegand

Die Stellung des Apostolischen Symbols im kirchlichen Leben des Mittelalters

Friedrich Ludwig Leonhard Wiegand

Die Stellung des Apostolischen Symbols im kirchlichen Leben des Mittelalters

ISBN/EAN: 9783741168451

Hergestellt in Europa, USA, Kanada, Australien, Japan

Cover: Foto ©Lupo / pixelio.de

Manufactured and distributed by brebook publishing software (www.brebook.com)

Friedrich Ludwig Leonhard Wiegand

Die Stellung des Apostolischen Symbols im kirchlichen Leben des Mittelalters

Die Stellung des apostolischen Symbols

im

kirchlichen Leben des Mittelalters.

Von

Lic. Dr. Friedrich Wiegand,
Privatdozent der Theologie in Erlangen.

I.
Symbol und Katechumenat.

Leipzig.
Dieterich'sche Verlags-Buchhandlung
Theodor Weicher
1899.

Vorwort.

Meine Untersuchungen über „Symbol und Katechumenat" haben eine wechselvolle Vorgeschichte. Die Beschäftigung mit Wiclif hatte mir das Verständnis für die reiche Erbauungslitteratur des 14. und 15. Jahrhunderts geschärft und mich zugleich einen Blick in eine überreiche Fülle von handschriftlichen Schätzen thun lassen, die noch gut geborgen in den deutschen Bibliotheken ruhen, obwohl sie einer wissenschaftlichen Hebung unbedingt wert sind. Besonders häufig begegnete ich dem apostolischen Symbol als textlicher Unterlage für Beichtvermahnungen und erweckliche Traktate. Bald kleidete es sich in die Terminologie der mystischen Spekulation, bald diente es als Schild im Kampfe wider die Todsünden. Es schien gleich beliebt bei den kontemplativen Insassinnen des Nürnberger Katharinenklosters wie bei jenen Brüdern und Schwestern, deren „gemeinsamem Leben" das niederdeutsche Volk in besonderem Masse religiöse Vertiefung und sittlichen Halt verdankte. So glaubte ich denn hier ein ergiebiges Material gefunden zu haben, um den anmutigen „Bildercatechismus" Geffkens, der nicht über das erste Hauptstück hinausgekommen ist, fortzusetzen.

Indessen sollte ich bald erkennen, dass, wer eine um fünfzig Jahre zurückliegende Arbeit fortführen will, doch nach andern als den damals üblichen methodischen Regeln verfahren muss. Geffken war Entdecker und Pfadfinder; was er darbot, erschien an sich schon interessant genug. Mir selbst hingegen glaubte ich die Verpflichtung auferlegen zu müssen, die neu nachgewiesenen Symbolschriften im Zusammenhange der historischen Entwickelung vorzulegen. Vor allem galt es festzustellen, was von jenen mich eigenartig anmutenden handschriftlichen Traktaten Original und was nur Bearbeitung oder Übersetzung frühmittelalterlicher Werke war. So liess ich mich denn von meinem Stoffe weiter rückwärts treiben, erst bis Karl, dann bis Augustin. Ich scheute nicht die doppelte Ungelegenheit, einmal die Verwirklichung meines ursprünglichen Planes in immer weitere Fernen gerückt zu sehen, und sodann in Gebiete zu geraten, die nicht der Specialgegenstand meiner Studien sind, und in denen auch der Kenner sich nicht immer ohne Mühe zurecht finden wird. Die Behaglichkeit des Schaffens gab ich daran in der Überzeugung, dass es erträglicher sei, zunächst undankbaren Vorarbeiten meine Zeit und meine Kraft zu widmen, als weiterzubauen ohne festen Grund und Boden unter den Füssen. Das war auch die Veranlassung, warum ich die Inhaltsangabe mancher unter den älteren Symbolerklärungen breiter angelegt habe, als es wohl dem Leser lieb ist. Denn da ich im zweiten Bande dieser Arbeit vielfach genötigt sein werde, auf dieselben zurückzugreifen, so schien es mir erwünscht, ihre Gedanken und Zusammenhänge bereits hier detailliert zur Darstellung zu bringen. Zudem liess sich nur auf diesem Wege ein unmittelbarer Eindruck von der praktischen wie lehrhaften Art jener Reden und Schriften ermöglichen.

Naturgemäss gruppieren sich alle Symbolerklärungen in der Zeit von Augustin bis Karl um den Katechumenat. Erst im späteren Mittelalter bilden Gottesdienst und Beichte die Brennpunkte für das apostolische Symbol. In dieser seiner neuen Bedeutung soll dasselbe daher im zweiten Bande erörtert werden, während es von der Reichhaltigkeit des Stoffes abhängen mag, ob ich die sich mir darbietenden Symbolschriften in meine Besprechung selbst einarbeite oder ob ich sie gesondert und etwa in eine scholastisch-lateinische und in eine mystisch-deutsche Abteilung gegliedert herausgebe.

Friedrich Wiegand.

Inhalt.

Erstes Kapitel.
Das apostolische Symbol unter der Herrschaft des altkirchlichen Katechumenates 1

- § 1. Der altkirchliche Katechumenat 3
- § 2. Katechesen über das Symbol vor Kompetenten ... 42
- § 3. Antihäretische Symbolreden des 4. Jahrhunderts ... 60
- § 4. Die Symbolerklärungen Augustins 83
- § 5. Der Symbolkommentar des Rufinus 90
- § 6. Die katechetische Thätigkeit des Niceta von Remesiana, des Petrus Chrysologus von Ravenna und des Maximus von Turin 107
  1. Niceta von Remesiana 108
  2. Petrus Chrysologus von Ravenna 130
  3. Maximus von Turin 133
- § 7. Der Katechumenat in Gallien 145
- § 8. Skrutinienmessen in Neapel 169

Zweites Kapitel.
Die Stellung des apostolischen Symbols im Skrutinienritus des frühen Mittelalters 179

- § 9. Der Verfall des altkirchlichen Katechumenates ... 181
- § 10. Spanische Liturgiker 185
- § 11. Die Quellen des Skrutinienritus 200
  1. Das Sacramentarium Gelasianum 201
  2. Der 7. römische Ordo 209
  3. Jesse von Amiens, Epistola de baptismo 211
  4. Amalar von Trier, Epistola de caerimoniis baptismi 213
  5. Aquileiense catechumenorum scrutinium 214
  6. Codex Sessorianus 52 216

Inhalt

	Seite
§ 12. Die Skrutinienmessen	217
1. Die Aufnahme in den Katechumenat	219
2. Die gewöhnliche Skrutinienmesse	222
3. Die Skrutinienmesse der Ohrenöffnung	227
4. Das der Taufe unmittelbar vorausgehende letzte Skrutinium	235
5. Der Taufakt	238
§ 13. Die Skrutinien im fränkischen Reiche	241
§ 14. Symbolerklärungen im Zeitalter der Skrutinien	248

Drittes Kapitel.
Das Symbol als Mittel der religiösen Volkserziehung im 8. und 9. Jahrhundert 261

§ 15. Die Taufvorbereitung in der fränkischen Mission	263
§ 16. Gregorianum und Tauforde	297
§ 17. Das Symbol in der Gesetzgebung Karls des Grossen	309
§ 18. Wiederaufnahme der altkirchlichen Symbolerklärung im 9. Jahrhundert	331

I. Namen- und Sachregister 352
II. Verzeichnis der besprochenen Symbolerklärungen 362

Erstes Kapitel.

Das apostolische Symbol unter der Herrschaft des altkirchlichen Katechumenates.

§ 1. Der altkirchliche Katechumenat.

Seit den Tagen der Apostel (Matth. 28, 19. 20) ist die Erteilung der christlichen Taufe mit einem entsprechenden Taufunterrichte verbunden gewesen. Ob ihr derselbe voranging oder folgte, war nebensächlich, wenn nur die Gewähr bestand, dass dasjenige, was in dem Wasserbade dem Menschen als göttliche Gabe dargereicht wurde, bei diesem auf verständnisvolle und bereitwillige Annahme rechnen durfte. Mit dem Augenblicke, da der Einzelne den entschiedenen Wunsch aussprach Christ zu werden, hatte der Missionar seine Arbeit gethan, trat der Katechet in Thätigkeit. Derselbe ging, indem er die Taufe als die Grundlage seines Handelns ansah, bei dem Katechumenen auf jene subjektive Aneignung des in der Taufe Gebotenen als auf das fest im Auge zu behaltende Ziel los.

Indessen dauerte es geraume Zeit, bis dieses die Taufe begleitende Erziehungs- und Unterrichtsverfahren diejenige wohl entwickelte Form angenommen hatte, unter welcher wir es als den kirchlichen Katechumenat anzusprechen pflegen.[1]

---

[1] Höfling, Das Sakrament der Taufe (2) 1859. Theod. Harnack, Katechetik 1882. v. Zezschwitz, System der christlich kirchlichen Katechetik I 1863, II (2) 1872, II 2 (2) 1874. Holtzmann, Die Katechese der alten Kirche in den Theologischen Abhandlungen. Carl von Weizsäcker zu seinem siebzigsten Geburtstage 11. Dez. 1892 gewidmet. — Joh. Mayer, Geschichte des Katechumenats und der Katechese in den ersten sechs Jahrhunderten 1868. Probst, Katechese und Predigt vom Anfang des 4. bis zum Ende des 6. Jahrh. 1884. Geschichte der katholischen Katechese 1887. Kraus, Real-Encyklopädie der christlichen Altertümer II 1886 unter Katechetenamt, Katechetischer Unterricht, Katechumenen, Mysterien, Neophyten.

§ 1. Der altkirchliche Katechumenat.

Erst die Friedenszeit seit Konstantin und die damals vollzogene vollständigere Ausbildung des Gemeindegottesdienstes heben auch den Katechumenat in liturgischer wie sozialer Hinsicht auf seine Höhe. Freilich nicht für lange. Denn durch das Einströmen der Massen in die Kirche sowie durch die inmitten der christlichen Bevölkerung zur Regel werdende Kindertaufe ändern sich die Verhältnisse rasch. Will man daher den altkirchlichen Katechumenat als festen Ausgangspunkt für die mittelalterliche Entwickelung der Taufvorbereitung gewinnen, so empfiehlt es sich bis zur Wende des 4. und 5. Jahrhunderts zurückzugehen. Für das Abendland bieten in dieser Zeit obendrein die Schriften Augustins[1]) die in jeder Hinsicht belangreichste Quelle.

Eine erste Anregung zu dem Wunsche Christ zu werden gab in der Regel die allen Heiden zugängliche Predigt. Das Gemeindeglied, dem gegenüber ein solches Verlangen laut wurde, führte den Betreffenden — es handelte sich natürlich nur um Erwachsene, da die Unterweisung der Christenkinder dem christlichen Hause überlassen blieb — zum Bischof, einem Presbyter oder einem Diakonen. In Karthago galt ums Jahr 400 der Diakon Deogratias als besonders geeigneter Führer und seelsorgerlicher Leiter solcher sich nach dem Heile sehnender Seelen.[2]) Denn weder gab es ein eigenes kirchliches Amt der Katechese, noch war jene erste Anmeldung an eine bestimmte kirchliche Zeit gebunden. Das brachte Ungelegenheiten mannigfachster Art. Mitten aus seinen Studien, Geschäften, Sorgen herausgerissen zu werden; stets parat zu sein, wenn es hiess: Dieser will Christ werden; immer dasselbe anhören, immer dasselbe sagen zu müssen: das war nicht angenehm.[3])

---

[1]) Es kommen in Betracht: De catechizandis rudibus liber unus. — De fide et operibus liber unus. — Sermones 212—214 in traditione symboli, 215 in redditione symboli, 216 ad competentes. — De symbolo sermo ad catechumenos. — Sermones 56—59 de oratione dominica ad competentes. — De fide et symbolo liber unus. — Enchiridion de fide spe et caritate liber unus.

[2]) De catech. rud. 1, 1: Dixisti enim quod saepe apud Carthaginem, ubi diaconus es, ad te adducuntur qui fide christiana primitus imbuendi sunt, eo quod existimaris habere catechizandi uberem facultatem, et doctrina fidei et suavitate sermonis.

[3]) L. c.: Saepe autem tibi accidisse confessus atque conquestus es,

§ 1. Der altkirchliche Katechumenat. 5

Dazu gab sich der Betreffende meist sehr schüchtern; man konnte ihm nicht anmerken, ob er das Gehörte verstanden hatte, ob er es glaubte.[1]) Über alle diese Schwierigkeiten sind sich Augustin und Deogratias einig. Gleichwohl galt es auszuhalten und, wie die Anmeldungen einzeln einliefen, so auch die Angemeldeten einzeln und individuell vorzunehmen, dem Schwachen einen Stuhl anzubieten,[2]) den Müden durch einen

ut in sermone longo et tepido tibi ipse vilesceres anxusque fastidio, nedum illi quem loquendo imbuebas et ceteris qui audientes aderant. — L. c. 2, 8: Nam et mihi prope semper sermo meus displicet. — L. c. 10, 14 finden sich causae sex taedium afferentes catechizanti, darunter als Nr. 5 und 6: Nonnumquam etiam, cum avertimur ab aliqua re quam desideramus agere et cuius actio aut delectabat nos aut magis nobis necessaria videbatur, et cogimur aut iussu eius quem offendere nolumus aut aliquorum inevitabili instantia catechizare aliquem; iam conturbati accedimus ad negotium cui magna tranquillitate opus est, dolentes quod neque ordinem actionum nobis conceditur tenere quem volumus nec sufficere omnibus possumus: atque ita ex ipsa tristitia sermo procedens minus gratus est quia de ariditate maestitias minus exuberat. Aliquando item ex aliquo scandalo maeror pectus obsedit, et tunc nobis dicitur: Veni, loquere huic, christianus vult fieri. Dicitur enim ab ignorantibus quid nos clausum intus exurat: quibus si affectum nostrum aperire non oportet, suscipimus ingratius quod volunt; et profecto languidus et insuavis ille sermo erit per venam cordis aestuantem fumantemque traiectus.

[1]) L. c. 13, 19: Sed revera nollum est perdurare in loquendo usque ad terminum praestitutum, cum moveri non videmus audientem; quod sive non audeat religionis timore constrictus voce aut aliquo motu corporis significare approbationem suam, sive humana verecundia reprimatur, sive dicta non intelligat sive contemnat: quandoquidem nobis non cernentibus animum eius incertum est, omnia sermone tentanda sunt quae ad eum excitandum et tamquam de latebris eruendum possint valere.

[2]) L. c. 13, 19: Aut oblata sessione succurrere. Quamquam sine dubitatione melius fiat ubi decenter fieri potest ut a principio sedens audiat; longeque consultius in quibusdam ecclesiis transmarinis non solum antistites sedentes loquuntur ad populum, sed ipsi etiam populo sedilia subiacent ne quisquam infirmior stando lassatus a saluberrima intentione avertatur aut etiam cogatur abscedere. — Expertus haec dico, nam fecit hoc quidam, cum eum catechizarem, homo rusticanus, unde magnopere praecavendum esse didici. — Sane si aut brevis sermo futurus est aut consessui locus non est aptus, stantes audiant; sed eum multi audiunt, et non tunc initiandi. Nam cum nobis aut duo aut pauci qui propterea veniunt ut christiani fiant, periculose loquimur stantibus. Tamen si iam sic coepimus, saltem animadverso auditoris taedio et offerenda sessio est, immo vero prorsus urgendus ut sedeat.

Witz aufzumuntern,[1]) beim Gebildeten viel vorauszusetzen,[2]) von einem Schüler der Grammatik oder Rhetorik sich nicht imponieren zu lassen.[3]) Vor allem aber mussten die Beweggründe des Potenten geprüft werden. War es Gottesfurcht oder Menschenfurcht oder Menschengefälligkeit,[4]) was ihn hergeführt hatte? Auch hatte man sich bei dritten Personen über den Antragsteller zu erkundigen und dann entsprechend dem Einblicke, den man in seine Individualität gethan, die weiteren Belehrungen und Ansprachen einzurichten. Mancher kam in trügerischer Absicht; aber als er ging, hatte die Weisheit des

---

[1]) L. c.: Saepe etiam fit ut, qui primo libenter audiebat, vel audiendo vel stando fatigatus non iam laudans sed oscitans labia diducat et se abire velle etiam invitus ostendat. Quod ubi senserimus, aut renovare oportet eius animum, dicendo aliquid honesta hilaritate conditum et aptum rei quae agitur vel aliquid valde mirandum et stupendum vel etiam dolendum atque plangendum, et magis de ipso ut propria cura punctus evigilet, quod tamen non offendat eius verecundiam asperitate aliqua sed potius familiaritate conciliet.

[2]) L. c. 8, 12: Sed illud plane non praetereundum est ut si ad te quisquam catechizandus venerit liberalibus doctrinis excultus, qui iam decreverit esse christianus, et ideo venerit ut fiat, difficillimum omnino est ut non multa nostrarum scripturarum litterarumque cognoverit, quibus iam instructus ad sacramentorum participationem tantummodo venerit. Tales enim non eadem hora qua christiani fiunt, sed ante solent omnia diligenter inquirere et motus animi sui cum quibus possunt communicare atque discutere. Cum his itaque breviter agendum est, et non otiose inculcando quae norunt, sed modeste perstringendo.

[3]) L. c. 9, 13: Sunt item quidam de scholis usitatissimis grammaticorum oratorumque venientes quos neque inter idiotas numerare audeas neque inter illos doctissimos quorum mens magnarum rerum est exercitata quaestionibus. His ergo qui loquendi arte ceteris hominibus excellere videntur, cum veniunt ut christiani fiant, hoc amplius quam illis illiteralis impertire debemus quod sedulo movendi sunt ut humilitate induti christiana discant non contemnere quos cognoverint morum vitia quam verborum amplius devitare et cordi casto linguam exercitatam nec conferre audeant quam etiam praeferre consueverant.

[4]) L. c. 5, 9: Rarissime quippe accidit, immo vero numquam, ut quisquam veniat volens fieri christianus qui non sit aliquo dei timore perculsus. Si enim aliquod commodum exspectando ab hominibus, quibus se aliter placiturum non putat, aut aliquod ab hominibus incommodum devitando, quorum offensionem aut inimicitias reformidat, vult fieri christianus, non fieri vult potius quam fingere.

§ 1. Der altkirchliche Katechumenat. 7

Seelsorgers echte Heilsbegierde in ihm entzündet. Auch den
Unlauteren soll man nicht durch Tadel oder Widerlegungen
zurückstossen, sondern durch grossmütiges Vertrauen zu gewinnen suchen.[1]
Diesem durchaus persönlichen Verfahren hat auch der
Charakter des sich daran anschliessenden katechetischen Vortrages zu entsprechen. Nicht gern kommt deshalb Augustin
der Bitte des Deogratias um eine Musterkatechese nach. Er
fürchtet, dieselbe möchte zur stereotypen Form werden und
dann mehr schaden als nützen; jeder Fall aber ist anders
geartet und verlangt deshalb eine andere Behandlung.[2] Immerhin gewähren die beiden Beispiele, die sich der Bischof dann
doch von seinem Schüler abringen lässt, einen trefflichen Einblick in den Charakter einer solchen Einführungskatechese.[3]
Dieselbe bietet dem Proselyten einen allgemeinen Überblick
über die Entwickelung des Reiches Gottes von den Tagen der
Schöpfung bis zur Gegenwart. Das soll ihn befähigen, gegenüber den kirchlichen Erscheinungen des Tages den richtigen
Standpunkt einzunehmen. Alles kommt darauf an, Christus
als den Mittelpunkt der Geschichte, die Liebe als das alles
durchdringende Princip kennen zu lernen. Von Einzelheiten
muss und darf man füglich absehen; denn man ist zur Annahme
berechtigt, dass der Proselyt sich schon anderweitig über
christliches Leben und christliche Lehren unterrichtet hat.[4]

[1] L. c. 5, 9.
[2] L. c. 15, 23.
[3] Die längere Katechese, einem idiota urbanus zugedacht, findet
sich l. c. 16, 24—25, 49. Die kürzere (cum autem celeritate opus est, vide
quam facile explicari tota res possit) l. c. 26, 52—27, 55.
[4] L. c. 3, 5: Narratio plena est cum quisque primo catechisatur ab eo quod scriptum est: In principio fecit deus coelum et terram,
usque ad praesentia tempora ecclesiae. Non tamen propterea debemus
totum Pentateuchum totosque Iudicum et Regnorum et Esdrae libros totumque Evangelium et Actus apostolorum vel si ad verbum edidicimus
memoriter reddere vel nostris verbis omnia quae his continentur voluminibus narrando evolvere et explicare, — sed cuncta summatim generatimque
complecti ita ut eligantur quaedam mirabiliora quae suavius audiontur.
— L. c. 3, 6: In omnibus sane non tantum nos oportet intueri praecepti
finem quod est caritas de corde puro et conscientia bona et fide non
ficta quo ea quae loquimur cuncta referamus; sed etiam illius quem lo-

§ 1. Der altkirchliche Katechumenat.

Wie der katechetische Unterricht der alten Kirche überhaupt, so bewegt sich auch diese Einführungskatechese in der akroamatischen Lehrform. Hierin mit der Gemeindepredigt übereinstimmend unterscheidet sie sich von dieser durch den besonderen Zweck, dem sie dient. Denn während die Gemeindepredigt sozusagen detailliert arbeitet, will die Katechese im Hörer nur den Grund zu christlicher Erkenntnis legen und ihm dadurch die rechte Fähigkeit für den Empfang des Taufsakramentes verleihen. Er soll eine begrenzte Summe von Wissen gleich jetzt auf den Lebensweg mitbekommen.

Indessen der Schwerpunkt der Katechumenenerziehung liegt anderswo. Eine ganze Reihe von symbolischen Handlungen durchzieht die Zeit des Katechumenates von dem ersten Aufnahmeakte bis zum Tauftage. Das breit entwickelte Mysterienwesen[1] der Kaiserzeit hat hier mehr verhängnisvoll

quando instruimus ad id movendus atque illuc dirigendus aspectus est. — L. c. 4, 7: Quae autem maior causa est adventus domini nisi ut ostenderet deus dilectionem suam in nobis commendans eam vehementer? — L. c. 4, 8: Omnis scriptura divina quae ante scripta est ad praenuntiandum adventum domini scripta est, et quidquid postea mandatum est litteris et divina auctoritate firmatum, Christum narrat et dilectionem monet. — L. c.: Hac ergo dilectione tibi tamquam fine proposito quo referas omnia quae dicis, quidquid narras ita narra, ut ille cui loqueris audiendo credat, credendo speret, sperando amet. — L. c. 6, 10: Inde iam exordienda narratio est, ab eo quod fecit deus omnia bona valde et perducenda, ut diximus, usque ad praesentia tempora ecclesiae, ita ut singularum rerum atque gestorum quae narramus, causae rationesque reddantur quibus ea referamus ad illum finem dilectionis, unde neque agentis aliquid neque loquentis oculus avertendus est. — L. c. 7, 11: Tum vero instruenda et animanda est infirmitas hominis adversus tentationes et scandala, sive foris sive in ipsa intus ecclesia: foris adversus gentiles vel Iudaeos vel haereticos intus, autem adversus areae dominicae paleam. Non ut contra singula perversorum genera disputetur omnesque illorum pravae opiniones propositis quaestionibus refellantur; sed pro tempore brevi demonstrandum est ita esse praedictum, et quae sit utilitas tentationum erudiendis fidelibus et quae medicina in exemplo patientiae dei qui statuit usque in finem ita permittere.

[1] Theod. Harnack, Der christliche Gemeindegottesdienst im apostolischen und altkatholischen Zeitalter 1854 S. 1—66. v. Zezschwitz, a. a. O. I 154—209 und R.E. (2) I unter Arkandisciplin. Bonwetsch, Wesen, Entstehung und Fortgang der Arcandisciplin in der Zeitschrift für die

§ 1. Der altkirchliche Katechumonat.

als glücklich auf den christlichen Kultus eingewirkt. Es gilt einen Profanen stufenweise in heilige Geheimnisse einzuweihen. Dieser Gedanke beherrscht Vorbereitungszeit und Taufritual, die beide instinktiv die Form der Mysterien annehmen, er verdrängt vielfach das Ursprüngliche und Hauptsächliche. Auch der Unterricht bekommt als Einführung in Geheimnisvolles den Schleier der Geheimnisthuerei übergeworfen. Freilich fehlte es an einem wirklich überraschenden Inhalte. Denn die einzelnen Bestandteile der Glaubensregel waren durch die sonntägliche Gemeindepredigt allbekannt. Es konnte sich also nur darum handeln, die Aspiranten nach und nach mit einzelnen Kultusstücken oder symbolischen Ceremonien vertraut zu machen, günstigstenfalls die specifisch dogmatische Seite dieser oder jener bereits erörterten Lehre nunmehr hervorzukehren.

So folgte denn jener orientierenden Ansprache sofort ein erster liturgischer Akt. Auf ein einfaches Bekenntnis und Versprechen des Proselyten hin liess man ihn bereits in ein offizielles Verhältnis zur Kirche treten,[1]) indem man ihn zum ersten Male jenen nun immer wiederkehrenden Ceremonien unterzog, welche ihn der Macht des Satans und der Welt entrückten und ihn dem Gekreuzigten und seiner Gemeinde zuwiesen.[2]) Er ward angehaucht, an der Stirn mit dem Kreuze bezeichnet, bekam unter Gebet die Hand aufgelegt und erhielt Salz gereicht.[3])

---

historische Theologie 1873 S. 203—299 und R.E. (3) 11 unter Arkandisciplin. Holtzmann a. a. O. S. 66—76. Anrich, Das antike Mysterienwesen in seinem Einfluss auf das Christentum 1894.

[1]) De catech. rud. 26, 50: His dictis interrogandus est, an haec credat atque observare desideret. Quod cum responderit sollemniter utique signandus est et ecclesiae more tractandus.

[2]) August. c. Cresconium II 5, 7: Nec cospiose dicunt (Donatistae) esse christianum, cum tamquam paganum exsufflant, oum catechumenum faciunt.

[3]) August. sermo 215 c. 5: Denique ne dubitares, ne erubesceres quando primum credidisti, signum Christi in fronte tamquam in domo pudoris accepisti. Recole frontem tuam, no linguam expavescas alienam. — Noli ergo erubescere ignominiam crucis quam pro te deus ipse non dubitavit excipere. — Confess. I 11, 17: Et signabar iam signo crucis eius et condiebar eius sale. — De peccat. merit. et remiss. II 26, 42: Non unius modi est sanctificatio, nam et catechumenos secundum quendam modum suum per signum Christi et orationem manus impositionis puto sancti-

10   § 1. Der altkirchliche Katechumenat.

Letzteres mochte ihn an die Gnade der Reinigung und Bewahrung erinnern, deren er zum Empfange des Sakramentes noch bedurfte.¹) Von heute an hiess er Christ.²)

Ob dieser durchaus kirchliche Akt öffentlich inmitten der Gemeinde und im gottesdienstlichen Gebäude stattfand oder im kleinen Kreise in der Wohnung des die Aufnahme bewirkenden Klerikers, lässt sich nicht mehr feststellen, dürfte auch lokal verschieden gewesen sein. Jedenfalls glaubte sich Martin von Tours entschuldigen zu müssen, als er von der begeisterten Masse gedrängt auf offenem Felde die Scharen durch Handauflegung in den Katechumenat aufnahm.³)

Über die Einzelheiten der nun folgenden Katechumenenzeit fehlen zuverlässige Nachrichten. Sicherlich dauerte die individuelle Behandlung fort.

Weitere Belehrung schöpfte der Katechumene vorwiegend aus der Gemeindepredigt. Dieselbe anzuhören war Büssern,

---

ficari; et quod accipiunt quamvis non sit corpus Christi, sanctum est tamen et sanctius quam cibi quibus alimur, quoniam sacramentum est. — Sanctificatio catechumeni, si non fuerit baptizatus non ei valet ad intrandum in regnum caelorum aut ad peccatorum remissionem. — De catech. rud. 20, 34: Cuius passionis et crucis signo in fronte hodie tamquam in poste signandus es omnesque christiani signantur. — L. c. 26, 50: De sacramento sane quod accipit cum ei bene commendatum fuerit, signacula quidem rerum divinarum esse visibilia, sed res ipsas invisibiles in eis honorari; nec sic habendam esse illam speciem benedictione sanctificatam, quemadmodum habetur in usu quolibet; dicendum etiam quid significet et sermo ille quem audivit, quid in illo condiat. cuius illa res similitudinem gerit.

¹) Salz wurde ausserdem den Katechumenen während der Vorbereitungszeit zum Genusse gereicht als Surrogat des ihnen noch versagten Sakramentes. August. de peccat. merit. et remiss. II 26, 42. Synode zu Hippo. a. 383 can. 3. Mansi, coll. conc. III 919; Hefele Conciliengesch. (2) II 56.

²) Vgl. S. 6 Anm. 2. Dass die Ausdrücke christianum facere und catechumenum facere identisch sind, also von verschiedenen Katechumenatsklassen jedenfalls nicht zu Augustins Zeit und im Abendlande die Rede sein kann, steht unbedingt fest. Vgl. darüber Holtzmann a. a. O. S. 66 ff.

³) Sulpic. Sever. dial. II 4, 8. 9: Nec cunctatus in medio ut orant campo cunctos imposita universis manu catechumenos fecit, cum quidem ad nos conversus diceret, non irrationabiliter in campo catechumenos fieri ubi solerent martyres consecrari.

§ 1. Der altkirchliche Katechumenat. 11

Ketzern und Ungläubigen erlaubt; die Christgewordenen mussten am Gottesdienst regelmässig teilnehmen. Es konnte die Frage aufgeworfen werden, ob ein solcher den Christennamen tragender Proselyt, der sich niemals in der Kirche sehen liess, zur Taufe zuzulassen sei. Denn sie, die „Hörer" im engsten Sinne, sollten in den Predigten die einzelne Ausführung dessen erhalten, was ihnen die Einführungskatechese in allgemeinen, wenngleich vollständigen Umrissen dargeboten hatte.[1]) Drum kam es auch darauf an, dass sie das, was sie hörten, richtig auffassten und nicht falsche Vorstellungen mit diesem oder jenem aus dem Heilsganzen herausgehobenen Teile verbanden.[2]) Die sicherste Gewähr bot da der fortlaufende Verkehr mit geförderteren Gemeindegliedern oder niederen Klerikern. Es lag nahe, dass der, dem der Proselyt erstlich sein Herz offenbart hatte, sich seines Pflegebefohlenen auch fernerhin geistlich annahm.

Indessen stand das erziehliche Moment des Katechumenates fraglos über dem belehrenden. Es galt den jungen Proselyten an den religiösen und sittlichen Geist der christlichen Gemeinde zu gewöhnen. Selbstverständlich hatte er fürs erste den Umgang mit Heiden möglichst zu meiden, hingegen die Gesellschaft frommer Christen eifrigst aufzusuchen. Kam man zu geistlicher Unterhaltung zusammen, so mögen noch immer, wie einst im Orient, Weisheitslitteratur und moralisierende Erzählungen des Alten Testamentes den Lesestoff abgegeben haben. Wie es denn auch natürlich ist, dass Gemeindeglieder wie Gemeindeleiter ein wachsames Auge auf die ganze Lebenshaltung dieser bereits den Christennamen tragenden Freunde hatten.

---

[1]) Audientes ist lateinische Übersetzung von κατηχούμενοι. August. sermo 132 c. 1: Qui autem inter vos adhuc catechumeni vel audientes vocantur, potuerunt esse cum legeretur audientes, numquid et intelligentes? Isid. de eccl. off. II 21, 21: Is cui per sacerdotem quasi per Mosen deus primum loquitur, catechumenus i. e. audiens nominetur. Vgl. Holtzmann a. a. O. S. 86.

[2]) De catech. rud. 26, 50: Deinde monendus est ex hac occasione, ut si quid etiam in scripturis audiat quod carnaliter sonet, etiamsi non intelligit, credat tamen spirituale aliquid significari quod ad sanctos mores futurumque vitam pertineat.

§ 1. Der altkirchliche Katechumenat.

Auch arbeitete die Kirche direkt und ausdrücklich an ihren Katechumenen, indem sie dieselben fortgesetzter liturgischer Einwirkung im Gemeindegottesdienste unterstellte. Sie durften als Mitbetende am Gemeindegebet nach der Predigt teilnehmen und den Segen regelmässiger gemeindlicher Fürbitte in der an die Predigt sich anschliessenden sog. Katechumenenmesse, einem ihnen speciell gewidmeten Teile des regelmässigen Gottesdienstes, verspüren. Erst nach Empfang des Segens verliessen sie das Gotteshaus, während die Gemeinde sich der Feier der Eucharistie zuwandte.[1]

Etwa zwei Jahre lang verfuhr man im Abendlande in dieser Weise mit den Katechumenen; Krankheit konnte die Zeit abkürzen, schlechte Führung einen dreijährigen oder noch längeren Katechumenat nötig machen.[2] Dann folgte die nur wenige Wochen umfassende Zeit der Taufvorbereitung im engeren Sinne, die Stufe der Kompetenten oder Taufkandidaten.[3] Obwohl Ambrosius und Augustin diesen Unterschied von Katechumenen und Kompetenten noch sehr wohl kennen, so will doch nicht ausser Acht gelassen sein, dass damals bereits der ganze Katechumenat sich fast ausschliesslich auf die Kompetentenzeit beschränkte. Infolge der massenhaften Übertritte war es schon lästig, auch nur die Anmeldungen persönlich entgegenzunehmen und dem Bittsteller einige ihn einführende Worte zu sagen. Eine einigermassen fürsorgliche Behandlung der Katechumenen nach Lehre und Zucht, wie sie früher üblich gewesen, war zur Zeit der höchsten Entfaltung des Katechumenates bereits ein Ding der Unmöglichkeit. Stand doch

---

[1] August. sermo 49 c. 8: Ecce post sermonem fit missa catechumenis, manebunt fideles. venietur ad locum orationis. Vgl. Probst im Katholik 1881 I 450 f.; 1882 I 115 f. 341.

[2] Eine Abkürzung aus besonderem Anlass erwähnt August. conf. VIII 2, 4: Ubi autem imbutus est primis instructionum sacramentis, non multo post etiam nomen dedit ut per baptismum regeneraretur.

[3] Dass die alte Aufstellung von mehreren Katechumenatsklassen definitiv aufgegeben wurde, verdanken wir vorzugsweise den Untersuchungen Funks in der Theol. Quartalschr. 1883 S. 41—77; 1886 S. 355—390; Kirchengesch. Abhandlungen u. Untersuchungen 1897 I 209—241. Den gegenwärtigen Stand der Frage giebt am übersichtlichsten Möller, Lehrbuch d. Kirchengesch. 1889 I 265—267.

§ 1. Der altkirchliche Katechumenat. 13

selbst die Mehrzahl der getauften Gemeindeglieder innerlich nicht viel höher, als man es bisher von einfachen Katechumenen mit Fug und Recht erwartet hatte. Ja mit dem Aufkommen der Kindertaufe fiel sogar jede Veranlassung an der Katechumenatsordnung der älteren Zeit festzuhalten fort. So drängte sich denn in der That alles Interesse der Kirche an der Taufvorbereitung der Proselyten in der auf wenige Fastenwochen beschränkten geistlichen Behandlung der Kompetenten zusammen.

Wer an diesem eigentlichen Taufunterrichte teilnehmen wollte, wurde aufgefordert offiziell darum zu bitten. Indem er alsdann seinen Namen abgab, trat er zur Gemeinde in das Verhältnis persönlicher Verbindlichkeit, ein Verhältnis, welches diese ihrerseits durch Eintragung des Namens in die kirchlichen Listen anerkannte.[1] Diese Namenabgabe hatte im Anfang der Fastenzeit zu geschehen.[2]

Von jetzt ab lebte der Katechumene nur im Gedanken an den grossen Tag der Taufe. Drum nannte man ihn fortan den Kompetenten. Auch die Ehrennamen des Erwählten und des Gläubigen wurden ihm bereits beigelegt; denn wenngleich die Taufkandidaten noch immer als Proselyten galten, so standen sie doch bereits den eigentlichen Gemeindegliedern weit näher als den Katechumenen, von welch letzteren sie deutlich unterschieden werden.[3] Alles zielte nunmehr darauf ab, dass sich

---

[1] De fide et oper. 6, 9: Hoc fit multo diligentius et instantius his diebus, quibus competentes vocantur, cum ad percipiendum baptismum sua nomina iam dederunt. — Sermo 132 c. 1: Tu autem catechumenus diceris, diceris audiens, et surdus es. — Ecce pascha est, da nomen ad baptismum. — Conf. IX 6, 14: Inde ubi tempus advenit quo me nomen dare oporteret, relicto rure Mediolanum remeavimus. — Sermo 213 c. 7: Aut si (ecclesia) non parit filios, quomodo dedimus nomina nostra ut de eius visceribus nasceremur.

[2] In Rom hielten Siricius (ep. ad Himerium 2, 8; Ml. 13, 1135) und Gregor I (epist. lib. VIII 23; ML. 77, 925) noch an einer Vorbereitungszeit von vierzig Tagen fest, während gleichzeitig die 2. Synode von Braga in Spanien a. 572 can. 1 sich mit zwanzig Tagen begnügte. Mansi IX 838. Hefele (2) III 29.

[3] De fide et oper. 6, 9: Cum fontis illius sacramenta peteremus atque ob hoc competentes etiam vocaremur. — Sermo 216 c. 1: Hoc nempe vos concupiscere, ad hoc ambire omnibus mentis vestrae conatibus, ipsum vestrum nomen, quod competentes vocamini, ostendit. Quid enim aliud sunt competentes quam simul petentes? Nam quomodo condocentes concurrentes considentes nihil aliud sonat quam simul docentes, simul currentes,

der Kompetent in den Kultus der Gemeinde wie in ihre religiöse und sittliche Denkweise einlebe. Die Zeit zu einer solchen Versenkung war vortrefflich gewählt. Die grossen vierzigtägigen Fasten, gemeinsam gefeiert, schlossen Getaufte und Täuflinge bereits zu einer Schar Anbetender zusammen. Dazu kam eine Reihe anderer asketischer Forderungen, denen sich der Kompetent in diesen Wochen selbstverständlich unterwarf.[1]) Dies alles aber bildete nur die Grundlage für die speciellen Vorbereitungsgottesdienste, das eigentliche Charakteristikum der Kompetentenzeit, in welchen die Einwirkung des Mysterienwesens nicht am wenigsten zum Ausdruck kommt. Der Schüler soll Schritt für Schritt weitergeführt und zum Empfange der höchsten Weihen wie zur Erkenntnis der heiligsten Geheimnisse allmählich tauglich gemacht werden. So unterstellten denn Bischof und Presbyter, unterstützt vom gesamten niederen Klerus, den Kompetenten in wöchentlich mehreren Versammlungen einer liturgischen Gebetsübung, bei welcher die bekannten Akte der Bekreuzigung, Handauflegung und Anhauchung, besonders aber wiederholte in die Form des Gebetes gekleidete Exorcismen den Taufkandidaten von allem teuflisch heidnischen Wesen lösen und seinem christlichen Ziele nähern sollten.[2]) Es sind dies die sog. Skrutinien,[3]) welche in

---

simul sedentes: Ita etiam competentium vocabulum non aliunde quam de simul petendo atque unum aliquid appetendo compositum est. Et quod illud est unum, quod petitis vel concupiscitis, nisi quod quidam abiectis desideriis carnalibus et superatis terroribus saeculi clamat intrepidus?

[1]) De fide et oper. 6, 8: (Sacramento) quo sine dubio non admitterentur, si per ipsos dies quibus eandem gratiam perceptori suis nominibus datis, abstinentia, ieiuniis exorcismisque purgantur, (um suis legitimis et veris uxoribus se concubituros profiterentur atque huius rei, quamvis alio tempore licitae, paucis ipsis sollemnibus diebus nullam continentiam servaturos.

[2]) Auch direkte Ausweisung des Satans scheint bereits üblich gewesen zu sein, vgl. August. sermo 216 c. 6: Adiurato vestri redemptoris nomine; c. 10: Cum scrutaremini atque ipsius fugae ac desertionis persuasor in trinitatis tremendae omnipotentia debite increparetur. Donatisten tauften die zu ihnen übertretenden Katholiken aufs neue, nachdem sie dieselben mit der Formel: Maledicte exi foras exorcisiert hatten. Optat. Milev. de schismate Donat. IV 6.

[3]) Was ein Skrutinium sei, darüber herrschte schon im Zeitalter

§ 1. Der altkirchliche Katechumenat. 15

liturgischer Erstarrung bald alle übrigen Momente des altkirchlichen Katechumenates überwuchern sollten. Nicht so zur Zeit

Karls des Grossen. Meinungsdifferenz, denn im Laufe der Jahrhunderte hatte man die verschiedensten Dinge mit diesem Worte bezeichnet. Jedenfalls dürfte es für die Zeit Augustins nicht zutreffen, wollte man mit Martene (de ant. eccl. ritib. 1736 I 60) das Skrutinium bezeichnen als tota illa actio quae certis in quadragesima diebus super catechumenis et competentibus celebrabatur totaque erat in precibus, exorcismis, traditione et redditione symboli orationisque dominicae. Diese Definition mag für eine spätere Zeit gelten, damals deckte sich der Begriff Skrutinium noch keineswegs mit der Gesamtheit der auf die Taufe vorbereitenden liturgischen Akte. Andrerseits ist es wiederum zu eng, wenn man in dem Skrutinium nur ein katechetisches Examen sieht, ob der Täufling den Wortlaut des Symbols und des Vaterunsers gut auswendig gelernt hat. So Magnus von Sens (de mysterio baptismatis, abgedr. bei Martene l. c. I 169): Quia tunc scrutandi sunt catechumeni si rectam iam noviter fidem symboli eis traditam firmiter teneant. Nach dieser Ansicht, die auch Mayer (a. a. O. S. 109) beifällig aufzunehmen scheint, wäre Skrutinium identisch mit Rückgabe des Symbols und Vaterunsers, wofür sich aber bei Augustin nicht der geringste Anhalt findet. Und doch ist Skrutinium für das Zeitalter Augustins entschieden eine Prüfung, ein Examen, nur dass in demselben nicht die Kenntnisse sondern die Herzensstellung des Täuflings einer Untersuchung unterzogen werden. Magnus von Sens, l. c.: Per illud exploratur qualiter fides catholica in illorum cordibus retinetur. Theodulf von Orleans, de ordine baptismi c. 6; ML 105, 228: Utrum veraciter credant an alicuius falsitatis in eis macula celetur; ne, dum aut timore aut favore terrenarum potestatum aut acquisitione quarundam rerum ad baptismatis sacramentum perveniunt, tradatur sanctum canibus. Dass diese Erklärung der beiden karolingischen Theologen, der auch Mayer (a. a. O. S. 110) beipflichtet, die allein richtige ist, geht aus Augusti. sermo 216 unzweifelhaft hervor: c. 6: Quod in vobis adiurato vestri redemptoris nomine facimus, hoc vestri cordis scrutatione et contribulatione completo. Nos precibus ad deum et increpationibus inveterati hostis dolis resistimus, vos votis et vostri cordis contritione persistite, ut eruamini de potestate tenebrarum et transferamini in regnum claritatis eius; c. 10: Et vos quidem cum scrutaremini atque ipsius fugae ac desertionis persuasor in trinitatis tremendae omnipotentia debita increparetur, non estis induti cilicio, sed tamen vestri pedes in eodem mystice constiterunt. Augustin redet beide Male von den Exorcismen, durch welche die Macht des Satans im Täufling gebrochen wird. Dieselben können insofern als ein Skrutinium bezeichnet werden, als es sich bei ihnen zugleich darum handelt nachzuforschen, in welchem Masse jene Macht noch vorhanden bezw. im Schwinden begriffen ist. Der Grad der subjektiven Empfänglichkeit auf Seiten der Kompetenten, den zu erkennen man sich besonders im Orient angelegen sein liess (Gregor v. Nazianz, orat. 40, Cyrill v.

Augustins, der jene Skrutinienakte ebensowohl in ihrer sittlichen Bedeutung klar erfasst hatte, als er fraglos dem Katechisieren den Vorrang vor ihnen gab.

In der That muss man die Katechisationen der Kompetenten als positives Gegenstück zu den Skrutinien ansehen. Denn wie diese wollen auch jene vorzugsweise erziehen und weniger belehren: dort die Absage an das bisherige Leben, hier die Hinkehr zu einem neuen Leben der Zukunft. Ob diese Katechesen in der Regel mit einem Skrutinium als ihrem liturgischen Teile verbunden waren, oder ob man sich behufs ihrer besonders zusammenfand, lässt sich nicht mehr klar ersehen. Ebensowenig, welcher gottesdienstliche Raum als Versammlungsstätte diente; wahrscheinlich war das Baptisterium mit Nebenräumen verbunden, welche zu solchen Zwecken verwendet

---

Jerusalem, procatech. n. 15, vgl. Mayer a. a. O. S. 110), bot die Höhenmarke, bis zu welcher Linie der Einfluss des Bösen im Täufling infolge der Exorcisationen und Exsufflationen gesunken war. Insofern war der objektiv ausgeübte Exorcismus zugleich ein Skrutinium, eine Prüfung des Glaubensstandes des Betreffenden, allerdings der Exorcismus im weitesten Sinne des Wortes d. h. alle jene exorcismenartigen Ceremonien, welche die liturgischen Kompetentengottesdienste ausfüllten, oder um mit dem pseudo-augustinischen Sermo IV de symbolo ad catechumenos 1, 1 zu sprechen, omnia sacramenta quae aguntur per ministerium servorum dei exorcismis, orationibus, canticis spiritualibus, insufflationibus, cilicio, inclinatione cervicum, humilitate pedum. Dieselbe Auffassung hat auch Leo der Grosse, wenn er in seiner epist. 16 an den Episkopat von Sicilien schreibt: c. 6: Baptizandis electis qui secundum regulam apostolicam exorcismis scrutandi sunt. Und ebenso schreibt Johannes Diakonus an den Comes patrimonii Senarius (epist. c. 4; 311. 59, 402): Perscrutamur eorum corda per fidem, utrum menti suae post renuntiationem diaboli sacra verba defixerint, utrum agnoverint futuram gratiam redemptoris, utrum se credere fateantur in deum patrem omnipotentem. Alsdann wäre auch der dunkle Ausspruch Augustins (de fde et oper. 6, 9): catechizantur, exorcizantur, scrutantur wohl am besten dahin zu erklären, dass es sich bei den beiden letzten Verben nicht um zwei getrennte Thätigkeiten handelte, die mit den Kompetenten vorgenommen werden, sondern um die beiden Seiten ein und derselben Thätigkeit, um die Exorcismen und die exorcismenartigen Ceremonien, sofern dieselben den Täufling einesteils der Herrschaft des Bösen entnahmen, andernteils seine sittliche Bereitschaft, die Taufe zu empfangen, aus der Bereitwilligkeit, mit der er sich jenen beschwerlichen Ceremonien unterwarf, nachwiesen.

§ 1. Der altkirchliche Katechumenat.

wurden.[1]) Sicher ist aber, dass die ganze Behandlung der Kompetenten in den Händen des Bischofs lag, der sich natürlich durch einen Presbyter vertreten lassen konnte. Wie denn Augustin bereits vor seiner Weihe zum Bischof Ansprachen an Kompetenten gehalten hat.[2]) Uns genügt zu ersehen, dass die Kirche gleichzeitig Gemüt und Verstand ihrer Pflegebefohlenen in Anspruch nahm, beides obendrein in jenen Wochen, da die höchste Empfänglichkeit seitens der Kompetenten ihr entgegenkam.[3])

Der Katechumenenunterricht hatte nur einen sehr allge-

---

[1]) Ambros. epist. I 20, 4: Sequenti die, erat autem dominica, post lectiones atque tractatum dimissis catechumenis symbolum aliquibus competentibus in baptisteriis tradebam basilicae. Solche Nebenräume weist noch heute das Baptisterium von Salona in Dalmatien auf, vgl. Denkschr. d. kaiserl. Akad. der Wissenschaft. Wien 1851. Phil.-hist. Klasse II. Bd. 2. Abt. 1. Tafel. Jelić, Bulić, Rutar, guida di Spalato e Salona 1894 tav. XXI.

[2]) Von Ambrosius rühmt Paulinus (vita c. 38): Ut quod solitus erat circa baptizandos solus implere, quinque postea episcopi tempore quo decessit vix implerent. Für den Orient vgl. unter anderen die Notiz in S. Silviae peregrinatio ad loca sancta (a. 385—388) ed. J. Fr. Gamurrini. Romae 1887 p. 105: Cathecumenus autem ibi non intrat, tunc quando episcopus docet illos (competentes) legem. — Dagegen sind sowohl Aug. sermo 214 in traditione symboli als die Moralkatechese sermo 216 ad competentes noch im Jahre 391 gehalten, also kurz nachdem Augustin Presbyter geworden war.

[3]) De fide et oper. 6, 9: Si autem manus petit spatiumque discendi est, quod aliud opportunius tempus reperiri potest quo audiat, quemadmodum fidelis fieri ac vivere debeat, quam illud cum attentiore animo atque ipsa religione suspenso saluberrimae fidei sacramentum petit? An usque adeo dissimulamus a sensibus nostris, ut vel nos ipsos non recordemur quam fuerimus attenti atque solliciti quid nobis praeciperent a quibus catechizabamur, cum fontis illius sacramenta peteremus atque ob hoc competentes etiam vocaremur; vel non intueamur alios, qui per annos singulos ad lavacrum regenerationis accurrunt quales sint ipsis diebus quibus catechizantur exorcizantur scrutantur, quanta vigilantia conveniant, quo studio ferveant, qua cura pendeant? Si tunc tempus non est discendi quae vita congruat tanto quod accipere desiderant sacramento, quando erit? — Hieron. zu Psalm 41, 4: Per omnem enim quadragesimam vacaverunt orationi atque ieiuniis, in sacco et cinere dormierunt futuram vitam peccatorum suorum confessione quaerentes. Sed quia fuderant lacrimas et fuerant tristes, dicitur illis: qui seminant in lacrimis, in gaudio metent, et: beati lugentes quoniam ipsi consolabuntur (Anecdota Maredsolana III 2 pag. 412).

§ 1. Der altkirchliche Katechumenat.

meinen Charakter getragen; man überliess die Hörer vorzugsweise der Wirkung des gepredigten Wortes. Jetzt beschäftigte man sich persönlich mit ihnen. Die Unterweisung in ethischer wie dogmatischer Hinsicht wurde eine sorgfältige, bestimmt zugespitzte. Der Faden der Einführungskatechese ward wieder aufgenommen; was sie als Katechumenen seit Monaten und Jahren gehört und gelernt hatten, wurde jetzt geklärt, vertieft, befestigt.[1])

Dass der Taufkandidat zuvörderst in die christliche Sittenlehre einzuweisen sei, lag jedenfalls sehr nahe. Die engen Beziehungen, welche in jenen Wochen zwischen Bischof und Katechumenen bestanden, mussten es mit sich bringen, dass wie Fragen der Askese, so auch solche der christlichen Lebensführung zwischen beiden zur Sprache kamen.[2]) Auch hat es niemals an den nötigen Hilfsmitteln für solche Erörterungen

---

[1]) De fide et oper. 6, 9: Quid autem aliud agit totum tempus quo catechumenorum locum et nomen tenent, nisi ut audiant quae fides et qualis vita debeat esse christiani; ut cum se ipsos probaverint, tunc de mensa domini manducent et de calice bibant? — Quod autem fit per omne tempus quo in ecclesia salubriter constitutum est, ut ad nomen Christi accedentes catechumenorum gradus excipiat, hoc fit multo diligentius et instantius his diebus quibus competentes vocantur, cum ad percipiendum baptismum sua nomina iam dederunt.

[2]) L. c. 1, 1: Perversum putant atque praeposterum, prius docere quemadmodum debeat vivere christianus et deinde baptizari. — L. c. 19, 85: Inde fortasse apud quasdam ecclesias negligentia ista subrepsit, ut in catechismis competentium nec quaererentur nec percuterentur haec vitia. — L. c. 9, 14: Hoc est evangelizare Christum, non tantum dicere quae sunt credenda de Christo, sed etiam quae observanda ei qui accedit ad compagem corporis Christi: immo vero cuncta dicere quae sunt credenda de Christo, non solum cuius sit filius, unde secundum divinitatem, unde secundum carnem genitus, quae perpessus et quare, quae sit virtus resurrectionis eius, quod donum spiritus promiserit dederitque fidelibus; sed etiam qualia membra, quibus sit caput quaerat, instituat, diligat, liberet atque ad aeternam vitam honoremque perducat. Haec cum dicuntur, aliquando brevius atque constrictius, aliquando latius et uberius, Christum evangelizator; et tamen non solum quod ad fidem, verum etiam quod ad mores fidelium pertinet non praetermittitur. — L. c. 18, 83: Ebriosi avari maledici et si qua alia vitia damnabilia apertis factis convinci redarguique non possunt, praeceptis tamen et catechismis validissime flagellantur atque omnes tales mutata in melius voluntate ad baptismum videntur accedere. — L. c.: De morum correctione catechizandos esse competentes.

§ 1. Der altkirchliche Katechumenat. 19

gefehlt. Freilich von einer Besprechung des Dekalogs sah man damals durchaus ab.[1]) Man fand ihn im „Doppelgebot der Liebe" zusammengefasst, welches der Taufcrziehung als Richtlinie diente. Aber die „Mandate" des der römischen Gemeinde entstammenden „Hirten" sind wohl nicht bloss im Orient dem christlichen Anfangsunterrichte zu grunde gelegt gewesen.[2]) Und obendrein bot die Patriarchengeschichte samt den alttestamentlichen Lehrschriften eine reiche Fundgrube für die moralische Unterweisung.[3])

---

[1]) De catech. rud. 4, 8: Manifestum est non tantum totam legem et prophetas in illis duobus pendere praeceptis dilectionis dei et proximi quae adhuc sola scriptura sancta erat cum hoc dominus diceret, sed etiam quaecumque posterius salubriter conscripta sunt memorisque mandata divinarum voluminis litterarum. — L. c. 23, 41: Quae data est Iudaeis in decem praeceptis, quod appellant decalogum. Quae rursus ad duo rediguntur, ut diligamus deum ex toto corde, ex tota anima, ex tota mente, et diligamus proximum sicut nos ipsos. — L. c. 27, 55: Quia non solum dilectio dei nobis praecepta est, sed etiam dilectio proximi, in quibus duobus praeceptis tota lex pendet et prophetae. — Sermo 9 c. 7: Tota lex in duobus praeceptis est in dilectione doi et dilectione proximi; ad duo itaque praecepts, id est ad dilectionem dei et proximi pertinet decalogus. — Sermo 23 c. 2: Nam sicut duo sunt praecepta dilectionis, ex quibus dominus dicit totam legem prophetasque pendere, satis ostendens dilectionem esse plenitudinem legis, ita ipsa decem praecepta in duabus tabulis data sunt.

[2]) Euseb. hist. eccl. III 3, 6. Vgl. dazu Zahn in den Götting. gelehrt. Anzeig. 1878 S. 62 f. Holtzmann a. a. O. S. 101 rechnet noch die „Zwei Wege" hierher. Doch sind dieselben in der Didache als Taufrede d. h. als integrierender Bestandteil des eigentlichen Taufaktes gedacht. Auch ist es nicht sicher ob das Abendland von ihnen damals noch Notiz genommen hat. Denn die Erwähnung bei Rufin (comment. in symb. apost. c. 38) basiert ausschliesslich auf Athanasius (epist. fest. 39) wenngleich Rufin von duae viae spricht, während Athanasius die Didache nennt. Und da Augustin von den Fastenbestimmungen in Didache c. 8 nichts wusste (epist. 36, 25), so dürfte er auch mit Didache c. 1—6 nicht vertraut gewesen sein. Vgl. Zahn, Geschichte des neutest. Kanons I 368.

[3]) Ambros. de myst. 1,1: De moralibus quotidianum sermonem habuimus, cum vel patriarcharum gesta vel proverbiorum legerentur praecepta. — August. de catech. rud. 26, 50: Hoc autem ita breviter dixit, ut quidquid audierit ex libris canonicis quod ad dilectionem aeternitatis et veritatis et sanctitatis et ad dilectionem proximi referre non possit, figurate dictum vel gestum esse credat; atque ita conetur intelligere, ut ad illam geminam re-

Welchen Charakter diese letztere trug, zeigt eine Moralkatechese, die Augustin als Presbyter (391) vor Taufkandidaten gehalten hat.[1]) Dieselbe lehnt sich weder an einen bestimmten Text an, noch fasst sie ein einzelnes ethisches Problem ins Auge. Ja der Redner versichert sogar gleich im Eingang, dass es ihm mit seinen Worten in gleicher Weise darum zu thun sei, auf den Glauben wie auf die Sitten seiner Pflegebefohlenen einzuwirken. Denn der Glaube ist nicht eine Summe von Dogmen und das Gesetz nicht eine Reihe von Geboten, sondern aus dem persönlichen Verhältnis, in welches der Christ mit der Taufe zu Christus tritt, folgt zugleich die Notwendigkeit einer neuen, der bisherigen durchaus entgegengesetzten Lebensführung. Die Parole der Kompetenten sei: niemals die Hand vom Pfluge mehr zurück. Das schliesst aber in sich, dass sie der weltlichen Lust entsagen. Nur wer dies thut, wird im Siege über die Welt ein reines Herz davon tragen. Indem sie das Abbild des irdischen Menschen, das sie bisher trugen, von sich werfen, nehmen sie das Bild dessen an, der vom Himmel ist. Erwerben sie aber Glauben, so handelt es sich dabei in letzter Instanz um die Erwerbung des Himmelreiches: ein überaus vorteilhafter Kauf, da alles umsonst angeboten wird. Deshalb braucht aber der Christ nicht besonders gering von sich zu denken. Im Gegenteil, gerade er hat die Möglichkeit, die richtige Stellung zu allen Dingen zu gewinnen, wenn er darauf bedacht ist, in rechter Abkehr von der Welt und Hinkehr zu Gott reiche Frucht zu bringen. Zerknirschung des Herzens hilft dazu, einem Leben den Abschied zu geben, das ebensowenig wie das babylonische Exil irgend welche gute Tage bringen konnte, und dem himmlischen Jerusalem entgegenzustreben, wo aller Jammer ein Ende finden wird. Dort stehen sie vor den

---

ferat dilectionem. Vgl. für Jerusalem den Bericht der Silvia ed. Gamurrini l. c. p. 105, wo die den Kompetenten vom Bischof in den Katechizationen mitgeteilte lex definiert wird: Id est sic inchoans a genese per illos dies quadraginta percurret omnes scripturas, primum exponens carnaliter et sic illud solvens spiritualiter. Nec non etiam et de resurrectione, similiter omnia de fide docentur per illos dies: hoc autem cathecisis appellatur.

[1]) Sermo 216 ad competentes.

Augen dessen, der ungezwungen aus freiem Entschluss ihre Strafe auf sich genommen hatte. Freilich gelangt nur der zu jenem seligen Leben, der zuvor die von Paulus (Kol. 3, 5) namhaft gemachten Unreinheitsglieder abgetötet hat. Darin besteht eben der dem Christen verordnete Kampf, dass er das Böse flieht, hingegen dem Guten nachjagt; darin die Aufgabe des Kompetenten, dass während die Kirche ihn durch ihre Exorcismen vom Satan freizumachen sich bestrebt, er diese Bemühungen seinerseits durch Gebet und Zerknirschung unterstützt. So arbeiten Christus, die Kirche und der einzelne Gläubige miteinander, um das tyrannische Joch des bösen Feindes zu brechen. So bringt die Zukunft eine neue Geburt, bei der Gott der Vater, die Kirche die Mutter ist; eine neue Geburt nicht in ein Leben des Mangels und Jammers, wie das ist, in dem wir jetzt leben, sondern in ein Dasein, das nur Gutes bringt und unvergänglich ist. Auf dem Wege dorthin gilt es vor allem sich vor Stolz zu hüten und wachsam zu sein. Nicht ohne Grund erinnert man die Kompetenten bei den Exorcismusceremonien an die Demut. Denn mit ihrer Hilfe erlangen sie manches, was dem Hochmut versagt bleibt. Denn Gott ist ein barmherziger Vater, der dem verlornen verarmten Sohne jederzeit hilfsbereit entgegeneilt.

Ansprachen wie diese haben fraglos einen breiten Raum in der Kompetentenerziehung eingenommen. Bezeichnete doch Augustin die christliche Sittenlehre geradezu als Gegenstand der Kompetentenkatechese. Und doch sollte sich auch auf diesem Gebiete noch zu seinen Lebzeiten die veränderte Zeitlage geltend machen. Selbst die Zahl der Kompetenten wuchs so gewaltig, dass der Überblick über dieselben mehr und mehr verloren ging. Von moralischer Einwirkung, von sittlicher Kontrolle konnte beinahe so gut wie gar nicht die Rede sein. Was sich aber nicht durchführen liess, that man am besten ganz ab. Unter diesen Umständen schien selbst die Einführung in die christliche Sittenlehre unzeitgemäss. Augustin hatte sich später mit Gegnern auseinanderzusetzen, welche die Kompetentenunterweisung ausschliesslich auf dogmatische Materien beschränkt wissen wollten, die ethischen Probleme aber der Zeit nach der Taufe zuwiesen und für beides obendrein biblische Citate beibrachten.¹) Es ist hier nicht der Ort, auf die Gründe für und wider näher einzugehen, wie sie Augustins Traktat Von Glauben und Werken darbietet. Es stand immerhin schlimm genug, wenn man einen heidnischen Lebemann zu Taufe und Abendmal zuliess, der über das Fortbestehen seiner liederlichen Beziehungen nicht den mindesten Zweifel aufkommen liess; ja wenn man einem solchen „Hund", dem man das Heilige vorwarf, nicht einmal sagen durfte, dass er ein „Hund" sei.²) Wo blieben Recht und

---

¹) De fide et oper 1, 1: Perversum enim putant atque praeposterum, prius docere quemadmodum debeat vivere christianus et deinde baptizari. Sed censent praecedere debere baptismi sacramentum, ut deinde sequatur vitae morumque doctrina: quam si tenere et custodire voluerit, utiliter fecerit; si autem noluerit retenta fide christiana, sine qua in aeternum periret, in quolibet scelere immundiliaque permanserit, salvum eum futurum tamquam per ignem, velut qui aedificaverit super fundamentum quod est Christus, non aurum, argentum, lapides pretiosos, sed ligna, fenum, stipulam, id est, non iustos castosque mores, sed iniquos et impudicos. — L. c. 7, 11: Et de litteris eorum (apostolorum) quaedam testimonia proferunt; ubi reperiuntur prius insinuasse doctrinam fidei ac deinde morum tradidisse praecepta. Atque hinc intelligi volunt, fidei tantummodo regulam baptizandis esse insinuandam, postea vero iam baptizatis etiam vitae in melius mutandae praecepta tradenda. — Sed propterea plerumque (apostolos) insinuasse prius fidem ac deinde quod ad vitam bonam pertinet subiecisse, quia et in homine ipso nisi praecedat fides, vita bona sequi non poterit. Quidquid enim homo veluti recte fecerit, nisi ad pietatem quae ad deum est, referatur, rectum dici non oportet. — L. c. 10, 16: Quid quod etiam duo illa praecepta, in quibus dominus sit totam legem prophetasque pendere, huic suae opinioni suffragari arbitrantur? Et sic ea commemorant ut ... primum credant pertinere ad baptizandos ubi dilectio dei praecipitur, secundum autem ad baptizatos, ubi videntur esse mores conversationis humanae. — L. c. 11, 17: Non iam dicant eis qui baptismum percepturi sunt, fidem tantum quae in deum est insinuandam, et post eius sacramenti perceptionem de moribus vitae tamquam de secundo praecepto eos quod ad dilectionem proximi pertinet instruendos.

²) L. c. 7, 10: Eis placet primum admittendos esse tales ad percipiendum baptismi sacramentum et ad dominicam mensam, etiamsi correctionem voce manifestissima recusaverint, immo vero nihil eos de hac re prorsus admoneri oportere, sed postea doceri.—L. c. 1, 1: Si quisquam meretrici adhaeret, non ei prius praecipiatur, ut ab ea discedat, et tunc veniat ad baptismum; sed etiam cum ea manens mansurumque se confidens seu etiam

§ 1. Der altkirchliche Katechumenat.

Pflicht der Kirche auf Disciplin?[1]) Wie unsinnig, an den Taufkandidaten asketische Forderungen zu stellen, wenn man vor ethischen Bedingungen zurückschreckte.[2]) Ein unzweideutiges Abthun des öffentlichen Ärgernisses schien das mindeste, was man vom Taufkandidaten,[3]) eine klare Auseinandersetzung ebensowohl über christliche Lebensführung wie über christlichen Glaubensinhalt das geringste, was man vom Katecheten zu verlangen hatte.[4]) Für beides aber passte am besten die innerlich erhebende Kompetentenzeit. Hingegen fand es die andere Partei nur für notwendig Götzendiener und unehrliche Ge-

---

profitens, admittatur et baptizetur, nec impediatur fieri membrum Christi, etiamsi membrum meretricis esse perstiterit, sed postea doceatur quam sit hoc malum iamque baptizatus de mutandis in melius moribus instruatur. — L. c. 18, 33: Insuper dicunt novam esse doctrinam quae nequissimi homines in suis flagitiis se perseveraturos in propatulo profitentes non admittuntur ad baptismum. — L. c. 25, 47: Neque enim ut relevata conscientia intrant ad baptismum, dignantur saltem vomere pristinas immunditias, quas canum more iterum sorbeant, sed in lavacri ipsius sanctitate pertinaciter crudo pectore indigestam nequitiam tenere contendunt, nec occultant eam pollicitatione vel ficta, sed impudentia professionis eructant, nec exeuntes de Sodomis more uxoris Loth in praeterita iterum attendunt, sed omnino de Sodomis dedignantur exire; immo ad Christum cum Sodomis conantur intrare.

[1]) L. c. 4, 6: Quidam vero et contrario periclitantes, cum bonorum malorumque commixtionem in ecclesia demonstratam vel praedictam esse perspexerint et patientiae praecepta didicerint, destituendam putant ecclesiae disciplinam, quandam perversissimam securitatem praepositis tribuentes, ut ad eos non pertineat nisi dicere quid cavendum quidve faciendum sit, quodlibet autem quisque faciet non curare. — L. c. 5, 7: Eis per quos ecclesia regitur adest salva pace ecclesiae potestas disciplinae adversus improbos aut nefarios exercendae.

[2]) L. c. 6, 8: Quomodo igitur ad illa sancta recusans correctionem adulter admittitur, quo recusans observationem non admittitur coniugatus? Vgl. S. 14 Anm. 1.

[3]) L. c. 19, 35: Quamobrem quae manifesta sunt impudicitiae crimina, omni modo a baptismo prohibenda sunt, nisi mutatione voluntatis et poenitentia corrigantur; quae autem dubia omni modo conandum est, ne fiant tales coniunctiones.

[4]) L. c. 8, 13: Quod si dicere nefas est, audiant baptizandi non solum quid credere debeant, sed etiam quemadmodum se ab hoc pravo saeculo eripiant. Ibi enim necesse est ut audiant quemadmodum credentes vivere debeant

werbe dem Taufbrunnen unbedingt fern zu halten, da die ganze Existenz dieser beiden im unbedingten Widerspruch zum Inhalt des christlichen Glaubens stand.[1]) Und die Folgezeit hat diesen Männern der Opposition Recht gegeben. Bei Massentaufen wurde die sittliche Prüfung zur Unmöglichkeit, und mit ihr fiel naturgemäss auch der Vortrag über die christliche Lebensführung. Erst nach der in der Taufe erfolgten sittlichen Wiedergeburt schienen Lehre und Zucht der Kirche im sittlichen Leben des Christen von Erfolg sein zu können.

Fraglos gilt also schon für die Zeit Augustins, dass die erziehliche Kraft des Kompetentenunterrichtes vorzugsweise in dogmatischen Unterweisungen gesucht wird, denen allgemein das apostolische Glaubensbekenntnis als Leitfaden dient.[2])

Das war an sich nicht befremdlich, vorausgesetzt dass das Neue in der Vertiefung und intensiven Wiederholung des bereits Bekannten gesucht wurde. Denn vor Jahr und Tag schon als der jetzige Taufkandidat den ersten Schritt that, um sich der Gemeinde zu nähern, hatte er in jener Einführungskatechese einen wenn auch nicht eingehenden, so doch vollständigen Einblick in das Heiligtum Gottes bekommen. Schöpfung und

---

[1]) De fide et oper. 12, 18: Cultor idolorum, 18, 33: Meretrices lenones gladiatores, 21 37: Meretrices.

[2]) L. c. 20, 86: Iste curationis ordo est, ut baptizandi credant in deum patrem et filium et spiritum sanctum eo ritu quo symbolum traditur. Vgl. auch hier die Einwürfe der Opposition L c. 9, 14: Spado, inquiunt, ille quem Philippus baptizavit, nihil plus dixit, quam: credo filium dei esse Iesum Christum, et in hac professione continuo baptizatus est. Num ergo placet, ut hoc solum homines respondeant et continuo baptizentur? Nihil de spiritu sancto, nihil de sancta ecclesia, nihil de remissione peccatorum, nihil de resurrectione mortuorum, postremo de ipso domino Iesu Christo nihil nisi quia filius dei est, non de incarnatione eius ex virgine, non de passione, de morte crucis, de sepultura, de tertii diei resurrectione, de ascensione ac sede ad dexteram patris aliquid dicendum est catechizanti ac profitendum credenti? — L. c. 11, 17: At enim populus Israel primum per mare rubrum ductus est, quo significatur baptismus; et postea legem accepit, ubi disceret quemadmodum viveret. Cur ergo baptizandis vel symbolum tradimus, reddendumque exposcimus? Nihil enim tale factum est erga illos quos per mare rubrum deus ab Aegyptiis liberavit.

§ 1. Der altkirchliche Katechumenat. 25

Sündenfall, des Volkes Israel Sündigen und Auferstehen, die Notwendigkeit einer Erlösung, die Weissagungen auf Christus, endlich sein Kommen, Lehren, Leiden und Sterben, die Gründung der Kirche am Pfingstfeste, ihr jetziger Zustand und ihre derzeitigen Aufgaben: das alles war den Katechumenen am ersten Tage gleich frei und offen enthüllt, und die sonntäglichen Predigten, die anzuhören er verpflichtet war, hatten das alles näher ausgeführt. Man darf kühn behaupten, dass nichts von der christlichen Heilslehre demjenigen Kompetenten mehr unbekannt war, der diesen Namen wirklich zu verdienen gestrebt hatte. Es erübrigte nur das gesamte Material noch einmal zusammenzufassen und der höheren Erkenntnisstufe entsprechend eingehender zu erörtern.

Aber die offiziellen Kreise der Kirche hafteten nun einmal derartig am Mysteriencharakter des Katechumenates, dass sie, jene allgemeine Bekanntschaft leugnend, bestimmte Unterrichtsstoffe für die Kompetentenzeit zu reservieren strebten. Ohne grosses Glück. Denn wenn Ambrosius oder Maximus von Turin die innertrinitarischen Verhältnisse als ein solches Arkanum bezeichneten, so hat die theologische Erörterung über dieselben gewiss einen grossen Raum im Kompetentenunterricht eingenommen; als ein eigentliches Arkanum aber konnten Dinge nicht bezeichnet werden, über welche seit Jahrzehnten bereits alle Heiden witzelten. Und dasselbe gilt von der Christologie, die Hilarius in gleicher Absicht namhaft macht.[1]) Es war

---

[1]) Ambrosius expos. evang. sec. Lucam VI 107: Quod si ad sacramenta fidelium tendens catechumenus imbuendus sit, dicendum, quia unus est deus ex quo omnia et unus Iesus Christus per quem omnia, non duos dominos esse dicendos, perfectum quidem patrem, perfectum esse et filium; sed unius patrem et filium esse substantiae, verbum aeternum aeterni dei non quod profertur sed quod operatur, ex patre genitum, non voce editum. — Maxim. Taurin. sermo 27: Reserandum igitur competentibus nostris est coelum, quoniam adhuc clausum est apud illos; clausum est enim coelnm illis, quoniam mysterium nondum pervident trinitatis. Clauso enim sibi coelo, super coelum quid agatur, ignorant, nec scire possunt quae sit filii patrisque substantia nisi prius mundi elementa transcenderint. — Hilarius comment. in Matth. VI 1: Ergo et concorporationem verbi dei et passionis mysterium et virtutem resurrectionis non promiscue tractare nos convenit neque imperite incuriosoque proferre, ne ignorantiam

völlig aussichtslos, auch nur einen Bruchteil von dem Inhalte der Glaubensregel als Geheimnis zu behandeln. Und doch „wollte die Kirche als Besitzerin wunderbarer Geheimnisse erscheinen". Das wurde dann der Grund, warum die geheimnisthuerische Pädagogik jener Zeit sich wenigstens an den im Glaubensbekenntnis fixierten Wortlaut der Glaubensregel anklammerte. Inhaltlich war den Taufkandidaten nicht mehr viel Neues zu bieten, aber an der Formel des apostolischen Symbols wie an der des Vaterunsers fand die altchristliche Mysterienpraxis ein vortreffliches Objekt für feierliche Mitteilung an die Kompetenten und stufenweise Weiterführung derselben. Hier trafen zwei verschiedene Interessen zusammen: der Wunsch, den Kompetenten eine gründlichere Erziehung durch die christliche Lehre angedeihen zu lassen, ward unwillkürlich überflügelt von dem Bedürfnis der Zeit, allen mit der Taufe zusammenhängenden Akten den Charakter des Mysteriums zu verleihen. Das Symbol „nicht schulmässig, sondern kultisch überliefert" ward zum Arkanum.

An keinem der vierzig Vorbereitungs- und Fasttage, welche dem Osterfeste vorangingen, wurden Gemeinde und Kompetenten sich so sehr ihrer Zusammengehörigkeit bewusst, als am Tage jener feierlichen Versammlung, in welcher der Bischof den letzteren offiziell den Wortlaut des apostolischen Glaubensbekenntnisses überantwortete. Jahrhunderte vergingen, die alte Katechumenenpraxis war längst zu Grabe getragen, aber die Erinnerung an jenen glänzenden Tag hielt sich noch wie vor. Wie hoch mag er erst von jenem älteren Geschlechte gewertet worden sein.

Der Termin für diese Feierlichkeit schwankte, in Afrika beging man sie am Samstag vor Lätare.[1])

---

nostram, si perfectae scientiae desit instructio, proterant atque conculcent et infirmitatem in deo passionis irrideant conversique in nos contradictionum aculeis imperitiam nostram fidemque disrumpant.

[1]) Zur Feststellung des Übergabetermins in der afrikanischen Kirche dienen die augustinischen Citate: Sermo 58 c. 1: Symbolum reddidistis, quo breviter comprehensa continetur fides. — Accipite hodie quomodo invocetur deus. — Tenete ergo et hanc orationem quam reddituri estis ad octo dies. Quicumque autem vestrum non bene symbolum reddiderunt

§ 1. Der altkirchliche Katechumenat.

Das sehnsüchtig erwartete Geheimnis wird den Taufkandidaten vorgestellt als ein Bekenntnis kurz an Worten, aber alles enthaltend, was zur Erlangung der ewigen Seligkeit nötig ist;[1])

habent spatium, teneant: quia die sabbati audientibus omnibus qui aderunt reddituri estis, die sabbati novissimo, quo die baptizandi estis. Ad octo antem dies ab hodierno die reddituri estis hanc orationem quam hodie accepistis. — Sermo 58, 13: Ideo die sabbati quando vigilaturi sumus in dei misericordia reddituri estis non orationem sed symbolum. Modo enim nisi teneatis symbolum, in ecclesia in populo symbolum quotidie non auditis. — Sermo 59 c. 1: Reddidistis quod credidis, audite quid oretis. — Prius symbolum didicistis. — Oratio autem quam hodie accipitis tenendam et ad octo dies reddendam etc. — Sermo 213 c. 8: Orationem dominicam, quam post octo dies accepturi estis. Aus denselben geht bestimmt hervor, 1) dass am selben Tage Rückgabe des Symbols und Übergabe des Gebetes stattfand, 2) dass das Symbol acht Tage früher übergeben war und dass das Gebet acht Tage später zurückgegeben wurde, 3) dass im Vergleich zu letzterem Termin die solenne Rückgabe des Symbols am Ostersamstag d. h. Tauftag noch weiter hinaus lag (habent spatium), 4) dass eine solenne Rückgabe des Gebetes bei der Taufe nicht stattfand, dass dasselbe vielmehr von den Kompetenten nur eingeübt wurde, um von der Taufe an mit der Gemeinde zusammen in der Liturgie gebetet zu werden. Wir gewinnen also als Termine drei Skrutinien je durch sechs Tage getrennt und den Tauftag selbst. Höfling, der das obige Datum Samstag vor Lätare angibt, ohne zu sagen wie er zu demselben gelangt (a. a. O. I 229), scheint als Zwischenzeit zwischen dem letzten jener Skrutinien und dem Tauftage ebenfalls sechs Tage angenommen zu haben, so dass die Übergabe des Symbols auf den Samstag vor Lätare, die probeweise Rückgabe desselben und die Übergabe des Gebetes auf Samstag vor Judika, die private Rückgabe des Gebetes auf Samstag vor Palmarum und die solenne Rückgabe des Symbols auf den stillen Samstag zu setzen wäre. Ich widerspreche dieser Berechnung nicht, zumal Martene (de ant. eccl. ritib. I 66 sq.) bereits zu demselben Ergebnis gelangt ist. Dagegen ist mir unverständlich, wie Probst (Katechese und Predigt S. 98) den Sonntag Judika als Übergabetermin herausrechnen konnte. — Ob man in Mailand als regelmässigen Übergabetermin nur den Palmsonntag kannte, lässt sich mit Rücksicht auf die aliqui competentes jedenfalls nicht sicher behaupten, vgl. oben S. 17 Anm. 1, und dazu l. c. I 20, 6: Itaque sanctis diebus hebdomadis ultimae quibus solebant debitorum laxari vincula stridunt catenae.

[1]) Sermo 58 c. 1: Symbolum reddidistis quo breviter comprehensa continetur fides. — De fide et symbolo 1, 1: Est autem catholica fides in symbolo nota fidelibus memoriaeque mandata quanta res passa est brevitate sermonis, ut incipientibus atque lactentibus eis qui in Christo renati sunt nondum scripturarum divinarum diligentissima et spirituali tractatione atque

als ein Erkennungszeichen des Gläubigen vor dem Ungläubigen; als ein Samenkorn, das im Herzen tief verborgen durch Gottes Gnade und des heiligen Geistes Hilfe die Früchte des Glaubens bringen werde; als ein unendlich hohes Gut, mit dem deshalb auch überaus vorsichtig zu verfahren ist. In diesem herrlichen Besitz geht für die christliche Gemeinde die Verheissung des Propheten Jeremias in Erfüllung: Ich will mein Gesetz in ihr Herz geben und in ihren Sinn schreiben. Das ist auch der Grund, weshalb diese wunderbare, wunderkräftige Formel, welche die Taufkandidaten jetzt erhalten sollen, niemals niedergeschrieben werden darf. Denn diesem Verbote lag ursprünglich eine tiefere Idee zu Grunde und geisterfüllte Lehrer suchten auch jetzt noch nach einer vernünftigen Motivierung. „Der Glaube, welcher die Personen zur Gemeinde und die Gemeinden zur Kirche einigt, wird nicht mit Schreibrohr und Tinte auf Papier geschrieben, weil er nicht als ein Gesetzesbuchstabe den Glaubenden äusserlich gegenüberstehen, sondern bleiben soll, was er ist, ein durch den heiligen Geist in die Herzen aller geschriebenes Zeugnis Gottes. Das wollte man auch dadurch ausdrücken, dass man das Bekenntnis nur dem Gedächtnis anvertraute."[1]) Die grosse Masse jener Zeit freilich

cognitione roboratis paucis verbis credendum constitueretur, quod multis verbis exponendum esset proficientibus et ad divinam doctrinam certa humilitatis atque caritatis firmitate surgentibus. — L. c. 10, 25: Haec est fides quae paucis verbis tenenda in symbolo novellis christianis datur. Quae pauca verba fidelibus nota sunt, ut credendo subiugentur deo, subiugati recte vivant, recte vivendo cor mundent, corde mundato quod credunt intelligant. — Sermo 212 c. 1: Tempus est ut symbolum accipiatis quo continetur breviter propter aeternam salutem omne quod credidit. — Sermo 214 c. 1: Hoc in vobis aedificat symbolum quod et credere et confiteri debetis, ut salvi esse possitis.

[1]) Zahn, Glaubensregel und Taufbekenntnis in der alten Kirche, in Zeitsch. f. kirchl. Wiss. u. kirchl. Leben 1881 S. 317. — August. sermo 212 c. 2: Nec ut eadem verba symboli teneatis, ullo modo debetis scribere; sed audiendo perdiscere, nec cum didiceritis, scribere; sed memoria semper tenere atque recolere. Quidquid enim in symbolo audituri estis, in divinis sacrarum scripturarum litteris continetur. Sed quod ita collectum et in formam quandam redactum non licet scribi, commemoratio fit promissionis dei, ubi per prophetam praenuntians testamentum novum dixit: hoc est testamentum quod ordinabo eis post dies illos, dicit dominus, dando legem

§ 1. Der altkirchliche Katechumenat. 29

verstand dieses Verbot widersinnig genug in dem Sinne, dass ein nicht im Schrein des Herzens aufbewahrtes und anders als von Mund zu Mund weiter gegebenes Symbol leicht irgendwelcher besonderen Profanation ausgesetzt sein könnte.

Die Mitteilung des Wortlautes sollte ohne Verkürzung und ohne erklärende Zusätze erfolgen.[1] Indessen liess es sich der Bischof selbstverständlich nicht nehmen, derselben eine Ansprache folgen zu lassen, in welcher er mit knappen Worten die Kompetenten über Namen und Bedeutung des Symbols im allgemeinen sowie über den Inhalt der einzelnen Artikel unterrichtete, die sog. Symbolerklärung oder Expositio symboli.[2]

Während Katechisationen und Skrutinien ihren ruhigen Fortgang nahmen, galt es binnen acht Tagen das empfangene Symbol dem Gedächtnis einzuprägen,[3] wobei Laien, auch

---

messm in mente eorum et in corde eorum scribam eam (Jerem. 31, 33). Huius rei significandae causa audiendo symbolum discitur, nec in tabulis vel in aliqua materia sed in corde scribitur. — Sermo de symbolo ad catechumenos 1, 1: Symbolum nemo scribit ut legi possit, sed ad recensendum, ne forte deleat oblivio quod tradidit diligentia, sit vobis codex vestra memoria. — Ambros. de Cain et Abel I 9, 37: Cave ne incaute symboli vel dominicae orationis divulges mysterium.

[1] August. sermo 214 c. 1: Post hanc praelocutionem pronuntiandum est totum symbolum sine aliqua interposita disputatione: credo in deum patrem omnipotentem, et caetera quae sequuntur in eo.

[2] L. c.: Quod symbolum nostis quia scribi non solet: quo dicto adiungenda est haec disputatio. Zuweilen ging die Ansprache voran und leitete die traditio symboli ein. Diesen Fall setzt sermo 212 voraus: Hinc igitur brevem sermonem de universo symbolo vobis debitum reddidi in quo symbolo quod audieritis totum in isto sermone nostro breviter collectum agnoscetis. Was die Kompetenten in der Ansprache vollständig vernommen haben, werden sie jetzt im Symbol in kurzem Auszuge wiederfinden. Sermo 214 c. 1: Collecta breviter et in ordinem certum redacta atque constricta. — L. c. c. 12: Omnia quae traduntur in symbolo pro modulo nostro, fratres mei, vestrae exposui caritati.

[3] Sermo 214 c. 1. 2: Et ea quidem quae breviter accepturi estis, mandanda memoriae et ore proferenda, non nova vel inaudita sunt vobis. Haec sunt quae fideliter retenturi estis et memoriter reddituri. Ista quae breviter audistis, non solum credere sed etiam totidem verbis memoriae commendare et ore proferre debetis. — Sermo de symbolo ad catechumenos 1, 1: Hoc est enim symbolum quod recensuri estis et reddituri. — Sermo 58 c. 1: Accipite modo quod tenaetis et postea reddetis et numquam obliviscamini.

Diakonen oder Diakonissen den Kompetenten behilflich waren.[1] Versuchsweise fand Samstag vor Judika ein Aufsagen des Symbols statt. Denn man rechnete mit der Wahrscheinlichkeit, dass nur ein Teil der Taufkandidaten in der Lage sei, sich den Wortlaut des Bekenntnisses in dieser kurzen Zeit anzueignen.[2]

Mochte nun die Wiedergabe des Symbols gelungen sein oder nicht: jedenfalls wissen die Kompetenten nunmehr, an wen sie glauben. Drum dürfen sie jetzt erfahren, wen sie anzurufen haben.[3] Im selben Skrutinium des Samstag vor Judika teilt ihnen daher der Bischof den Wortlaut des Vaterunsers mit,[4] nachdem die voraufgegangene Perikope sie mit demselben als mit einer Überlieferung Jesu an seine Schüler und Gläubigen bekannt gemacht hatte.[5] Acht Tage später musste sich der Empfänger über die Aneignung auch dieses

---

[1] Rufin. apol. in Hieron. I 4: Alius diaconus simulque pater mihi et doctor symboli et fidei fuit.

[2] August. sermo 58 c. 1: Quicumque autem vestrum non bene symbolum reddiderunt, habent spatium, teneant. Auch diese vorläufige Rückgabe wurde redditio genannt. Sermo 58 c. 1; 59 c. 1.

[3] Sermo 56 c. 1: Quia ergo dixit: quomodo invocabunt in quem non crediderunt, ideo non accepistis prius orationem et postea symbolum, sed prius symbolum ubi sciretis quid crederetis, et postea orationem ubi nossetis quem invocaretis. — Sermo 57 c. 1: Ordo est aedificationis vestrae ut discatis prius quid credatis et postea quid petatis. — Ideo prius didicistis quod crederetis, hodie didicistis eum invocare in quem credidistis. — Sermo 58 c. 1: Iam et antea dixi vobis quod ait apostolus Paulus: quomodo invocabunt in quem non crediderunt. Quia ergo quomodo credatur in deum et accepistis et tenuistis et reddidistis: accipite hodie quomodo invocetur deus. — Sermo 59 c. 1: Reddidistis quod credidit, audite quid oretis. Quoniam invocare non possetis, in quem non credidissetis, apostolo dicente: quomodo invocabunt, in quem non crediderunt (Rom. 10, 14)? Ideo prius symbolum didicistis, ubi est regula fidei vestrae brevis et grandis: brevis numero verborum, grandis pondere sententiarum. Oratio autem quam hodie accipitis tenendam et ad octo dies reddendam, sicut audistis cum evangelium legeretur, ab ipso domino dicta est discipulis ipsius et ab ipso pervenit ad nos.

[4] Sermo 213 c. 8: Sed etiam in oratione dominica et quotidiana, quam post octo dies accepturi estis.

[5] Sermo 58 c. 1: Ipse filius sicut audistis cum evangelium legeretur docuit discipulos suos et fideles suos hanc orationem.

Arkanums ausweisen.¹) Doch scheint es sich dabei ebenfalls nur um einen inoffiziellen Akt gehandelt zu haben. Denn da eine feierliche liturgische Wiedergabe nirgends erwähnt wird, so lernte der Kompetent den Wortlaut wohl nur deshalb auswendig, um das Gebet fortan im Gottesdienste zusammen mit der Gemeinde sprechen zu können, ein Vorrecht das er zum ersten Male bei der den Taufakt abschliessenden eucharistischen Feier ausüben durfte. Denn das Vaterunser nimmt ebenso eine offizielle Stellung als Arkanum bei der Eucharistie ein, wie das Glaubensbekenntnis bei der Taufe.²) Da aber das Herrengebet im Gottesdienst später regelmässig wiederkehrte, so stand nicht zu befürchten, dass ein Gemeindeglied ohne wörtliche Kenntnis desselben bleiben konnte.³)

Anders bei dem Symbol, dem die Alte Kirche ausser in der Katechumenenordnung nirgends eine liturgische Stelle angewiesen hatte.⁴) Bei ihm konnte man sich deshalb nicht auf ein Einüben durch wiederkehrendes Recitieren verlassen, vielmehr musste man die Gewissheit haben, dass der Täufling sich das-

---

¹) L. c.: Tenete ergo et hanc orationem quem reddituri estis ad octo dies. — Ad octo autem dies ab hodierno die reddituri estis hanc orationem quam hodie accepistis.

²) Ambros. lib. de Instit. virg. 2, 10: Similiter et dominica oratio omnia comprehendit quam vulgare non opus est.

³) August. sermo 58 c. 12: Oratio quotidie dicenda est vobis, cum baptizati fueritis. In ecclesia enim ad altare dei quotidie dicitur ista dominica oratio, et audiunt illam fideles. Non ergo timemus, ne minus diligenter eam teneatis, quia si si quis vestrum non poterit tenere perfecte, audiendo quotidie tenebit.

⁴) Sermo 58 c. 13: Ideo die sabbati quando vigilaturi sumus in dei misericordia, reddituri estis non orationem sed symbolum. Modo enim nisi teneatis symbolum, in ecclesia in populo symbolum quotidie non auditis. Eine Ausnahme macht die Mailändische Gottesdienstordnung, welche entsprechend der griechischen Liturgie nach dem Offertorium das Symbolum Nicaenum recitieren lässt. Vgl. 1) Kanon des Pamelius. Probst im Katholik 1882 I 120. 344. 351. 2) Das i. J. 1560 edierte Ambros. Missale, welches hinter dem Offertorium angibt: Sequitur symbolum quod tantum dicitur in diebus dominicis et aliis festivitatibus domini et sanctorum et in octavis et sabbato in traditione symboli: credo in unum etc. Martene l. c. I 484. 3) ob auch in dem i. J. 1669 edierten Missale, vgl. Mabillon de liturgia Gallicana p. 9, konnte ich nicht konstatieren.

selbe wirklich eingeprägt hatte, ehe man ihn zum Taufbrunnen zuliess. Und so ernst nahm man es damals mit dieser Vorschrift, dass ein gewisser Dioskur, der, ohne ihr nachgekommen zu sein, sich die Taufe erschlichen hatte, seine bald darauf eintretende Lähmung dem Umstande zuschrieb, dass er das Symbol nicht zuvor zurückgegeben habe.[1])

Am grossen Sabbat beging die Gemeinde mit den Taufkandidaten die letzte Kompetentenversammlung. Dieselbe bekam durch die feierliche Rückgabe des Symbols eine besondere Auszeichnung. Einzeln sagten die Kompetenten das sorgfältig memorierte Glaubensbekenntnis vor der Gemeinde auf. Schüchternen ward gestattet, es dem Priester allein aufzusagen.[2]) Es folgt noch eine letzte Ansprache des Bischofs.[3]) Sie schärft den Taufkandidaten ein, das Symbol morgens, mittags und abends zu recitieren, dadurch mit ihm nach Inhalt und Wortlaut völlig zu verwachsen und alle Artikel desselben, die nochmals der Reihe nach durchgesprochen werden, um der Seelen Seligkeit willen fest zu glauben.[4])

---

[1]) Vgl. den Bericht darüber in August. epist. III 227: Tunc somnio admonitus confitetur per scripturam ob hoc sibi dictum esse accidisse, quod symbolum non reddiderit.

[2]) Sermo 58 c. 1: Quia die sabbati audientibus omnibus qui aderunt reddituri estis, die sabbati novissimo, quo die baptizandi estis. — Sermo 215 c. 1: Sacrosancti martyrii symbolum quod simul accepistis et singuli hodie reddidistis. — Confess. VIII 2, 5: Denique ut ventum est ad horam profitendae fidei quae verbis certis conceptis retentisque memoriter de loco eminentiore in conspectu populi fidelis Romae reddi solet ab eis qui accessuri sunt ad gratiam tuam, oblatum esse dicebat Victorino a presbyteris, ut secretius redderet sicut nonnullis qui verecundia trepidaturi videbantur offerri mos erat; illum autem maluisse salutem suam in conspectu sanctae multitudinis profiteri. Vgl. auch Joh. von Neapel (c. 534—554), Predigt über Ps. 118: Agnoscatur character illud militiae vestrae quod professi estis in eminenti loco ecclesiae. Rev. Bénéd. 1894 S. 395.

[3]) Vgl. sermo 215 in redditione symboli.

[4]) Sermo 58 c. 13: Cum autem (symbolum) tenueretis, ut non obliviscamini quotidie dicite; quando surgitis, quando vos ad somnum collocatis, reddite symbolum vestrum, reddite domino, commemorate vos ipsos, non pigeat repetere. Bona est enim repetitio, ne subrepat oblivio. Ne dicatis: Dixi heri, dixi hodie, quotidie dico, teneo illud bene. Commemora fidem tuam, inspice te; sit tamquam speculum tibi symbolum tuum. Ibi te vide, si credis omnia quae te credere confiteris et gaude quotidie in fide tua. Sint divi-

Nunmehr hatte der Kompetent sein Losungswort empfangen. Im Besitz des neuen Arkanums konnte er sich den Mysterien des in der darauf folgenden Osternacht zu vollziehenden Taufaktes selbst nähern. Nicht der allbekannte Inhalt des Glaubensbekenntnisses, nicht seine einzelnen Bestandteile waren hier das Bedeutsame und Wirkungskräftige; sondern die bestimmt ausgeprägte und feierlichst überlieferte Formel des Symbols schied nunmehr die Schar der Taufkandidaten von der übrigen Welt der Katechumenen,[1]) vereinigte sie mit den Gliedern der Kirche zu einer Gemeinde von Wissenden und galt ihnen als Schlüssel zu allen kirchlichen Heiligtümern.

Es verstand sich von selbst, dass die Kompetenten dieses ihr wertvollstes Gut aufs sorgfältigste hüteten. War ihnen ja unbedingtes Schweigen über den Wortlaut der Formel — nicht etwa über ihren Inhalt — eingeschärft worden. Das hatte zur bekannten Folge, dass der offizielle Symboltext jahrhundertelang nur mündlich weitergegeben wurde und insofern nach wie vor als ein zur Taufvorbereitung notwendiges Ge-

---

tuae tuae, sint quotidiana ista quodam modo indumenta mentis tuae. Numquid non quando surgis vestis te? Sic et commemorando symbolum tuum vesti animam tuam, ne forte eam nudet oblivio et remaneas nudus et fiat quod ait apostolus, quod absit a te: Si tamen exspoliati, non nudi inveniamur (II. Cor. 5, 3). Vestiti enim erimus fide nostra; et ipsa fides et tunica est et lorica: tunica, contra confusionem: lorica, contra adversitatem. Cum autem venerimus ad illum locum ubi regnabimus, non opus est ut dicamus symbolum: deum videbimus, ipse deus nobis visio erit; visio dei fidei huius merces erit. — Sermo 215 c. 1; Accepistis et reddidistis quod in stratis vestris dicatis, quod in plateis cogitetis et quod inter cibos non obliviscamini; in quo etiam dormientes corpore, corde vigiletis. — Sermo de symbolo ad catech. 1, 1: Et cum acceperitis, in corde scribite et quotidie dicite apud vos: antequam dormiatis, antequam procedatis, vestro symbolo vos munite. — l. c. 7, 15: Habetis symbolum perfecte in vobis quando baptizamini. — Ambros. de virgin. III 4, 20: Symbolum quoque specialiter debemus tanquam nostri signaculum cordis antelucanis horis quotidie recensere: quo etiam cum horremus aliquid, animo recurrendum est. Quando enim sine militiae sacramento, miles in tentorio, bellator in proelio?

[1]) Maxim. Taurin. hom. 83: Beati apostoli mysterium symboli tradiderunt, ut signaculum symboli inter fideles perfidosque secerneret.

heimstück galt.¹) Und diese Qualität der Symbolformel erhielt sich auch noch dem Namen nach aufrecht, als das Privilegium selbst durch niedergeschriebene Reden und Kommentare zum Symbol, aus denen sich der Wortlaut nicht nur leicht zusammenstellen liess, sondern die geradezu auf Abweichungen und Verschiedenheiten im Texte aufmerksam machten, illusorisch geworden war.

Indessen erschöpft sich die Bedeutung des Symbols für die Taufvorbereitung keineswegs in jenen beiden geheimnisvollen Ceremonien. Dieselben mehr oder weniger ein Produkt des mystagogischen Charakters, in welchem sich das religiöse Leben der alten Welt und so auch das der altchristlichen Gemeinde gefiel, zogen nur um ihres Gepränges willen in stärkerem Masse die Aufmerksamkeit auf sich, während die stille Wirksamkeit des Symbols sich dem oberflächlichen Blick entzog. Sie waren schliesslich nur ein Mittel zum Zweck, indem sie für den dogmatischen Unterricht der Kompetenten das Handbuch, den Leitfaden, lieferten.

Das Glaubensbekenntnis galt von frühester Zeit her als ein verbum abbreviatum, als eine kurze Zusammenfassung alles Lehr- und Lernbaren im Christentum und deshalb selbst als schlechthin notwendig zur Seligkeit.²) Alles was der Tauf-

---

¹) Ein treffliches Beispiel aus dem Orient bietet bekanntlich Sozomenus, der in seiner Kirchengeschichte (I 20) auf den Rat frommer Freunde davon absteht, den Wortlaut des Nicänischen Symbols, da es zugleich Taufsymbol sei, mitzuteilen, um nicht οἷα δὴ μύσταις καὶ μυσταγωγοῖς μόνοις δίοντα λέγειν καὶ ἀκούειν durch sein Buch in die Hände von Uneingeweihten geraten zu lassen.

²) Der Name ist gebildet im Anschlusse an die falsche altlateinische Übersetzung von Jes. 10, 22. 23, wo das beschlossene Verderben und Strafgericht, welches der Herr über die ganze Erde ergehen lassen wird, nach Anleitung von LXX und Röm. 9, 28 (λόγος συντετμημένος) wiedergegeben wird mit verbum consummans et brevians in institia, quoniam sermonem breviatum faciet deus in toto orbe terrae. Je länger, je mehr einigt man sich bezüglich des Inhaltes dieses verbum abbreviatum auf die drei Stücke: Glaubensbekenntnis, Herrngebet und Doppelgebot der Liebe. Sie gelten als zur Seligkeit schlechthin notwendig; sie machen daher auch den wesentlichen Inhalt des kirchlichen Taufunterrichtes aus; sie, wenn irgend etwas, eigneten sich schliesslich auch zum Objekt einer feierlichen Überlieferung und stufenweise Enthüllung. Holtzmann a. a. O.

kandidat vom ersten Tage seines Christseins an bald in grossen Zügen, bald in detaillierter Ausführung zu hören bekommen hatte, fand er hier in vollständiger Rekapitulation, leicht fasslich und leicht behaltbar, wieder vor als wertvolle Mitgabe für die Lebensreise. Es ward ihm jetzt in einer Formel übergeben, die man mit ihm einübte und ihm in verschiedenen Katechesen erklärte. Er erhielt einen dogmatischen Unterricht, der sachlich wohl nicht viel Neues bot, vielmehr nur eine Repetition von Bekanntem und schon oft Gehörtem war, der sich aber formell von allen früheren katechetischen Unterweisungen dadurch unterschied, dass er die dogmatischen Materien an dem Faden des Symbols aufreihte, dieses also als Leitfaden benutzte und um dieses Arkanums willen wohl auch als eine Einführung in das tiefere Verständnis der Grundlehren angesehen werden konnte.¹) Die Weise des Unterrichtes war nicht nur eine weit planmässigere und sorgfältigere, sondern sie konnte sich auch eingehender mit solchen theologischen Gegenständen befassen, die bei früheren Gelegenheiten nur obenhin gestreift werden durften.²) Der abgegrenzte Zuhörerkreis, dem man kräftigere Speise bieten konnte, die bestimmte Veranlassung, die geschlossene Zeit der Fasten: das alles wirkte zu-

---

S. 72 f. Vgl. Fulgentius von Ruspe libri X contra Fabianum Arianum. fragm. 36 (Caspari, Quellen zur Geschichte des Taufsymbols und der Glaubensregel II 247): Sicut in brevitate consummavit omnia praecepta legis dicens in illis duobus praeceptis dilectionis dei et proximi totam legem propheticasque pendere, sicut etiam in orationis brevitate perfecit quidquid ad praesentis vitae auxilium et ad futurae pertinebat effectum: sic etiam in symboli brevitate perfectum voluit per apostolos suos fidei sanctae ordinari tenorem qui recte credentibus proficeret ad salutem.

²) Dasselbe gilt vom Orient. Denn das: per quadraginta dies publice tradere sanctam ed adorandam trinitatem, von welchem Hieronymus contra Ioannem Hierosol. ad Pammachium c. 18 spricht, ist nichts anderes als der dogmatische Kompetentenunterricht an der Hand des Symbols. Und ebenso das: episcopus docet illos (competentes) legem in der Peregrinatio Silviae ed. Gamurrini p. 105.

³) De fide et operibus 6, 9: Quod autem fit per omne tempus quo in ecclesia salubriter constitutum est, ut ad nomen Christi accedentes catechumenorum gradus excipiat, hoc fit multo diligentius et instantius his diebus quibus competentes vocantur, cum ad percipiendum baptismum sua nomina iam dederunt.

sammen, um dieser dogmatischen Kompetentenunterweisung eine höhere Weihe zu verleihen, die mit der geheimnisvollen Art des zu Grunde gelegten Symbolwortlautes in einer gewissen Wahlverwandtschaft stand. Mystischer Charakter und erzieherische Tendenz zeichnete die Kompetentenkatechesen vor allen früheren Unterweisungen aus.

Aber auch nicht ganz ohne innere Bedeutung blieb das mit dem Symbol aufgestellte geheimnisvolle Ceremoniell. Indem die Täuflinge das Symbol durch Memorieren sich aneignen und dasselbe einzeln in feierlicher Weise der Gemeinde aufsagen, legen sie zu den in ihm aufgezählten Heilsthatsachen ein Bekenntnis ab. Die Gemeinde vergewissert sich nicht bloss darüber, ob der Inhalt des Symbols denen, welche sie in ihren Schoss aufnehmen will, bekannt sei, sondern ob sie auch gewillt sind, ihren Christenstand auf denselben zu gründen. Wiederholt verlangt sie im Anschluss an das Wort des Apostels (Röm. 10, 10) neben dem Glauben des Herzens das Bekenntnis des Mundes. Und gern rekurriert man später bei den Getauften auf das Symbol als ihr Taufgelübde, durch welches sie gebunden sind.[1]

Dies alles wirkte zusammen, um das Symbol während der ganzen Kompetentenzeit in den Mittelpunkt des Interesses zu stellen; ein heiliger Schauer scheidet die mit diesem Arkanum

---

[1] August. sermo 223 c. 2: Veniet antem ille de quo reddidistis in symbolo: inde venturus est iudicare vivos et mortuos. — Sermo 227: Quid reddidistis in symbolo? Tertia die resurrexit a mortuis, ascendit in coelum, sedet ad dexteram patris. Ergo in coelo est caput nostrum. — Leo M. sermo 48 c. 8: Hoc fixum habete in animo, quod dicitis in symbolo. Credite etc. — Leo M. sermo 62 c. 2: Hac fidei regula, dilectissimi, quam in ipso exordio symboli per auctoritatem apostolicae institutionis accepimus, dominum nostrum Iesum Christum quem filium dei patris etc. confitemur. — Leo M. epist. 124 c. 8: Obliti prophetarum et apostolorum, obliti symboli salutaris et confessionis quam pronuntiantes coram multis testibus sacramentum baptismi suscepistis. — Facundus von Hermiane, epist. fid. cathol., ML. 67, 869 sq.: Symbolum itaque, collatio sive pactum quod fit homini cum deo, patres nostri catholici doctores interpretari docuerunt. Quoniam ergo pactum cum deo fecimus, et sic in uno sanctae trinitatis nomine baptizati sumus, si quis unum iota vel unum apicem ex pacto quod cum deo iniit dissolverit, sine dubio fidem qua deo credidit et ipsum deum cui credidit perdidisse convincitur.

Beschäftigten von der profanen Aussenwelt. Erwartungsvoll geht die Schar der Taufkandidaten dem Tage der Übergabe entgegen. Von da ab nimmt das Einüben des Wortlautes einen grossen Teil der Gemeindeglieder in Anspruch, die Erklärung der einzelnen Artikel beherrscht den katechetischen Unterricht in diesen Wochen. Die Rückgabe des Symbols am Ostersamstag bringt als ernster Bekenntnisakt die ganze Taufvorbereitung zu ihrem ersehnten Abschluss.

Mit besonderer Zähigkeit hing die römische Gemeinde des 4. Jahrhunderts an dem Wortlaut ihres Taufbekenntnisses. Während andere Gemeinden es für nötig hielten, im Hinblick auf das Grassieren der Häresien dem Symbol Sätze einzugliedern, durch welche diese oder jene ketzerische Ansicht widerlegt wurde, verschmähte man in Rom durchaus eine solche Massregel. Nicht als ob man daselbst zu derartigen Zusätzen keinen Anlass gehabt hätte. Mag immerhin in Rom nie eine Häresie entstanden sein, eingeschleppt wurden ihrer dort genug. Und der Patripassianismus des 3. Jahrhunderts war am Ende nicht die einzige Irrlehre, welche sich für die Gemeinde der Welthauptstadt zeitweise verhängnisvoll erwies. Aber man liebte es trotzdem nicht, auf die genannte Art irgend welchen Gefahren, die der römischen Rechtgläubigkeit drohten, entgegenzutreten.[1]) Das Taufbekenntnis müsse intakt bleiben: das war eine unbedingte Forderung des altrömischen Konservatismus. Als ein Erbstück aus ältester Zeit wollte es mit Treue gehütet werden. Dieses Symbol war zugleich ein Bestandteil der Liturgie, die von Rom aus im Laufe der Jahrhunderte immer wieder auf ihre klassische Höhe gehoben werden sollte. Denn wie in allen übrigen Geistesäusserungen war der Römer auch hier bestrebt, einen klaren Gedanken in eine knappe Form zu kleiden. Da man nun aber im althergebrachten Taufbekenntnis ein solches liturgisches Meisterstück besass, welches jene beiden Eigenschaften in seltener Weise vereinigte, so lässt sich verstehen, mit welcher Sorgfalt die römische Gemeinde über

---

[1]) Rufin. expos. in symb. apost. c. 3 — Ambros. epist. 42 ad Siric. pap. c. 5. — Ambros. explan. symboli ad Initiandos (Caspari, Quellen II 53. 56.) — Leo M. ep. 102 c. 2. — Vigilius v. Thapsus contra Eutychet. IV 1.

diesem ihrem Kleinod wachte. Wenn die Taufkandidaten das ihnen überlieferte und nunmehr fleissig memorierte Symbol am Ostersamstag von erhöhtem Platze, wohl vom Ambo aus, vor versammelter Gemeinde einzeln aufsagten, dann spannte ein jedes Gemeindeglied scharf mit beiden Ohren, ob nicht etwa dieser oder jener von den Kompetenten auch nur ein Wörtlein wegliess oder hinzufügte oder wohl auch nur umstellte. Auf diese Weise hielt sich eine Formel, die nur in Kopf und Herzen von Eingeweihten lebte, unversehrter als wenn sie niedergeschrieben von Hand zu Hand gewandert wäre.[1])

Die Formel galt als uralt, man datierte sie auf die Zeit der Apostel zurück. Ja noch mehr. Diese allgemeine Anschauung bildete sich allmählich zu einer konkreten Vorstellung um.

Es ist nicht mehr festzustellen, ob man das Taufbekenntnis, das man als wertvollen Bestandteil der Tradition ehrte und um seiner inneren und äusseren Vorzüge willen schätzte und liebte, dadurch kommenden Geschlechtern noch angelegentlicher anempfehlen zu können glaubte, dass man es als ein ureigenstes Werk der Apostel bezeichnete; oder ob umgekehrt das naive Bewusstsein, in ihm wirklich eine sozusagen kanonische Schrift zu besitzen, der Anlass wurde, dass man auf den Wortlaut des Symbols einen solch peinlichen Wert legte. Thatsache aber ist jedenfalls, dass seit dem 4. Jahrhundert die Sage von der apostolischen Verfasserschaft des Symbols cirkuliert und dass dieselbe in eminentem Masse dazu beigetragen hat, demselben seine dominierende Stellung in der Kirche des Mittelalters zu sichern.

Als erster Vertreter dieser Sage galt lange Rufin von Aquileja.[2]) Nach ihm verabreden die Apostel, ehe sie nach

---

[1]) Rufin l. c.: Mos ibi servatur antiquus eos qui gratiam baptismi suscepturi sunt publice id est fidelium populo audiente symbolum reddere; et utique adiectionem unius saltem sermonis eorum, qui praecesserunt in fide, non admittit auditus.

[2]) l. c. c. 2: Discessuri itaque ab invicem normam prius futurae sibi praedicationis in commune constituunt, ne forte alius ab alio abducti diversum aliquid his qui ad fidem Christi invitabantur, exponerent. Omnes

§ 1. Der altkirchliche Katechumenat.

dem Pfingstfeste zur Missionsarbeit auseinandergehn, eine Norm für ihre fernere Predigtthätigkeit, um nicht in ihrer Vereinzelung schliesslich den Völkern ein differenziertes Evangelium zu bieten. Sie treten zusammen und verfassen, indem ein jeder seine Glaubensgedanken äussert, erfüllt vom heiligen Geiste, eine kurze Lehrformel, an die man sich selbst zu halten und die man allen übrigen Gläubigen mitzuteilen beschliesst. Dies ist das spätere Taufbekenntnis, das daher mit Recht den Namen eines apostolischen Symboles führt. Als solches wurde es indessen schon im 4. Jahrhundert bezeichnet,[1]) und daraus geht hervor, dass die Sage älter ist als Rufin, der sich ja in der That auch seinerseits auf eine Überlieferung der Alten beruft. Ob man aber deshalb bis in das 3. Jahrhundert zurückgehen und erklären darf, die Entstehung der Sage hänge mit dem Namen Symbolum zusammen und falle deshalb auch in die Zeit, wo dieser Name zum ersten Male auftrete, scheint mit Rücksicht auf das Fehlen aller diesbezüglichen urkundlichen Belege fragwürdig.[2]) Nach dem derzeitigen Quellenbefund ist es nur angängig, die Anfänge jener Sage im 4. Jahrhundert zu konstatieren.

Aber wo ist die Sage aufgekommen? Jedenfalls nicht in Aquileja, denn dass ein dortiger Presbyter sie zuerst **ausführlich** referiert, ist nur zufällig und besagt nichts für ihre Provenienz. Hingegen will beachtet sein, dass Ambrosius, der erste wohl dem wir einschlägliche Notizen darüber verdanken, ebensowohl den apostolischen Ursprung des Symbols betont, als er dasselbe in geflissentliche Beziehung zu der römischen Gemeinde setzt, ein Verfahren, in Bezug auf welches ihm alsdann Rufin nur folgt. Das Symbol der Apostel, das sie vor ihrer Trennung verfasst hatten, ist von Petrus nach Rom gebracht

---

ergo in uno positi et spiritu sancto repleti breve istud futurae sibi, ut diximus, praedicationis indicium conferendo in unum, quod sentiebat unusquisque, componunt atque hanc credentibus dandam esse regulam statuunt.

[1]) Ambros. epist. 42 c. 5: Credatur symbolo apostolorum quod ecclesia Romana intemeratum semper custodit et servat. — Explanatio symboli ad initiandos (Caspari, Quellen II 51. 56). Vgl. auch Hieron. ad Pammachium contra Ioann. Hierosol. c. 28: In symbolo fidei et spei nostrae quod ab apostolis traditum non scribitur in charta et atramento.

[2]) So Caspari in den Quellen II 96 Anm. 69, dem ich sonst für diesen Abschnitt das meiste verdanke.

§ 1. Der altkirchliche Katechumenat.

und seitdem von der römischen Gemeinde unverfälscht erhalten.[1]) Man weiss aber, mit welcher unbedingten Bewunderung Ambrosius an der letzteren in die Höhe sah. Wenn einer, so kann er in erster Linie als Interpret derjenigen Anschauungen gelten, die damals in der römischen Gemeinde herrschten. Zu diesen Anschauungen gehörte aber bereits, dass Petrus der Gründer der Gemeinde gewesen sei[2]), und ferner, dass er ihr als Angebinde das von ihm mitverfasste apostolische Symbol mit auf den Lebensweg gegeben habe.[3]) Und auch in der Folgezeit sind es vorwiegend Männer, die der römischen Gemeinde angehören oder ihr wenigstens sehr nahe stehen, die jene Entstehungssage weiter erzählen. Ausser Ambrosius, der in allen Stücken den römischen Bischöfen folgte, Hieronymus, der in Rom getauft war und ebendaselbst einen grossen Teil seines Lebens zubrachte, und Rufin, über dessen enge Beziehungen zu römischen Persönlichkeiten und römischen Gemeindeverhältnissen ebensowenig ein Zweifel besteht.[4]) Dazu kommen als eigentliche Glieder der römischen Gemeinde, welche jene Sage vertreten, nicht weniger als drei ihrer offiziellen Vertreter, die Bischöfe Cölestin I., Sixtus III., Leo I.[5]) So giebt es in dem Zeitraum von der Mitte des 4.

---

[1]) Vgl. Ambros. epist. 42 n. 5, oben S. 39 Anm. 1 und Explanatio symboli. (Caspari, Quellen II 56): Hoc autem est symbolum quod Romana ecclesia tenet, ubi primus apostolorum Petrus sedit et communem sententiam eo detulit.

[2]) Euseb. hist. eccl. II 14, sodann Chron. bei Hieron. opp. VIII, III. 27, 453. Vgl. Hieron. de viris illustribus c. 1.

[3]) Vgl. S. 40 Anm. 1.

[4]) Vgl. über das Verhältnis dieser drei Männer zu Rom Caspari, Quellen II 108 A. 78.

[5]) Cölestin I epist. 18 ad Nestor. c. 4: Inter multa quae a te impie praedicata universalis recusat ecclesia, symbolo ab apostolis tradito plangimus haec verba falsae sublata quae nobis totius spem vitae salutisque promittunt. — l. c.: Quis umquam non dignus est anathemate indicatus vel adiciens vel detrahens fidei? Plene enim ac manifeste tradita ab apostolis nobis nec augmentum nec imminutionem requirunt.

Sixtus III epist. 5 ad Cyrill. Alex. c. 8: Iuvit animorum vota nostrorum qui videt symbolo primum inter apostolos tradito derogari.

Leo d. Grosse epist. 31 ad Pulcheriam August. c. 4: Catholici symbis zur Mitte des 5. Jahrhunderts nur[1]) solche Zeugen für die apostolische Verfasserschaft des Symbols, welche zugleich unter dem Einfluss der geistigen Atmosphäre von Rom stehen oder diese selbst beeinflussen. Es war die römische Kirche, „welche behauptete, dass sie wie vieles andere, so auch das als regula fidei und Taufbekenntnis im ganzen kirchlichen Altertum im höchsten Ansehen stehende Symbolum von ihrem angeblichen Stifter, dem Apostel Petrus, empfangen habe, die ferner darauf Anspruch machte, und zwar nicht mit Unrecht, es in seiner ursprünglichen, einfachen, unveränderten Gestalt bewahrt zu haben", welche ein Interesse daran hatte, jenem Symbol die Eigenschaft eines litterarischen Produktes der Apostel beizulegen und damit das Ansehen desselben im Abendlande und besonders in den italischen Gemeinden mächtig zu steigern.[2])

Weiter aber ist man zunächst auf diesem Wege in Rom und in Italien nicht gegangen. Das Apostelkollegium als Gesamtheit hatte das Symbol zusammengestellt, jeder der Zwölfe hatte einen geistigen Anteil an dem Werke, der vielleicht im Verhältnis zu seiner sonstigen geistigen Kraft und Bedeutung stand. Auf nähere Untersuchungen dagegen liess man sich nicht ein; es genügte, im Symbol eine irgendwie zu stande gekommene collatio aller Apostel zu sehen.[3]) Mochten manche Erklärer schon damals in der Zwölfzahl der einzelnen Sätze, in die man das Symbol leicht gliedern konnte, ein sinniges Gegenbild des zwölfteiligen Verfasserkollegiums sehen:

---

boli brevis et perfecta confessio quae duodecim apostolorum totidem est signata sententiis.

[1]) Denn auch Cassian gehört hierher mit seiner Schrift De Incarnatione Christi, da er dieselbe auf Veranlassung des damaligen römischen Archidiakonus, nachmaligen Bischofs Leo I. schrieb. Vgl. VI 3: Quia, in unum collata ab apostolis domini totius catholicae legis fide, quidquid per universum divinorum voluminum corpus immensa funditur copia, totum in symboli colligitur brevitate perfecta. VI, 4: Ita symbolum per apostolos suos sacerdotesque constituit.

[2]) Vgl. Caspari, Quellen II 107 sq.

[3]) Über diese allgemeine Anschauung gehen weder Ambrosius (Caspari, Quellen II 51. 56), noch Rufin (vgl. S. 38 Anm. 2), noch Leo (vgl. S. 40 Anm. 5) hinaus. Caspari, Quellen II 93 ff.

notwendig war dieser Gesichtspunkt nicht, wie sich denn auch bei Rufin diese Zwölfteilung nicht findet.[1])

Erst dem Mittelalter war es vorbehalten, die anmutige Sage des 4. Jahrhunderts dermassen hölzern aufzufassen, dass man jeden Apostel in gleicher Weise einen Satz beisteuern lässt und sich nun abmüht und Wert darauf legt zu bestimmen, „von welchem von den zwölf Aposteln jedes von den zwölf Gliedern herrührt."[2])

§ 2. Katechesen über das Symbol vor Kompetenten.

Inmitten der altkirchlichen Taufvorbereitung, und man kann sagen inmitten des Gemeindelebens der Alten Kirche überhaupt, steht dominierend das apostolische Glaubensbekenntnis. Wie ein Talisman schützt es den Gläubigen bei Tag und bei Nacht. Denn dem Christen ist vor der Taufe eingeschärft worden, die heilige Formel sich früh und spät ins Gedächtnis zu rufen, um sie, die zu geistig ist, um niedergeschrieben werden zu können, auf diese Weise zur Beherrscherin seiner Gedanken und Empfindungen zu machen. Ja einmal im Jahre, und zwar in der heiligsten Zeit, in den Fastenwochen vor Ostern, dreht sich thatsächlich Dichten und Trachten der ganzen Christenheit um das Symbol. Da wird dieser sorgfältig gehütete Schlüssel zu den heiligen Geheimnissen hervorgeholt und unter den grössten Feierlichkeiten denen übergeben, die fortan die Zukunft der Kirche ausmachen sollen. Aber auch die Alten, die den Schlüssel bereits besitzen, durchschauert aufs neue geheimnisvolle Wonne, wenn sie der Stunde gedenken, da ihnen vor Jahren das gleiche Glück zu teil wurde. Diejenigen endlich,

---

[1]) Ambros. explanatio (Caspari, Quellen II 57): Ergo quemadmodum duodecim apostoli et duodecim sententiae. Leo M. l. c.

[2]) Caspari, Quellen II 84.

denen die Leitung der Gemeinde anvertraut ist, sinnen in jenen ernsten Wochen darüber nach, wie sie Wert und Bedeutung des nunmehr zu enthüllenden heiligen Geheimnisses den heilsbegierigen Empfängern in geeigneten Worten darlegen sollen.

Wer die altkirchliche Litteratur kennt, weiss, wie häufig man innerhalb derselben kürzeren oder längeren Erklärungen des apostolischen Symbolums begegnet. Angesichts der geschilderten Katechumenatsverhältnisse ist diese Erscheinung nichts weniger als befremdlich. War doch gerade infolge seiner centralen Stellung das Glaubensbekenntnis die am besten qualifizierte Form für die Erörterung der christlichen Glaubenswahrheiten. Und stellten doch einzelne Particen des Katechumenates geradezu die Forderung, dasselbe zu erklären und zu besprechen.

Das Glaubensbekenntnis wurde von dem Tage ab, da es den Kompetenten feierlichst übergeben war, nicht bloss seitens der letzteren wörtlich eingeübt, sondern auch vom Bischof dem dogmatischen Unterrichte der Taufkandidaten als Leitfaden zu Grunde gelegt. So entstanden katechetische Unterweisungen über einzelne Artikel oder über das ganze Symbol von verschiedenem Umfang und verschiedenem Charakter je nach der Individualität des betreffenden bischöflichen Katecheten.

Ausserdem hielt der Bischof bei Übergabe und Rückgabe des Symbols vor versammelter Gemeinde eine Ansprache, die ebenfalls auf eine Erklärung der Symbolstücke hinauslief, die aber den gottesdienstlichen Verhältnissen entsprechend nur von beschränkter Länge sein durfte und für die sich im Laufe der Zeit ein gewisses Schema naturgemäss herausbildete.

Für beide Gruppen geben die charakteristischen Beispiele bis in das 4. Jahrhundert zurück.

So hebt sich gegen die Reden, die Augustin bei Übergabe und Rückgabe des Symbols gehalten hat, sein Sermo de symbolo ad catechumenos durch seine grosse Ausführlichkeit scharf ab. Man hat diese Thatsache von jeher empfunden, ohne sie indessen bisher auszusprechen oder irgendwie zu motivieren. Vielmehr begnügte man sich damit, in den Augustinausgaben jene vier Reden über das Symbol zusammenzustellen, während man diesen weitläufigen Sermo de symbolo ad catechumenos davon trennte und ihm bei den Symbolkatechesen eines anderen afrikanischen Bischofs, die nunmehr fälschlich unter dem Namen Augustins als Sermones II. III. IV de symbolo ad catechumenos gehen, seinen Platz anwies. Und doch liegt der Unterschied klar auf der Hand. Dort knappe Ansprachen in fester Form vor versammelter Gemeinde gehalten, hier eine sich in behaglicher Breite ergehende Erörterung über die Heilsthatsachen an der Hand des Symbols, ein treffliches Beispiel der katechetischen Unterrichtsweise, wie sie Augustin seinen Kompetenten gegenüber zu handhaben pflegte.[1])

Was dieselben unter dem Namen Symbolum empfangen, so etwa führt der Bischof aus, ist wesentlich nichts anderes als die Glaubensregel. Aber es hat seinen guten Grund, wenn der alte Inhalt nunmehr in neuer Form auftritt: denn diese letztere ist durchaus nicht wertlos. In ihr soll die Glaubensregel der stehende Begleiter des Christen sein, bei Tag und bei Nacht, bei jeder Unternehmung. Sie ist ein Heiligtum, das weder niedergeschrieben noch vergessen werden darf. Vielmehr soll der Täufling sie treu bewahren und jederzeit bekennen. Denn sie repräsentiert die Summe der heiligen Schrift, in eine leicht behaltbare Formel gebracht.

Nach dieser Einleitung verbreitet sich der Redner in ungebundener Weise über die einzelnen Artikel.

Gott ist allmächtig. Das zeigt sich ebensowohl in dem, was er nicht kann, wie sterben, lügen, ungerecht handeln, sündigen; als in dem, was er will und deshalb kann, in der Erschaffung von Himmel, Erde und Meer samt ihren Bewohnern. So hat er auch den Menschen nach seinem Bilde gemacht. Bis dann die Sünde kam und den Menschen unter die Macht von Tod und Teufel brachte. Seitdem müssen selbst Kinder exorcisiert werden, weil auch sie schon unter dem Fürsten der

---

[1]) Sermo de symbolo ad catechumenos, MU. 40, 627—636. Die Eingangsworte scheinen dafür zu sprechen, dass der Sermo eine Traditionsrede ist. Andrerseits geht klar hervor, dass die Kompetenten das Symbol schon lange besitzen und es sich zur Zeit einprägen. Vgl. 1, 1: Ista verba quae audistis per divinas scripturas sparsa sunt. 1, 2: Inde ergo iam accepistis, meditati estis, et meditati tenuistis. 2, 3: Scitis quoniam, cum vobis pronuntiarem symbolum, sic dixi.

Sünde stehen. Und weil Einer durch seinen Fall die ganze Menschheit in den Tod gebracht hat, so muss jetzt ein Sündloser alle an ihn Glaubenden von der Sünde frei machen und wieder zum Leben bringen.

Das führt zu Jesus, dem einigen Sohne des allmächtigen Gottes. Der einige Sohn kann nur gleichen Wesens mit dem Vater, muss also selbst Gott sein. Beiden eignet dieselbe Allmacht, ein Wille, eine Natur, beide sind ein Gott. Dies will energisch betont sein im Gegensatz zu jenen, welche zwei Götter lehren, Gott Vater den Grösseren, Gott Sohn den Geringeren: das ist verwerfliche Idololatrie. Vielmehr sind beide ebenso ein Gott, wie es in der Apostelgeschichte (4, 32) von der Menge der Gläubigen heisst, dass sie ein Herz und eine Seele gewesen seien. Auch deshalb ist gleich bei der Geburt die volle Allmacht des Vaters auf den Sohn übergegangen, weil es in Gott weder Wachstum noch Altwerden gibt: der Sohn Gottes musste als ein Vollkommener geboren werden. Was der Vater thut, das thut gleicherweise auch der Sohn. Drum heisst auch der Sohn allmächtig: ein Epitheton, das sich freilich nicht so im Symbol findet, das aber mit einbegriffen ist im Prädikat: ewig. Damit widerlegt sich auch die blasphemische Behauptung der Arianer, mancherlei Dinge seien wohl dem Vater eigen, aber nicht dem Sohne. Sagt doch der Sohn selbst von sich: Alles was der Vater hat, das ist mein.

Was hat nun dieser einige Sohn des allmächtigen Gottes alles für uns gethan und gelitten? Einst überhob sich der Mensch, drum demütigte sich jetzt Gott. Er reichte uns die Hand, um uns zu retten. Und doch in seiner Menschwerdung offenbarte sich zugleich seine göttliche Hoheit, denn er ward von einer Jungfrau geboren.

Was weiter? Durch den Namen des Pontius Pilatus wird der Zeitpunkt fixiert, da Jesus litt, gekreuzigt und begraben ward.

Der Redner hält inne. Gottes Sohn wurde geboren: was bedeutet das? Jedenfalls nicht in der Zeit, sondern vor aller Zeit. Seitdem der Vater ist, ist auch der Sohn. Beide sind ohne Anfang, also ist der Sohn von Ewigkeit her, ist gleich ewig. Und doch ist er vom Vater gezeugt. Wie soll man diesen Widerspruch erklären? Ein Beispiel von Gleichewigkeit lässt sich auf Erden überhaupt nicht finden; aber selbst eine irdische Parallele dafür, dass Vater und Sohn gleichaltrig sind, lässt sich nicht nachweisen. Drum mag es genügen, auf das Verhältnis von Feuer und Schein hinzuweisen: das Feuer erzeugt den Schein und doch ist der Schein sofort mit dem Feuer da. Ebenso sind Vater und Sohn gleichewig. Dem fortschreitenden Glauben wird es gelingen, in dieses Geheimnis einzudringen. — Weil nun Christus dem Vater gleichewig und vor der Zeit geboren ist, so konnte er als ein vollkommener geboren werden. In der Fülle der Zeit trat er alsdann in das Fleisch ein: denn auch das unterscheidet ihn von den übrigen Menschen, dass er sich die Stunde der Geburt wie des Todes selbst zu wählen vermochte, und nicht nur dies, sondern auch die Art der Geburt, von der Jungfrau, die Art des Todes, am Kreuze.

Am Kreuze? Nachdem er diese verächtlichste Todesart gewählt, können Märtyrer vor keiner anderen mehr zurückschrecken. Zugleich gab er uns damit ein Beispiel der Geduld; er lehrte uns, was wir müssten ertragen können; ebenso wie seine Auferstehung unsere Hoffnung beleben sollte. Wie der Kampfrichter bietet auch er uns Kampf und Preis zugleich an; erst Gehorsam, dann Auferstehung ohne Tod wie bei Lazarus und bei Jesus selbst.

Ein Beispiel der Geduld ist nach dem Worte des Jakobus Hiob. Unsägliches hat er gelitten, die Versucherin war ihm ebenso wie dem ersten Menschen nahe in Gestalt seines Weibes. Aber er widerstand und ward zwiefältig belohnt. Dadurch ward offenbar, dass Gott seinem Knechte im Himmel Grösseres aufbewahrt hat. Freilich soll nicht etwa der Gedanke an einen doppelten Lohn den Menschen stark machen, die bösen Tage zu ertragen. Denn das wäre keine Geduld, sondern Habgier. Denn Hiob trug all sein Leiden ohne an Vergeltung zu denken; er fügte sich darein, weil es Gott so gefiel, wie der Sklave in den Willen des Herrn, der Kranke in die Anordnung des Arztes. Neben diese Geduld des Hiob stellt Jakobus das Ende Christi. Denn bei Christus bildet gerade das Ende die höchste Prüfung in der Geduld: Mein Gott, mein Gott, warum hast du mich verlassen? Allen Insulten der Juden ward er preisgegeben, damit wir mit ihm auferstehen könnten und ebensowenig wie er im Tode blieben.

Denn er ist aufgefahren gen Himmel und sitzet zur Rechten des Vaters. Beides muss der Christ im Glauben erfassen. Sitzen heisst wohnen zur Rechten Gottes des Vaters. Das zu wissen, mag uns genügen. Die rechte Seite ist die glückliche Seite. Es ist also die Meinung des Symbols, dass Christus jetzt in einem seligen, dem Leiden entrückten Zustand sich befindet.

Er wird wiederkommen zu richten die Lebendigen und die Toten d. h. entweder die noch Lebenden und die schon Verstorbenen oder die Gerechten und die Ungerechten. Jedem gibt er den Lohn, der im gebührt. Am wichtigsten ist es, dass auf seinen Richterspruch hin die Gerechten das Himmelreich erben werden. Denn diesem Ziele arbeiten jetzt auch die Kompetenten entgegen.

Es folgt im Symbol: und an den heiligen Geist. Wie lässt sich beweisen, dass die ganze Trinität ein Gott ist, dass auch der heilige Geist Gott ist? Als Getaufte werden die Kompetenten der Tempel des heiligen Geistes sein. Ein Tempel aber gehört Gotte zu, wie denn auch Salomo bei seinem Tempelbau nur Gott im Auge hatte und nicht die Götzen. Drum ist auch der Bewohner jenes aus den Getauften bestehenden Tempels, nämlich der heilige Geist, Gott. Und ferner. Gott wohnt in einem Tempel, der nicht mit Händen gemacht ist. Nun ist aber der Tempel, in welchem der heilige Geist wohnt, ein solcher nicht mit Händen gemachter. Denn wer anders hat ihn gebaut als der, der unsere Leiber gemacht hat, eben Gott. Drum muss auch sein Bewohner, eben der heilige Geist, selbst Gott sein.

Im Symbol schliesst sich daran die heilige Kirche. Denn sie ist identisch mit dem Tempel des heiligen Geistes, sie die heilige, eine, wahre, katholische, die gegen alle Häresien siegreich ankämpft, selbst nie übermocht wird und sich jederzeit stärker als selbst die Höllenpforten erweist.

Von besonders praktischer Bedeutung für die Taufkandidaten ist das nächste Stück. Alle bisherigen Sünden, auch die schlimmsten, spült demnächst das Taufwasser hinweg. Es beginnt ein neues, freilich nicht ganz sündenfreies Leben, aber die Vergehungen der Zukunft sind hoffentlich nur derart, dass ihnen gegenüber die fünfte Bitte des Vaterunsers genügt. Wehe freilich denen, die gleichwohl in Verbrechen geraten, sie verfallen der Kirchenzucht und müssen vom Leibe Christi getrennt werden. Jene drei Arten von Sündenvergebung Taufe, Gebet, Bussung [1]) sind also nur in der Kirche möglich. Daraus erhellt, dass an ihr überhaupt nur Getaufte teilnehmen können, während Katechumenen, Heiden, Häretiker nach wie vor unter der Wucht ihrer Sünden stehen. Auch die letzteren, denn wenngleich sie den Taufcharakter nie abstreifen können, so entbehren sie doch des Segens der Taufe.

Die Auferstehung des Fleisches endlich gründet sich auf die vorausgegangene Auferstehung Christi als des Hauptes, da dieser den Leib, die Gemeinde, sich nachziehen wird. Auch wird es im Gegensatz zu der Auferweckung des Lazarus, die ja nur eine Rückkehr in dies irdische Leben war, eine Auferstehung sein, die in das ewige Leben, zu Gott, führt.

Nirgends verspürt der Redner eine Nötigung sich kurz fassen zu müssen, sondern ganz wie es der Unterricht mit sich bringt, wechseln kurze Notizen und längere Entwickelungen; ruhige Beweisführungen und antihäretische Dogmatik stehen neben den sehr zahlreichen lebhaften Apostrophierungen der Zuhörer, welche letztere fortwährend repetitionsweise an schon Gehörtes und Erlebtes erinnert werden. Muss der Bischof etwas als bekannt voraussetzen, wie etwa die einzelnen Akte im Leiden Christi, so geht er rasch darüber hinweg; ein anderes Mal erscheint ihm eine moralische Nutzanwendung angebracht, die er alsdann eingehend genug vorträgt, [2]) oder der Zusammenhang fordert dazu heraus, einen Gegenstand des kirchlichen Lebens zur Sprache zu bringen.[3]) Solche Exkurse dienen dann wieder als eine vortreff-

---

[1]) Vgl. zum Gedanken Seeberg, Lehrbuch der Dogmengeschichte I 307 f. Anm.

[2]) Vgl. c. 10 den langen Abschnitt über Biob, der in einer Traditionsrede unmöglich wäre.

[3]) l. c. 1, 2: Ideo sicut vidistis hodie, sicut nostis, et parvuli exsufflantur et exorcizantur, ut pellatur ab eis diaboli potestas inimica quae decepit hominem, ut possideret homines. — 7, 15: Sed nolite illa committere pro quibus necesse est, ut a Christi corpore separemini, quod absit a vobis. Illi enim quos

liche Anknüpfung für das nächste Symbolstück, so dass oft in überraschender Weise das eine als aus dem anderen folgend dargestellt wird.¹) So herrscht durchweg Freiheit, Bewegung, lebendiger Rapport zwischen dem Lehrer und seinen Schülern. Hingegen fehlt jeder Schematismus, jede bestimmt abgepasste Form.

Dieselbe Erscheinung begegnet selbstverständlich auch anderwärts bei den Symbolkatechesen jener Zeit. Auch sie verzichten darauf, sich streng und ängstlich an die einzelnen Symbolstücke zu halten. Indem sie vielmehr dem Gange des Symbols nur im allgemeinen folgen, ist es ihnen darum zu thun, die wichtigsten Materien der christlichen Dogmatik nochmals vor den Kompetenten zur Sprache zu bringen und in pädogogischer Absicht zu erörtern. Man hat dabei Gelegenheit aufs neue zu beobachten, in wie hohem Grade damals die Formeln der dogmatischen Kontroverse mit zu dem „Glauben" gerechnet wurden.

Von drei Katechesen dieser Art ist der Verfasser ebensowenig bekannt wie ihre Heimat;²) was indessen wenig verschlägt, da die Verhältnisse, unter denen sie gehalten sind, mit den bereits geschilderten übereinstimmen.

Dieselben bilden insofern eine Trilogie, als unter Zugrundelegung des Symbols die erste vom Vater, die zweite vom Sohn, die dritte vom heiligen Geiste handelt. Sie waren nicht die einzigen ihrer Art. Vielmehr kann der Verfasser sich noch auf andere katechetische Ansprachen beziehen, die er vor demselben Kreise von Taufkandidaten gehalten und in denen er diese letzteren dar-

---

videtis agere poenitentiam, scelera commiserunt aut adulteria aut aliqua facta immania, inde agunt poenitentiam.

¹) Vgl. die Übergänge 1, 2: peccatum; 3, 6.: propter nos; 3, 9: crux; 15, 13: templum.

²) August. opp. ed. Benedict. Tom. V Appendix, serm. suppositii, classis IV, serm. 237. 238. 239. Ml. 39, 2183—2188. Die Benediktiner nennen Vigilius von Thapsus als möglichen Verfasser. Hahn, Bibliothek der Symbole und Glaubensregeln der alten Kirche (3) 1897 S. 61 glaubt wegen der Ähnlichkeit des hier erklärten Symbols mit dem altrömischen eher italischen Ursprung vermuten zu sollen. Jedenfalls sind sie in einem Lande gehalten, in welchem man nicht unbedingt auf Kenntnis der griechischen Sprache rechnen konnte, vgl. sermo 239 c. 3: Paracletus enim

über instruiert[1] hat, einmal dass Gott wahrer Gott, sodann dass er wahrer Vater sei.[2] Ebenso weist er in der zweiten Katechese bei seiner Polemik gegen den Apollinarismus auf einen früheren Traktat zurück, in welchem er die Gottheit Christi unter Bezugnahme auf Arius erörtert hatte.[3] Der Katechet verfügte also den Kompetenten gegenüber über volle Freiheit der Lehrmethode: eine Freiheit, die ihm auch erlaubte, was ja ohnehin nahe genug lag, sich in seinen Katechesen an die Reihenfolge der Symbolstücke anzuschliessen,[4] deren Erklärung ihm nicht eigentlich Selbstzweck war, sondern sich seinem sonstigen Ideengange unterordnen musste.

Beim ersten Artikel interessiert ihn diesmal vorzugsweise, dass Gott allmächtig ist. Zwar schliesst der Begriff des wahren Gottes auch den der Allmacht zugleich mit ein, aber das letztere Prädikat noch einmal ausdrücklich hervorzuheben ist für die Gläubigen überaus tröstlich. Der Gott, an den sie glauben, hat nicht nur alles, was ist, geschaffen; es hat ihm sogar, was noch vielmehr besagen will, diese Erschaffung nicht einmal die geringste Mühe gemacht, es genügte sein Wort, um aus dem Nichts die Dinge dieser Welt ebenso wie die himmlischen überweltlichen Mächte zu erwecken. Und dazu kommt noch die Fähigkeit alles zu erhalten und zu verwalten. Noah, Lot und die Kinder Israel sind des Zeugen. Der herrlichste Beweis der göttlichen Allmacht aber ist Christus der Auferstandene. Auch fliesst aus derselben die Fähigkeit die Welt zu vernichten und die Menschen zur Rechenschaft zu

graecum verbum est quod latine dicitur consolator. In Bezug auf ihre Datierung wird man kaum unter das 5. Jahrh. zurückgehen dürfen.

[1] Vgl. sermo 239 c. 1: Quantum instructioni vestrae, ut puto, opus est mit Nicetas Fragm. I: Instructiones igitur necessarias ad fidem currentibus opus est explorare Ml. 52, 873 u. mit Gennadius vir. illustr. c. 22: Edidit sex competentibus ad baptismum instructionis libellos.
[2] Sermo 237 c. 1.
[3] Sermo 238 c. 2.
[4] Sermo 237 c. 1: Hic enim symboli ordo esse monstratur. — Sermo 238 c. 1: Nunc vero iuxta ordinem symboli transimus ad filium. — Sermo 239 c. 1: Ordinem symboli nos adiuvante deo perseveramus absolvere. — Nunc restat ut etiam de sancti spiritus deitate dicamus. Hic enim est ordo symboli, ut post patris filiique personam sancti spiritus confessio subsequatur.

ziehen. Drum entspricht — und das ist die praktische Anwendung auf die Kompetenten — der göttlichen Allmacht, dass der Christ mit Furcht und Zittern seine Seligkeit schaffe und ablassend von allen Sünden den Werken der Gerechtigkeit nachjage.

Also kurz und bündig auf Grund einer dogmatischen Belehrung, die ihrerseits wieder durchweg auf der heiligen Geschichte und den Worten der Propheten und Apostel basiert, eine ethische Ermahnung der Taufkandidaten.

Ähnlich verläuft die zweite Katechese, die sich als Fortsetzung der vorigen einführt,[1]) nur dass das dogmatische Moment in ihr noch mehr vorwiegt und obendrein eine polemische Färbung erhält. Denn hier beim zweiten Artikel kommt es dem Katecheten ganz ausschliesslich darauf an, die Identität des Gottessohnes und des Mariensohnes darzuthun. Die Thatsächlichkeit des ersteren wird von Arius, die des zweiten von Apollinaris bestritten. Mit Arius hat sich der Redner schon bei früherer Gelegenheit den Kompetenten gegenüber abgefunden. Jetzt soll ihm eine Katechese über den zweiten Artikel ausschliesslich dazu dienen, die seiner geistlichen Leitung Anbefohlenen von der Verderblichkeit des apollinaristischen Irrtums zu überzeugen. Wiederum ist es die Autorität der heiligen Schriften, auf welcher sich seine Beweise aufbauen. Der geboren ist von einem Weibe (Gal. 4, 4), geboren aus dem Samen Davids nach dem Fleisch (Röm. 1, 3), muss wahrer Mensch gewesen sein. Und in der That hat sich in Christus mit einem über Leiden und Sterben erhabenen göttlichen Wesen die wahre Menschheit verbunden, uns zum Heil. Denn aus dieser Annahme der wahren Menschheit folgten nun alle jene sich schliesslich bis zum Tode steigernden Leiden und Erniedrigungen Jesu, von denen der zweite Artikel berichtet. Ihnen allen musste sich Christus aufs wahrhafteste und vollständigste unterziehen, um uns, die wir sie mit unseren Sünden reichlichst verdient hatten, derselben zu überheben. Nur unter der Bedingung.

---

[1]) Sermo 238 c. 1: Huc usque de deo patre, in quem creditis, locuti sumus; et quod ipse sit verus deus, quod verus pater, quod omnipotens, divinarum scripturarum auctoritate monstratur; nunc vero etc.

dass Christus auch wahrer Mensch war, konnten wir dem ewigen Tode entgehen.

Freilich bedurfte es zu unserer Rettung ebensowohl der Göttlichkeit Christi, die in seiner mit der Auferstehung beginnenden Erhöhung zum Ausdruck kam. Seitdem war nichts Vergängliches mehr an ihm, obwohl er, der Unsterbliche, es nicht verschmähte, seine sterblichen Apostel noch längere Zeit in ihren zukünftigen Beruf einzuführen. Auch der zur Rechten Gottes sitzende und vom Himmel herabsteigende bedient sich nicht mehr vergänglicher menschlicher Glieder. Wie er vielmehr an allen Ehren und Rechten der Gottheit teilnimmt, so kommt er als Gott wieder zum Gericht. Drum gilt es bereit zu sein bei Christi Wiederkunft, denn nur denen die bereit sind, wird der ewige Lohn als Wirkung von Christi Leiden zu teil.

Auch bei der dritten Katechese, die dem Faden des Symbols folgend endlich noch über den heiligen Geist handelt, leiten den Redner neben seinen theoretischen Auseinandersetzungen vorwiegend praktische Motive, und ebenso sind es wieder schliesslich die heiligen Schriften, auf die er sich bei seinen dogmatischen Ausführungen stützt.

Nur derjenige Glaube an Vater und Sohn bringt dem Christen Nutzen, der zugleich den heiligen Geist mit derselben Verehrung umfasst. Diese Glaubensregel, an der nur ein Gottloser rütteln und zweifeln kann, hat ja Christus selbst im Taufbefehl aufgestellt. Und ebenso betont Petrus dem Ananias gegenüber die Identität von Gott und heiligem Geist, wie Paulus in gleicher Weise die von Herr und Geist (1. Kor. 12.) So ausser allem Zweifel steht die Gleichwertigkeit des Geistes, dass die Sünde wider ihn als das schwerste Sakrileg gilt, dass er, den Jesus vor der Himmelfahrt den Seinigen verhiess als den, der vom Vater ausgehen und von ihm, Jesus, Zeugnis ablegen und in seine Lehrthätigkeit fürderhin eintreten werde, nicht anders gedacht werden kann als gleicher Substanz mit dem Vater und dem Sohne. Nur unter der Bedingung der Gleichartigkeit von Sohn und Geist konnte Christus sagen, es sei für die Seinen gut, wenn er zum Vater gehe und ihnen den Geist an seiner Statt sende, der sie trösten solle unter all den Trübsalen, denen sie in seiner Nachfolge ausgesetzt sein würden. Das Wort der Schrift bezeugt es und das Heil der Christen erfordert es, dass der Geist gleichen Wesens ist mit Vater und Sohn: wie sollten wir da noch, statt fröhlich zu bekennen, an der Gottheit des Geistes zu zweifeln wagen.

Und doch droht den jungen Christen eine noch entsetzlichere Gefahr von der Heidenwelt her, nämlich dass sie die Trinität missverstehen als eine Lehre von drei Göttern; denn das hiesse an allen Fundamenten rütteln. Bezeugt doch die Schrift schlechterdings den einen Gott. Darin vielmehr besteht des Christen Aufgabe, mit gleicher Energie den heidnischen Irrtum von der Zersplitterung des göttlichen Wesens in eine Vielheit abzuweisen wie den Juden entgegenzutreten, welche das Mysterium der Trinität leugnen.

Noch eine weitere Gruppe von Ansprachen gehört hierher. Es sind sieben katechetische Reden, die entschieden nicht von Augustin stammen, vielleicht von einem Schüler Augustins. Man hat beispielsweise Vokonius als Autor genannt. Jedenfalls sind sie in Afrika gehalten und zwar zu einer Zeit, da der Gegensatz gegen die Häresien alle Gemüter in der Kirche beherrschte. Man wird sie am besten als ein Denkmal der afrikanischen Kirche unter vandalischer Herrschaft bezeichnen und sie demnach in die zweite Hälfte des 5. oder das erste Drittel des 6. Jahrhunderts setzen.[1]

Noch steht die alte Taufvorbereitung in voller Kraft.

Die Kompetenten werden einer Reihe von Ceremonien unterstellt, die noch komplicierter und geheimnisvoller geworden zu sein scheinen als zur Zeit Augustins. Gleichwohl ist es heutzutage unmöglich, auch nur annähernd sich ein Bild

---

[1] August. opp. ed. Benedict. Tom. VI. VIII. Migne ser. lat. 40. 42. — 1) De quarta feria sive de cultura agri dominici. Ml. 40, 686. 2) De cataclysmo sermo ad catechumenos. L. c. 693. 3) De cantico novo et de reditu ad caelestem patriam ac vitae periculis sermo ad catechumenos. l. c. 677. 4) 5) 6) Sermo II. III. IV. de symbolo ad catechumenos. L. c. 637. 651. 659. 7) Sermo de symbolo contra Iudaeos paganos et Arianos. Ml. 42, 1117. Vokonius wird von Morin als mutmasslicher Verfasser genannt. Rev. Bénéd. 1896 p. 342. Vgl. auch Caspari, Quellen II 152 Anm. 120.

von diesen liturgischen Details zu machen. Nur weniges lässt sich mit Sicherheit feststellen.

Als Eingangsceremonie diente die Bekreuzigung, mit welcher sich die Empfängnis im Schosse der Kirche vollzog.[1]

In der darauf folgenden Zeit der Taufvorbereitung bilden sowohl Exorcismen, Gebete, geistliche Gesänge und Anhauchungen wie die Katechisationen die Speise des ungeborenen Christen im Mutterleibe. Die Taufe selbst repräsentiert den eigentlichen Geburtsakt.[2]

Die bedeutsamste Ceremonie, bei der Dinge vor sich giengen wie bei keiner anderen vorher, dürfte in der Nacht vor Übergabe des Symbols stattgefunden haben, denn bei Besprechung der letzteren kommt der Bischof auf jene zurück.[3] Die Kompetenten mussten hier einzeln vortreten und sich mit gebeugtem Nacken und barfuss auf ein Ziegenfell stellen, in Erinnerung an das Wüstengewand des Täufers. In dieser Situation wurden sie der „Prüfung" unterzogen, welche die Ausrottung des Teufels aus ihrem Herzen und die Einführung Christi in dasselbe bezweckte. Sehr wahrscheinlich

---

[1] Sermo II de symb. ad catech. 1, 1: Nondum quidem adhuc per sacrum baptismum renati estis, sed per crucis signum in utero sanctae matris ecclesiae iam concepti estis. — Sermo IV de symb. ad catech. 1, 1: Dum per sacratissimum crucis signum vos suscepit in utero sancta mater ecclesia.

[2] Sermo IV de symb. ad catech. 1, 1: Congruis alimentis eos quos portat, pascat in utero. — Haec omnia ut dixi escae sunt quae vos reficiunt in utero, ut renatos ex baptismo hilares vos mater exhibeat Christo. Vgl. Sermo II de symb. 1, 1.

[3] Sermo II de symb. ad catech. 1, 1: Sacramentorum rationem sive transactae noctis sive praesentis sancti symboli exponendam suscepimus sanctitati vestrae. — Quid est quod hac nocte circa vos actum est quod praeteritis noctibus actum non est, ut ex locis secretis singuli produceremini in conspectu totius ecclesiae ibique cervice humiliata quae male fuerat antea exaltata, in humilitate pedum cilicio substrato in vobis celebraretur examen, atque ex vobis exstirparetur diabolus superbus, dum super vos invocatus est humilis altissimus Christus? — Sermo IV de symb. ad catech. 1, 1: Cilicio, inclinatione cervicum, humilitate pedum etc. Parata sunt corda vestra quia exclusus est inimicus de cordibus vestris, mundata est domus, non remansit inanis. Vgl. auch Aug. sermo 216 c. 10: Et vos quidem cum scrutaremini, non estis induti cilicio, sed tamen vestri pedes in eodem mystice constiterunt.

sprachen sie bei dieser Gelegenheit die Absageformel, welche auf den Teufel, sein Wesen und seine Engel lautete. Auch beteten oder sangen sie dazu den 139. Psalm.[1])

Damit hatten die liturgischen Feierlichkeiten ihren Höhepunkt erreicht, wenngleich sie noch immer ihren Fortgang nahmen.[2]) Aber die Hauptsache bildeten doch an den kommenden Tagen die Katechesen.

Ein Teil derselben hat vorwiegend die Absicht, die sittliche Haltung und Lebensführung der jungen Christen durch Hinweis ebensowohl auf den schädlichen Einfluss der Heiden und Ketzer wie auf das herrliche Vorbild der Heiligen und Märtyrer zu dirigieren.[3]) Auf zwei derselben, welche von der Bestellung des göttlichen Ackers und von dem Durchzug der Israeliten durchs Rote Meer als einem Typus der Taufe handeln, sei nur nebenbei hingewiesen. Eine dritte ist interessant genug, um eingehender besprochen zu werden. Sie führt den Titel:[4]) Vom neuen Lied, von der Rückkehr zum himmlischen Vaterland und von den Gefahren auf dem Wege. Wer die Taufe wünscht, verlangt ein neues Leben. Äusserlich freilich bleibt alles beim Alten: die Sonne ändert nicht ihren Lauf und das Meer verlässt nicht seine Grenzen, der Tag zählt nach wie vor zwölf Stunden, der Sommer bringt Wachstum, der Winter verursacht Schaden wie ehedem. Und doch gilt das Wort des Apostels: Das Alte ist vergangen, siehe, es ist alles neu geworden. Denn das Schiff des Christen steuert dem ewigen Vaterlande zu, Proviant ist an Bord, der Anker der Hoffnung, die Seile der Tugenden, die Segel der Liebe sind in Ordnung; das Kielwasser der Sünde wird ausgeschöpft.

---

[1]) Sermo II de symb. ad catech. 1. 1: Omnes itaque humiles eratis humiliterque petebatis orando, psallendo atque dicendo: Proba me domine et scito cor meum. L. c. 1, 2: Hoc audistis, hoc et vos professi estis, renuntiare vos diabolo pompis et angelis eius. Vgl. Sermo III c. 1, 1: IV c. 1, 1.

[2]) Sermo IV c. 1, 1: Quae acta sunt et aguntur in vobis.

[3]) Vgl. Ambros. liber de paradiso 12, 58: Catechumenus est, maiorum vult accipere doctrinae et fidei plenitudinem: caveat ne, dum vult discere, male discat et discat a Photino, discat ab Ario, discat a Sabellio: tradat se huiusmodi magistris quorum quaedam eum teneat auctoritas.

[4]) Vgl. S. 53 Anm. 1 n. 3.

Auf dieses letztere kommt es besonders an, denn ein nasser fauler Schiffsboden bringt über das Fahrzeug Verderben. Almosen, Mitleiden aber sind die Eimer, mit denen man den Grund trocken legt. So mag denn die Fahrt von statten gehen: Schutzpatron ist der gnädige Christus, die Ruder fliegen nach dem Takte des Halleluja. So hat uns der vortreffliche Steuermann die Fahrt zu nehmen gelehrt.

Andere wählen den Weg zu Lande. Christus selbst ist dieser Weg. Hier drohen zwar keine Stürme, aber das Zugtier kann dem Reisenden Gefahr bringen. Das Fleisch wird üppig, mit Peitsche und Hunger muss man ihm beikommen, sonst macht es in seinem Übermut Seitensprünge, statt uns nach Jerusalem zu bringen.

Eine dritte Schar geht zu Fuss. Doch auch ihr drohen Fährlichkeiten. Da bleibt einer liegen, ein anderer kehrt gar um, ein dritter verirrt sich.

An Führern und Wegweisern fehlt es nicht, aber man darf nicht allen trauen. Sie predigen nur scheinbar Christus, in Wirklichkeit sind sie Kinder der Falschheit. Man erkennt sie daran, ob sie im verborgenen Winkel auftreten oder frei und öffentlich lehren. Letzteres ist die Art der Kirche, ersteres die Gewohnheit der Sekten.

Und nun wendet sich der Redner im zweiten Teile einer eingehenden Besprechung und Widerlegung der drei Hauptthäresien zu, der Manichäer, die Christi wahre Leiblichkeit leugnend ihn für einen Geist, ein Phantasma erklären; der Arianer, welche behaupten, Christus der Gesandte muss kleiner gewesen sein als Gott, der ihn gesandt hat; der Pelagianer, welche ungeachtet des darauf stehenden Fluches sich auf Menschen verlassen. Diese Häretiker, die der Herr am jüngsten Tage nicht kennen wird, gilt es zu melden, um alsdann auf dem rechten Wege dem himmlischen Vaterlande zuzueilen. Die Lehrer aber finden den schönsten Lohn für ihre grosse Mühe darin, dass sie sich vom Gebet ihrer Schüler unterstützt wissen.

Dieser starke Gegensatz gegen die Häretiker beherrscht

in gleichem Masse auch die Symbolkatechesen desselben Bischofs.[1])

Der Redner geht jedesmal aus von den Exorcismen, denen die Kompetenten zur Zeit unterstellt sind und durch welche die Macht des Satans über sie bereits derart gebrochen ist, dass sie die Kompetentenspeise, eben den Symbolinhalt, vertragen können. Indessen bedürfen sie immer noch in erster Linie der ernsten Mahnung, alle diejenigen Beziehungen und Vergnügungen zu fliehen, in denen sich das Heidentum specifisch verkörpert, den Cirkus, das Theater, das Amphitheater. Dieselben verdanken durchweg ja ihre Existenz den heidnischen Idolen, denen als den Engeln des Satans der Taufkandidat eben erst entsagt hat. Wie erhaben und edel sind dagegen jene Schauspiele der heiligen Geschichte, die wir aus den biblischen Büchern schöpfen, bei denen der allmächtige dreieinige Gott mit seinen Gaben und Kräften wirksam ist. Er wird zwar von den Arianern nach vielen Seiten hin bestritten; das hindert aber nicht, dass an ihn als einen allmächtigen unsterblichen und unsichtbaren der Christ glaubt. Auch als an einen unsichtbaren; denn Gott wirklich zu schauen wie er ist, war selbst seinem treuen Knechte Moses nicht erlaubt, sondern gehört erst einem anderen Leben an als Belohnung für die, welche hier an ihn treu geglaubt haben.

An der Hand der Symbolstichworte wird dann den Taufkandidaten die Geburt und Kindheit, das Leiden, der Tod und die Erhebung Christi zur Herrlichkeit in ziemlicher Breite vorgetragen, mit Rückblicken in das Alte Testament, mit wiederholten Ermahnungen zum Glauben und nicht ohne Hinweis auf das Verhalten der Juden als der eigentlichen Vertreter des Unglaubens. Der einfache Erzählerton, der diesen ganzen Abschnitt beherrscht, lässt keine polemischen Auseinandersetzungen mit den Häretikern zu. Umsomehr gibt der dritte Artikel zu denselben wieder Veranlassung.

Das Lehrstück vom heiligen Geist besteht vorwiegend in einer Auseinandersetzung mit Arianern, welche dem Vater den Sohn und diesem wieder den Geist unterordnen. Als Mittel

---

[1]) Sermones II. III. IV de symbolo ad catechumenos. Vgl. S. 44. u. S. 53 Anm. 1 n. 4—6. Hahn, Biblioth. d. Symb. (3) S. 60.

des Gegenbeweises dienen Schriftcitate und Gleichnisse aus der Natur.

Beim Artikel von der Sündenvergebung wird der engen Beziehung gedacht, in welcher dieselbe zur Taufe steht. Wer an jene nicht glaubt, für den bleibt diese ohne den eigentlichen Segen. Denn die Taufe ist ja dazu da, um vollständig alle Sünden zu tilgen und für den Menschen ein neues Leben zu begründen.

Auch daran, dass alles Fleisch auferstehen werde, ist gläubig festzuhalten. Diese Auferstehung ist das Vorrecht des nach Gottes Bilde geschaffenen Menschen vor allen übrigen Kreaturen; durch sie werden wir den Engeln Gottes gleich. Mag dieser Satz noch so unannehmbar scheinen, so belohnt sich seine gläubige Hinnahme doch mit jener Auferstehung zur ewigen Seligkeit.

Ihrer gedenkt der Redner, indem er ausdrücklich hervorhebt, dass auch im Symboltext sich dieses Stück dem vorigen anreihe. Dieses ewige Leben ist frei von Mangel, Mühsalen und Bedürfnissen; mehr aber über dasselbe zu erfahren als diese negativen Aussagen ist uns nicht möglich; wir können nur hoffen, es zu erlangen durch Glaube, Geduld und die Vermittlung der heiligen Kirche.

Mit der Erwähnung der heiligen Kirche schliesst der von dem Bischof gebrauchte Symboltext. Ihr, der Braut Christi und Mutter der Gläubigen, der reichen Herrin und Inhaberin aller geistlichen Güter, schulden alle frommen Christen Ehre und Dank. Um so schändlicher tritt da das Gebahren der arianischen Häretiker, die noch einmal erwähnt werden, hervor. Wie Wölfe und Räuber zerreissen sie, schlimmer als die Juden, die sich doch nur an dem irdischen Leib vergingen, den Leib des erhöhten Christus, indem sie durch Bestechung und Gewalt getaufte Christen wie Heiden behandeln, d. h. ihnen Christus wieder austreiben und sie abermals taufen.[1]) Von ihren Winkelgemeinden sich fern halten, hingegen sich der heilsamen Zucht wie der liebevollen Fürsorge der Mutterkirche unter-

---

[1]) Sermo LI de symb. ad catech. 13, 24: Christum exsufflas, catholicum rebaptizas, vgl. Sermo IV c. 13, 13.

§ 2. Katechesen über das Symbol vor Kompetenten.

stellen: darin gipfelt die Lebensaufgabe des Christen, die rechte Befolgung dieses eben erklärten Symbols.

Eine vierte Symbolkatechese desselben Verfassers geht in ihrer Polemik sogar so weit, dass sie geradezu als ein Zeugnis gegen Juden, Heiden und Arianer erscheint.[1]) Indessen zeigt sie in ihrer ganzen Anlage, in der Art der Beweisführung wie in wörtlichen Anklängen soviele Beziehungen zu den vorgenannten, dass über die gleiche Autorschaft kaum ein Zweifel bestehen dürfte.

Wiederum ist es der Rückblick auf die verflossene bedeutungsvolle Nacht mit ihren feierlichen Exorcismen und der offiziellen Absage an den Teufel, sein Wesen und seine Engel, der das Bekenntnis zum allmächtigen dreieinigen Gott einleitet. Seiner Verteidigung gegenüber Manichäern und Arianern ist die Besprechung des ersten Artikels gewidmet. Christi Leben, Leiden und Auferstehen wird wie in den früheren Katechesen zunächst nur breit und erbaulich an der Hand der Schrift erzählt. Dann aber wendet sich der Redner mit einem Male gegen die Juden, die bis auf den heutigen Tag den Gottessohn verwerfen. Sie haben einst dem Herrn entgegengehalten: Dein Zeugnis ist nicht wahr, denn es bedarf des Zeugnisses zweier Menschen, wenn einer Sache Glauben geschenkt werden soll. Drum mögen jetzt nicht zwei, sondern eine ganze Reihe von Zeugen für Christus auftreten: Moses und David, Jesaias, Jeremias, Daniel und Habakuk; Simeon, Zacharias, Elisabeth, Johannes der Täufer und Paulus. Und falls diese ausschliesslich jüdischen Autoritäten nicht genügen sollten, gibt es sogar Heiden, welche für den vom Himmel gekommenen Gottessohn sprechen: Nebukadnezar, Vergil und die Sibylle stehen für Jesus ein. Die letztere sogar mit einem Gedicht von wunderbarer Kraft, denn die Anfangsbuchstaben der Verse bilden den Namen Jesu Christi des Gottessohnes, des Heilandes.[2])

---

[1]) Sermo de symbolo contra Iudaeos paganos et Arianos Vgl. S. 53 Anm. 1 u. 7. Hahn, Biblioth. d. Symb. (3) S. 60.

[2]) Dieser Abschnitt c. 11—16 erfreute sich dauernder Beliebtheit. Unter anderem ging er in das Homiliarium Karls des Grossen I 10 über, vgl. meine Schrift: Das Homiliarium Karls des Grossen auf seine ursprüngliche Gestalt hin untersucht 1897 S. 19 u. XI. 05, 1470—1475. — Zu dem

§ 2. Katechesen über das Symbol vor Kompetenten.

Auch der Himmel, der um Christi willen einen neuen Stern aufgehen liess, das Meer, das vor ihm verstummte, die Erde, die mit seinem Speichel befeuchtet des Blinden Auge heilte, die Unterwelt, die auf seinen Befehl Lazarus wieder herausgab, zeugen für Jesus gegen den jüdischen Unglauben. Vor allem aber sind die einzelnen Momente seiner Passion ein sprechender Beweis für seine Gottheit. Die Juden glaubten ihn zu martern und zu töten. Und doch hatte alle ihre Mühe den gegenteiligen Erfolg. Denn sie schlug nur zur Ehre Christi und zum Heil der Seinigen aus. Ja diese ganze Passion vollzog sich sogar auf Grund prophetischer Voraussagung in derselben heiligen Schrift, welche die Juden in Händen haben und in die sie nur nicht einzudringen verstehen.

Das Lehrstück vom heiligen Geist bringt wieder die bekannte Polemik gegen die Arianer, die, indem sie sich gegen den Sohn wie gegen den Geist vergehen, sich die Vergebung der Sünden in diesem und in jenem Leben verscherzen. Dabei wird die Wiedertaufe katholischer Christen abermals mit Abscheu gerügt.

Auferstehung und ewiges Leben finden nur eine kurze und von Polemik freie Besprechung. Endlich wird als Weg, der zur ewigen Heimat führt, Christus genannt, das Haupt, dessen Leib die Kirche bildet. Freilich wird die letztere in der Gegenwart von arianischen Häretikern ohne Scheu geschädigt und geschändet. Aber umsomehr muss der gläubige Christ seinen Eifer darein setzen, sie zu ehren.

---

§ 3. Antihäretische Symbolreden des 4. Jahrhunderts.

Bei den Feierlichkeiten der Übergabe und Rückgabe des Glaubensbekenntnisses pflegte der Bischof vor Kompetenten

---

Akrostichon, das sich auch August. de civit. dei XVIII 23 und ähnlich Euseb. orat. Constant. ad. sanct. coet. c. 18 findet, vgl. Orac. Sibyll. ed. Alexandre VIII 2. p. 272 sqq.

und versammelter Gemeinde eine Rede über das Symbol zu halten. Es liegt auf der Hand, dass dieselbe nur den Charakter einer die Bedeutung des Tages zusammenfassenden Ansprache tragen konnte, also im Vergleich zu den Symbolkatechesen der dazwischen liegenden Wochen kurz sein musste. Aber auch im übrigen war sie nach Form und Inhalt anders geartet. Denn bei ihr war das Symbol Selbstzweck, nicht bloss ein bequemer Leitfaden für dogmatische Ausführungen. Es kam hier darauf an, über das Symbol selbst etwas Charakteristisches zu sagen, zunächst etwa den Kompetenten in einer Einleitung vorzuführen, was es um das Symbol als Ganzes sei, sodann im Hauptteile auf den Inhalt der einzelnen Artikel näher einzugehen, von denen keiner unerwähnt bleiben durfte, sondern jeder zu seinem vollen Rechte kommen musste. Das gab freilich vielfach eine etwas harte Aufzählung der verschiedenen Stücke, bei der die geschickten Übergänge, wie sie der katechetische Unterricht ganz von selbst mit sich brachte, so gut wie ganz fehlten. Aber es sollte ja bei dieser Gelegenheit auch nicht mehr erklärt, unterrichtet, bewiesen, sondern nur bei einem mysteriös-feierlichen Akte in sollenner Form an Bekanntes erinnert werden.

Indessen es brauchte Zeit bis sich dieses scheinbar selbstverständliche Schema allgemein einbürgerte. Gerade die ältesten Symbolreden sind nichts weniger als wirkliche Symbolerklärungen; sie handeln wohl von dem Symbol, aber sie legen dasselbe nicht aus.

Die orthodoxe Leidenschaftlichkeit eines mit der Häresie ringenden Zeitalters war so stark, dass sie sich auch bei dieser Gelegenheit äussern musste und eine gleichmässige objektive Behandlung der einzelnen Symbolstücke nicht zuliess. Es gibt Traditionsreden, in denen der Bischof über der Ketzerbestreitung ganz vergessen zu haben scheint, was eigentlich der Zweck seiner Rede sei. „Man kann die bei der traditio symboli gehaltenen altkirchlichen Reden, die wir noch übrig haben, im allgemeinen in zwei Klassen teilen, in solche, in denen das Symbol von den Rednern gleichmässig, Glied für Glied, Bestandteil für Bestandteil, durchgegangen wird, und in solche, in denen die Redner es zu einem speciellen Zwecke auslegen oder näher bestimmt, in denen sie es im Gegensatz zu einer oder der anderen Häresie auslegen, die zu ihrer Zeit und in ihrer Umgebung oder bloss zu ihrer Zeit sich geltend gemacht hatte, und mit der damals die Kirche im Kampfe stand oder die Kirche und sie selbst zu streiten hatten. In den Reden der ersteren Art gehen die Redner das Symbol einfach durch, um es den Katechumenen (jederzeit mehr oder weniger kurz) zu erklären, und in ihnen haben wir deshalb eigentliche regelrechte Auslegungen desselben. In den Reden der letzteren Art dagegen gehen die Redner wesentlich nur darauf aus, diejenigen Teile desselben zu erklären und zu beleuchten, gegen welche die Häresie verstösst, die sie bekämpfen, und den rechten kirchlichen Sinn jener Teile gegen diese Häresie zu schützen, sowie die Katechumenen davor zu bewahren, dass sie von den Anhängern derselben dazu verleitet würden, sie nach deren irrigen Meinungen zu missdeuten."[1])

Jedenfalls gehören gerade die ältesten Reden über das Symbol dieser letzteren Gattung an.

An ihrer Spitze steht eine Traditionsansprache aus der Zeit des arianischen Streites,[2]) die vermutlich der Bischof Eusebius von Vercelli zwischen 340 und 360 gehalten hat, jedenfalls ein charaktervoller Theologe, der in gedrängter Kürze viel zu sagen wusste, ein feuriger Redner mit mächtigem

---

[1]) Caspari, Quellen II 146 f.
[2]) Es ist die sog. Exhortatio sancti Ambrosii episcopi ad neophytos de symbolo, welche Caspari zuerst auf Grund zweier Wiener Handschriften, der Codd. 604 und 805 in den Quellen II 128—182 und sodann unter Heranziehung einer Karlsruher Handschrift, des Cod. Aug. 18 saec. X, in den Alten und neuen Quellen S. 186—195 publicierte. In der Überschrift ist alles falsch ausser den Worten Exhortatio de symbolo. Dieselbe ist eine bei Übergabe des Symbols an Taufkandidaten zwischen 340 und 360 (370) gehaltene Rede und stammt, wie Caspari überzeugend nachgewiesen hat, von einem italischen oder Italien benachbarten Bischof. Ob derselbe indessen Lucifer von Calaris (so Caspari) oder Eusebius von Vercelli (so Krüger in seiner Schrift: Lucifer, Bischof von Calaris und das Schisma der Luciferaner S. 118—129) gewesen sei, wagen beide Forscher nicht mit unbedingter Sicherheit zu behaupten. Dagegen dürfte der von Kattenbusch (Das apostolische Symbol I 202—207) vorgeschlagene Gregor von Elvira weniger Aussicht haben für den Verfasser zu gelten. Vgl. Hahn, Biblioth. d. Symb. (3) S. 56 f.

Schwung, ein lebhaftes Temperament, das vor einer Extravaganz im Ausdruck nicht zurückschreckte.

„Gnade sei mit euch, und Friede von Gott dem Vater und dem Sohn und dem heiligen Geiste werde euch reichlich zu teil, ihr Gesegneten des Herrn, der euch beruft zu seinem Reich und zu seiner Herrlichkeit. Denn bei ihm ist, ja er selbst ist die lebendige Quelle und in seinem geistlichen Lichte sollen wir das ewige Licht sehen." Und nun folgt in Bibelworten die dringende Aufforderung zu Gott zu kommen und sich zu reinigen; dann werden sie erleuchtet werden und die Vergebung aller ihrer Sünden empfangen. Denn das tadellose Gesetz des Herrn hat bekehrende, das lichte Gebot des Herrn erleuchtende Kraft, die keusche Furcht des Herrn ist von ewiger Dauer. Von dieser Furcht Gottes sollen jetzt die Kompetenten hören, von ihr, deren Quelle der Glaube ist. Dieser aber wiederum ist in ein Bekenntnis gefasst, das zu lernen sie eben heute zusammengekommen sind. Denn das Symbol, das ihnen der Bischof im Hinblick auf die bevorstehende Taufe nunmehr mitteilen will, ist eine Bezeugung des heilbringenden Glaubens und eine Bekenntnisformel. Beides zusammen erst macht das Heil aus: das Wort der Predigt ins Herz aufnehmen und es mit dem Munde weitergeben. Nur wer zugleich glaubt und zugleich bekennt, wird den Weg der Gerechtigkeit gehen, der zum Heile führt. Denn der Herr will vor den Menschen bekannt sein, wenn er den Gläubigen vor seinem himmlischen Vater bekennen soll.

Ein ungewöhnlicher Eingang, für den es in den übrigen Symbolerklärungen kein Analogon gibt. Denn er atmet durchaus die frische Kraft einer jugendlichen Zeit, die noch nichts von stereotypen Formeln weiss. So bleibt denn auch das angegebene Thema massgebend für die weitere Ausführung. Die Furcht Gottes entspringt aus dem Glauben, und zwar aus dem rechten Glauben an Vater, Sohn und heiligen Geist. Und doch zerfällt die Rede aus klar ersichtlichem Grunde nur in zwei Teile.

Zunächst wird das vollständige Symbol dem Wortlaut nach vom Bischof recitiert.[1]) Ein heiliger Schauer durchrieselt

---

[1]) Dass dasselbe hier vollständig aufgeschrieben ist, muss auffallen;

die Versammlung bei diesen geheimnisvollen Worten. Um so tieferen Eindruck muss es machen, wenn der Bischof folgendermassen fortfährt.

Dieser Bekenntnisformel haben sich auch viele Häretiker bemächtigt. Aber eben nur äusserlich, denn sie bekennen mit dem Munde und lästern mit dem Herzen. Falsche Lehre beherrscht sie und auch ihre Schüler gehen zu Grunde. An beiden erweist sich das Wort von den blinden Blindenleitern. Gemeinsamer Irrtum verschlingt sie und ein Tod stösst sie hinunter in die tiefe Grube. Was von der Wahrheit ihres Bekenntnisses zu halten sei, geht klar aus ihrer Lehre hervor. Gott sei allmächtig, bekennen sie im Symbol, und doch leugnen sie, dass Vater und Sohn gleichen Wesens seien. Sie prahlen mit dem Glauben an einen Gott und bestreiten andrerseits, dass der Vater und der Sohn ein Gott sind. Denn wie kann Arius, der da leugnet, dass Gott einen ihm wesensgleichen Sohn gezeugt habe, noch von einem allmächtigen Gott sprechen. Dasselbe gilt von Sabellius, der zwar einen entgegengesetzten Irrtum hegt, aber wegen der gleichen Blasphemie in dieselbe Grube fährt, er ein Verwirrer, jener ein Zerreisser des göttlichen Geheimnisses. Denn Sabellius wagt in seiner Verblendung zu behaupten, dass dem unveränderlichen Gotte eine veränderliche Natur und allerlei teuflische Verstellungskünste eignen in der Weise, dass Vater, Sohn und heiliger Geist, statt persönlich innerhalb der Trinität sich zu unterscheiden, nur den sich dreifach wandelnden Gott repräsentieren, der, wenn er will, die Gestalt des Vaters ablegen und Sohn werden und ebenso den Namen des heiligen Geistes annehmen kann. Somit konstruieren die Sabellianer

---

denn dies zu thun war im 4. und 5. Jahrhundert nicht erlaubt. Wir haben es hier fraglos mit einer abnormen Erscheinung zu thun, zu deren Erklärung sich nur anführen lässt, dass auch Augustin, Petrus Chrysologus von Ravenna und Maximus von Turin in ihren Symbolreden und Rufin in seinem Symbolkommentar, wenngleich nicht den ganzen Wortlaut im Zusammenhang, so doch vor jedem erklärenden Abschnitt das betreffende Glied namhaft gemacht haben, woraus hervorgeht, dass demjenigen, der das Symbol schriftlich besitzen wollte, dazu auch ohne unsere Exhortatio Gelegenheit gegeben war.

§ 3. Antihäretische Symbolreden des 4. Jahrhunderts.

die Einheit in der Weise, dass sie die Dreiheit leugnen; umgekehrt sondern die Arianer die Personen derart, dass sie die Einheit zersprengen. Und doch widerlegt beide Häretikergruppen ein und derselbe Ausspruch des Herrn, nämlich: Ich und der Vater sind eins, die Arianer durch das Wort „eins", die Sabellianer durch das Wort „sind". Darum bekennt denn auch die Kirche durch Gottes Gnade mit Mund und Herzen das katholische Bekenntnis von Gott dem Vater als dem Allmächtigen, dem sie das Prädikat der Allmacht nicht bloss in schmeichlerischer Absicht, sondern wahrhaftig zuerkennt. Und sie zweifelt nicht daran, dass er mit derselben Allmacht, durch die er alle Dinge aus nichts geschaffen hat, auch aus sich einen Sohn gezeugt hat, der ihm nach Wille und Substanz, nach allen Würden und Eigenschaften, kurzum vollkommen gleich ist. Wäre die Ansicht der Arianer die richtige, so würde daraus notwendig folgen, dass ja Gott sich selbst nicht einmal gewähren könne, was er sterblichen und vergänglichen Wesen zu gewähren geruht, nämlich ein Wesen seines Geschlechtes zu zeugen. Was wäre das für ein Ruhm, wenn Gott, nach der gemeinen Auffassung der Arianer, einen ihm unähnlichen Sohn gezeugt und dadurch seiner Majestät in den Augen seines eigenen Volkes einen Schaden zugefügt hätte, er, der doch nach aller Urteil nicht einmal an der Entartung der Kinder Abrahams Schuld trägt. Mögen sie deshalb, sie die Arianer, denen verkehrter Sinn selbst Entartung und Tod gebracht hat, untergehen mit dem, der ihres Todes Ursache ist, mit dem Teufel, zu dessen Kindern sie sich gemacht, indem sie seine Lehre der Lehre und Regel der Wahrheit vorzogen.

Mit grausamer Ironie und wilder Verwünschung schliesst also dieser erste Abschnitt, der nichts weiter ist als eine an den Begriff der göttlichen Allmacht angeknüpfte Polemik gegen Arianer und Sabellianer und der, indem er neben der Allmacht des Vaters noch von der wahren Gottheit des Sohnes und dem persönlichen Unterschiede der drei göttlichen Personen untereinander handelt, den ersten Artikel mit je dem ersten Gliede des zweiten und dritten Artikels zusammenfasst. Aber keineswegs geht der Redner nunmehr schon zu den übrigen Gliedern des zweiten und dritten Artikels über, sondern durchaus beherrscht von dem Gegensatz gegen die arianische Irrlehre behandelt er zuvor noch in zwei weiteren Abschnitten die innertrinitarischen Verhältnisse.

Im ersteren wird das bisher Gesagte kurz zusammengefasst und dann aus der heiligen Schrift bewiesen. Denn das ist nunmehr das Neue, was die Kompetenten erfahren, dass die Kirche jene der Häresie gegenüberstehende wahrhafte Erkenntnis aus zahlreichen Stellen des Alten wie des Neuen Testamentes geschöpft hat. Zu dem Zwecke werden die bekannten von Christi göttlicher Natur handelnden Stellen aus den Psalmen 45 und 110, aus dem Prolog des Johannesevangeliums, endlich aus dem zweiten Kapitel des Philipperbriefes herangezogen.

So viel vom Schriftbeweis. An den Taufkandidaten ist es nunmehr das zu glauben und zu bekennen, was aus jenen Bibelcitaten hervorgeht, dass der Sohn in jeder Hinsicht mit dem Vater wesensgleich und von ihm gezeugt sei, Gott von Gott, Licht von Licht. Die Begriffe Wort, Sohn, von Natur gezeugt, schliessen jedweden Irrtum aus. Insbesondere die Namen Vater und Sohn bezeugen die substanzielle Einheit wie die persönliche Verschiedenheit beider und drücken klar das Verhältnis aus, in welchem beide zueinander stehen. Abermals kommt der Redner auf das Argument des ersten Abschnittes zu sprechen, dass, wenn selbst die Geschöpfe nur gleichbeschaffene Wesen zeugen können, auch der Sohn des Herrn und Schöpfers in jeder Hinsicht dem Vater wesensgleich sein muss. Jenes kecke Urteil der Arianer verdient aber umsomehr schärfste Zurückweisung, als selbst ein Jesaias, der vom heiligen Geist erfüllt in alle Weisheit einzudringen vermochte, eingestehen musste: Wer will seines Lebens Länge ausreden? Ja selbst die himmlischen Mächte, die höchsten Engel wissen nichts davon, da sie ja alle nur durch den Sohn geschaffen sind. Und der Häretiker, der Erde ist und zu Erde werden soll und der sich nur auf Irdisches versteht, wagt es, sich eine Vorstellung von der Natur Gottes anzumassen und diese obendrein durch seine eigenen Träumereien zu korrumpieren.

Jetzt erst leitet ein überschwenglicher Hinweis auf den, der das Wort des Herrn heisst, — unter welcher Bezeichnung man den Sohn Gottes zu verstehen habe, durch dessen Hauch alle Himmel geschaffen wurden, auf den sich alle Engelsmächte als auf ihren Schöpfer zurückführen und den die höchsten Wesen deshalb, weil sie ihn nicht begreifen können, in tiefster Ehrfurcht umkreisen, — über zu dem zweiten Hauptteil, der die Kompetenten in detaillierter Weise mit diesem „Worte des Herrn" bekannt machen soll.

Dies Wort ward Fleisch und wohnete unter uns. Und zwar aus Barmherzigkeit und Gehorsam, uns zu Gute mit dem Vater Hand in Hand gehend, auf eine unaussprechliche geheimnisvolle Weise, vermöge der Allmacht und des Zusammenwirkens der Trinität empfangen von einer Jungfrau und geboren aus einer Jungfrau. Diese geheimnisvolle Geburt des Sohnes Gottes ist keiner Kreatur im Himmel oder auf Erden jemals offenbart ausser einmal den Menschen durch einen Propheten: Siehe eine Jungfrau ist schwanger und wird einen Sohn gebären, und das andere Mal der Maria selbst, die ihn gebären sollte, durch einen Erzengel; dieses letztere deshalb, um die Mutter des Gottessohnes vor Verwirrung zu bewahren und über die Bedeutung dieser Geburt aufzuklären. Daraus folgt für den Christen die Pflicht, zu glauben und zu bekennen, dass der Gottessohn zugleich auch der Menschensohn sei.

Es folgen im einzelnen, wenngleich sehr summarisch die übrigen Glieder des zweiten Artikels. Der Redner kommt gewissermassen nur einer hergebrachten Pflicht nach, wenn er der Ordnung im Symbol sich anschliessend konstatiert, dass jener Leib, den Gottes Sohn bei seiner menschlichen Geburt annahm, unter Pontius Pilatus als dem Vertreter des römischen Kaisers gekreuzigt wurde, und dass dieses Leiden und dieser Tod von den Propheten vorausgesagt war. Begraben und am dritten Tage von den Toten wieder auferstanden verkehrte er vierzig Tage lang, wie wir aus der Apostelgeschichte wissen, mit auserwählten lieben Menschen, denen er sich ebenso wie fünfhundert weiteren Zeugen in demselben Leibe offenbarte, in dem er gekreuzigt und begraben war. Dann fuhr er gen Himmel und sitzt zur Rechten Gottes des Vaters, von dannen er kommen wird zu richten die Lebendigen und die Toten.

Jetzt hätten die Kompetenten scheinbar noch Anspruch

auf eine Einzelerklärung des dritten Artikels gehabt. Aber der Bischof, der seine Aufgabe durchaus anders auffasst, glaubt schon mit Aufzählung der verschiedenen Glieder des zweiten Artikels genug gethan zu haben. Sein Thema ist erledigt, die Wesensgleichheit und persönliche Verschiedenheit von Vater, Sohn und Geist, die in der Gegenwart durch Arianer und Sabellianer heftig bedroht wird, den Taufkandidaten im wichtigsten Augenblick vor ihrer Taufe noch einmal ernstlichst zu Gemüte geführt. Ein weiteres Eingehen auf andere Lehren wie Kirche, Vergebung der Sünden, Auferstehung des Fleisches, ist in diesem Moment nicht nötig und könnte den Eindruck der voraufgegangenen wichtigen Erörterungen am Ende nur abschwächen.

So erfahren denn die Kompetenten vom dritten Glaubensartikel, sofern vom heiligen Geiste nicht schon in anderem Zusammenhange die Rede war, an dieser Stelle nichts weiter, sondern die Rede schliesst mit ein paar kurzen Ermahnungen.

Dieses Symbol, das die Katechumenen zum Auswendiglernen und Wiederaufsagen jetzt empfangen, sollen sie im rechten Glauben annehmen und bewahren, es mit Verstand betrachten und immer darauf achten, damit Gottesfurcht und Liebe zu Gott in ihnen befestigt werde. Denn Christus ist aus Liebe zu uns gestorben, um uns an seinem Leibe, dem Abbild unserer Gebrechlichkeit, unsere Auferstehung zu zeigen, die Todesfurcht von uns zu nehmen und uns, nachdem er uns durch die Gnade der Taufe gereinigt, zu Miterben der Herrlichkeit des Himmelreiches zu machen. Ihm sei Ehre in Ewigkeit.

Es liegt auf der Hand, wie vortrefflich für eine solche Rede gerade der Ausdruck Exhortatio de symbolo, Ermahnung über das Symbol, gewählt war. Der ganze Nachdruck liegt nicht auf einer Erörterung der einzelnen Hauptstücke des Glaubens, die vielmehr als Bestandteil des Katechumenenunterrichtes vorausgesetzt wird. Sondern der Bischof benutzt den liturgischen Akt der Symbolübergabe zu einer an den Willen der Taufkandidaten als der Vertreter der kirchlichen Zukunft sich richtenden ernsten Ansprache. Ihnen noch neue Kenntnisse beizubringen ist jetzt nicht mehr die Zeit. Um so geeigneter erscheint dieser erhabene Moment zur Gewissensschärfung und zu einem Appell an die Glaubenstreue der jungen Christen im allgemeinen. Diese aber hat sich für das nächste Menschenalter darin zu bewähren, dass sie den Häretikern, die auch nach ihnen die Versucherhand ausstrecken werden, mutig und klug zugleich Trotz bieten. Drum denn auch die ganze Besprechung des Symbols unter diesen einen Zweck gestellt erscheint, indem nur diejenigen Glieder der drei Artikel, die seitens der Arianer oder Sabellianer eine Missdeutung erfahren haben, hinsichtlich derer also auch die Gefahr besteht, dass sie demnächst von den jungen Christen falsch aufgefasst werden könnten, eingehend erörtert werden; während bei allen anderen Teilen der Redner sich mit kurzen Anmerkungen begnügt, oder die Glieder wohl gar nur aufzählt, ohne ein Wort der Auslegung hinzuzufügen. Ja manche Teile des Symbols werden überhaupt nicht einmal erwähnt. Denn wenngleich durchweg vom rechten Glauben an Vater, Sohn und heiligen Geist die Rede ist, so geschieht dies doch nur in der Weise, dass zunächst von der Wesensgleichheit innerhalb der Trinität, sodann von Christus als dem wahrhaftigen Menschensohne gehandelt wird. Daraus erklärt sich zugleich dass in der Disponierung eine Zweiteilung an Stelle der zu erwartenden Dreiteilung getreten ist.

Die zweite uns erhaltene Traditionsrede erinnert ebenfalls an die stürmischen Auseinandersetzungen mit dem Arianismus und steht auch, was Zeit und Ort anbetrifft, der Exhortatio des Eusebius nahe. Es ist die Explanatio symboli des Ambrosius von Mailand.[1]) Freilich kann dieselbe, da sie nur mit stark verändertem Wortlaut auf uns gekommen ist, nicht den An-

---

[1]) Einen ehemals bobiensischen, jetzt vatikanischen Codex druckte Angelo Mai in seiner Scriptorum veterum nova collectio e Vaticanis codicibus edita (Rom 1833) VII, 156—158 ab (Ml. 17, 1193—1196). Einen zweiten, der früher dem Benediktinerstift Lambach gehörte, benutzte Bruno Brunus für seine 1784 erschienene Ausgabe der Werke des Maximus von Turin, Appendix p. 30—34 (Ml. 57, 853—858). Beide Drucke wurden sodann nebeneinander gestellt und ausführlich besprochen von Caspari in den Quellen II 48—127. Indessen gelang es Caspari schließlich noch einer dritten Handschrift habhaft zu werden, des Cod. Sangall. 188, die vorwiegend mit dem Cod. Lambac. Verwandtschaft aufweist, während der Cod. Bob-Vatic. wohl den ursprünglicheren und besseren Text bietet. Abgedr. und besproch. in den Alten und neuen Quellen S. 196—222.

spruch erheben für ein abgerundetes Kunstwerk zu gelten. Der Bischof hatte sie ursprünglich extemporiert; ein Zuhörer machte sich darüber und schrieb das Gehörte nieder.[1]) Aber sein Konzept fiel dermassen unvollkommen aus, dass die späteren Abschreiber sich veranlasst fühlten, an zahlreichen Stellen in ihrer Weise zu bessern bezw. zu ändern. So ist es gekommen, dass die eine Rede uns heutzutage in ebensovielen Recensionen vorliegt, als Handschriften derselben vorhanden sind. Und doch zeigt sich die Eigenart des grossen Mannes, der die Rede einst gehalten, noch immer trotz aller Unbilden, welche der Text im Laufe der Jahrhunderte erfahren hat. Nicht nur zeitlich verdient diese Explanatio des Ambrosius einen hervorragenden Platz, sondern auch um ihrer originellen Art willen.

Der Bischof beginnt mit einigen einleitenden Bemerkungen. Die Zeit der Skrutinien ist vorüber, den Exorcismen verdanken die Täuflinge in gleicher Weise Heiligung des Leibes wie der Seele. Nun ist es soweit, dass ihnen das Symbol überliefert werden kann. Was bedeutet das Wort Symbol? Wenn ein Handelsunternehmen geplant wird — wir befinden uns in der Grossstadt Mailand — so treten die Kaufleute zusammen, um ein Betriebskapital zu schaffen; jeder zeichnet einen Anteil, den er nicht wieder rückgängig machen kann. Das nennt man griechisch ein Symbolum oder eine Symbole, lateinisch eine Collatio.[2]) Gerade so haben es einst die Apostel gemacht,

---

[1]) Die gleiche Erscheinung hat Dom Germain Morin noch für zwei andere Schriften des Ambrosius, für die sechs Bücher De sacramentis (Ml. 16, 435—482) und für den Liber de lapsu virginis consecratae (Ml. 16, 383—400) nachgewiesen. Beide geben die Gedanken des grossen Bischofs von Mailand nur in der unzuverlässigen Form von privaten Nachschriften wieder. Rev. Bénéd. 1894 p. 343 sqq; 1895 p. 386; 1897 p. 195. Hingegen wird die Autorschaft des Ambrosius in Bezug auf die Explanatio ohne hinreichende Begründung in Frage gezogen von Fessler (Institutiones patrologiae I 724 n. 4), Denzinger (Enchiridion symbolorum p. 1), Kattenbusch (Das apostolische Symbol I 84—91). Vgl. Hahn, Biblioth. d. Symb. (3) S. 36 f.

[2]) Die Verwechslung von σύμβολον und συμβολή hat die Übersetzung mit collatio veranlasst, ein Begriff, der wiederum sehr verschieden aufgefasst wird. Entweder „dass die Apostel ihre eigenen Glaubensgedanken in der Weise zur Glaubensformel des Symbolums zusammentrugen, dass ein jeder von ihnen den seinigen oder die seinigen zu dem gemeinsamen

§ 3. Antihäretische Symbolreden des 4. Jahrhunderts.

denn auch sie brauchten ein Betriebskapital für ihre weitblickenden Unternehmungen im Interesse des Reiches Gottes. Drum schossen sie zusammen, nicht Geld, sondern gläubige Gedanken. Sie schufen eine Formel, bei der es im Gegensatz zum kaufmännischen Betriebskapital, das möglichst gross sein muss, darauf ankam, dass sie recht kurz war: ein Brevier des Glaubens im wahrsten Sinne des Wortes. Denn nur was kurz ist, lässt sich dem Gedächtnis einprägen.[1]) Nun gibt es Geschäftsteilnehmer, deren Streben dahin geht, das gemeinsame Kapital zu eigenem Vorteil zu schmälern. Die wirft man hinaus als Betrüger. Ganz ähnlich ist eine geistliche Spitzbüberei, welche darin besteht, dass man die knappe Glaubensformel, wie sie aus der Hand der Apostel gekommen, durch Zusätze alteriert; Häretiker thun es wirklich aus Bosheit, schwachherzige Katholiken aus übertriebener Ängstlichkeit. Beide Menschenklassen findet man vorwiegend im Orient. Im Lande des Ambrosius verschmäht man solches Beginnen: es ist eben Betrug.

Soweit die Einleitung, nach welcher Ambrosius den Wortlaut des Symbols verkündigt, während die Kompetenten das

---

Werke beisteuerte". So Rufin. expos. in symbol. apost. c. 2. Oder „man dachte bei der Erklärung von symbolum durch collatio daran, dass im Symbol der christliche Glaube an einen Punkt zusammengetragen und kurz zusammengestellt ist". So im pseudo-augustinischen Sermo 241 de symbolo c. 1. „Endlich dachte man bei der in Rede stehenden Erklärung von symbolum bisweilen sowohl hieran, als auch daran, dass die Apostel (und Kirchenlehrer) im Symbol den gesamten Inhalt aller heiligen Schriften, der alttestamentlichen und ihrer eigenen, aus denselben summarisch zusammengestellt haben." So Cassian de incarnatione Christi contra Nestorium VI 3. „Mitunter verglich man bei der Erklärung symbolum durch collatio das Symbol mit einem Kapital, das Kaufleute zu einer gemeinsamen Handelsunternehmung zusammengeschossen, mitunter wiederum mit einer gemeinsamen Mahlzeit, die dadurch zu stande gekommen, dass ein jeder von den Teilnehmern einen Geldbeitrag zu ihr gegeben." Ersteres in der vorliegenden Explanatio, letzteres in zwei fälschlich dem Eusebius von Emesa zugeschriebenen „homiliae de symbolo", die jedenfalls von Faustus von Riez gehalten sind. Vgl. Caspari, Quellen II 91 f., 97. 98.

[1]) Caspari, Quellen II 51, vgl. 111 f.: Sancti ergo apostoli in unum convenientes, breviarium fidei fecerunt, ut breviter fidei totius seriem comprehendamus. Brevitas necessaria est, ut semper memoria et recordatione teneatur.

72   § 3. Antihäretische Symbolreden des 4. Jahrhunderts.

Kreuz schlagen. Die eigentliche Explanatio gliedert sich in vier Abschnitte, von denen der erste allgemeineren Charakters ist, die drei anderen sich im grossen und ganzen mit einer Erläuterung der Artikel von Vater, Sohn und heiligem Geist decken.[1])

Im Symbol ist die Rede von der Trinität, der in gleicher Weise ewige Gottheit eignet wie eine Wirksamkeit. Wo man aber keine Unterschiedlichkeit in der Majestät kennt, da ist auch keine Verschiedenheit des Glaubens gegenüber den Trägern dieser Majestät zulässig. Zwar hat der Sohn Fleisch angenommen, worauf Ambrosius schon öfter in Predigten zu sprechen gekommen ist, doch in der ungewöhnlichen Weise, dass er vom heiligen Geiste gezeugt und von der Jungfrau Maria geboren wurde. Damit war trotz aller irdischen Leiblichkeit der Vorzug der ewigen Majestät gewahrt.

Abermals sagt Ambrosius das Symbol auf. Denn nach diesen zusammenfassenden Vorbemerkungen soll jetzt der specielle Teil der Erklärung folgen. Indessen würden sich die Zuhörer irren, wenn sie nunmehr eine das Symbol Wort für Wort durchgehende Auseinandersetzung erwarteten. Der Redner steht viel zu sehr inmitten der sein Land und seine Zeit bewegenden kirchlichen Fragen, als dass er sich nicht auch an dieser Stelle von ihnen fortreissen lassen sollte. Auch über die Grenzen seines eigentlichen Sprengels reichte des Ambrosius Wirksamkeit. Im Jahre 381 hatte er einen längeren Aufenthalt in dem benachbarten Bischofssitz Aquileja genommen.[2]) Es galt auf der dortigen Synode die beiden arianischen Bischöfe Palladius und Sekundianus niederzuschlagen. Bei der Gelegenheit mag er eine Erfahrung gemacht haben, die ihm dermassen auf der Seele brennt, dass er sie seinen Taufkandidaten nicht vorzuenthalten vermag. Doch lassen wir ihn selbst weiter reden. Die Sache betrifft die Erklärung des ersten Artikels.

---

[1]) Caspari, Alte und neue Quellen S. 213—223; Einleitung c. 1, 2, 1. Abschnitt c. 3, 2. Abschnitt c. 4, 3. Abschnitt c. 5, 4. Abschnitt c. 6, Schluss c. 7—9.

[2]) Ambros. opist. 8. Ml. 16, 950—979. Hefele, Konciliengeschichte II 34 f. Vgl. Caspari, Quellen II 77. 78 f.

§ 8. Antihäretische Symbolreden des 4. Jahrhunderts. 73

Das Symbol ist apostolischen Ursprungs, es ist heilige Schrift. Wer wird sich aber anmassen, das apostolische Wort verbessern zu wollen? Und doch gibt es solche Menschen, nämlich die orthodoxen Aquilejenser,[1]) die, als der Patripassianismus aufgekommen war, es für nötig erachteten, der Bezeichnung Gottes des allmächtigen Vaters die Worte invisibili et impassibili hinzuzufügen. Gut gemeint, und doch wie nahe lag nunmehr der Irrtum, dass man im Gegensatz zum Vater den Sohn für visibilis et passibilis hielt. Beides war er freilich im Fleische, der menschlichen Natur nach, nicht aber der Gottheit nach. Wie denn auch nur seine menschliche Natur die göttliche Natur anruft, wenn der Herr am Kreuze sagt: Mein Gott, mein Gott, warum hast du mich verlassen. War demnach diese von den Vorfahren gegen die Häresie beliebte Arznei schon damals, als wirklich jene häretische Krankheit grassierte, durchaus überflüssig, so ist sie es erst recht in der Gegenwart, wo sich der Glaube unversehrt den Sabellianern gegenüber behauptet, die aus der Kirche ausgeschlossen sind und von denen man im Abendlande so gut wie nichts mehr weiss. Indessen als überflüssig wäre jener Zusatz noch nicht so schlimm, er erweist sich in der Gegenwart aber geradezu als gefährlich. Denn die Arianer haben ihn in der angedeuteten Weise nutzbar zu machen gewusst. Sie berufen sich — wir können wieder an die Partei des Palladius und Sekundianus in Aquileja denken[2]) — für ihre Irrlehre von der Wesensungleichheit zwischen Vater und Sohn auf das kirchliche Symbol, welches nur dem ersteren die Prädikate invisibilis und impassibilis zuerkennt, den Sohn also für minder göttlich erachte. Und umgekehrt beschuldigen sie jede Kirche, die das unverfälschte apostolische Symbolum ohne jenen fragwürdigen Zusatz im Gebrauche hat, wie die Gemeinden von Mailand und Rom, eben deshalb des Sabellianismus. Kurz, wo der Glaube intakt ist, da genügen die Vorschriften der

---

[1]) Die ganze Sache erhält erst ihr rechtes Licht durch eine Notiz in dem um 20—30 Jahre jüngeren Symbolkommentar des Rufin. Vgl. Caspari, Quellen II 105 f.

[2]) Nicht an diese beiden Bischöfe selbst, da von ihnen eine derartige Berufung auf den Zusatz des aquilejensischen Symbols wenigstens nicht bekannt ist. Caspari, Quellen II 78 Anm. 48.

Apostel, da bedarf es keiner theologischen Vorsichtsmassregeln. Sonst mengt man leicht Unkraut unter den Weizen.

So weit die Erklärung des ersten Artikels. Der Ton, der in der Einleitung angeschlagen wurde, klingt hier voll weiter. Dort war die Verwerflichkeit antihäretischer Zusätze zum Symbol vom principiellen Standpunkte aus angedeutet, hier wird dieselbe schlagend an einem Beispiel aus der Nachbarschaft und der jüngsten Vergangenheit bewiesen.

Der dritte Teil bringt endlich eine Art detaillierter Erläuterung des zweiten Artikels. Das Prädikat unicus gebührt Christus als dem Sohne. Er ist der einige Sohn, nicht auch der einige Herr, obwohl wir ihn immerhin ebenso wie den Vater unsern einigen Herrn nennen mögen. Mit seiner Menschwerdung war zugleich sein Leiden gegeben. Dass er aber ebensowohl das Leiden überwand, aus den Toten wieder hervorging, gen Himmel fuhr und jetzt zur Rechten Gottes sitzt, ist ein Beweis dafür, dass das Fleisch die Gottheit in ihm nicht übermocht hat. Ja noch mehr. Gerade dieser Gang der Dinge repräsentiert für Christus einen gewaltigen Triumph. Durch sein vermöge seiner göttlichen Prärogative erlangtes Sitzen zur Rechten hilft er das gute Regiment Gottes des Vaters fördern, prangt er selbst im Glanze des Siegers.[1] Als solcher kommt er wieder zum Gericht. Merke, er kommt wieder. Er, den man als Sieger fürchten, als Freund lieben muss, dem man von seiner Majestät nichts rauben darf. Denn thatsächlich eignet alle Kraftwirkung, alle Heiligung, alle Majestät der verehrungswürdigen Trinität in ihrer Gesamtheit, also dem Sohne ebenso wie dem Vater und dem heiligen Geist.

Das leitet zum vierten Teil der Erörterung über. Vom heiligen Geiste selbst ist hier des weiteren nicht mehr die Rede. Vielmehr geht Ambrosius sofort zu den anderen Gliedern des dritten Artikels über. Es folgen im Symbol die drei Lehrstücke von der Kirche, von der Vergebung der Sünden, von

---

[1] Caspari, Quellen II 54: Quasi qui patri retulerit bonae fructum voluntatis. — Certe quasi triumphator aeternus, qui bonum regnum deo patri comparavit, praerogativam sibi suae victoriae vindicavit sedens ad dexteram patris.

der Auferstehung. An alle drei muss der Christ ebenso glauben, wie er an die drei heiligen Personen glaubt, denn jene sind das Werk dieser heiligen Trinität. Dem Werke aber schulden wir die gleiche Ehrfurcht, wie dem, aus dessen Hand es gekommen: eine etwas krause Logik, welche Ambrosius durch den Hinweis auf Joh. 10, 38: Glaubet doch den Werken, wollt ihr mir nicht glauben, zu stützen sucht. Das ist erst der vollkommene Glaube, der sich auch auf das Werk des Schöpfers erstreckt. Indessen auch das erste jener drei Stücke lässt der Redner beiseite, um sofort den Glauben an die Vergebung der Sünden dahin zu erklären, dass überhaupt nur der Glaube es ist, der da hilft (Mark. 10, 52). Die Auferstehung des Fleisches endlich ist nur die direkte Frucht von Christi Tod, Begräbnis und Auferstehung. Ohne die letztere wäre unser Glaube eitel, mit ihr ist er zuverlässig.

Man sieht, es tritt das Interesse an einer detaillirten Besprechung der einzelnen Artikel ganz zurück gegenüber gewissen Hauptgesichtspunkten, unter denen die markantesten sind der Widerspruch gegen antihäretische Zusätze und die Betonung der Gottheit Christi, der Gleichwesenheit innerhalb der Trinität.[1])

Diese, die in besonderem Masse gegenwärtig die Gemeinde bewegen, und zu denen ihm das Symbol nach der formellen wie nach der materiellen Seite hin Anlass gibt, will der Bischof ausschliesslich bei der Symbolübergabe den jungen Christen ans Herz legen.

Das Symbol in seiner Gesamtheit ist es denn auch, was zu den verhältnismässig ausführlichen Schlusssätzen den Stoff liefert. Ambrosius kehrt zu dem eingangs gezeichneten Bilde zurück. Es ist infam, wenn ein Geschäftsteilhaber das gemeinsame Betriebskapital antastet, noch weit schlimmer aber, wenn ein Christ es wagt, dem von den Aposteln stammenden Kapital der Kirche Abbruch thun zu wollen. Warnt doch schon Johannes aufs ernsteste davor, von den Worten des Buches seiner Weissagung etwas wegzunehmen (Offenb. 22, 19),

---

[1]) Über diesen stark antiarianischen Charakter der Explanatio vgl. Caspari, Quellen II 77f.

— und doch ist dies nur die Schrift eines einzigen Apostels[1] — wieviel mehr muss das Gesamtwerk aller Apostel unverletzlich sein, jenes Symbol, welches die römische Gemeinde besitzt als ein Vermächtnis des ersten unter den Aposteln, des Petrus.[2]

Der Apostel waren aber zwölf, so fordert auch das Symbol als normale Gliederung die Zwölfteilung oder, wie Ambrosius in der Alten Kirche durchaus einzigartig vorschlägt, die Einteilung in drei Tetraden,[3] deren nähere Bestimmung ihm freilich wenig gelingen will. Denn indem er die Kompetenten sich zum drittenmal bekreuzigen lässt und seinerseits zum drittenmal den Wortlaut des Symbols bekannt gibt, weist er die Momente der Erniedrigung Christi: empfangen, geboren, gelitten, begraben der ersten; die Momente der Erhöhung: auferstanden, aufgefahren, sitzend zur Rechten, von dannen er wiederkommen wird der zweiten; endlich die Lehrstücke: heiliger Geist, heilige Kirche, Vergebung der Sünden, Auferstehung der dritten Tetrade zu. Wobei man sich nur fragt, wo denn die den ersten Artikel ausmachenden „Sentenzen"[4] geblieben sind?

---

[1] Über die Apokalypse als kanonische Schrift im 4. Jahrh. vgl. Caspari, Quellen II 110 f.

[2] Caspari, Quellen II 56, vgl. 95: Hoc autem est symbolum quod Romana ecclesia tenet, ubi primus apostolorum Petrus sedit, et communem sententiam eo detulit.

[3] Caspari Quellen II 97—102. Erst im späten Mittelalter, und zwar von einem ganz anderen Gesichtspunkt aus, kommt man auf die Einteilung in Tetraden zurück. So besass das Nürnberger Katharinenkloster eine aus dem Kreise der oberdeutschen Mystiker stammende Symbolerklärung, von der im 2. Bande dieser Schrift ausführlicher zu handeln sein wird. Dieselbe muss im 15. Jahrhundert sehr beliebt gewesen sein, denn ausser jenem Nürnberger Exemplar (jetzt in der Stadtbibliothek daselbst Cent. VI n. 59) finden sich von ihr nicht weniger als fünf Handschriften allein in der Münchener Hof- und Staatsbibliothek (Cgm. 543. 564. 639. 1121. 1141). In dieser Erklärung aber werden die zwölf Artikel unter dem Gesichtspunkt der Beichte in der Weise abgehandelt, dass den drei Hauptfeinden Teufel, Welt und eignem Fleische, von denen jeder den Menschen mit vier Versuchungen beunruhigt, je vier Glaubensartikel als schützender Schild entgegen gehalten werden.

[4] So werden in der Explanatio die einzelnen Glieder genannt. Andere

Den Beschluss auch dieser Bemerkungen macht dann das bekannte Verbot, das Symbol niemals niederzuschreiben. Denn was man nicht schriftlich besitzt, fürchtet man zu vergessen und memoriert es deshalb um so eifriger. Auf letzteres aber kommt es hier an. Indem man das Symbol hersagt, verfügt man über einen sicheren Schutz in allen geistigen und leiblichen Anfechtungen. Nur dass jenes Recitieren des Symbols stets ein innerliches sei, kein lautes und öffentliches. Sonst könnten zufällig Katechumenen oder Häretiker anwesend sein, die es doch beide nicht hören dürfen.

Beide eine neue Litteraturgattung einleitende Reden, die Exhortatio des Eusebius von Vercelli und die Explanatio des Ambrosius von Mailand, sind also untereinander grundverschieden und entbehren noch jedes gemeinsamen, sie beherrschenden Schemas. Und doch gehören sie fraglos zusammen; nicht nur um des historischen Momentes willen, dem sie ihre Entstehung verdanken, sondern auch im Hinblick auf die Art, wie sie den Anforderungen dieses Momentes gerecht werden. Denn beide zielen darauf ab, den Kompetenten die Bedeutung des Symbols unter dem Gesichtspunkte ans Herz zu legen, dass dasselbe als der Inbegriff der rechten Lehre zu gelten und damit den Christen als Waffe gegen jede Art von Häresie zu dienen hat. Auch kommt dasselbe in dieser Eigenschaft bereits für die Gegenwart in Frage. Denn der eine Redner schärft seinen Kompetenten den Kampf gegen Arianismus und Sabellianismus ein, der andere betont entsprechend die Gleichwesenheit innerhalb der Trinität und warnt zugleich dringend vor antihäretischen Zusätzen, durch die das Symbol alteriert und die Gegner statt abgeschreckt nur umsomehr ermutigt werden könnten.

Indem also beide Redner auf diese Weise die Besprechung des Symbols unter den Gesichtspunkt einer bestimmten Zeitfrage treten lassen, verzichten sie noch darauf, die einzelnen Artikel detailliert zu kommentieren. Die Traditionsreden des vierten Jahrhunderts sind Ansprachen, die vom Symbol ihren

---

altkirchliche Bezeichnungen sind sermones, verba, versiculi; im Mittelalter capitula, partes, articuli. Vgl. Caspari, Quellen II 99.

Ausgang nehmen, aber noch nicht wie die des fünften Jahrhunderts Expositionen des Symbols selbst.

Und doch wird man gut thun daran festzuhalten, dass die Einordnung der uns erhaltenen Symbolreden in eine oder die andere dieser beiden Klassen eben nur „im allgemeinen" möglich ist. Denn nicht immer dürfte sich diese Eingliederung ohne Schwierigkeiten vollziehen lassen. So liegt eine dritte Ansprache jener Zeit vor, in welcher der Redner inhaltlich zwar fast jeden Artikel einer zeitgenössischen Häresie, die wenngleich nicht genannt, so doch deutlich genug charakterisiert ist, als Schild entgegenhält bezw. gegen eine solche verteidigt, formell aber doch jedes Symbolstück zu seinem guten Rechte kommen lässt, was schon äusserlich dadurch markiert wird, dass jedesmal der erklärenden Ausführung das betreffende Stichwort vorangestellt ist.

Es ist dies eine überaus altertümliche und originelle Rede, die, wenngleich mit Unrecht, unter dem Namen des Vigilius von Thapsus geht.[1]) Zwar ist dieselbe nur bruchstückweise erhalten, aber das Vorhandene genügt, um ihre Eigenart vollkommen würdigen zu können. Dass sie bei Übergabe oder Rückgabe des Symbols gehalten wurde, geht zwar nur aus den ersten Worten nach der Einleitung hervor,[2]) aber auch

---

[1]) Enarratio Pseudo-Athanasiana in symbolum antehac inedita. Et Vigilii Tapsitani de trinitate ad Theophilum liber VI. Nunc primum genuinus atque assumentis carens prolatae ex vetustissimo codice Amplissimi Capituli Veronensis opera et studio Josephi Blanchini. Veronae 1732. 4. Die betreffende Handschrift der Kapitelsbibliothek zu Verona trägt die Bezeichnung LIX. 57. membr. 4. fol. 255. saec. VIII und enthält fol. 3—7 die Enarratio unter dem Titel: Incipit sancti Athanasi de symbolo. Vgl. Gerb. Ficker, Studien zu Vigilius v. Thapsus S. 67 f. Eine Beziehung zu Athanasius ist völlig ausgeschlossen, aber auch dass Vigilius der Verfasser sei, hat vieles gegen sich, wie Blanchini, der Vertreter dieser Hypothese, selbst zugeben muss. Kattenbusch (D. apost. Symb. I 145 f. 202) ist geneigt den Verfasser im westlichen Europa zu suchen. Die Entscheidung, ob afrikanisch oder nicht, hängt besonders davon ab, wie der fraglos verstümmelte Schluss der Enarratio und des ihr zu Grunde gelegten Symbols gelautet hat. Ich folge in der Lokalisierung und Datierung Hahn, Bibliotb. d. Symb. (3) S. 57, der die Rede „der afrikanischen Kirche, aber der vorpelagianischen Zeit" zuweist.

[2]) L. c. p. 31 cf. 41: Hic est christiani nominis titulus, hic humani

die Kürze des Ganzen spricht dafür. Denn sogar das erbauliche Moment fehlt durchaus. Die Einleitung ist knapp und dürr. Ein Glaube, aber nicht bei allen ein Mass des Glaubens. Gerade so wie das Wüstenmanna die einen entzückte, bei den anderen hingegen nur um so grösseres Verlangen nach den Genüssen Ägyptens erweckte. Da nun Gott bereits angefangen hat, die Kompetenten mit Himmelsbrot zu nähren, und zu erwarten steht, dass er ihnen den Geschmack daran auch ferner erhalten wird, so hindert den Redner nichts, ihnen dieses Manna darzubieten.

An der Spitze des Symbols steht das Wort: ich glaube. Denn dem alle menschliche Schätzung übersteigenden Wesen Gottes entspricht menschlicherseits nur das Glauben, neben welches dann sofort als notwendige Ergänzung und zweite Pflicht des Christen das Bekennen tritt. Denn so man von Herzen glaubt, so wird man gerecht; und so man mit dem Munde bekennt, so wird man selig (Röm. 10, 10): eine von nun an in den Symbolreden regelmässig wiederkehrende Erinnerung. Indem er dieser Pflicht nachkam, hob sich Abraham aus der Lethargie seines früheren Lebens heraus, wurde er der Vater eines unermesslichen Volkes, erwarb er für sich wie für uns die Gerechtigkeit, den Lohn des Glaubens.

Das klingt übernus ansprechend, und doch ist nicht zu übersehen, dass die Alte Kirche, indem sie hier wie in allen übrigen Symbolerklärungen die einzelnen Artikel als die Objekte des Glaubens proklamiert, zugleich diesen letzteren nicht anders verstanden wissen will als die blosse Zustimmung zu der überlieferten Wahrheit. Das paulinische Moment des Vertrauens fehlt. Der Glaube ist nicht das höchste, sondern nur eine Vorstufe zu höherem; er selbst ergreift nicht die seligmachende Gnade, sondern er ist nur der Anfang eines Weges, der zur Seligkeit führt.[1]

Zum Begriff Gott gehört unumgänglich der Begriff Vater; zwecklos wäre es, an den einen zu glauben und nicht an den

---

fructus officii, duo in famulatu dei, quae principalia in nobis habemus, offerre: cordis fidem et oris confessionem; quia corde creditur ad iustitiam, ore autem confessio fit ad salutem.

[1] Vgl. Seeberg, Lehrbuch der Dogmengeschichte I 153. 275 f. 301 f.

anderen. Schon die Heiden haben diese Notwendigkeit empfunden, den Christen aber wird das heilbringende Geheimnis: Gott Vater dargeboten. Heilbringend eben insofern, als das eine ohne das andere keinen Heilsgrund abgibt.

Mit dem Bekenntnis zum Vater ist zugleich das zum Sohne gegeben, denn beide Begriffe bedingen einander. Bedeutungsvoll ist das Nebeneinander von Gott und Vater auch deshalb, weil aus ihm die Unterschiedslosigkeit beider Begriffe erhellt. Keine Differenz irgend welcher Art besteht zwischen ihnen. Dem Vater kommt dieselbe Ewigkeit zu wie dem Gott. Die Voranstellung des Wortes Gott führt (gegen Manichäer) alles auf ein einheitliches Urprinzip zurück, hingegen widerspricht die enge Verknüpfung von Vater und Gott der (gnostischen) Trennung in ein oberstes Wesen und in einen Weltenvater.

Im Bekenntnis zu Gott Vater liegt zugleich das Bekenntnis zu der Göttlichkeit des Sohnes. Nicht bloss eine Ähnlichkeit besteht zwischen Vater und Sohn, sondern der Sohn hat des Vaters Art. In diesem Falle also muss der Sohn selbst Gott sein (gegen Semiarianer).

An dieser physischen Abstammung von Gott als Vater darf aber um so weniger gezweifelt werden, als bei jeder anderen Abstammung Christus zwar hätte vielleicht ohne eigene Sünde bleiben (Ebioniten), aber sich den Einwirkungen der angeborenen Sünde nicht hätte entziehen können.

In gleicher Absicht betont das Symbol die Virginität der Maria. Neben die Mütterlichkeit muss die Jungfräulichkeit treten, damit neben dem Menschen Jesus die göttliche Majestät in ihm zu ihrem vollen Rechte kommt.

Umgekehrt berichtet das Symbol in umständlicher Weise, dass Christus unter Pontius Pilatus gekreuzigt und begraben sei, um solchen (Doketen) energisch zu begegnen, welche entweder das Ablegen des Fleisches als einen nicht wirklichen Vorgang fassen oder überhaupt seine Menschlichkeit als eine nicht vollständige (im Sinne des Apollinaris) ansehen.[1]) Und doch musste er unsere Substanz an sich tragen,

---

[1]) Zu dieser Deutung des Sub Pontio Pilato vgl. Walter Caspari in „Halte was du hast" XV S. 454 f.

wenn er uns erlösen sollte, musste er an sich tragen, was verurteilt, gekreuzigt, begraben werden konnte.

Ist aber Jesus ein wahrhaftiger Mensch gewesen, so muss auch seine Seele, nachdem der Leib ans Kreuz geheftet war, in das Totenreich eingetreten sein.[1]) Auch dieser Artikel will solche Gegner widerlegen, die an der vollen Menschheit Jesu zweifeln.

In der Auferstehung von den Toten aber erweist sich andrerseits wieder die wahre Gottheit. Wer hinabfahren wollte, musste menschlich sterben können; wer auferstand, musste über die dazu erforderliche übermenschliche Kraft verfügen.

Auch der Artikel von Christi Himmelfahrt will in diesem Sinne verstanden sein: es gilt die Einheitlichkeit von Christi Person zu vertreten gegen solche, welche zwischen dem Gottessohne und dem Menschensohne scheiden. Ihnen wird nachdrücklich entgegengehalten, dass es derselbe Christus war, der, ohne dass ihn seine Gottheit daran hinderte, zum Hades hinabstieg und der, ohne dass ihm seine Menschheit im Wege gewesen wäre, gen Himmel fuhr.

Christus sitzt zur Rechten Gottes. Mit dieser Ehre ist dem Gottessohne nichts Neues widerfahren, denn er war derselben schon vor aller Zeit teilhaftig, wohl aber dem Menschensohne. Auch ward sie vorbereitet durch den planmässigen Schutz, den ihm Gott während seiner Leidenszeit angedeihen liess. Wir bedienen uns aber im Bekenntnis dieses Bildes vom Sitzen zur Rechten Gottes, um unserem Verständnis einen schier unfassbaren Begriff nahe zu bringen, nämlich den der Unermesslichkeit Gottes.

Einen entsprechenden Abschluss bildet das Gericht über Lebende und Tote. Denn in diesem Richter vereinigt sich göttlicher Glanz mit menschlicher Art. Wer über Menschen richten will, muss selbst ein Mensch sein. Christus ist thatsächlich ein solcher: Denn sie werden sehen, in welchen sie gestochen haben. Über Tote aber kann andrerseits nur Gott das Urteil sprechen.

Wenn der Artikel vom heiligen Geist erst so spät zur

---

[1]) Vgl. Zahn, D. apostol. Symbolum (2) 1893. S. 73 Nr. 1.

Sprache kommt, so bedeutet dies keineswegs eine frevelhafte Schmälerung der Gottheit des Geistes, sondern weise Vorsicht verlangt die sorgfältige Auseinanderhaltung der in der einen Gottheit zusammengefassten drei Personen. So lehrt's uns der Taufbefehl, mit welchem Christus von seinen Jüngern Abschied nahm. So hallt es weiter aus dem Kreise der Apostel, aus dem Munde des Lieblingsjüngers: Drei sind's, die da zeugen im Himmel, der Vater, das Wort und der Geist, und diese drei sind eins. Drum ist es unser Tod diesen Glauben zu verlieren, unser Heil ihn zu bewahren.

Von der Kirche endlich weiss das Symbol nichts weiter zu berichten, als dass ihr die Prädikate sancta und mater auf Grund apostolischer Lehre zugestanden werden.

Soweit der Inhalt dieser Traditionsrede, die in mehr als einer Hinsicht abnorm ist und nur bedingungsweise als Muster ihrer Gattung gelten kann. Schon dass bei einer solchen Gelegenheit das persönliche Element durchaus zurücktritt, ist auffallend. Denn nur aus den wenigen flüchtigen Eingangsbemerkungen lässt sich überhaupt die Absicht des Ganzen erkennen. Und dazu kommt noch die Polemik gegen die Ketzer, die sich derartig in den Vordergrund schiebt, dass das, was das Nächstliegende zu sein scheint, so gut wie völlig wegfällt.

Ähnlicher Art sucht endlich auch Augustin einmal in einem seiner Sermone[1]) zugleich seiner liturgischen Aufgabe gegenüber der Traditionsfeierlichkeit gerecht zu werden und doch dabei einem Zeitbedürfnis zu dienen. Denn in starker Weise vom Gegensatz gegen den Arianismus beherrscht, verbreitet er sich fast nur über die Gottheit des Sohnes und über die göttliche Gleichwertigkeit des die Trinität zu ihrem Abschluss bringenden heiligen Geistes. Hingegen werden der erste Artikel und die übrigen Glieder des dritten nur gestreift. Und von den einzelnen Akten der Passion heisst es bloss, dass Christus dieses alles vermöge seiner Knechtsgestalt erfahren habe.

Dagegen sind Einleitung und Schluss die gleichen wie bei den übrigen augustinischen Traditionsreden, so dass kein Zweifel

---

[1]) Sermo 212. Vgl. Caspari, Quellen II 266—270 Anm. 5.

darüber bestehen kann, um was es sich auch bei dieser polemischen Auseinandersetzung handelt.

---

§ 4. Die Symbolerklärungen Augustins.

Nur während des 4. Jahrhunderts hat die freie Form der polemischen Symbolerklärung die Vorherrschaft behauptet. Dann verschwindet sie mit einem Male, und an ihrer Stelle bürgert sich dauernd ein bestimmtes Schema ein, an welchem die Traditions- und Redditionsreden der Folgezeit mehr oder weniger festhalten. Die Eigentümlichkeit desselben besteht darin, dass alle nach ihm gebildeten Ansprachen die einzelnen Symbolstücke der Reihe nach mit grosser Accuratesse abhandeln.

Als typische Erstlingsbeispiele finden sich bei Augustin zwei Reden, die bei einer Symbolübergabe und eine, die bei einer Symbolrückgabe gehalten wurde.[1]) Alle drei weisen durchweg den gleichen Gang auf. Nur dass bei einer der beiden ersteren, dem Sermo 214, der damals (391) noch ganz junge Presbyter von Hippo verhältnismässig ausführlich wird und in einer Weise sich frei bewegt, die von den Gepflogenheiten der späteren Zeit noch wenig verspüren lässt.

In einer kurzen Einleitung erklärt Augustin in der Regel den Namen Symbolum, schildert den Inhalt desselben als die kurze Zusammenfassung der hauptsächlichsten Schriftwahrheiten und verlangt darauf hin, dass der Christ das Glaubensbekenntnis sich nicht nur gedächtnismässig aneignen, sondern dasselbe auch mit dem Munde bekennen solle.

Wie ein Kontrakt die Kaufleute gegenseitig bindet, so diese Urkunde diejenigen Kaufleute, die gute Perlen suchen. Zugleich ist sie ein Gemeinschaftszeichen, an dem man den recht-

---
[1]) Sermo 213. 214. 215.

gläubigen Christen erkennt. Beides kann sie sein, da sie in knappen Zügen alles das enthält, was man glauben muss, wenn man das ewige Leben erlangen will. Denn das Symbol gibt sich inhaltlich als die Glaubensregel, die alles Wissensnotwendige enthält und doch das Gedächtnis nicht beschwert. Sie hat sich deshalb der Christ wohl anzueignen und, was nicht übersehen werden darf, mit dem Munde zu bekennen; nur so kann er seiner Seligkeit gewiss sein.

Darauf werden die einzelnen Artikel der Reihe nach durchgesprochen.

Es ist tröstlich zu wissen, dass ein und derselbe Gott unser Herr und Vater ist. Denn so vereinigt er in sich das Mitleiden gegen uns mit der unbedingten Allmacht, uns in jeder Hinsicht helfen zu können. Von allen Sünden, die wir begangen haben, kann er uns frei machen, und er der Allmächtige, der Himmel und Erde und den Menschen nach seinem Bilde geschaffen hat, vermag alles was er will, nur das Böse nicht, eben weil er es nicht will.

Wir glauben weiter an Christus, Gottes einigen Sohn. Dass er der Einige genannt wird, will besagen, dass er in gleicher Weise allmächtig ist wie der Vater, dass er Gott gleich ist, dass beide Eins sind.

Wir glauben weiter an ihn als an den, der auf wunderbarste Art geboren ist, einmal göttlicherweise ohne Mutter, vor der Zeit, körperlos; das andere Mal menschlicherweise ohne Vater, in der Zeit und für die Zeit, in leibhaftiger Erscheinung. Er ist zugleich Gottes Sohn und Menschensohn, zugleich Gott und Mensch. Das ist der Sinn der Worte: geboren vom heiligen Geist und von der Jungfrau Maria.

Um unsertwillen ist jenes alles geschehen, und ebenso war es um unsertwillen, dass der Gottmensch litt und gekreuzigt wurde, starb und begraben wurde, selbstverständlich nur nach seiner menschlichen Seite. Und doch geschah, was dem Fleische angethan ward, dem ganzen Gottmenschen. Dies alles will in gleicher Weise von uns geglaubt und bekannt sein.

Was soll Pontius Pilatus im Symbol? Augustin schwankt: entweder um durch genaue Datierung das historische Faktum gegen alle Anzweifelungen zu sichern, oder um Christi Demut ans Licht zu stellen, der, selbst ein Richter über Lebende und Tote, sich hier dem Urteil eines menschlichen Richters unterwarf.

Des weiteren bekennt die Christenheit im Symbol, dass Christus am dritten Tage von den Toten wieder auferstanden, dass er gen Himmel gefahren ist, und dass er zur Rechten Gottes sitzt. Repräsentieren die von der Passion handelnden Stücke Christi Leistung und unser Leiden, so diese weiteren Stücke Christi Lohn und unsere Hoffnung. Die Himmelfahrt wird im Symbol mit Nachdruck genannt; denn da der Auferstehung nur vierzig Erdentage folgten, so könnte dieselbe leicht für Täuschung genommen werden. Dass Christus zur Rechten Gottes sitzt, widerspricht nicht dem Zeugnis des Stephanus, der ihn zur Rechten Gottes stehen (Apostelg. 7, 53) sah. Beides bedeutet, dass der Herr sich in ungetrübter Glückseligkeit befinde.

Für die Zukunft besteht Christi Thätigkeit im Gericht über Lebende und Tote, zu welchem er in derselben Gestalt kommen wird, in der er gen Himmel gefahren ist. Den Richter fürchtet jeder. Wer aber an diesen Richter glaubt und ihn bekennt, für den verwandelt er sich in einen heissersehnten Fürsprecher bei seinem himmlischen Vater.

Der heilige Geist wird eingeführt als der, welcher gleichen Wesens mit Vater und Sohn ist und in dem sich die Trinität vollendet. Die Besprechung dieses Stückes nimmt keinen grösseren Raum ein als die übrigen Partieen des dritten Artikels. Jedes Stichwort des Symbols kommt zu seinem gebührenden Recht. Die Kirche umfasst die Gläubigen aller Zeiten und aller Länder; von Christus zu seiner jungfräulichen Braut erhoben, sieht sie sich gleichwohl beständig von Verführern umgeben, den Häretikern, die zu meiden ernste Pflicht jedes Gliedes der Kirche ist. Bei der Vergebung der Sünden gilt es zu betonen, dass dieselbe in der Taufe erworben wird und als eine vollständige zu denken ist. Die Auferstehung des Fleisches bringt zum Schluss den frohen Ausblick auf ein nie endendes Leben in Freuden und ohne Leiden.

Soviel über die knappen Symbolreden Augustins. Fasst man dieselben mit seiner Symbolkatechese sowie mit den Reden und Katechesen anderer Väter über das Symbol zusammen, so gewinnt man einen vollkommenen Überblick über den Lehrstoff, der im dogmatischen Kompetentenunterrichte des 4. Jahrhunderts zur Verwendung kam, und zugleich einen Eindruck von der Art und Weise, wie dieser Stoff vom Katecheten damals verarbeitet wurde. Oder mit anderen Worten, das apostolische Glaubensbekenntnis erscheint recht eigentlich als der „Katechismus" der Alten Kirche.

Das war nicht zufällig, denn in diesen Artikeln des Symbols, die für den kurz zusammengefassten, wohlgeordneten, fraglos vollständigen Schriftinhalt galten,[1]) erschöpfte sich zugleich der Umfang aller altkirchlichen Dogmen.[2]) Hatten doch schon Irenäus und Tertullian das Ganze des christlichen Glaubens

---

[1]) Sermo 212 c. 2: Quidquid enim in symbolo audituri estis, in divinis sacrarum scripturarum litteris continetur. — Hoc est ergo symbolum quod vobis per scripturas et sermones ecclesiasticos insinuatum est, sed sub hac brevi forma fidelibus consistendum et proficiendum est. — Sermo 213 c. 1: Symbolum est breviter complexa regula fidei, ut mentem instruat nec oneret memoriam; paucis verbis dicitur, unde multum acquiratur. — Sermo 214 c. 1: Et ea quidem quae breviter accepturi estis mandanda memoriae et ore proferenda, non nova vel inaudita sunt vobis. Nam in sanctis scripturis et in sermonibus ecclesiasticis ea multis modis posita soletis audire. Sed collecta breviter et in ordinem certum redacta atque constricta tradenda sunt vobis, ut fides vestra aedificetur et confessio praeparetur et memoria non gravetur. — Sermo 215 c. 9: In ipsis sancti symboli verbis quomodo conclusione omnium regularum quae ad sacramentum fidei pertinent. — De fide et symbolo 1, 1: Est autem catholica fides in symbolo nota fidelibus memoriaeque mandata, quanta res passa est brevitate sermonis, ut incipientibus atque lactentibus eis qui in Christo renati sunt, nondum scripturarum divinarum diligentissima et spirituali tractatione atque cognitione roboratis, paucis verbis credendum constitueretur, quod multis verbis exponendum esset proficientibus et ad divinam doctrinam certa humilitatis atque caritatis firmitate sorgentibus. — Sermo de symbolo ad catech. 1, 1: Ista verba quae audistis per divinas scripturas sparsa sunt, sed inde collecta et ad unum redacta, ne tardorum hominum memoria laboraret, ut omnis homo possit dicere, possit tenere quod credit. — Für den Orient vgl. Cyrill v. Jerusalem, catech. V 12.

[2]) Vgl. Hieron. ad Pammach. contra Ioann. Hierosol. c. 29: In symbolo fidei et spei nostrae post confessionem trinitatis et unitatem ecclesiae omne christiani dogmatis sacramentum carnis resurrectione concluditur.

§ 4. Die Symbolerklärungen Augustins.

im Symbol zusammengefasst gesehen.[1]) Aber auch einem Manne wie Augustin ist nie der Gedanke gekommen, dass Schriftinhalt und Symbol sich irgendwie nicht decken könnten. Im Gegenteil. Er bemüht sich, sogar formell die Darstellung des christlichen Lehrgehaltes dem engen Rahmen des Symbols anzupassen, was dann zur Folge hat, dass er es über sich bringen muss, diesen oder jenen Artikel ohne Erklärung zu lassen, weil derselbe sich gerade mit keinem Glaubensinteresse der Zeit berührt.

Dem jungen Presbyter wird von seinem Bischof der Auftrag erteilt, auf dem Konzil zu Hippo 393 den Glauben der Kirche gegen die Häretiker zu verteidigen. Er kennt keine passendere Form als die des Symbols, an dessen einzelne Sätze er seine Polemik anschliesst. Und er sieht sich zu diesem Verfahren um so mehr veranlasst, als es wiederum gerade das Symbol ist, welches von den Häretikern gemissbraucht wird, um Gift in den Gemeinden auszustreuen.[2])

Drum als es sich später darum handelt, den ungelehrten Brüdern den Blick für die Feinde zu schärfen, welche ihrem Glaubensleben drohen, greift der nunmehrige Bischof abermals zum Symbolum, um von ihm geleitet die einzelnen gefährlichen Häresieen durchzusprechen.[3])

Den gereiften, auf der Höhe theologischer Erkenntnis stehenden Kirchenmann bittet (421) sein Freund Laurentius um ein Handbuch des christlichen Glaubens. „Da hast du das Symbol und das Herrengebet," antwortet Augustin. „Kann man etwas Kürzeres hören oder lesen? Leichter etwas dem Gedächtnis einprägen? Willst du vom Sündendruck frei werden, so greif zum Gebet. Willst du wissen, wen du anzurufen hast, so nimm das Symbol zur Hand." In diesen mysteriösen Formeln

---

[1]) Dasselbe gilt von Origenes, de principiis und Cyrill. v. Jerusalem, catech. IV.

[2]) De fide et symbolo liber unus. Vgl. Retractat. I 17. — L. c. 1, 1: Sub ipsis ergo paucis verbis in symbolo constitutis plerique haeretici venena sua occultare conati sunt, quibus restitit et resistit divina misericordia per spirituales viros qui catholicam fidem non tantum in illis verbis accipere et credere, sed etiam domino revelante intelligere atque cognoscere meruerunt.

[3]) De agone christiano liber unus. Vgl. Retractat. II 3.

§ 4. Die Symbolerklärungen Augustins.

der Kompetentenzeit fassen sich Glaube, Liebe, Hoffnung zusammen, welche ihrerseits wiederum den Inbegriff des wahren Gottesdienstes ausmachen.[1])

Eine Symbolauslegung dieser Art wurde in Afrika noch hundert Jahre später durch dieselbe arianische Tücke, die auch anderwärts begegnet, veranlasst. Weil in dem knappen Symboltext manches nicht ausdrücklich ausgesprochen war, was der Kirche als heilsnotwendig galt, so sollte es auch nicht indirekt im Symbol enthalten sein können, sollte überhaupt nicht wahr sein. Dies galt insbesondere von der Gleichwesenheit des Sohnes. Auch der seiner Zeit einflussreiche Arianer Fabianus scheint mit diesem Argument Eindruck gemacht zu haben. Als er dann obendrein seinen katholischen Widerpart, den Bischof Fulgentius von Ruspe, mit dem er in den zwanziger Jahren des 6. Jahrhunderts eine Disputation gehalten hatte, in lügenhafter und ehrabschneiderischer Weise herabsetzen wollte, trat ihm dieser mit einer ausführlichen Streitschrift entgegen. Hier giebt Fulgentius auch eine Erklärung des Symbols, indessen nur in der angedeuteten Absicht. Es ist ihm darum zu thun, die innere Vollständigkeit des Symboltextes als gegen alle hämischen Angriffe erhaben aufs klarste nachzuweisen und damit zugleich die Thatsächlichkeit der angezweifelten christlichen Grundwahrheiten zu betonen.[2])

---

[1]) Enchiridion ad Laurentium sive de fide spe et caritate liber unus Vgl. Retractat. II 63. — L. c. 7, 2.

[2]) Des Fulgentius von Ruspe libri X contra Fabianum Arianum sind nur in 39 Fragmenten auf uns gekommen. Die fragliche Symbolauslegung findet sich im 10. Buche bezw. 36. Fragment. Ml. 65, 822—827 Caspari, Quellen II 245—264. Eine freie Bearbeitung dieser Schrift des Fulgentius ist die Expositio symboli apostolici sancti Fulgentii episcopi im Cod. lat. 13308 (membr. 4 saec. IX) der Nationalbibliothek zu Paris, Caspari, Alte und neue Quellen S. 260. 317. Hahn, Biblioth. d. Symb. (3) S. 62.

Kompilationen des 6. Jahrhunderts sind der Tractatus in symbolum apostolorum s. tractatus de trinitate. Ml. 17, 537—576. Hahn a. a. O. S. 37 f. Kattenbusch, D. apost. Symb. S. 96 f. Rev. Bénéd. 1895 p. 888, sowie S. Faustini tractatus de symbolo. Caspari, Alte und neue Quellen. S. 250—281. Bergmann, Studien zu einer kritischen Sichtung der südgallischen Predigtlitteratur I 86—91. Hahn a. a. O. S. 71.

Hierher gehört auch der Sermo de symbolo in August. opp. Tom. VI Append. Ml. 40, 1189—1202. Caspari, Alte und neue Quellen S. 280.

§ 4. Die Symbolerklärungen Augustins.

Alles in allem genommen ergeben sich demnach für die Stellung des apostolischen Glaubensbekenntnisses im altkirchlichen Katechumenat folgende Gesichtspunkte:

1. Durch die Mysterienpraxis beeinflusst, weist die alte Kirche dem Glaubensbekenntnis im Katechumenat die Rolle eines Arkanums zu.

2. Dieser Charakter des Symbols ist indessen weder inhaltlich noch formell aufrecht zu erhalten; nicht inhaltlich, da die im Symbol zusammengefassten christlichen Heilsthatsachen jedem Heiden bekannt sein konnten; nicht formell, da schriftliche Symbolauslegungen bereits in nicht geringer Anzahl existierten und also auch für das Bekanntwerden des Symbolwortlautes sorgten.

3. Wenn gleichwohl die folgenden Jahrhunderte an jenem mysteriösen Charakter des Symbols festhalten, so beweist dies nur die Dauerhaftigkeit obsolet gewordener liturgischer Formeln. Denn die eigentliche Bedeutung des Symbols sowohl für die Kompetentenpraxis wie für die Gemeinde überhaupt lag zu Augustins Zeiten und später auf anderen Gebieten.

4. Die gedächtnismässige Aneignung und öffentliche Recitierung des Symbols galt als Bekenntnis zu den darin ausgesprochenen Heilsthatsachen und bot somit eine treffliche Handhabe, den Gläubigen jederzeit an sein Gelübde zu erinnern.

5. Inhaltlich bildet das Symbol nach Anschauung der Alten Kirche die Zusammenfassung alles Lehr- und Lernbaren im Christentum. Als solche gilt es weiter ebensowohl für notwendig zur Seligkeit wie es sich andrerseits zum Leitfaden für den dogmatischen Unterricht der Kompetenten qualifiziert. Das Symbol ist der „Katechismus" der Alten Kirche.

6. Es sind deshalb die sich freier bewegenden und obendrein ausführlicheren Symbolkatechesen, bei welchen das Symbol nur Mittel zum Zweck ist, von den Traditions- und Redditionsansprachen, bei denen es Selbstzweck ist, zu unterscheiden.

7. Die sich durch die Kompetentenpraxis bewährende alte Anschauung der Kirche, dass der Inhalt des Symbols sich mit der Summe aller kirchlichen Dogmen decke, führt endlich dazu, dasselbe als passenden Rahmen für eine zusammenfassende Dar-

stellung des christlichen Glaubens im theologischen Interesse zu gebrauchen.

Diese auf dem Boden der afrikanischen Kirche gewonnenen Resultate finden ihre Bestätigung durch die Provinzialkirchen jenseits des Mittelmeeres.

---

§ 5. Der Symbolkommentar des Rufinus.

Es gehörte in der Alten Kirche zu den vornehmsten Obliegenheiten eines Bischofs, den Taufkandidaten das apostolische Glaubensbekenntnis nicht nur mit einer feierlichen Ansprache zu übergeben, sondern — und zwar war dies die Hauptsache — ihnen an der Hand desselben in den der Taufe voraufgehenden Wochen auch die Hauptstücke des christlichen Glaubens inhaltlich nahe zu bringen. Nur schade, dass nicht jeder Bischof der damaligen Zeit diejenige Kenntnis der heiligen Schrift und das Mass von theologischer Bildung besass, wie sie für jene beiden Aufgaben erforderlich schienen. Es war eben keine leichte Sache, erwachsenen und gebildeten Heiden einen Kompetentenunterricht zu erteilen, der dieselben vollauf befriedigte und bei ihnen etwaige Zweifel an der christlichen Wahrheit niederschlug.[1]) Und doch musste diese Arbeit gethan sein.

Obendrein fehlte es dem 4. Jahrhundert so gut wie ganz an litterarischen Hilfsmitteln für eine solche dogmatische Katechumenenunterweisung. Denn wenn selbst ein weitgereister Theologe und gelehrter Büchersammler wie Rufin nur von

---

[1]) Solcher Einwürfe gebildeter Heiden gedenkt Rufin expos. in symb. apost. wiederholt: c. 8: Quod religio nostra, quia quasi rationibus deficit, in sola credendi persuasione consistat. c. 11: Solent ridere nos, cum audiunt praedicari a nobis virginis partum. c. 12: Indignum videri, ut tanta illa maiestas per genitalea feminae transiret excessum. c. 40: Quod ipsi nos decipiamus qui putamus crimina quae opere commissa sunt verbis posse purgari.

§ 5. Der Symbolkommentar des Rufinus. 91

Hörensagen wusste, dass es Handbücher gäbe, die hierzu nicht
unbrauchbar seien, so können dieselben nicht gerade sehr verbreitet gewesen sein. Ja wenn man bedenkt, dass der einzige
Symbolkommentar, den Rufin direkt nennt, von dem klein-
asiatischen Häretiker Photin stammte, also für Orthodoxe nicht
in Frage kommen konnte,[1] und dass die einzigen einschläg-
lichen Vorarbeiten, die Rufin später eingehend benutzt hat, die
katechetischen Reden des Cyrill von Jerusalem, also eines
Griechen, waren, so liegt die Vermutung nahe, dass man eine
eigentliche Erklärung des Symbols von irgendwie nennenswerter
Bedeutung während des 4. Jahrhunderts im Abendlande wenigstens überhaupt nicht besessen hat.

Bischof Laurentius von Concordia[2] handelte deshalb nicht
bloss im eigenen Interesse, sondern er erwarb sich ein Verdienst
um zahlreiche Gemeinden des Occidentes, besonders auch um die
Bischöfe, Presbyter und Taufkandidaten, wenn er den gelehrten
Rufin bei allem, was ihm heilig war, bat und beschwor,[3] eine
solche hochnötige Schrift der Kirche zu geben. Rufin war in der
That wie wenige dazu geeignet. Etwa ein Vierteljahrhundert
hatte er im Orient zugebracht. Dort, in der Heimat aller Gelehrsamkeit, war er so eifrig dem Studium der griechischen
Väter nachgegangen, dass er, wie er selbst scherzte, beinahe
verlernt hatte lateinisch zu schreiben. Jetzt diente er seiner
aquilejischen Muttergemeinde, in der er einst getauft war, als
Presbyter.

Er macht sich denn auch, nachdem er ein wenig den
Bescheidenen und Unwürdigen gespielt hat, daran, an der Hand
des Symbols über den Glauben zu schreiben und zwar gilt seine

---

[1] L. c. c. 1: Comperi nonnullos illustrium tractatorum aliqua de
his pie et breviter edidisse. Photinum vero haereticum scio eatenus con-
scripsisse non ut rationem dictorum audientibus explanaret, sed ut simpli-
citer et fideliter qua dicta ad argumentum sui dogmatis traheret.

[2] L. c.: Fidelissime papa Laurenti. Dass er Bischof von Julia
Concordia, heute Portogruaro, gewesen sei, hat bereits Fontanini hist. litt.
Aquil. V 14, 1 behauptet, vgl. Ml. 52, 836.

[3] L. c.: Per Christi me sacramenta quae a nobis maxima cum reverentia suscipiuntur astringis.

Arbeit nicht den gereiften Christen, sondern den Anfängern im Glauben.¹)

So entstand in den ersten Jahren des 5. Jahrhunderts Rufins viel bewunderter Kommentar zum apostolischen Symbolum.²)

Es war eine Arbeit, bei der dem Verfasser seine Bekanntschaft mit auswärtigen Gemeindeverhältnissen und fremder Gelehrsamkeit ausnehmend gut zu statten kam. So ist er sich sehr wohl bewusst, dass der Text des auszulegenden Symbols in den verschiedenen Gemeinden variiert; er geht diesem Umstande nach und versäumt demzufolge nicht, obgleich er sich zunächst an das heimische Symbol von Aquileja anschliesst, auf die Abweichungen anderer Symboltexte aufmerksam zu machen und die Gründe einer derartigen Differenz aufzuspüren.³) Oder er beruft sich bei Besprechung des alt- und neutestamentlichen Kanons auf seine Bekanntschaft mit den Schriften der Väter.⁴) Am wichtigsten aber war es für ihn, dass er das wie es scheint bisher einzige Kommentarwerk von grösserer Bedeutung, die Reden, die Bischof Cyrill von Jerusalem vor seinen Katechumenen und Neophyten gehalten hatte, besass und verwerten konnte. Gegenstand und Zweck waren die gleichen, es ist daher nicht zu verwundern, wenn Rufin sein grosses Vorbild nicht nur für Einzelerklärungen, sondern hier und da für ganze Gedankenreihen ausnützt: eine Abhängigkeit, die am stärksten bei der Darstellung des Leidens und der Erhöhung Christi, wie bei den letzten Gliedern des dritten Artikels zu Tage tritt.⁵)

---

¹) L. c.: Quae quidem non tam perfectorum exercitiis digna videantur quam ad parvulorum in Christo et incipientium librentur auditum. Vgl. c. 20. 38.

²) Der Titel lautet: Expositio in symbolum apostolorum, in der guten, vorzugsweise auf einem Cod. Sangerman. basierenden Ausgabe von Baluze (Cypriani opp. Parisiis 1726 Append. p. 197—232). Hingegen hat Migne tom. 21, der die Vallarsische Ausgabe (Rufini opp. Veronae 1745) abdruckt: Commentarius in symbolum apostolorum. Über die Zeit der Abfassung vgl. Zahn, Gesch. d. neutest. Kanons II 240.

³) L. c. c. 3. 4. 5. 18. 43.

⁴) L. c. c. 36. 37. 38.

⁵) Touttée und Vallarsi haben in ihren Ausgaben des Cyrill bezw. Rufin

§ 5. Der Symbolkommentar des Rufinus.

Rufins Werk entwickelt sich durchweg in behaglicher Breite. Ausführlichst berichtet er darüber, wie das Symbol bald nach dem Pfingstfeste zustande kam; er ist der erste theologische Schriftsteller, der sich über diese Sage eingehender auslässt.[1]) Hier und da werden liturgische Vorkommnisse in der Gemeinde[2]) gestreift. Vor allem aber erhält der Leser einen umfangreichen Schriftbeweis. Die Art, wie dies geschieht, ist eine doppelte. Bald belegt Rufin den einzelnen Satz sofort durch ein Citat, bald gibt er eine zusammenhängende Gedankenreihe und lässt alsdann erst in einem besonderen Kapitel die biblischen Belege folgen. Hier ist Rufin in seinem Element, und mehr als einmal bedauert er, aus der reichen Fülle der heiligen Schrift nicht noch mehr Beispiele darbieten zu können. Denn bei aller Reichhaltigkeit und Weitläufigkeit lässt Rufin — und das ist eine überaus schätzenswerte Eigenschaft bei seinem Kommentar — niemals die planvolle Anlage des Ganzen ausser Acht.[3])

Dass im einzelnen manche Wunderlichkeiten und Unkorrektheiten mitunterlaufen, dass die Exegese vielfach absonderliche Blüten treibt und auch der Lust am Symbolisieren hier und da Tribut gezahlt wird,[4]) erklärt sich aus dem Charakter der Zeit und ihrer Theologie.

Alles in allem genommen aber ist Rufins Symbolkommentar ein hochbedeutsames Werk, ein Markstein in der Geschichte des Symbols. Er entspricht vermöge seiner Reichhaltigkeit und breiten Anlage von vornherein den verschiedensten und weitgehendsten Anforderungen, infolgedessen es ihm auch zu keiner Zeit an der herzlichsten Anerkennung gefehlt hat. Denn er ward nicht nur überschwenglich gerühmt und als eine ein-

---

die Stellen einzeln namhaft gemacht. Vgl. besonders Cyrill catech. 13. 14. 15 = Rufin. c. 20—28. 29—32. 33—34 und catech. 18 = c. 42—46.
    [1]) L. c. c. 2.
    [2]) L. c. c. 3. 43.
    [3]) L. c. c. 18. 20. 22. 29. 30. 34. 43.
    [4]) Vgl. unt. and. c. 14 die Kreuzessymbolik oder c. 23, wo die Worte Joh. 7, 38: Von dem Leibe werden Ströme des lebendigen Wassers fliessen, auf Wasser und Blut aus der Seite Christi bezogen und diese beiden wieder als Taufe und Martyrium gedeutet werden. Ebendaselbst wird auch bei dem Lanzenstich in Christi Seite auf die Rippe Adams hingewiesen.

zigartige Leistung, der gegenüber alle ähnlichen Versuche in ihr Nichts zusammenfielen, hingestellt;[1]) er ward nicht nur hier und da citiert,[2]) er ward sogar vielfach völlig ausgeschrieben[3]) und bot geradezu die Grundlage für ein neues Gebiet der kirchlichen Litteratur. Denn aus dieser selten versagenden Rüstkammer holten sich alle diejenigen gern ihre Materialien, denen es darauf ankam, die Gelegenheit der Symbolübergabe bezw. Symbolrückgabe zu einer die einzelnen Symbolartikel erörternden und tiefer gehenden Ansprache vor Katechumenen und Gemeinde zu benutzen. Man geht wohl mit der Annahme nicht fehl, dass an der Entfaltung dieser Sitte gerade das Kommentarwerk Rufins einen grossen Anteil hat.

Nach Rufin erzählen die Alten die Entstehung des apostolischen Symbolums in der bereits geschilderten Weise.[4]) Dasselbe trägt seinen Namen aus vielen guten Gründen. Denn unter diesem griechischen Worte kann man sowohl ein Erkennungszeichen gegenüber den Ungläubigen, eine Art militärischer Parole verstehen, wie es sich auch mit collatio, Beisteuer übersetzen lässt, wegen der Entstehung der Formel aus einzelnen Beiträgen der Apostel. Mit einer Parole hat es ausserdem das gemein, dass es ebensowenig wie diese niedergeschrieben werden darf, um nicht in unrechte Hände zu kommen.

So bildet denn das Symbol im Gegensatz zu dem hochmütigen Turmbau zu Babel ein dem Feinde trotzendes Glaubens-

---

[1]) Gennadius vir. ill. c. 17: Exposuit idem Rufinus symbolum, ut in eius comparatione alii nec exposuisse credantur.

[2]) Cassianus de incarnat. Christi c. Nestor. VII 27: Rufinus quoque, christianae philosophiae vir, haud contemnenda ecclesiasticorum doctorum portio, ita in expositione symboli de domini nativitate testatur: filius enim, inquit, dei nascitur ex virgine, non principaliter soli carni sociatus, sed anima inter carnem deumque mediante generatus. Numquid obscure deum ex homine natum testificatus est?

[3]) Am meisten bekanntlich von Venantius Fortunatus von Poitiers in seiner Expositio symboli. M. G. Auct. antiquiss. IV 1 pag. 253—258, vgl. dazu Kattenbusch, D. apostol. Symbol I 130—132.

[4]) Vgl. oben S. 88 f. Ein anderes Motiv treibt die Apostel zur Abfassung des Symbols nach den Constitut. apostol. VI 14 (ed. de Lagarde p. 173): ἐγράψαμεν ὑμῖν τὴν καθολικὴν ταύτην διδασκαλίαν εἰς ἐπιστηριγμὸν ὑμῶν τῶν τὴν καθόλου ἐπισκοπὴν πεπιστευμένων.

§ 5. Der Symbolkommentar des Rufinus.

denkmal aus lebendigen Steinen und Perlen des Herrn, das deshalb auch allen Elementen Widerstand zu leisten vermag. Im weiteren Verlauf des Kommentars sollen diese einzelnen Perlen der Reihe nach besprochen werden.

Zuvor indessen noch die kurze Bemerkung, dass der Text des apostolischen Glaubensbekenntnisses in verschiedenen Gemeinden verschieden lautet. Nur Rom hat den ursprünglichen Wortlaut unverändert bewahrt. Rufin glaubt einerseits deshalb, weil nie eine Häresie in Rom selbst entstanden sei, man also auch hier nicht nötig gehabt habe, zur Widerlegung einer solchen einen Zusatz ins Symbol aufzunehmen. Andrerseits weil in dem öffentlichen Aufsagen des Symbols durch die Katechumenen die Möglichkeit einer beständigen Kontrolle gegeben sei. Für Rufin selbst liegt es indessen am nächsten, seinen weiteren Ausführungen den Symboltext von Aquileja zu Grunde zu legen, den er dortselbst einst bei seiner eigenen Taufe überliefert bekommen hat und der auch jetzt noch, während er derselben Gemeinde als Presbyter dient, hier im Gebrauche steht.

Das Symbol beginnt mit dem Worte: Ich glaube. Mit Recht. Denn auch abgesehen von den Zeugnissen des Alten und Neuen Testamentes (Jes. 7, 9; Hebr. 11, 6) lehrt schon die tägliche Erfahrung, dass man, was man erkennen will, zuvor geglaubt haben muss. Aufs gefahrvolle Meer begibt sich nur, wer an glückliche Heimkehr glaubt. Der Bauer würde nicht sein Feld bestellen ohne den Glauben an eine gute Ernte. Wer eine Ehe eingeht, glaubt an seine Nachkommenschaft; wer seinen Sohn zu einem Meister in die Lehre gibt, an den Erfolg dieser Lehrzeit; wer eine Regierung antritt, lebt im Glauben an glorreiche Unternehmungen. Wie viel mehr braucht derjenige den Glauben, der zur Erkenntnis Gottes kommen will. Die Sache ist so selbstverständlich, dass Rufin sie gar nicht erwähnen würde, wenn nicht die Heiden über das Christentum spotteten als über eine Religion, bei der an Stelle von Vernunftgründen bloss eine gläubige Überzeugung getreten sei.

Dieser Glaube gilt zunächst Gott dem allmächtigen Vater. Gott ist die Bezeichnung für die Natur oder Substanz eines Wesens, von dem man sich nur mit Hilfe der via negationis eine Vorstellung machen kann, während mit dem Worte Vater, in welchem das geheimnisvolle unaussprechliche Verhältnis zum Sohne angedeutet ist, dieser selbst mit einbegriffen wird. Wie aber diese göttliche Zeugung vor sich gegangen, danach wage nur der zu fragen, dem es gelungen ist, viel einfachere, weil irdische Vorgänge zu erforschen, wie Gedanke und Wort, Quelle und Fluss. Ja selbst wer sich das Verhältnis von Feuer, Licht und Dampf — drei Dinge und doch eins in der Substanz — klar machen könnte, brauchte deshalb noch nicht in das Mysterium der göttlichen Zeugung eindringen zu können, die um soviel erhabener ist, als der Schöpfer über den Geschöpfen steht. Hier gilt es glauben und nicht diskutieren.

Bezeugt man ausserdem im Orient[1]) den Glauben an einen Gott, so ist dies Wort einer nicht als Zahlwort gedacht, als ob es noch mehrere andere Götter daneben gäbe, sondern als Ausdruck für die Gesamtheit, die deshalb eine eine ist, weil sie alles in sich schliesst. Dasselbe Prädikat führt auch Christus; denn auch er ist es allein, durch den Gott der Vater alles beherrscht. Um dieses letzteren Umstandes willen aber heisst Gott der Allmächtige. Die Erklärung des ersten Artikels schliesst mit der Bemerkung, dass die Kirche von Aquileja im Unterschied von Rom und im Gegensatz zu der patripassianischen Häresie noch die Worte invisibili et impassibili ins Symbol aufgenommen habe, dass sich dieser Zusatz selbstverständlich aber nur auf den Vater wie auf die göttliche Natur des Sohnes, nicht auch auf dessen menschliche Natur beziehe, die ebenso sichtbar als leidensfähig gewesen sei.

Unser Glaube gilt ferner Jesus Christus, Gottes einigem Sohn, unserm Herrn. Der Name Jesus ist die hebräische Bezeichnung für Heiland. So ward Hosea genannt, als er zum Führer des Volkes Israel gewählt dieses aus den Irrpfaden der Wüste in das Gelobte Land zu geleiten hatte. So heisst auch der, dessen Beruf es ist, uns aus der Finsternis der Unwissenheit und aus den Irrwegen der Welt in das Himmelreich zu bringen. Christus, der Gesalbte, aber gilt in gleichem Masse vom Priester wie

---

[1]) Gemeint sind natürlich die Symbolformeln des Orients, welche in der Regel den Zusatz ἕνα beibehalten haben, vgl. Hahn, Biblioth. d. Symb. (3) S. 131—146. Zahn, D. apostol. Symbol. S. 60 f.

vom König, denn beide werden gesalbt, freilich nur mit materiellem Öle, nicht wie der himmlische Priesterkönig mit dem heiligen Geist. Dieser Jesus Christus aber ist Gottes einiger Sohn, und zwar gilt dieses Prädikat: einig von ihm in demselben Sinne, in dem es im Orient vom Vater gebraucht wird. Beide gehören zusammen wie inneres Empfinden und Sinnesäusserung, wie Herz und Wort, wie Tapferkeit und edle That, wie Weisheit drinnen und Weisheit draussen. Aus diesen Beispielen gewinnt der Gläubige zugleich eine Vorstellung von der Art, wie jene Zeugung des Sohnes vor sich gegangen ist; wobei selbstverständlich die Beispiele nicht derart gepresst werden dürfen, dass sie aufhören Beispiele zu sein. So muss der Unterschied festgehalten werden, der zwischen Schöpfer und Geschöpf besteht, um jenes Geheimnis der göttlichen Zeugung richtig würdigen zu können. Und wie der einige Sohn des Vaters, so ist Jesus Christus auch unser einiger Herr. Denn ihm ist die Herrschaft angeboren, nicht erst nachträglich zugestanden, und durch ihn ist alles, nach dem Worte des Apostels.

Des weiteren handelt der zweite Artikel von der Bedeutung des Sohnes für das Heil des Menschen.

Geboren vom heiligen Geiste und Maria der Jungfrau. Vom Vater längst auf wunderbare Weise gezeugt, lässt sich jetzt der Sohn vom heiligen Geiste einen Tempel im Schosse einer Jungfrau erbauen, um in denselben einziehen zu können. Die Reinheit dieser jungfräulichen Geburt ist nicht in Frage zu stellen; vielmehr war um der Ungewöhnlichkeit der Sache willen auch diese ungewöhnliche Form nötig. Ihre Thatsächlichkeit aber haben bereits die Propheten vorausgesagt.

Jesus Christus ist Gottes Sohn, und doch heisst es, dass ihn der heilige Geist zeugte, dass er diesem den Tempel seines Leibes verdanke. In dieses wunderbare Zusammenwirken der Trinität lassen die Worte des Verkündigungsengels einen Einblick thun. Der heilige Geist, daneben die Kraft des Höchsten d. h. Christus als Gottes Kraft und Gottes Weisheit, endlich der Höchste selbst. Somit erscheint hier die Trinität, getrennt nach Wort und Person, ungeschieden aber in Bezug auf die götliche Substanz, bei dem Mysterium der Zeugung und Geburt des Sohnes vereinigt.

Wiederholt ist Rufin auf den Schriftbeweis zu sprechen gekommen, jetzt hören wir, warum. Er dachte an die Juden, die ja zwar ungläubig sind, auf die aber doch vielleicht Prophetenworte Eindruck machen könnten. Dagegen versagt dieses Mittel durchaus gegenüber den Heiden, die für die Jungfrauengeburt nur ein höhnisches Lächeln haben. Und doch steht das, was uns hier die Schrift erzählt, bei weitem nicht so sehr im Widerspruch mit dem gewöhnlichen Geburtsprozess, wie zahlreiches andere, was man sich auf diesem Gebiete aus Natur und Mythologie in der Griechenwelt erzählt. Denn einerseits der Vogel Phönix und die Bienen, andrerseits Gestalten wie Minerva und Liber, Venus und die Dioskuren, die Myrmidonen, Deukalion und Pyrrha:[1]) sie alle geben in Bezug auf Zeugung und Geburt dem menschlichen Verstande ganz andere Rätsel auf als jene Jungfrauengeburt, bei der obendrein alles Auffällige schwindet, wenn man den Faktor der göttlichen Allmacht mit in Rechnung bringt.

Indessen erheben die Heiden noch einen anderen Vorwurf. Gerade vom Standpunkt der göttlichen Allmacht aus nehmen sie Anstand an dieser Art von Geburt des Sohnes: es wäre ein saubreres Mittel möglich gewesen, wenn Gott Mensch werden wollte. Und doch wird niemand einen edlen Menschen tadeln, der in den tiefen Sumpf springt, um ein erstickendes Kind daraus zu retten und der sich dabei über und über beschmutzt. Andrerseits: Sonnenstrahlen und reines Feuer werden nicht verunreinigt, wenn sie mit Schmutz zusammentreffen. Um wieviel weniger könnte der Glanz der Gottheit, die doch erst jene Geschöpfe geschaffen hat, durch die Berührung mit Irdischem leiden. Und obendrein ist ja alles auf Erden überhaupt aus Gottes Hand gekommen. Was Gott gemacht hat, kann er also auch wieder anfassen; sonst wäre ja die Schöpfung der Welt die grösste Verunreinigung Gottes gewesen.

Und was endlich die Behauptung anbetrifft, dass Körperliches nicht im stande sei, Unkörperliches in sich aufzunehmen, und dass mindestens eine Mittelsubstanz dazu nötig sei, so

---

[1]) Vgl. Cyrill. catech. 12, 27. Ähnliche fragwürdige Parallelen finden sich schon bei den Apologeten, vgl. Justin. apol. I 21. 22.

lässt sich wieder leicht auf das Licht hinweisen, das seinerseits
den ganzen Körper zu erfassen vermag, während es selbst nur
vom Auge gefasst wird. Auch ist die verlangte Mittelsubstanz
in der Seele gegeben, sofern dieselbe ebensowohl das Göttliche
begreifen kann, wie sie zugleich am Fleische participiert.

Alles in allem aber — dies ist Rufins immer wiederkehrendes Argument — ist da nichts unmöglich, wo die Kraft des
Höchsten waltet, kann man da keine menschliche Gebrechlichkeit ins Feld führen, wo die Fülle der Gottheit wohnt.

Gekreuzigt unter Pontius Pilatus und begraben, fuhr Jesus
hinab zur Hölle: ein Abschnitt, den Rufinus auffallend ausführlich behandelt. Paulus wünscht den Ephesern erleuchtete
Augen des Verständnisses, dass sie erkennen möchten, welches
da sei die Höhe und die Breite und die Tiefe (Eph. 1, 18; 3, 18).
Damit sind die Kreuzesbalken gemeint, die sich in die Höhe,
in die Breite, in die Tiefe erstrecken. Denn dass unter den verschiedenen möglichen Todesarten Gott für seinen Sohn gerade
den Kreuzestod wählte, hat seinen geheimnisvollen Sinn. Das
Kreuz ist ein Denkmal des Sieges über einen niedergeworfenen
Feind. Da sich nun Christus durch seinen Tod drei Reiche
dienstbar gemacht hat, so entspricht dem auch das Todeszeichen,
das Kreuz, das sein Haupt in den Himmel erhebt, seine Arme
über Gläubige und Ungläubige auf der Erde ausstreckt und
mit seinen Füssen im Reiche der Unterwelt wurzelt.

Die Erwähnung der drei Reiche führt den Verfasser auf
die himmlischen Mächte, denen Gott ursprünglich die Regierung
und Versorgung des Menschengeschlechtes anvertraut hatte, von
denen aber einige, statt die Menschen im Gehorsam gegen die
göttlichen Gebote zu bestärken, dieselben vielmehr zu ihren
eigenen Veruntreuungen hinüber zogen. Durch diese Verfehlung geriet dann die Menschheit in den Machtbereich jener
verwerflichen Geister; eine Handschrift zeugte gegen sie, die erst
Christus wieder wegnahm, um uns dadurch nicht nur der bisherigen Knechtschaft zu entziehen, sondern um uns zugleich zu
Herren über unsere bisherigen Dränger zu machen. Dieser
doppelte Segen ist das Werk des Kreuzes Christi, und ihm
hat unsererseits als doppelte Leistung ein Widerstand gegen

die Sünde bis in den Tod und sodann ein selbstloser Gehorsam nach Art des von Christus am Kreuze bewiesenen zu entsprechen.

Doch der gläubige Leser darf nicht erschrecken, wenn er von des Vaters ewigem Sohne nun mit einem Male hört, dass derselbe gestorben sei. Vielmehr verhält es sich mit seiner göttlichen Natur wie mit einem Angelhaken, der sich unter dem Köder der menschlichen Natur verbirgt. Der gierige Fisch fährt auf den Köder zu, kann indessen nicht nur diesen nicht vom Haken losreissen, sondern er selbst wird aus der Tiefe hervorgeschnellt, um anderen als Speise zu dienen.[1]) Genau so geht es mit dem Teufel, der Jesu unschuldiges Blut vergiessend, ihn schon ganz verschlungen zu haben glaubte, bis die unsterbliche Gottesnatur ihn davon überzeugte, dass er selbst der Überwundene sei.

Christi Gottheit leidet durch ihr Herabsteigen ins Fleisch ebensowenig Schaden wie ein König, der persönlich die Gefängniszellen betritt, um den Gefangenen ihre Begnadigung mitzuteilen.

Der Name des Pontius Pilatus will in weiser Voraussicht genau den Zeitpunkt des Todes fixieren, um dieses historische Faktum nicht in den Bereich unzuverlässiger Legenden geraten zu lassen. Die Worte: niedergefahren zur Hölle, die sich weder im römischen noch im morgenländischen Symbol finden, besagen nicht viel mehr, als dass Christus begraben ist.[2])

Damit wären die Artikel, die von Christi Erniedrigung handeln, in der Hauptsache erledigt. Aber der Verfasser weiss sich der Zustimmung des Adressaten versichert, wenn er der Grösse des Gegenstandes entsprechend noch einen mindestens ebenso langen Schriftbeweis beibringt, der indessen angesichts des weiten Meeres von Zeugnissen in der heiligen Schrift immer nur als kleine Probe angesehen werden kann.

So ist denn zunächst das Urteil über den Kreuzestod Christi sehr verschieden ausgefallen. Die Juden nehmen ein Ärgernis

---

[1]) Das Bild stammt aus dem Orient. Vgl. Gregor v. Nyssa orat. catech. c. 24. Cyrill v. Jerusal. catech. 12, 15. Bei Augustin tritt an Stelle des Angelhakens die Mausefalle (Sermo 134 c. 8, 4. 5, 6).

[2]) Vgl. Walter Caspari, Der Descensus Christi ad inferos in „Halte was du hast" XX 53.

daran, weil sie auf einen unsterblichen Messias hofften. Die Heiden, in Unkenntnis über den wahren Sachverhalt, spotten über einen Gott, der sterben konnte. Nur die Gläubigen vertrauen auf die den Tod überwindende Gotteskraft. Um dieses Unglaubens willen ist denn auch das christliche Geheimnis den Juden entzogen und den Heiden übergeben worden.

Ganz speciell aber an die Katechumenen denkt Rufin, wenn er im weiteren Verlaufe den evangelischen Bericht mit den betreffenden prophetischen Weissagungen zusammenstellt. Diese Beziehungen sollen sich die jungen Christen recht zu Herzen nehmen, um damit für alle Zeit den Zweifel zu verjagen.[1])

So erfahren sie denn zuvörderst, dass des Judas Verrat und alle Leiden, die über den Herrn kamen, längst vorausgesagt und bekannt waren. Letzteres war aber deshalb nötig, weil die Thatsache, dass der Herr von Menschen gefangen gehalten und vor Gericht geschleppt wurde, zu ungeheuerlich war, als dass sich jeder so ohne weiteres hätte darein finden können. Wie dann weiter Weissagung und Erfüllung bis ins einzelne übereinstimmen, so fehlt selbst der heidnische König, von dem Hosea (10, 6) redet, bei dem Prozesse nicht. Es ist der Wildling Herodes, so genannt, weil er nicht aus dem Weinberge Israel stammt. Ihm sandte Pilatus den gefesselten Jesus und erreichte durch dieses Geschenk, dass die zwischen beiden Männern eingerissene Entfremdung ausgeglichen wurde.

Und so geht es weiter. Das „Kreuzige, Kreuzige ihn" des Volkes, die Dornenkrone (letztere als Gegenbild der Dornen auf Adams Acker), das Kreuzesholz sind alle genau von den Propheten vorgemeldet worden.

Besondere Erwähnung verdient aber die folgende Bemerkung. Dass Blut und Wasser aus seiner Seite hervorgehen würden, hatte Jesus selbst vorausgesagt: Von dess Leibe werden Ströme des lebendigen Wassers fliessen (Joh. 7, 38). Nun verdammt das Blut, das die Juden selbst über sich und ihre Kinder gewünscht hatten, die Ungläubigen. Das Wasser aber

---

[1]) Auch dieser Weissagungsbeweis ist bereits von den Apologeten gehandhabt worden, vgl. Seeberg, Lehrb. d. Dogmengesch. I 72.

wird zu einem kräftigenden Bad für die Gläubigen. Auch kann man in beiden die doppelte Art finden, wie ein Mensch der Kirche einverleibt wird: entweder durch das Wasserbad der Taufe oder durch blutiges Martyrium. Und auch der Quell, aus dem beides entspringt, hat seine Bedeutung. An dieser Stelle sass die Rippe, aus der das Weib gebildet wurde. Von wo also einst Sünde und Tod ihren Ausgang in die Welt nahmen, von dort gehen jetzt Vergebung und Leben hervor.

Auch die nächtliche Kälte, die Petrus in des hohen Priesters Palast an das Feuer trieb, wie die Finsternis in Jesu Todesstunde finden ihre alttestamentlichen Belege. Selbstverständlich wird das Psalmwort von der Verteilung und Verlosung der Kleider Jesu registriert, des Gallentrankes wird gedacht, und für den Purpurmantel wird der Keltertreter im rotfarbenen Gewande (Jes. 63) angeführt: er, der die Arbeit allein thut, wie auch durch Christus allein die Sünde vergeben und das Leben wiedergebracht werden konnte.

Mit welchen Worten der Herr dann verscheidet, wie er begraben wird, endlich dass und warum er in die Unterwelt hinabsteigt: das alles sind Thatsachen, an denen ein Christ um so weniger jemals zweifeln kann, als sie im reichlichsten Masse mit Propheten- und Apostelworten zu belegen sind.

Jetzt erst nach langer Unterbrechung spinnt Rufin den Faden des Symbols weiter. Es folgen die Glieder, welche von der Erhöhung Christi handeln, und zwar in zwei Abschnitten, deren erster es nur mit der Auferstehung zu thun hat, während der andere Himmelfahrt, Sitzen zur Rechten Gottes und Wiederkunft zum Gericht zusammenfasst, also Christi himmlisches Erleben seinem verklärten Wandel auf Erden gegenüberstellt.

Am dritten Tage ist Jesus wiederauferstanden von den Toten. Die Auferstehung setzt alles, was an Christo schwach und gebrechlich erscheinen konnte, aufs neue in das rechte Licht und hebt seine Gottheit aus allen Zweifeln heraus. Neben dieser Machtfülle aber, für die es kein Unten und Oben und keine Grenzen giebt, tritt vor allem die Güte Gottes uns entgegen. Denn er folgte uns in den Abgrund, in den uns unsere Sünde hinabgestossen hatte. Drum kommt auch Christi Auferstehung in sonderlicher Weise den in der Unterwelt befindlichen Toten zu gute.

Wenn über irgend einen Abschnitt im Leben Jesu, so fliessen über seine Auferstehung die Zeugnisse reichlich; denn ihrer gedenkt jeder Prophet, jeder Gesetzgeber, jeder Psalmensänger. Drum folgt auch aus dieser Fülle eine kleine Blumenlese. Der Verfasser muss sich beschränken. Wer mehr wünscht, schlage selbst in den heiligen Schriften nach.

Die drei letzten Glieder des zweiten Artikels steigern noch das Geheimnisvolle in Christi Person. Wenn da von einem gen Himmel fahren, einem Sitzen zur Rechten, einem Wiederkommen die Rede ist, so klingt dies alles überaus menschlich, und doch bezieht es sich auf die göttliche Seite in Christus. Denn es ist fortan nicht mehr die Rede vom göttlichen Wort, sondern vom Fleisch gewordenen Wort. Das ist das Neue, dass dieses Fleisch, Christus in seiner Leiblichkeit, zum Himmel auffährt und sich zur Rechten Gottes niederlässt. Nicht einer göttlichen Machtwirkung bloss, sondern dieser merkwürdigen Erscheinung, dass hier etwas Körperliches in den sonst aller Körperlichkeit verschlossenen Himmel eindringt und sich auf einen ihm von Ewigkeit her bereiteten Sitz niederlässt, gilt daher der ermunternde Zuruf der Tempelsänger: Machet die Thore weit und die Thüren in der Welt hoch, dass der König der Ehren einziehe. Diesergestalt wird nun Christus auch wiederkommen, um Lebendige und Tote zu richten, d. h. nicht solche die noch am Leben und solche die schon verstorben sind, sondern lebendige Seelen und tote Leiber unterstehen beide seinem Gericht.

Ehe nun der Verfasser auch für dieses letzte Glied den Schriftbeweis beibringt, macht er abermals Halt zu einer Mahnung an die jungen Christen. Sie haben das Symbol dem Wortlaute nach empfangen und haben in gleicher Weise darüber Rechenschaft gegeben. Aber in diesen beiden liturgischen Akten steckt ein tieferer Sinn. Mit dem täglichen Memorieren des Symbols soll sich der Christ täglich der Wiederkunft Christi erinnern, damit er sich wie am Tage der Symbolrückgabe über sein fleissiges Memorieren, so am jüngsten Tage über seine Handlungen gut ausweisen kann.

§ 5. Der Symbolkommentar des Rufinus.

Der zweite Artikel schliesst alsdann mit einer Betrachtung über den Antichrist, den samt trügerischen Zeichen und Wundern der böse Feind an Stelle des Menschensohnes zu schicken beabsichtigt. Über ihn berichten deshalb Propheten und Apostel, damit nicht etwa die Menschheit in ihrer Unkenntnis thatsächlich den Antichrist für Christus nimmt. Rufin wählt einige Proben aus und überlässt die Hauptquelle für diese Zeit, den Propheten Daniel, um ihrer Reichhaltigkeit willen, die das Mass seiner vorliegenden Schrift weit überschreiten würde, dem eigenen Studium der Leser. Dann nimmt er den Faden des Symbols wieder auf. Es folgt der dritte Artikel.

Und an den heiligen Geist. Vom Wirken des heiligen Geistes ist bei den übrigen Gliedern des Symbols viel die Rede. Drum genügt es hier daran zu erinnern, dass er gleichwertig neben Gott dem Vater und dem Sohne steht dergestalt, dass in ihm die Trinität zum Abschluss kommt. Auch er ist der einige, neben dem es keinen anderen gibt. Das was ihn von den beiden anderen Personen der Trinität trennt, ist, dass er von beiden ausgegangen ist und die Aufgabe hat, alles zu heiligen. Das was ihn mit beiden zusammenschliesst, ist der Anspruch auf gleiche Gottheit, die seitens der Menschen den gleichen Glauben verlangt, daher es auch von ihm wie von den beiden anderen trinitarischen Personen heisst: Ich glaube an den heiligen Geist, ein Unterschied, der erst klar wird, wenn man die drei folgenden Glieder: heilige Kirche, Vergebung der Sünden, Auferstehung dieses Fleisches zum Vergleiche heranzieht. Denn bei diesen dreien handelt es sich nicht um die Gottheit, sondern um Kreaturen und Mysterien, darum glaubt man nicht an sie, sondern an ihr Vorhandensein, daher bei ihnen die Präposition „in" fortfällt.

Ein wertvoller Dienst, den der heilige Geist der Kirche geleistet hat, ist die Inspiration der heiligen Schriften. Rufin hält es für angemessen, dieselben namentlich aufzuzählen. Es sind die Bücher unseres Alten und Neuen Testamentes,[1]) und

---

[1]) Die Juden hielten an der solennen Zahl von 22 Büchern für das Alte Testament fest. Rufin gewinnt diese Zahl, indem er zwar die kleinen Bücher Ruth und Esther als selbständig nimmt, hingegen die Bücher Samuelis und der Könige unter eine Nummer begreift, ferner die beiden

zwar verdankt die Kirche diesen Kanon, auf dem unsere Glaubensaussagen nunmehr beruhen, den Vätern. An die genannten reihen sich eine Anzahl nicht kanonischer sondern, wie Rufin sagt, kirchlicher Schriften, die alt- und neutestamentlichen Apokryphen, als deren letztere er den Hirten des Hermas, die Zwei Wege und das Judicium des Petrus[1]) anführt. Sie werden in der Kirche zur Belehrung und Erbauung gelesen, geniessen aber kein autoritatives Ansehen. Eine dritte Klasse, die Rufin als apokryph bezeichnet, kommt im Gottesdienst nicht einmal zur Verlesung.

Auch bei dieser Auseinandersetzung hat Rufin wieder vorwiegend die Katechumenen im Auge. Sie sollen wissen, aus welchen Quellen sie zu schöpfen haben.

Im Symbol folgt nunmehr: heilige Kirche. Der an die Trinität Gläubige glaubt zugleich, dass es eine heilige Kirche gibt, in der ein Glaube und eine Taufe herrscht, in der man an einen Gott Vater, an einen Herrn Jesus Christus, seinen Sohn, und an einen heiligen Geist glaubt, die weder Flecken noch Runzeln hat. Denn das letztere speciell gilt nur von ihr, der einen Taube, der Auserwählten ihrer Mutter (Hohelied 6, 8), hingegen nicht von den mancherlei Kirchenbildungen der Häretiker. Die heilige Kirche ist der Sitz der reinen Lehre, drum schliesst sie Marcion und Ebion, Manichäus, Paulus von Samosata und Photinus, Arius und Eunomius, die Bekämpfer der Gottheit des heiligen Geistes wie die Bestreiter einer menschlichen Vernunft in Christus und endlich auch die Schismatiker Donatus und Novatus aus. Ihre gottlose Gemeinschaft und auch die aller derer, welche an irgend einer rechten christlichen Lehre Ausstellungen machen, hat darum der Christ zu fliehen, ja nicht einmal anhören darf er solche. Er halte sich vielmehr an die heilige Kirche, welche alle jene bereits besprochenen Artikel bekennt, und in der auch Vergebung der Sünden und Auferstehung des Fleisches gepredigt wird.

Bücher der Chronika und ebenso Esra und Nehemia zusammenfasst und die Klagelieder Jeremiä gar nicht erwähnt d. h. sie ohne weiteres unter das grosse prophetische Buch des Jeremias mit einbegreift. Vgl. Zahn, Gesch. des neutest. Kanons II 224. 240 f.

[1]) Hieronym. de vir. illustr. 1. Zahn a. a. O. S. 243.

Die Vergebung der Sünden kann nur der Glaube verstehen. Denn wenn schon Gründe und Art eines fürstlichen Huldbeweises zu erforschen nicht möglich ist, so ist dies noch viel weniger der göttlichen Gnade gegenüber angängig. Mögen deshalb die Heiden über die Selbsttäuschung der Christen spotten und der Ansicht leben, dass Geschehenes durch Worte nicht ungeschehen gemacht werden könne, der Christ zieht sich solchen Behauptungen gegenüber auf seinen Glauben zurück, dass der Schöpfer aller Dinge auch alle Dinge wieder herstellen könne. Obendrein liegt, was die Sünde anbetrifft, das Schwergewicht ja nicht auf der That, sondern auf der Gesinnung. Vollzieht sich mit dieser eine Wendung zum Guten, so ist die Sünde aufgehoben. Früher ein böser Dämon, ein böser Wille, Sünde und Tod; jetzt ein guter Gott, ein dem Guten erschlossener Wille, Unschuld und Leben. Somit widerstreitet der vorliegende Satz also noch nicht einmal der Vernunft, denn die Vergebung der Sünden gilt der Gesinnung und nicht den Thaten.

Auch das letzte Symbolglied, das von der Auferstehung des Fleisches handelt und wie die vorigen seinen reichen Inhalt in eine knappe Form kleidet, wird von Heiden und Häretikern angegriffen. Denn Valentin und die Manichäer leugnen, trotz Propheten und Evangelisten, die Auferstehung des Fleisches und natürlich auch deren Folge, die darin besteht, dass die Auferstandenen, sofern sie hier schon nach Reinheit gestrebt haben, im Himmel mit den Engeln ein diesen gleiches Leben führen.

Dass aber der zerstörte Menschenleib in der Auferstehung wieder hergestellt werden könnte, ist nicht unglaublicher als die Entfaltung des in die Erde gestreuten Samens, an der doch niemand zweifelt. Und wenn schon ein geniales Auge in der Tiefe der Erde die Metalle aufspüren und unterscheiden kann, die der gewöhnliche Mann nur für Stein und Erde hält, wie leicht wird es erst der göttlichen Allmacht werden, sich unter dem Staub der aufgelösten Menschenleiber zu orientieren. Und um den Schwachgläubigen weiter aufzuhelfen: gemischter Same geht auf je zu seiner Zeit und je nach seiner Art; in gleicher Weise ist jede Fleischsubstanz, mögen die Leiber erleiden was sie wollen, unsterblich, weil ihr die Seele ihre Unsterblichkeit mitteilt. Darum findet am Tage der Auferstehung auch jede Seele den ihr gehörenden Leib wieder, zu Lohn oder Strafe. Das will denn auch der Zusatz im Symbol von Aquileja besagen, den mit Unrecht andere Kirchen ablehnen: dieses Fleisches Auferstehung. Der Leib, in dem der Katechumene das Bekenntnis seines Glaubens ablegt, den er zu gleicher Zeit mit dem heiligen Kreuze zeichnet, eben dieser selbe Leib wird für ihn, je nachdem er ihn von Verunreinigung fernhält, ein Gefäss der Ehre oder des Zornes werden. Den Schluss macht der Erinnerung halber auch für dieses Symbolglied eine kleine Auswahl aus der reichen Fülle von Schriftstellen. Sie alle, ob aus dem Alten oder aus dem Neuen Testamente stammend, bestätigen die Aussage des Symbols, dass Gerechte und Sünder in ihrem nunmehr unvergänglichen und unsterblichen Leibe auferstehen, die einen um immer bei Christus bleiben zu können, die anderen um ohne Ende die verdiente Strafe zu erleiden. Das alles aber erklärt sich nach wie vor aus Gottes Allmacht, der, wie er die Menschen geschaffen hat, auch fernerhin aus ihnen machen kann was er will.

Noch einmal fasst Rufin die Stichworte des ganzen Kommentars zusammen, um dann denselben mit der Bitte zu beschliessen, Gott möge allen Lesern, die am Glauben festgehalten haben, am Ende ihres Lebens die Krone der Gerechtigkeit und die Auferstehung zum ewigen Leben bescheren und sie vor Verwerfung und ewiger Schande bewahren.

§ 6. Die katechetische Thätigkeit des Niceta von Remesiana, des Petrus Chrysologus von Ravenna und des Maximus von Turin.

Seit den Tagen des Augustin stand der altkirchliche Katechumenat in voller Blüte. Vollends mit dem Kommentarwerk des Rufin waren alle Bedingungen für eine allseitige

Entwicklung des katechetischen Unterrichtes gegeben. Allerorten dürfte daher während des fünften Jahrhunderts die Taufvorbereitung ein ähnlich frisches und erfreuliches Bild dargeboten haben, wie es uns besonders deutlich aus den Reden dreier begabter und pflichttreuer Bischöfe dieser Zeit entgegentritt, denen wir auf einer Reise von den abgelegenen Gebieten des Balkan über das Adriatische Meer nach der aufstrebenden Residenz Ravenna und von hier zu den Südabhängen der Alpen begegnen.

1. Niceta von Remesiana.

Es ist im höchsten Grade zu bedauern, dass uns die dem Katechumenenunterricht gewidmeten Schriften des dacischen Bischofs Niceta von Remesiana (ca. 392—414)[1]) nicht in grösserer Vollständigkeit erhalten sind; sie böten uns sonst ein prächtiges Gegenstück zu der aus den augustinischen Reden und Schriften gewonnenen Erkenntnis. Aber auch in ihrer mangelhaften Erhaltung bleiben sie überaus schätzenswert und verdienen vollauf die Beachtung, welche ihnen die Neuzeit geschenkt hat.[2])

[1]) Revue Bénédictine 1897 p. 197.
[2]) Über die Nicetafrage vgl. Kattenbusch, Beiträge zur Geschichte des altkirchlichen Taufsymbols. Giessener Universitätsprogramm 1892 S. 49—58. Ders., Das apostolische Symbol I 1894 S. 107 ff. 403 ff. — Dom Germain Morin, Nouvelles recherches sur l'auteur du „Te Deum" in der Revue Bénédictine 1894 p. 49 ss., bes. p. 67—73. Sodann l. c. 1897 p. 98 s. — Zahn, Das apostolische Symbolum 1893 S. 88. Ders., Neuere Beiträge zur Geschichte des apostolischen Symbolums IV in der Neuen kirchlichen Zeitschrift 1896 S. 93 ff. Hümpel, Nicetas Bischof von Remesiana in den Neuen Jahrbb. für deutsche Theologie IV S. 275 ff. 418 ff. — Hahn, Bibliothek der Symbole und Glaubensregeln der alten Kirche (3) 1897 S. 47 ff.

Die von Gennadius (vir. illustr. c. 22) aufgezählten sechs katechetischen Schriften wollen nicht Teile eines einheitlichen Ganzen sein. Was Gennadius veranlasste sie zusammen zu fassen, war der gleiche Zuhörerkreis, dem diese sechs, nicht Bücher, sondern Reden gegolten haben. Es ist deshalb irreführend, wenn Caspari, der überhaupt nicht mehr Zeit gefunden hat, dem Niceta voll und ganz gerecht zu werden (vgl. Zahn in der Neuen kirchlichen Zeitschrift 1896 S. 93) von des „Nicetas' Schrift

Ganz in der Weise Augustins hält es Niceta für unumgänglich nötig, seine Kompetenten durch eine oder mehrere Katechesen in das Wesen der christlichen Sittlichkeit einzuführen. Gleich seine erste Katechisation[1]) handelt davon, wie ein Kompetent sich führen müsse, der zur Taufgnade gelangen will. Ja vielleicht verlief dieselbe sogar ähnlich der uns noch erhaltenen Moralkatechese Augustins.[2]) Wenigstens finden die Bruchstücke, welche wir ziemlich unzweifelhaft aus der Rede des Niceta besitzen, ihre Sinnparallelen in jenem augustinischen Sermon. Beide Bischöfe gehen aus von dem Unterschied, der zwischen einem Katechumenen und einem Kompetenten besteht.[3]) Jener war nur ein Gast und Auswärtiger, ein blosser Hörer ohne tieferes Verständnis. Diesem ist es wirklich Ernst mit seinem Verlangen. Die Kirche gewährt ihm bereits grössere Rechte, verlangt aber dafür auch höhere Pflichten. Das führt zur ernstesten Forderung, welche man überhaupt an den Menschen stellen kann, der Forderung ganz und gar mit der Welt und dem, der sie beherrscht, zu brechen.[4]) Niceta begnügt sich nicht mit allgemeinen Schlagworten, sondern als echter Seelsorger wird er in dieser seiner Moralkatechese individuell. Wie der Goldgräber zuvor das

---

„Competentibus ad baptismum instructionis libelli sex", zu welcher Schrift die Auslegung des Symbols (als ihr fünfter „libellus") gehört hat" spricht (Kirchenhist. Anecdota I 342). Indessen verdanken wir Caspari die beste Edition jener Auslegung des Symbols (a. a. O. S. 341—360). Des Niceta sämtliche Schriften samt den von M. Denis herausgegebenen unten zu besprechenden sechs Fragmenten bei Migne ser. lat. 52 p. 847—876. Ebendaselbst p. 876 sqq. auch die noch immer lesenswerte Dissertatio in S. Nicetam des Peter Braida. Unter anderem verdient nach wie vor Beachtung die Bemerkung Braidas, dass die sechs Denisschen Fragmente, zu denen neuerdings noch ein Morinsches getreten ist, nicht durchweg wörtlich aus Niceta genommen zu sein brauchen, sondern in der Sprache der Verfasser des Ordo vel brevis explanat. de catechis. rudibus (Cod. lat. Vindob. 1370 vgl. Rev. Bénéd. 1897 p. 96) nur den Sinn der Nicetaschen Ausführungen wiedergeben wollen ML 52, 1059 sq.

[1]) Zu ihr gehören die Denisschen Fragmente Nr. 1. 2. 3. 6 sowie das Morinsche in der Rev. Bénéd. 1897 p. 96s.
[2]) Sermo 216, vgl. oben S. 20f.
[3]) Vgl. Fragm. 2 und sermo 216 c. 1.
[4]) Vgl. Fragm. 3 und sermo 216 c. 2.

110   § 6. Die katechetische Thätigkeit des Niceta von Remesiana.

Edelmetall vom Schmutze reinigt, ehe er es in die Tasche steckt, so will auch Christus am Taufbrunnen nur solche Taufbewerber sehen, die im festen Glauben an ihn den Schmutz aller teuflischen Werke abgethan haben. Manche unter den Gemeindegliedern mögen in den dacischen Goldbergwerken Tagesbeschäftigung und Verdienst gefunden haben. Ihnen war solch ein Gleichnis um so ansprechender.¹) Zu jenen teuflischen Werken aber rechnet Niceta nicht bloss die Götzenverehrung mit allen ihren Anhängseln, nicht bloss die Verbrechen, die auch dem Heiden ein Greuel sind, sondern nicht minder die gesellschaftliche Zügellosigkeit des antiken Lebens; fröhnen doch noch getaufte Christen der Unmässigkeit, der Vergnügungssucht und der Freude am eitlen Tand. Was ist aber das Prunken mit Kleidern, Schmuck und wunderlichen Haarfrisuren anders als das Zeichen einer hohlen hochmütigen Gesinnung, ganz abgesehen von der Verletzung des liturgischen Anstandes. Der Kompetent weiss, dass ihm im Skrutinium die Stirn mit dem heiligen Kreuze gezeichnet wird, um ihn der Welt zu entziehen und Christus zuzueignen. Und doch hält dieser ehrwürdige Gebrauch manchen nicht davon ab, der Mode zu Liebe sich die Haare in das Gesicht zu kämmen und dadurch die Stirn vor der Aufnahme des Kreuzeszeichens zu versperren,²) ein Moment, das zu einer Zeit, welche die liturgischen Vorgänge in den Skrutinien überaus ernst auffasste, um so schwerer in die

---

¹) Auch Paulinus von Nola erwähnt diese römischen Goldbergwerke in Dacien, wenn er von den erstaunlichen Missionserfolgen seines Freundes Niceta von Remesiana in demselben Lande spricht:
        Nunc magis dives pretio laboris
        Bessus exultat: quod humi manuque
        Ante quaerebat, modo mente caelo
        Colligit aurum.   Poem. 17, 213—216
und:
        Callidos auri legulos in aurum
        Vertis. ibid. 269. 270. Ml. 61, 488—89.

²) Die Haare in die Stirn zu kämmen war eine seit Konstantin häufig vorkommende Unsitte. Wir begegnen ihr samt den gleichzeitig von Niceta gerügten exquisitis inutiliter vestimentorum subtilitatibus auf der Grabplatte des 26jährigen Christen Maximus im Museum von Aquileja. Abgeb. in Ephemeris Salonitana 1894 S. 48. Vgl. auch August. enarr. in psalm. 50 c. 1: Stant illic portantes in fronte.

Wagschale fallen musste. Daher ist es wohl nicht zufällig, wenn beide, Augustin wie Niceta, in der Moralkatechese auf dergleichen Dinge zu sprechen kommen. Berührten sie sich doch aufs innigste mit den an die Kompetenten gestellten moralischen Forderungen. Der Priester exorcisiert und signiert, der Kompetent lässt durch Selbstprüfung, Busse und ernste Willensvorsätze jene symbolischen Handlungen zur Wirklichkeit werden, so lehrt Augustin. Und Niceta weist auf die läuternde Kraft des Exorcismus hin.[1])

Was die formelle Seite der Katechisationen anbetrifft, so war es des Niceta Bestreben, dieselben so einfach zu gestalten, dass ihnen auch der Ungebildete folgen konnte — wir kennen Augustins Anweisung über die unterschiedliche Behandlung der einzelnen Stände und Bildungsstufen. Dabei ging Niceta von den heiligen Schriften aus, Erörterungen auf Grund eigener Geistreichigkeit schienen ihm unangemessen. Als Ziel aber hatte er sich gesteckt, die Kompetenten ausser allen Zweifel zu setzen über das, was sie verlassen haben, und über dasjenige, dem sie zustreben.[2])

Zwei weitere Moralkatechesen des Niceta behandeln religiöse Irrtümer innerhalb der Heidenwelt.[3]) Leider sind uns von ihnen nicht einmal Bruchstücke erhalten, wir wissen vielmehr nur, dass der Bischof in der ersteren zwei jüngst vorgekommene Fälle einer naiven Apotheose durchspricht,[4]) während er in der anderen die Magie behandelt. Wenn es damals noch möglich war, dass ein besonders freigebiger Hausvater und ein tapferer Bauer unter die Götter versetzt werden konnten, so mussten solche Beispiele den Katecheten reizen, an ihrer Hand die Nichtigkeit des antiken Götter- und Heroenunwesens darzu-

---

[1]) Vgl. Fragm. 6 und sermo 216 c. 6.
[2]) Fragm. 1. Dazu Rev. Bénéd. 1897 p. 98 s. auf Grund von Cod. 469 (A 214) in Rouen, früher in der Abtei Fécamp, 11–12. saec. Auch diese Worte dürften der Nicetaschen Moralkatechese (Gennadius Nr. 1) angehören; ob indessen wörtlich oder nur dem Sinne nach (Braida Ml. 52, 1080 A), mag dahin gestellt bleiben.
[3]) Gennadius Nr. 2 und 4.
[4]) Gennadius l. c.: Secundus de gentilitatis erroribus, in quo dicit suo paene tempore Melcidium quendam patrem familias ob liberalitatem, et Gadarium rusticum ob fortitudinem ab ethnicis esse inter deos relatos.

thun. Es brauchte noch nicht einmal ein in besonderem Masse hinausgeworfenes Missionsgebiet wie Dacien zu sein, wo Niceta amtierte, um eine solche Katechisation über die Irrtümer der Heiden zu erklären. Noch herrschte der heidnische Irrwahn um die Wende des 4. und 5. Jahrhunderts überall derart in Stadt und Land, dass es sich wohl begreift, wenn man kirchlicherseits auch für die Stufe des Kompetententums noch solche Unterweisungen für nötig erachtete, zumal die Absurditäten der antiken Mythologie sich unter Umständen als vortreffliches Gegenbild verwerten liessen, wenn es galt, die Kompetenten in die Geheimnisse der christlichen Trinität einzuführen.

Der Lieblingswissenschaft jener Zeit, der Astrologie, die namentlich unter den höheren Ständen hohes Ansehen genoss, huldigten nicht bloss die Heiden.[1]) Auch Priscillian und seine Anhänger gaben durch ihre Beschäftigung mit der Sterndeuterei damals grossen Anstoss, so dass mehr als einmal christliche Schriftsteller gegen dieses Unwesen die Feder ergriffen.[2]) Es sei nur an den römischen Mönch Makarius erinnert,[3]) der gegen die Mathematiker schrieb. Auch der Staat schritt gegen dieselben ein. Honorius exilierte durch Gesetz v. J. 409 die Sterndeuter,[4]) und Valentinian III. verschärfte 425 noch diese Massregel, denn ihm waren die Magier so zuwider, dass er sie mit den verhasstesten Ketzern der Zeit, mit Pelagianern und Manichäern, auf gleiche Stufe stellen zu sollen glaubte.[5]) Die Magie war also eine vielbesprochene Zeitfrage, an der man wohl niemals im Kompetentenunterricht ganz stillschweigend vorüberging.[6]) Kein Wunder deshalb, wenn Niceta ihre Nichtigkeit und Verderblichkeit in einer besonderen Katechese darlegt.

---

[1]) Quartus adversus genealogiam.

[2]) Auch Augustin bekennt zeitweise der Astrologie ergeben gewesen zu sein (Conf. IV 3, 5. VII 6, 8. Vgl. De civit. dei V 1 sqq.), was bei einem Jünger der Manichäer nicht wundernimmt.

[3]) Gennad. vir. ill. c. 28. Rufin. apol. in Hieron. I 11.

[4]) Cod. Theod. IX 16, 12. Ähnliche Gesetze gegen die Astrologen waren schon 357 (l. c. IX 16, 4), 358 (l. c. IX 16, 6) und wahrscheinlich 370 (l. c. IX 16, 8) erlassen.

[5]) Cod. Theodos. XVI 5, 62.

[6]) Vgl. den vor Kompetenten gehaltenen Sermo 71 in orationem dominicam des Chrysologus von Ravenna unter der 2. Bitte: Quamdiu diabolus

§ 6. Die katechetische Thätigkeit des Niceta von Remesiana. 113

Durchweg dogmatischen Inhaltes ist dagegen eine vierte Katechese, die in so präciser Weise in das Centrum der christlichen Lehre, in den Glauben an Vater, Sohn und Geist einführte, dass noch Cassiodor dieselbe allen denjenigen nachdrücklich zur Lektüre empfahl, welchen es um eine vollständige, aber kurze Übersicht über die betreffenden Dogmen zu thun war.[1])

Selbstverständlich hat Niceta mehr als einmal, wenn er seinen Kompetenten das Symbol übergab, das Wort zu einer Erklärung desselben ergriffen. Doch ist uns nicht mitgeteilt, ob jemals eine von diesen Symbolerklärungen von ihm selbst oder einem seiner Zuhörer niedergeschrieben und publiziert wurde.[2])

Dagegen scheinen von ihm Reden im Umlaufe gewesen zu sein, welche das Vaterunser und die liturgische Ceremonie der Signierung besprachen.[3])

Um so glücklicher sind wir aber, dass wir von Niceta wenigstens eine vollständige Symbolerklärung besitzen, die er bei einer Rückgabe des Symbols durch die Kompetenten gehalten hat, seine bekannte Explanatio.[4])

---

vario nequitiarum genere multimoda arte fallendi rerum aciem turbat, sensus hominum moresque confundit, saevit idolis, sacrilegiis furit, fallit auguriis, divinatione mentitur, signis decipit, illudit astris, Christi regnum prolongat a nobis ML 52, 402 H.

[1]) Gennadius l. c.: Tertius liber de fide unicae maiestatis. Dieselbe ist identisch mit den beiden Traktaten De fidei ratione und De spiritus sancti potentia. Hümpel a. a. O. S. 291—293. Morin l. c. p. 65. Cassiodor. Inst. div. litt. c. 16.

[2]) Am ersten dürfte noch Fragm. 5 einer bei der traditio gehaltenen expositio symboli entnommen sein.

[3]) Dafür sprechen die Schlussworte des 4. Fragments: Similiter et orationem dominicam et signaculum crucis quo se contra diabolum muniat. Vgl. Braida Ml. 52, 1061 D.

[4]) Dass es sich bei dieser Explanatio symboli habita ad competentes (Gennadius l. c.: Quintus de symbolo) um eine bei der Rückgabe und nicht, wie gewöhnlich behauptet wird, bei der Übergabe des Symbols gehaltene Erklärungsrede desselben handelt, dafür spricht weniger der Hinweis auf eine bereits geleistete Abrenuntiation (c. 1); denn es steht keineswegs fest, ob eine solche, in liturgische Form gekleidet, der Rückgabe oder gar der Übergabe des Symbols voranzugehen pflegte (gegen Hümpel a. a. O.

§ 6. Die katechetische Thätigkeit des Niceta von Remesiana.

Die Taufkandidaten haben das ihnen übergebene Symbol bereits gelernt und soeben mit klarer Stimme bekannt. Jetzt gilt es, sie noch einmal mit allem Ernst daran zu erinnern, dass es nicht aufs Bekennen allein, sondern vor allem auf das Bewahren dieses zum Heile unbedingt notwendigen Schatzes ankommt.[1]) Denn wie das Volk Israel unter Führung des Moses dem gelobten Lande zupilgerte, so folgen die Gläubigen dem Herrn Christus auf dem Wege zum wahren Leben. Sie thun dies, indem sie dem Teufel, seinen Engeln und allen seinen Werken, mögen dieselben irreligiöser oder unsittlicher Art sein, durchaus entsagen und frei von solchen Übeln und Ketten deutlich bekennen: Ich glaube an Gott den allmächtigen Vater.

Denn der Glaube muss dem Bekennen vorausgehen. Er gilt aber dem Gott, der nicht nur der Inbegriff aller Vollkommenheiten, sondern vor allem Vater ist, Vater eines Sohnes, den er vor aller Ewigkeit zeugte, und durch den alles im Himmel und auf Erden geschaffen ist. Erst dieser Zusatz gibt dem Bekenntnis zu Gott seinen eigentlich religiösen Charakter.

Mit dem Bekenntnis zu Gott als Vater ist selbstverständlich auch das zu dem Sohne gegeben, der, wie schon sein

---

S. 294). Die Worte abronuntiat inimico et angelis eius etc. brauchen nicht unbedingt auf einen bestimmten Akt bezogen zu werden, sondern können ganz allgemein der sittlichen Umkehr der Kompetenten gelten. Entscheidend sind vielmehr die Worte c. 13: Quae didicistis et tradita sunt vobis — quod coram angelis et hominibus confitemini. Vgl. auch c. 1: Iam sincera voce pronuntiat. Die Übergabe des Symbols und seine gedächtnismässige Einprägung gehörten bereits der Vergangenheit an, heute handelt es sich um die feierliche und öffentliche Ablegung des Bekenntnisses vor der Gemeinde. — Mit fremden Stücken zusammengeschweisst erscheint die Explanatio des Niceta in fünf österreichischen Handschriften aus dem 12. Jahrhundert unter dem Titel: Expositio Origenis. Vgl. Caspari, Alte und neue Quellen S. 309—315. Pitra, Analecta sacra III 582—588. Auch sonst begegnen häufig Bruchstücke aus der Explanatio in anderen Schriften. Vgl. Caspari, Kirchenhist. Anecdota I 342. Selbst Rufin dürfte sie gekannt und für seine Exposito benutzt haben. Vgl. Zahn, D. apost. Symb. S. 88 Anm. 1. Kattenbusch, D. apost. Symb. I 120 Anm. 26a. Hümpel a. a. O. S. 118—122. Die Parallelstellen giebt in grosser Anzahl Braida Ml. 52, 937 sq.

[1]) Explan. c. 13: Retinete semper pactum quod fecistis cum domino, id est hoc symbolum.

Name besagt, als ein mit königlicher Würde ausgerüsteter Heiland auftritt. Als solcher verliess er den Himmel, blieb Gott und wurde doch zugleich Mensch; denn nur in dieser Gestalt konnte er bei Menschen Eingang gewinnen. Von der Jungfrau geboren, ist er wahrhaftig und nicht bloss scheinbar Fleisch geworden. Dies gegen solche Irrlehrer, welche dem wahrhaftigen Gott eine Lüge zuschieben, während doch ein wahrhaftes Heil in Christo nicht ohne eine wahrhafte Menschwerdung denkbar ist. Jesus Christus ist eben beides, Mensch und Gott, zugleich: das eine erweist er durch sein Leben und Leiden, das andere durch seine Wunderthaten. Damit widerlegen sich auch die Einwürfe derer, die ihn nur für einen Menschen ansehen wollen.

Christus hat gelitten, er wurde von den Juden gekreuzigt. Jüdischer Unglaube und heidnische Thorheit verlästern noch heute das Kreuz, aber der Christ gedenke an das Wort des Herrn: Wer mich bekennet vor den Menschen, den will ich bekennen vor meinem himmlischen Vater. Denn der Mensch Jesus musste leiden, damit aus seinen Wunden unsere Rettung hervorgehen könne. Durch die Beifügung des Namens Pontius Pilatus ist der Zeitpunkt historisch festgelegt: fortan ist es den Häretikern unmöglich, durch Teufelstrug getäuscht von verschiedenen Christi zu schwatzen. Das ist um so wichtiger, als ja Christus gestorben ist, um die Macht des Todes zu brechen, also zum Heile der Welt.

Als einer, der über Tod wie über Leben Macht hat, ist Christus auferstanden; alsdann aufgefahren gen Himmel, von wo er gekommen war; und hat sich endlich zur Rechten des Vaters gesetzt: das alles so wie es in der Schrift vorausgesagt oder begründet war. Es erübrigt noch, dass er wiederkommen wird, um am Gerichtstag einem jeden nach seinen Werken zu vergelten.

Der Kompetent glaubt auch an den vom Vater ausgehenden heiligen Geist, der, selbst einer, sich gleichwohl auf die mannigfachste Weise kräftig und wirksam erweist. Wie er über Propheten und Aposteln gewaltet hat, so ersieht er sich besonders die Zeit der Taufe aus, um die Gläubigen nach Leib und Seele zu heiligen; wie denn überhaupt ohne ihn keine

Kreatur zum ewigen Leben würde gelangen können. Diese Bedeutung des heiligen Geistes für die Heiligung der Menschen erklärt leicht die Furchtbarkeit der gegen ihn begangenen Lästerung, die nicht vergeben werden kann.

Niceta unterbricht deshalb auch den Gang der Erklärung, um zuvor den Glauben an die Trinität, insbesondere den Glauben an den heiligen Geist, seinen Zuhörern nachdrücklich einzuschärfen; denn dieses Bekenntnis, das von Anfang an unzertrennlich mit der Taufe verbunden ist, muss von dem bewahrt werden, der des Segens der Taufe nicht verlustig gehen will. Drum halte man den propagandistischen Polytheisten das Widersinnige ihrer Anschauung entgegen. Im jüdischen Christusleugner aber sehe der Gläubige einen Feind; er setze sich mit ihm auseinander, wenn er kann; wo nicht, gehe er ihm wenigstens aus dem Wege. Einen Ketzer endlich, der dem Sohne die Gottheit abspricht und dem heiligen Geiste nicht die gleiche Ehre mit Vater und Sohn zuerkennen will, halte man wie einen Heiden und Zöllner; ist ja doch sein Kreaturdienst nichts anderes als Götzendienst; kommt er mit verworrenen Auseinandersetzungen, so halte man ihm das rücksichtslose Bekenntnis zur Trinität entgegen.

Indessen enthält das Symbol noch andere Stücke, die geglaubt und bekannt sein wollen.

Zunächst die heilige allgemeine Kirche. Was ist sie anders als die Versammlung aller Heiligen oder Gläubigen von Anfang der Welt an? Als der eine Leib, dessen Haupt Christus ist? Mit der auch die Engel, auch die himmlischen Kräfte und Mächte im Bunde stehen? Innerhalb deren der Gläubige eine Gemeinschaft mit allen jenen Heiligen findet?[1]) Hingegen sind ausgeschlossen von ihr und nennen sich fälschlich Kirchen die Gemeinschaften der Häretiker und Schismatiker; denn ihnen, die sich mit ihrem Glauben und Wandel in den Gegensatz zu Christi Befehl und der Apostel Lehre stellen, gebricht es an der Heiligkeit.

Daran reiht sich die Vergebung der Sünden, zu der im

---

[1]) Vgl. zu dieser Stelle Zahn, Das apostol. Symbol. S. 87—94, auch S. 83 Anm. 2.

vollsten Masse die Gläubigen durch die Taufe gelangen, die auch im Gegensatz zur unvollkommenen leiblichen Geburt die Wiedergeburt genannt wird.

Endlich, wer nicht an die Auferstehung seines Fleisches[1]) und das ewige Leben glaubt, geht der Früchte seines Glaubens an Gott verlustig; handelt es sich ja doch bei dem letzteren vorzugsweise um die Gewinnung dieser beiden wertvollen Güter. Das gilt auch gegenüber jenen Häretikern, welche die Auferstehung des Fleisches leugnen, wenngleich sie an einer Rettung der Seele entschieden festhalten. Bereits Propheten und Apostel widerlegen diese Anschauung; auch ist sie schon deshalb widersinnig, weil ja nur der Körper stirbt, hingegen die Seele ohnehin unsterblich ist, es sich also am jüngsten Tage überhaupt nur um eine Auferstehung des Leibes handeln kann. Dass sich Niceta über das einschlägliche Problem besonders klar wäre, kann man freilich auf Grund dieser Schlussfolgerung nicht behaupten. Und weder das Beispiel des in die Erde gesenkten Weizenkornes, welches er noch folgen lässt, noch der Hinweis auf Jesaias 26, 19, dass es der Geistestau sei, der die in der Erde verborgene Menschensaat zum Leben erwecke, machen die Sache viel besser.

Den Abschluss bildet das ewige Leben, der Lohn für Glauben und frommen Wandel, das Hoffnungsziel, dem unsere gesamte leibliche wie geistliche Entwickelung zustrebt, um dessentwillen die Blutzeugen aller Zeiten Marter und Tod litten, von dem aber nicht nur der Heide und der ungläubige Jude, sondern auch der Christ, sofern er den Lastern ergeben ist, ausgeschlossen wird.

Nach dieser eigentlichen Symbolerklärung verabschiedet sich Niceta in gewohnter Weise von seinen Kompetenten. Sie sollen bleiben in dem, was sie gelernt haben und was ihnen überliefert ist, festhalten an dem Symbol, das sie vor Engeln und Menschen bekannt haben. Denn in seinen wenigen Worten umfasst dasselbe alle Mysterien der Christenheit, den ganzen Schriftinhalt, gleichsam kostbare Perlen in einer Krone zu-

---

[1]) Explan. c. 10: Consequenter credis et carnis t u a e resurrectionem et in vitam aeternam, vgl. oben S. 107.

zusammengefasst im Interesse derer, welche die heilige Schrift selbst entweder aus Unkenntnis der Buchstaben oder aus Mangel an Zeit nicht lesen können. Drum hat der Christ die Pflicht, bei Tag und Nacht, bei jeder Beschäftigung das heilbringende Bekenntnis im Herzen zu tragen. Das wird ihn in eine höhere Welt versetzen und ihn gegen die erneuten Angriffe des bösen Feindes feien, die trotz aller mit dem Glauben verbundenen Absage an ihn, seine Werke und seine Engel immer aufs neue wiederkehren.

Noch einer sechsten katechetischen Schrift des Niceta gedenkt Gennadius. Indessen ist dieselbe streng genommen nicht an Kompetenten gerichtet, sondern vor Neugetauften gehalten.[1]

In der Osternacht empfingen nämlich die Taufbewerber beide Sakramente hinter einander. Und erst nachdem sie somit thatsächlich in alle Geheimnisse des christlichen Kultus eingeweiht waren, wagte man ihnen auch theoretisch mitzuteilen, was es um die Feier des Leibes und Blutes Christi sei. In die Woche von Ostern bis zum nächsten Sonntag fallen die Katechesen über das Abendmahl. So wissen wir es von Augustin.[2]

Indessen wenn es auch der religiöse Geschmack jener Zeit lieben mochte, dass mit einem Male das volle Licht des Mysteriums die nichtsahnenden Täuflinge umstrahlte, wenn im Überraschenden vielfach das eigentlich Bedeutsame der ganzen Ceremonie gesucht wurde,[3] so erachteten es doch nüchterne Seelsorger nicht für unangemessen, durch ein kurzes belehrendes Wort der Überraschung vorzugreifen. Die eigentliche Einführung in die Lehre vom Abendmahl behielt man sich freilich für die Woche nach Ostern vor, aber eine kurze orientierende Ansprache über dasselbe trat zwischen Taufakt und erste Kommunion.

---

[1] Vgl. schon Braida: An potius ad neophytos seu ad infantes quos in Nicetae librorum recensione Gennadius et Honorius a competentibus non distinxerint, ob maximam postremi huius libelli affinitatem cum quinque aliis prioribus qui vere ad competentes habiti fuerunt et quia iisdem dictus fuit auditoribus qui competentes paulo ante fuerunt. Ml. 52, 1057 A.

[2] Sermo 224—229.

[3] Ambros. de myster. 1, 2: Deinde quod inopinantibus mellus se ipsa lux mysteriorum infuderit, quam si eam sermo aliquis praecucurrisset.

Man feierte die Passahnacht. Was war natürlicher, als dass Bischof Gaudentius von Brescia in der Ansprache, die er in dieser Nacht über das alttestamentliche Passahlamm hielt, den vorbildlichen Charakter desselben für die neutestamentliche Abendmahlsfeier hervorhob.[1]) Ausführlich wollte er nicht werden, detaillierte Erörterungen behielt er den Katechesen der kommenden Woche vor.[2]) Um so intensiver aber ging er jetzt auf den Kern des Mysteriums ein. Mit heiligem Schauer mögen die Neophyten die geheimnisvollen Worte aus dem 6. und 15. Kapitel des Johannesevangeliums vernommen haben. Mochte der Bischof immerhin noch viel vor ihnen verhüllen, so viel verstanden sie doch, dass, wie einst viele Lämmer in der Osternacht das Volk Israel speisten, so jetzt ein grosses Osterlamm Speise und Trank von sich aus in mystischer Weise dem neutestamentlichen Israel darbietet. Jedenfalls wussten sie voll und ganz die Wucht des Augenblicks zu würdigen, wenn Gaudentius sie am Schluss aufforderte, nachdem sie der Gewalt des Pharao-Teufels entronnen seien, mit heiliger Sehnsucht heranzutreten und sich von dem im Sakramente anwesenden Jesus ihr Herz heiligen zu lassen.

So frei heraus konnte der Bischof nur sprechen, wenn er das Gefühl hatte sich inmitten von Getauften zu befinden, vor denen er nicht wie vor Katechumenen wertvolle Bestandteile des Mysteriums zu verstecken brauchte. Andrerseits entsprach das Helldunkel der Allegorie vortrefflich dem Übergang vom Kompeteten zum Neophyten.

Auch jene letzterwähnte Rede des Niceta handelte „vom Opfer des Passahlammes".[3]) Nichts liegt daher näher als die Annahme,

---

[1]) Gaudentius sermo II: De exodi lectione II. agressis a fonte neophytis. Ml. 20, 853—861.
[2]) L. c.: Quae vero virtutes praefiguratae sunt spirituales in ipsa historia exodi, ubi celebratio paschae narratur, qui sit decimus dies etc., necesse est ut adiuvante domino a die crastina incipiamus exponere. Modo autem ea solum de ipsa lectione carpenda sunt, quae praesentibus catechumenis explanari non possunt et tamen necessario sunt aperienda neophytis. Ml. 20, 854 B. De calciamentis et baculis longa ratio est quae alio tempore disseretur. De praecinctione lumborum quod frequenter a me latius dictum est, breviter nunc dicetur. Ibid. 857 B. C.
[3]) Gennadius l. c.: Sextus de agni paschalis victima.

dass sie einen ähnlichen Charakter getragen hat wie der Sermon des Gaudentius und zu gleicher Zeit wie dieser in der Osternacht zwischen Taufakt und erster Kommunion vor den Neophyten gehalten ist.

2. Petrus Chrysologus von Ravenna.

Einem vielseitigen Leben und Treiben begegnet man während des 5. Jahrhunderts in Ravenna. Seitdem der kaiserliche Hof sich vor den unter Alarich heranziehenden Westgoten hinter die für uneinnehmbar geltenden Dämme und Gräben der Lagunenstadt geflüchtet hatte, galt dieselbe als der eigentliche Mittelpunkt Italiens, gegen den in mancher Hinsicht sogar Rom zurücktrat.

Rasch verwandelte sich damals der unansehnliche Seehafen in eine kleine Residenz. Es ist bekannt, dass auch die Kirche bei dieser Metamorphose besonders gut gefahren ist. Wo bisher „vereinzelte Hütten" den Gläubigen als gottesdienstliche Versammlungsräume gedient hatten, schossen jetzt binnen wenigen Jahrzehnten Basiliken, Baptisterien, Kapellen aus dem Erdboden, Bauwerke, welche praktisch und schön zugleich die Kunde von Ravennas einstiger Machtstellung bis in die Gegenwart getragen haben. Bischöfe und Fürsten wetteiferten in der künstlerischen Ausschmückung und geistigen wie materiellen Hebung der neuen Hauptstadt Italiens. Insbesondere fand die Kaiserin Galla Placidia, die für ihren zeitlebens regierungsunfähigen Sohn das Scepter führte, an dem Metropoliten ihrer neuen Residenz, an dem Bischof Petrus Chrysologus[1]), einen ebenso eifrigen als genialen Mitarbeiter. Er baute die Andreaskirche, begann die Peterskirche, weihte die Johanneskirche, beteiligte sich an der Heiligkreuzkirche und verknüpfte seinen Namen mit einem der liebenswürdigsten Bauten jener Epoche, der den

---

[1]) Die Amtszeit des Petrus (II) Chrysologus umfasst etwa die Jahre 433—449. Über ihn: Agnellus, Liber pontific. eccl. Ravennatis ed. Holder-Egger M. G. Script. rer. Langob. et Ital. saec. VI—IX. p. 310-315. Mita, Vita S. Petri Chrysologi (1642) Ml. 52, 45—72, vgl. bes. c. 17—20. Einiges auch in Braida's dissert. in S. Nicetam Ml. 52, 999 sq. Vgl. auch Locshorn in Zeitschr. f. kath. Theol. 1879 S. 238—265.

Heiligen Nazarius und Celsus geweihten kaiserlichen Grabkapelle.

Und doch ging die Kraft des thätigen Kirchenfürsten nicht darin auf, zu Gottes Ehren Stein auf Stein zu türmen. Weit mehr lag ihm daran die Kirche innerlich zu bauen. Petrus führt nicht ohne Grund den Beinamen Chrysologus.[1]) In seinen „goldenen Reden", von denen uns fast zweihundert erhalten sind, lag das Geheimnis des grossen Einflusses, den er auf seine Zeit ausübte. Er kannte die ungeheure Macht des Wortes, drum liess er sich angelegen sein, dasselbe fleissig und geschickt zu handhaben. Wie knapp und eindringlich sind diese Predigten, und welch hohen Schwunges sind sie andrerseits fähig. Nirgends eine Spur von dogmatischer Weitschweifigkeit und ebensowenig eine Neigung zu ödem Symbolisieren. Wohl beteiligte sich Chrysologus an den christologischen Kämpfen seiner Zeit, und wiederholt begegnet auch in seinen Reden eine entschiedene Ablehnung besonders arianischer Irrtümer. Aber was ihn zu diesen Auseinandersetzungen treibt, ist weniger ein gelehrt theologisches als ein praktisches Interesse. Er bekämpft die Häresie, weil sie ihre Anhänger um das Seelenheil bringt, er verachtet solche Menschen, die sich wohl zu dem einen Dogma bekennen, aber das andere, das doch aufs engste mit jenem ersteren zusammenhängt, verwerfen. Dergleichen ist nicht bloss Mangel an folgerichtigem Denken, sondern Mangel an Wahrheitssinn. Die Sittlichkeit aber in einem im Niedergang begriffenen Volke und in einer gährenden Zeit aufrecht zu erhalten, darin sieht er seine Hauptaufgabe. Das Christentum soll sittigend alle Schichten der Bevölkerung durchdringen und erneuern: dieser Gedanke kehrt in des Petrus echt volkstümlichen, überaus anschaulichen und ins Leben greifenden Predigten immer wieder. Dem allen entspricht aber auch sein Interesse für den Katechumenat.

Mit einer doppelten Klientel hatte es der Bischof zu thun.

Das Gros der ravennatischen Bevölkerung bestand aus Römern, die sich das Christentum gefallen liessen und scheinbar

---

[1]) Indessen ist derselbe erst zwischen 724 und 846 aufgekommen. Arnold in R.E. (3) IV 99.

der Kirche angehörten. Das Heidentum hatte ja allen Rechtsboden in der Stadt verloren, nachdem Valentinian III. alsbald nach seinem nominellen Regierungsantritt die Todesstrafe auf heidnische Opfer gesetzt hatte. Aber diese offiziell christliche Bürgerschaft zögerte auffallend, sich auch thatsächlich in die christliche Gemeinde aufnehmen zu lassen. Die Gründe lagen offen zu Tage. Heidnische Sittenlosigkeit beherrschte viel zu sehr alle Verhältnisse des bürgerlichen Lebens, als dass nicht Hunderte hätten vor einem Schritt zurückschrecken sollen, der denn doch mindestens die ehrliche Absicht verlangte, mit dem bisherigen Leben zu brechen. Man zögerte die Taufe bis in die Sterbestunde hin und gefiel sich zeitlebens in der Übergangsstellung des Katechumenen. Als solcher genoss man zwar nicht alle Rechte eines Gemeindegliedes, aber das verschlug ja für die bürgerlichen Verhältnisse wenig, und andrerseits — und das schien die Hauptsache — man war auch der zahlreichen Anforderungen überhoben, welche die Kirche an die Lebensführung ihrer getauften Glieder stellte. Man konnte getrost in diesem Stadium der Unvollkommenheit Sünde auf Sünde häufen: das Taufwasser in der Sterbestunde wusch alle zusammen mit einem Male hinweg.

Dieser nichtswürdigen Auffassung, die dem jungen Bischof besonders in den Hofkreisen und bei der vornehmen Welt begegnete, galt es in erster Linie entgegenzuarbeiten. Chrysologus unterzog sich der Aufgabe mit Hingebung und nicht ohne Erfolg. Denn er wandte sich nicht bloss an die saumseligen Katechumenen selbst, sondern mit gleich beredter Zunge auch an die schon getauften Christen, diese zur Mitarbeit auffordernd. Sie sollen es sich angelegen sein lassen, dem Herrn neue Glieder zuzuführen, sollen alle Hindernisse aus dem Wege schaffen helfen, wenn Sünde oder Unwissenheit, Alter oder Armut, Selbsttäuschung oder äusserer Zwang diese und jene von der Anmeldung zur Taufe zurückhalten. Und diese ihre dringliche Mahnung muss sich verdoppeln, wenn der Ostersabbat, der altehrwürdige Taufermin, herannaht. Keiner soll sich ausschliessen wollen von der Taufe, kein Stand, kein Alter, kein Geschlecht; denn wer weiss, ob ihn nicht eines Tages der Tod

§ 6. Die katechetische Thätigkeit des Petrus Chrysologus. 123

überrascht und ihn, den unbussfertigen und ungetauften, mit dem zeitlichen zugleich des ewigen Lebens beraubt.

Aber das damalige Ravenna barg noch andere Gäste als eine satte Hofgesellschaft, eine blasierte Aristokratie, ein altgewordenes Romanentum. Denn die feste Haupt- und Hafenstadt bekam von Jahrzehnt zu Jahrzehnt mehr den Charakter eines internationalen Sammelplatzes. Allerlei Volk aus Italien und Griechenland, aus dem Orient und nicht am wenigsten aus den nördlichen Barbarenländern gab sich hier ein Stelldichein. Da waren Kriegsgefangene und Flüchtlinge, fremde Kaufleute und geworbene Söldner, Abenteurer und gebrochene Existenzen: vorwiegend Menschen, bei deren Anblick dem eifrigen Bischof das Herz blutete, wenn er sie so in geistlicher Unwissenheit und ohne sittlichen Halt dahinleben sah. Leute aus diesen Bevölkerungsschichten als Katechumenen zu bekommen und in möglichst grosser Anzahl durch die Taufe einem neuen bessern Dasein zuzuführen, wurde daher bald das andere Bestreben des Bischofs. Freilich waren auch nur wenige so wie er zu dieser Aufgabe qualifiziert. Wenn er es mit solchen geistig verwahrlosten Individuen zu thun hatte, mit Sklaven oder verwaisten Kindern, dann konnte er selbst zum Kinde werden, um ihrem schwachen geistigen Vermögen die christlichen Glaubenswahrheiten nach Form und Inhalt anzupassen. Sprache und Gedanken wurden dann bei ihm so naiv, dass er es wohl für wünschenswert hielt, sich deshalb bei den Gemeindegliedern zu entschuldigen.[1])

Die letzteren freilich werden ihren Bischof deshalb nicht getadelt haben. Denn der Erfolg gab ihm recht. Des Chrysologus Eifer wurde glänzend belohnt. Wenn er so dastand, um das Vaterunser und das apostolische Glaubensbekenntnis zu erklären und an der Hand beider nachzuweisen, was ein Christ glauben und wie er leben sollte, um das Himmelreich zu gewinnen, dann hörten ihn die Massen mit tiefstem Stillschweigen an. Kein Applaus, wie er sonst wohl nach Predigten üblich

---

[1]) Vgl. den Anfang von Sermo 62: Unde vos iam patres, iam fortes, iam prudentes deprecor, ut me patiamini parvolis domini mei dependere debitae nutritionis obsequia et blandimentis hodie magis congrua quam peritiae verba depromere etc.

war, wurde laut. Der Eindruck war zu ergreifend und mächtig. Es konnte dann vorkommen, dass der Bischof, selbst betroffen von diesem Erfolg, seiner Verwunderung darüber in einem Worte dankbarer Aufmunterung zum Schlusse Ausdruck gab.[1])

Um so mehr, als es nicht bloss bei diesem einen Effekt blieb. Vielmehr rief die erweckliche Art jener bischöflichen Predigten, verbunden zugleich, wie wir annehmen dürfen, mit einer überaus eifrigen Seelsorge, damals in Ravenna eine Erscheinung hervor, die, so erfreulich sie an und für sich war, doch ihrem Urheber fast bedenklich erschien und ihn veranlasste zur Vorsicht zu mahnen. Hatte man sich nämlich früher in Ravenna nur mit Mühe bereit finden lassen, um die Taufe zu bitten, so tritt jetzt ein solch ungestümer Hunger nach derselben ein, dass man nicht einmal glaubt die wenigen Wochen der Kompetentenzeit abwarten zu können, sondern dass man sofort durch die Taufe in die kirchliche Gemeinschaft aufgenommen zu werden verlangt. Jeder Tag kann diesem oder jenem den Tod bringen, das hatte ja der Bischof selbst so oft gepredigt. Jetzt fängt diese Angst vor einem Abscheiden ohne Taufe an wie eine Epidemie zu grassieren. Die Bewegung wird so stark, dass Chrysologue sich ihrer nicht immer erwehren kann, sondern ihr mehrfach nachgeben muss.

Er sieht sich wiederholt gezwungen auch bei solchen, denen ein ordentlicher Katechumenenunterricht noch durchaus abgeht, gleichwohl die Taufe vorzunehmen.

Eine seiner Predigten zeigt uns den Bischof in dieser peinlichen Verlegenheit.[2]) Die Überrumpelung könnte ihm das Gewissen beschweren, wenn nicht auf dem natürlichen wie geistlichen Gebiete Analoga vorhanden wären: dort wenn ein erst im zehnten Monat erwartetes Kind sich bereits im siebenten einstellt, hier die Beispiele des Paulus und des Kämmerers aus Mohrenland, die beide plötzlich und ohne Vorbereitung auf der Landstrasse das Licht eines neuen Lebens erblickten. Und zwar wurde Paulus unter unnatürlich heftigen Wehen zur

---

[1]) Sermo 59 am Schluss: Si mihi silentium semper vestra caritas sic praeberet, ad omnes tractatus mei sermonis vester perveniret auditus: sed deus noster et mihi fiduciam dicendi et vobis audiendi desiderium donare dignetur.

[2]) Sermo 56.

Welt gebracht, wie er sich denn mit Recht „eine unzeitige Geburt" nennt, ja sich wundert, dass er überhaupt ohne ordentliche Schwangerschaft habe geboren werden können.

Solchen unzeitigen Täuflingen teilt Chrysologus zwar den Text des Glaubensbekenntnisses wie des Vaterunsers mit. Da er ihnen aber nicht zugleich auch einen tieferen Einblick in diese beiden Mysterien bieten kann, da es aus demselben Grunde auch nicht angängig ist, eine solenne Rückgabe jener beiden Katechismusstücke zu verlangen, so verzichtet der Bischof überhaupt auf jede Erklärung der Artikel wie Bitten, verlangt nur einfaches Auswendiglernen des Symbols und verweist in Bezug auf alles Übrige auf die österliche Zeit, während der sich die Pflegebefohlenen dann nachträglich an dem ordentlichen Katechismusunterricht beteiligen können.

Das waren indessen nur Ausnahmefälle. Denn in der Regel hielt auch die ravennatische Kirche zur Zeit des Chrysologus selbstverständlich daran fest, dass nur ein Katechumene, der zuvor Kompetent gewesen war und sich allen vorbereitenden Akten[1]) unterzogen hatte, zur Taufe zugelassen wurde. Es waren daher auch hier Übergabe und Rückgabe des Symbols wie des Vaterunsers an der Tagesordnung. Noch sind uns von den Ansprachen, welche Bischof Petrus Chrysologus bei solchen Gelegenheiten gehalten hat, und die er zugleich persönlich aufzuzeichnen pflegte, eine ganze Anzahl enthalten. Unter ihnen erklären sechs[2]) nach einem gleichen Schema und in gewandter Weise das Glaubensbekenntnis. Denn sie alle sprechen nach einleitender Vorrede die Symbolartikel der Reihe nach einzeln durch und schliessen mit einer kurzen erbaulichen Mahnung.

Die einleitende Vorrede fällt nach Zeit und Umständen verschieden aus. Bald nur aus wenigen Sätzen bestehend, wächst sie ein anderes Mal zu einem Drittel, ja zur Hälfte der ganzen Ansprache an. Auch der Inhalt ist durchaus individuell,

---

[1]) Vgl. Sermo 52 am Schluss: Hinc est quod veniens ex gentibus impositione manus et exorcismis ante a daemone purgatur et aperitionem aurium percipit, ut fidei capere possit auditum, ut possit ad salutem prosequente domino pervenire.

[2]) Sermo 57—62 Ml. 52, 357—375.

wenngleich gewisse Gedanken und Beispiele wiederkehren. Jedenfalls dreht sich alles um das zu überliefernde Symbol.

Was ist das Symbol? Chrysologus antwortet: ein Bund, ein Vertrag, wie ihn zwei mit einander schliessen, die sich gegenseitig sicher stellen wollen entweder ganz im allgemeinen oder zum Zwecke eines gemeinschaftlichen Unternehmens; sodann die Urkunde dieses Bundes, die Formel dieses Vertrages.[1]) Die beiden Paktierenden sind diesmal Gott und die Menschheit, im Symbol umschlingt sie ein unauflösliches Band. Freilich folgt aus der Ungleichheit der beiden Partner, dass dieser Pakt nur um des Menschen willen geschlossen wird, nur ihn bindet, nur ihm einen Gewinn in Aussicht stellt; denn um Gottes willen wäre ein Symbol nicht nötig, von ihm ist weder eine Täuschung zu erwarten, noch ist er einem Nachteil ausgesetzt. Natürlich ist der Nutzen, den der Mensch von diesem im Symbol zum Ausdruck kommenden Vertrag erhoffen darf, rein geistiger Art, Glauben, Leben, Heil. Ist das Symbol mitgeteilt und vor allem angelegt, so gleicht es einem Samenkorne, das, ins Menschenherz gesenkt, hier Wurzel treibt, um bei der Taufe als fröhliches Bekenntnis zum dreieinigen Gott in Wort und That zu Tage zu treten. Seine schliessliche Frucht ist die ewige Seligkeit.

Demnach liegt die eigentliche Bedeutung des Symbols in seiner engen Beziehung zur Taufe, die es einleitet und eigentlich erst ermöglicht. Zwar ist eine Taufe ohne vorgängige eingehende Erörterung des Symbols allenfalls denkbar — Beispiele wie der Schächer am Kreuz, der Kämmerer aus Mohrenland, Cornelius und Paulus beweisen dies — aber sie bleibt doch immer eine Ausnahme und ein Wagnis. Denn ein normaler Geburtsakt erfordert, dass zuvor das neue Leben im

---

[1]) Vgl. bes. Sermo 62: Placitum vel pactum quod lucri spem venientis continet vel futuri, symbolum nuncupari contractu etiam docemur humano; quod tamen symbolum inter duos firmat semper geminata conscriptio et in stipulatione cautum reddit humana cautela ne cui surrepat, ne quem decipiat perfidia contractibus semper inimica. Die verschiedenen Bezeichnungen für Symbol lauten bei Chrysologus: pactum vitae, fidei, gratiae, spei; placitum salutis, fidei; forma fidei; credulitatis norma; confessionis ordo; salutis, vitae symbolum; symboli sacramentum; symbolum coelestis commercii; fidei cautio.

Schosse der Mutter völlig ausgereift ist; eine Frühgeburt hat nicht selten die nachteiligsten Folgen.

Daher denn die angelegentliche Einladung, sich das Symbol darreichen zu lassen und die dringende Aufforderung, sich mit demselben wohl vertraut zu machen. Denn nur so können die Katechumenen auf den rechten Segen der Taufe hoffen.

Jene Vorbereitung auf die geistliche Neugeburt fällt mit der Fastenzeit zusammen, aber Gott verlangt noch mehr als blosses Fasten, er verlangt von denen, mit welchen er seinen Bund schliessen, welchen er sich offenbaren will, reines Herz und reine Lippen. Jesaias klagte einst, dass seine und seines Volkes unreine Lippen ihn hinderten, von Gott so zu predigen, ihn so zu bekennen, wie sein Herz es verlangte. Erst als ein Seraph mit glühender Kohle diese Lippen entsühnte, quoll aus dem Munde das Bekenntnis vom Jungfrauensohne. Die Beziehung liegt nahe: auch die Herzen der Täuflinge bedürfen jener glühenden Kohle, falls sie von dem Symbol mehr als einen flüchtigen Eindruck gewinnen und dasselbe fröhlich bekennen sollen. Hier wird es also Gott anheimgegeben, für die rechte Vorbereitung derer, welche das Glaubensbekenntnis empfangen wollen, Sorge zu tragen.

Ein anderes Mal aber schiebt der Bischof diese Herzensbereitung den Empfängern selbst in das Gewissen. Glaube und Vernunft, Göttliches und Menschliches, Ewiges und Zeitliches vertragen sich nicht nebeneinander. Heute aber ruft der Vater; Tag und Stunde des Bekennens und Glaubens sind da. Wer sich nach diesen beiden sehnt, der bringe ein lauteres Herz und einen reinen Mund mit. Denn nur ein einfältiger Sinn vermag das Symbol zu hören und zu bewahren. Als Gott das Gesetz gab, musste Israel seine Kleider waschen und allen äusseren Schmutz von sich abthun, denn Gottes Nähe duldete keine Unreinigkeit. Weit mehr ist jetzt die Reinigung für solche nötig, welche nicht nur einem Schattenbilde der Gnade, sondern dem göttlichen Geheimnis selbst entgegengehen. Handelt es sich ja dabei doch nicht bloss um einige vorbereitende Akte, sondern um ihre wichtigen Folgen, um die Taufe, um das christliche Glaubensleben, die sich beide auf das Symbol gründen. Aus unreiner Quelle fliessen die Wasser trübe, Gestrüpp hindert den Samen am Aufkommen. Wie soll in einem schmutzigen unordentlichen Katechumenenherzen das Wort vom dreieinigen Gott gedeihen und sich entfalten können?

Erwartungsvoll trete der Katechumene heran, denn mit überreichen Segnungen wird ihn der Herr überschütten. Geistestau und Gnadenströme werden sich über ihn ergiessen. Ist der mit Gott geschlossene Bund an sich schon herrlich, so wird das, was er in der Folgezeit bringt, noch weit herrlicher sein. In dieser Hoffnung auf Grösseres liegt die stärkste Mahnung, unerschütterlich an dem Unterpfande jenes erhofften Gutes, am apostolischen Glaubensbekenntnis festzuhalten.

Dasselbe darf aber niemals niedergeschrieben werden. Diese altbekannte Mahnung berührt inmitten des anders gearteten Ideenganges freilich eigentümlich genug. In der That scheint sich auch der Bischof nicht mehr klar darüber gewesen zu sein, woher jenes Verbot eigentlich stammt. Und doch trifft er mit echt geistlichem Takte das Richtige, wenn er jene überkommene Bestimmung mit seinen sonstigen Aufforderungen und Auseinandersetzungen in inneren Zusammenhang zu bringen sucht, indem er einmal darauf hinweist, das Symbol sei zwar eine Vertragsurkunde zwischen Gott und den Menschen, aber es hiesse ersteren beleidigen, wollte man eine solche Abmachung schriftlich fixieren;[1] ein andermal dagegen den rein geistlichen Charakter der ganzen Frage in den Vordergrund schiebt: der Glaube ist Sache des Herzens, nicht des Papieres; das ewige himmlische Geheimnis verlangt nach der Seele als seinem Schrein.[2]

---

[1] Sermo 62: Inter deum et homines symbolum fidei sola fide firmatur, non litterae sed spiritui creditur et mandatur cordi non chartae, quia divinum creditum humana non indiget cautione.

[2] Sermo 58: Acceptari symbolum pectore parato non chartam, sensum acuite non calamum, et audita non atramento sed spiritu ministrante describite: quia committi non potest caducis et corruptibilibus instrumentis aeternum et coeleste secretum sed in ipsa arca animae, in ipsa bibliotheca interni spiritus est locandum, ne profanus arbiter, ne improbus quod dilaceret discussor inveniat et fiat ad contemnentis et ignorantis ruinam quod confitentis et credentis donatum est ad salutem. Sed dicenti tibi prophetae: Dilata os tuum et adimplabo illud, tu respondere possis: In corde meo abscondi eloquia tua, ut non peccem tibi. — Sermo 61: Hoc mone-

§ 6. Die katechetische Thätigkeit des Petrus Chrysologus.

Ohne weiteres schliesst sich die schlichte Erklärung der einzelnen Symbolstücke hier an.

Beim ersten Artikel erörtert Chrysologus die beiden Begriffe: allmächtig und: Vater.

Den einen allmächtigen Gott bekennen heute mit Recht die Katechumenen im Gegensatz zu den vielen sittlich verächtlichen Wesen,[1] die sie sich früher als ihre Götter und Göttinnen haben gefallen lassen. An ihn glauben sie, während sie den Idolen entsagen und den Teufel und seine Engel verwerfen.[2] In beiden, dem Glauben einerseits der Absage andrerseits, liegt zugleich die einzig mögliche und zugleich vollauf hinreichende Gotteserkenntnis. Denn tiefer in sein Wesen eindringen zu wollen, wäre durchaus überflüssig, abgesehen davon, dass dieses helle Sonnenlicht jeden zudringlichen Beobachter blendet. Auch erschliesst der Glaube an den einen Gott zugleich das Geheimnis der Trinität; denn wer an Vater, Sohn und heiligen Geist glaubt, der bleibt einer irrigen Gottesauffassung fern. Er findet in den drei getrennten Personen die eine Gottheit; er kennt den einen Gott als den dreieinigen, den alleinigen als den nicht alleinstehenden.

Gottes Allmacht wie überhaupt sein wahres Wesen offenbart sich vorzugsweise in seiner Vaterschaft. Mit dem Appell an die Allmacht und mit dem Hinweis darauf, dass, wer Eingehenderes über das Verhältnis von Vater und Sohn zu hören begehre, den eben bekannten Glauben wieder verleugne, werden alle Widersprüche niedergeschlagen. Denn ging aus der Art und Weise, wie der Bischof vom heidnischen Polytheismus sprach, hervor, dass er von diesem keine ernste Gefahr für seine Katechumenen mehr fürchtete, so apostrophiert er jetzt

---

mus solum, ne quis committat litteris quod est cordi mandatorus ut credat. apostolo sic monente: Corde creditur ad iustitiam, ore autem confessio fit ad salutem. Vgl. oben S. 28.

[1] Sermo 57: Quando deos deasque sexu dispares, numero confusos, turba populares, viles genere, fama turpes, impietate maximos, primos scelere, crimine singulares, ipsis etiam sepulcrorum suorum vultibus accusatos laetamini vos fugisse.

[2] Sermo 59: Credimus in deum, si negamus deos, si renuntiamus idolis, si diabolum et eius angelos abnegamus.

um so energischer den haereticus, den er in konkreter Weise vor sich sieht. Was derselbe aber an Einwürfen vorbringt, beschränkt sich vorzugsweise darauf, dass Vater und Sohn nicht gleichewig sein können. Drum wird ihm entgegengehalten, dass man die Gottheit nicht mit dem natürlichen Mass messen dürfe, ausserdem dass er ja soeben erst sich zur göttlichen Allmacht bekannt habe; wie könne er diese aufrecht erhalten, wenn er jenes für unmöglich erkläre. Selbstverständlich beschränkt sich Chrysologus im übrigen darauf, die Gleichwesenheit des Sohnes in kräftigen Worten auszusprechen. Der Sohn ist vorzeitlich, vom Vater erzeugt, als der welcher den Vater offenbart; nicht als Nachfolger des Vaters gedacht, sondern um immer bei ihm zu bleiben; seine gleichewige Substanz will nach den ihr eignenden göttlichen Kräften gewürdigt sein.

Das führt dann gleich zur Menschwerdung dieses Sohnes. Wie ein Feldherr, so nimmt auch er seine Namen von seinen Triumphen. Er heisst Christus, der Gesalbte schlechthin, weil er nicht wie sonst Propheten, Priester und Könige bloss mit gewöhnlichem Öle gesalbt ist, sondern weil, wie einst Gideons Fell vom Tau, so sein Fleisch mit dem heiligen Geiste Gottes förmlich durchtränkt wurde. Selbst Gott, konnte er nunmehr mit dieser göttlichen Salbe sterbliche Gebeine beleben, die nunmehr auch Gesalbte, Christen heissen. Er nennt sich Jesus, weil er Heil und dauernde Gesundheit mit jener Geistessalbung den Menschen gebracht hat. Er ist der einige Sohn, weil er allein Gottes Sohn von Natur ist, während die gläubigen Menschen nur kraft eines Gnadenaktes Gottes Kinder heissen. Und zwar liegt auf dieser Göttlichkeit des Sohnes der Nachdruck; denn Christum nur nach dem Fleische zu kennen thut es allein nicht. Auch soll der Christ über dieses Geheimnis der gottmenschlichen Natur nicht grübeln, sondern nur dem glauben, was die Worte: Vater, Christus, Jesus, Sohn, einiger Herr besagen wollen.

Dieser Gottessohn Jesus Christus ist unser Herr. Er hat uns von zahlreichen schändlichen und grausamen Herren befreit, um uns fortan die volle Freiheit zuzusichern. Drum ist er auch unser einiger Herr, wie er Gottes einiger Sohn ist. Denn ihm allein steht die Herrschaft zu kraft seiner Gottheit, kraft seiner Natur, nicht als Gnadenverleihung.

§ 6. Die katechetische Thätigkeit des Petrus Chrysologus.

Bei der Menschwerdung Christi handelt es sich wieder um ein Mysterium, das nicht ergrübelt sondern geglaubt sein will. Die beiden Hauptmomente dabei sind Vaterschaft des heiligen Geistes und Jungfrauengeburt: ein solches Kind muss göttlich sein. Alles kommt darauf an, dass der Christ hieran festhalte. Denn mit jener Neuordnung der Geburt ist ja für den Menschen ebenfalls ein neuer Lebensanfang gegeben. Auch bei diesem Artikel wird ein Häretiker zurechtgewiesen: der nämlich, der die Jungfrauengeburt nicht bekennen will, vielmehr dieses himmlische Geheimnis vom Standpunkte der gebrechlichen Welt aus beurteilt.[1]

Des Pilatus Namen fixiert das Datum der Passion und garantiert die historische Wahrheit des Vorganges. Dieselbe besteht darin, dass Jesus Christus ans Kreuz geheftet wird, um unser verloren gegangenes Heil uns wieder zu erwerben, an dasselbe Kreuz, an das die Sünder eigentlich selbst hätten geheftet werden müssen, weil von diesem Baume die Sünde ihren Ursprung genommen hatte.

Und zum Beweise, dass es sich bei dem ganzen Vorgang um ein wirkliches Sterben handelt, heisst es zugleich im Symbol: und begraben. Aber was seinen wahren Tod besiegelte, ward zugleich zum Ausgang für eine neue Entwicklung. Christus ward als Samenkorn in die Erde gesenkt, damit auf Grund dieser Aussaat alle menschlichen Leiber zu froher Ernte auferstehen könnten.

Dass Christus zur Hölle fuhr[2] und dann von den Toten wieder auferstand, beseitigt alle Unruhe, die sein Leiden und Sterben hervorrufen könnten, überzeugt unzweideutig von seiner göttlichen Macht. Das sollen sich Juden und Häretiker in gleichem Masse gesagt sein lassen. Denn Christus brachte jene drei Tage im Grabe zu, um die Gaben der Dreieinigkeit vorzubereiten, mit denen er fortan Himmel, Erde und Unterwelt

---

[1] Sermo 60: Neque amplius coeleste mysterium, virginitatis partum, trahat ad conceptum mundi, ad terrenae fragilitatis iniuriam.

[2] Christi Höllenfahrt findet sich natürlich nicht im Symboltext, aber Chrysologus deutet sie zweimal in der Erklärung an. Sermo 57: Quae apud inferos redempturus. Sermo 60: Intrasse inferos et rediisse, venisse in iura tartari et tartari iura solvisse, non est fragilitas sed potestas.

zu beglücken dachte, nämlich dieselben zu erneuern, wiederherzustellen und zu erlösen. Jene dreitägige Grabesruhe sollte zu einem Segen werden für Heiden, Juden und Christen.

Alsdann kehrte der Gottmensch in den Himmel zurück, von wo er seinen Ausgang genommen hatte, nicht um seinetwillen allein, sondern um uns befreiten Menschen bei sich eine Stätte zu bereiten. Dort sitzt er zur Rechten Gottes, d. h. er nimmt an der ganzen göttlichen Machtfülle gleichen Anteil. Und er kommt von dort zu richten die Lebendigen und die Toten. Alle, die in Gräbern ruhen und die bei seiner Wiederkunft noch auf Erden wandeln, unterstehen dem gleichen Gericht des Sohnes. Diese Gewissheit muss uns, insonderheit aber die Häretiker, zur Vorsicht mahnen, nicht über den abzuurteilen, dessen Richterspruch wir alle unrettbar verfallen.

Auch der heilige Geist ist göttlicher Natur. Dadurch erst wird die Dreieinigkeit zur vollen Wahrheit und erhält das Bekenntnis zu ihr seinen Abschluss. Er hat mitgearbeitet an der Schöpfung der Welt; an ihn muss glauben, wer sich nicht von Gott lossagen will.

Gott und die Kirche gehören zusammen wie Kopf und Leib, wie Mann und Frau. Wer an den einen glaubt, muss sich zur anderen bekennen.

Wer durch Christus und die Kirche dann ein neuer Mensch geworden ist, dem sind auch die Sünden vergeben. Er wird dieser Sündenvergebung teilhaftig, wenn er glaubt, dass ihm dieselbe von Christus gewährt sei. Eine geradezu selbstverständliche Sache. Denn wem Vergangenes zweifelhaft erscheint, wie könnte der an Zukünftiges glauben?

Wer endlich an die Auferstehung des Leibes glaubt, dessen Glaube ist rechter Art. Wie Zeit aus Zeit, Tag aus Nacht, Same aus Verwesung hervorgehen, so kann auch der Mensch nicht im Tode bleiben. Die scheinbar vernichteten Personen soll man wieder erkennen können, der Märtyrer muss seinen Lohn, der Verfolger seine Strafe finden. In Gottes Allmacht ist dies begründet, denn Gott wird doch möglich sein, was der Mensch mit einem Saatkorn zu thun vermag. Christi Leiden, Sterben und Auferstehen hat sie ins Werk gesetzt. Er, der da richten und in Ewigkeit herrschen will, braucht ja für beides, dass zuvor die Toten auferstehen. Drum heisst daran glauben, den Beweis liefern, dass man an Gottes Allmacht glaubt. Umgekehrt bringt sich, wer an ihr zweifelt, um das ewige Leben. Denn die Existenz dieses letzteren ist durch die Auferstehung verbürgt, die ja sonst eine Auferstehung zum Tode sein würde.

Damit ist die Erklärung der einzelnen Artikel beendet. Die Zuhörer schlagen das Kreuz,[1]) und der Bischof schliesst die Ansprache mit einer ganz kurzen Mahnung und einem Segenswunsche. Vorzugsweise sind es wieder Erörterungen darüber, dass durch schriftliche Aufzeichnung des Symbols Gott gekränkt, das hochheilige Geheimnis selbst profaniert und dem Ungläubigen durch solch einen unrechtmässigen Besitz Schaden zugefügt werden könnte,[2]) welche diese Schlusssätze beherrschen.

3. Maximus von Turin.

Auch in dem besonders bedrohten Norden Italiens hielt um jene Zeit, da die alte Welt zusammenbrach und auf ihren Trümmern sich aller Orten wundersame Neubildungen vollzogen, ein treuer und begabter Diener des Evangeliums die Wacht. Noch immer ist die Gegenwart dem Bischof Maximus von Turin[3]) diejenige Anerkennung schuldig geblieben, die er

---

[1]) Vgl. Sermo 57. 59. 60. 62: Signate vos. Vgl. Caspari, Quellen II 63 Anm. 16.

[2]) Das letzte Motiv, dass dem Ungläubigen aus dem Besitze des (unverstandenen) Symboltextes Schaden erwachsen könne, ist ungewöhnlich. Sermo 60: Ne coeleste secretum arbiter profanus assumat, ne quod est credentibus ad vitam, existat perfidis ad ruinam. Sol lippientibus oculis non lucem tribuit sed tenebras, vinum vires febrientium non reparat sed enervat, fino medico vitae poculum fit lethale; sic perfidis perniciosum est sine fide fidei sacramentum. Vgl. v. Zezschwitz a. a. O. I 189: Es galt diese selbst (die Ungläubigen) auch zu schonen, dass sie nicht durch unpädagogische Behandlung ein Ärgernis an dem nähmen, was ihnen, wenn sie dafür bereitet wären, Gegenstand der Anbetung werden sollte.

[3]) Eine eingehende Biographie des verdienten Mannes fehlt. Jedenfalls lebte er über die Mitte des 5. Jahrhunderts hinaus, denn er unterschrieb noch als Zweitältester die Beschlüsse der römischen Synode von 465 (Mansi conc. coll. VII 959). Die beste Ausgabe seiner Schriften auf Befehl Papst Pius VI. von Bruno Brunus Rom. 1784. Abgedr. bei Migne ser. lat. 57.

im höchsten Masse verdient, und die ihm auch das erste Jahrtausend willig zollte.

Freilich gehört Maximus nicht zu jenen Persönlichkeiten, die durch Ideenreichtum oder durch ein machtvolles Eintreten im grossen Stile bestimmend auf die Gesamtkirche eingewirkt und auf diese Weise selbst dafür gesorgt haben, dass sie nicht vergessen wurden. Seine Grösse bestand in seinem Charakter. In kritischen Lagen das Herz auf dem rechten Fleck und dazu das rechte Wort zur rechten Zeit: das war Maximus von Turin. Was seine Diöcese in jener sturmreichen Zeit von ihrem Bischof verlangen konnte, das bot er ihr im vollsten Masse: gesunde kirchliche Predigt, treue hingebende Seelsorge und vor allem das Vorbild einer sittlichen Persönlichkeit.

So ziemlich alle häretischen Richtungen jener Zeit waren damals in Oberitalien vertreten. Ihnen gegenüber hat Maximus die angefochtenen christlichen Dogmen von der Trinität, von der Person Christi und von seinem Werke so klar und sicher erläutert und verteidigt, dass man überall merkt: hier spricht ein Theologe, für den die Rechtgläubigkeit nicht etwas Angelerntes, sondern Erfahrung und Leben ist.

Dazu kam noch ein zweites. Seit über hundert Jahren war Italien offiziell christlich, in Wirklichkeit aber reagierte auf Schritt und Tritt das Heidentum gegen Zustände und Anschauungen, die man sich zwar hatte gefallen lassen müssen, von deren Berechtigung man aber innerlich keineswegs durchdrungen war. Noch war es nicht allzu lange her, dass man in manchen Alpenthälern das Christentum so gut wie gar nicht kannte. Drei christliche Männer hatten sich im Tridentinischen ein Kirchlein gebaut, um hier im Frieden ihre Gottesdienste zu halten. Da dringen beim Feste der Ambarvalien heidnische Haufen in dasselbe ein, die Freunde wollen ihr Heiligtum schützen und erleiden den Märtyrertod.[1] Noch mehr. In der eigenen Diöcese muss es Maximus erleben, dass der aus den Städten vertriebene Götzendienst auf dem Lande um so üppiger wuchert. Selbst auf den Gütern christlicher Herren opfert man eifrig der Diana, und jene Besitzer glauben für das nicht ver-

---

[1] Sermo 81. 82.

antwortlich zu sein, was ihre Diener und Arbeiter, wenngleich mit ihrem Wissen, derart vollführen.[1]) Kein Wunder, wenn auch hinter der christlichen Konvenienz der städtischen Bevölkerung sich heidnische Gesinnung nur schlecht verstecken konnte. Draussen Götzenopfer, drinnen Aberglaube und Zuchtlosigkeit. Mondfinsternis erscheint als Zauberei und bewegt die Gemüter, durch Geschrei hofft man dem armen Mond helfen zu können.[2]) Der Jahreswechsel gilt für geeignet, um mit Hilfe von Vogelflug und Tierorakeln einen Blick in die Zukunft zu thun. Jedenfalls qualificiert sich der 1. Januar vortrefflich zu Vermummungen und allerlei mit Vernunft und guter Sitte im Widerspruch stehendem Hokuspokus.[3])

Hier hat Maximus überall Wandel geschafft, so dass er selbst mit Dank und Befriedigung von dem Erfolge seiner Predigten sprechen konnte.

Freilich haben ihn dabei wohl vielfach die schweren Zeitläufte unterstützt. War doch alles dazu angethan, die Gemüter ernster zu stimmen und zur Busse zu kehren. Obendrein brachen die Hunnen ins Land, Entsetzen und Verzweifelung ringsum verbreitend. Maximus hat damals seine schönsten Triumphe gefeiert: denn als alles den Kopf verloren zu haben schien, blieb er fest und ruhig. Ein wahrer Christ dürfe niemals verzweifeln, lautete sein Bekenntnis, das die ganze Eigenart seiner Persönlichkeit offenbarte. In der That flössten seine energischen Vorstellungen dem Einzelnen neuen Mut ein und hielten die dem Zusammenbruch geweihte Gemeinde zusammen. Die Provinz hatte furchtbar zu leiden, aber dank ihrem Bischof blieb sie vor förmlichem Ruin bewahrt.

Wer sich solche Verdienste erworben, dem erlaubte man

---

[1]) Sermo 101: Nec se aliquis excusatum putet dicens: Non iussi fieri, non mandavi. Vgl. Sermo 82: Solent enim plerique miseri dicere: Nescio, non iussi, causa mea non est, non me tangit.

[2]) Homil. 100. 101. Vgl. Hom. 100: Risi equidem et miratus sum vanitatem, quod quasi devoti christiani deo ferebatis auxilium. Clamabatis enim ne tacentibus vobis perderet elementum: tanquam infirmus enim et imbecillis nisi vestris adiuvaretur vocibus, non posset luminaria defendere quae creavit.

[3]) Homil. 16.

gern auch ein Wort strafender Zucht. Nur allzubald sollte sich dazu die Gelegenheit finden. Denn die noch eben wie Schafe vor dem Löwen gezittert hatten, verwandelten sich sofort, wie der Löwe wieder abgezogen war, in wilde Bestien, die sich auf den zurückgelassenen Raub gierig stürzten. Nicht alles nämlich, was sie geraubt hatten, konnten die Hunnen bei ihrem eiligen Rückzuge mitschleppen. Gern machten sie daher Kostbarkeiten und Gefangene rasch wieder zu Geld, zumal sie an den italischen Christen nur allzu bereitwillige Käufer fanden. Mancher ist damals auf billige Weise zu Reichtum gekommen, die Hunneninvasion schien ein recht glückliches Ereignis gewesen zu sein. Denn dass das schöne Vieh, der prächtige Hausrat erst vor wenigen Wochen dem christlichen Nachbarn mit Gewalt fortgenommen waren, ja dass die neuen Sklaven christliche Brüder waren: das alles beschwerte das Gewissen des jetzigen glücklichen Besitzers recht wenig. War ja sein Vorgehen durchaus gesetzmässig gewesen. Und warum nicht eine gute Gelegenheit benutzen, wo sie sich bietet? Und doch bäumte sich die christliche Moral gegen eine solch schnöde Selbstsucht auf. Der strenge Bischof verlangte, was vom geschäftlichen und rechtlichen Standpunkte aus als Thorheit erschien, um Christi willen Verzicht auf einen Besitz, der nur unter unnormalen Gewaltzuständen möglich geworden war.[1]) Denn wie der Herr, der auf seinem Territorium Götzenopfer zulässt, selbst ein Götzendiener ist, so derjenige ein Räuber und Dieb, der geraubtes Gut durch Kauf an sich bringt.

Auf das Kriegsjahr folgte Hungersnot. Sie stellte nicht minder die sittliche Reife der turinischen Christengemeinden auf die Probe. Aber Maximus — er selbst das beste Beispiel der Hilfsbereitschaft — wird nicht müde, Mildthätigkeit und Freigebigkeit seinen Diöcesanen einzuschärfen.

Predigten dieser Art, die aus dem Leben kamen und

---

[1]) Homil. 96. Vgl. bes. die schöne Stelle: Ecce senex pater captum deflet filium et tu iam super eum velut servulum gloriaris. Innocens rusticus perditum ingemiscit iuvancum et tu cum eo rus tuum excolere disponis et fructus te putas posse capere gemitibus alienis. Ecce religiosa vidua tota supellectile dispoliatam domum suam dolet et tu eadem, supellectile domum tuam ornatam esse gloriaris.

§ 6. Die katechetische Thätigkeit des Maximus von Turin.

wiederum dem Leben dienten, besassen natürlich bleibenden Wert, auch wenn sie an stilistischer Eleganz manchen anderen wie etwa den kunstvollen Reden eines Petrus Chrysologus nachstehen mochten. Man hat sie gern gelesen und als in jeder Hinsicht nachahmenswerte Muster selbst noch zu einer Zeit weiterverbreitet, da der Name dessen, der sie einst gehalten, schon ziemlich verblasst war. Das Werk hat seinen Meister überdauert.[1])

Das gilt nicht am wenigsten von der einzigen Traditionsansprache über das Symbol, die aus des Maximus Feder auf die Nachwelt gekommen ist. Dadurch, dass sie in das Homiliarium Karls des Grossen aufgenommen worden war, wurde sie weiteren Kreisen zugänglich. Aber auch bei den Umgestaltungen, die das letztere später erfuhr, scheint sie sich mit besonderer Zähigkeit behauptet zu haben. Sie mochte wohl in besonderem Masse als eine ebenso übersichtliche wie korrekte Darlegung des christlichen Glaubens gelten. Noch im Zeitalter Abälards las man sie regelmässig am Sonntag Judika: eine dunkle Reminiscenz an die längst antiquierte Ceremonie der Symbolübergabe.[2])

Aus der kriegerischen Vergangenheit des Volkes Israel schreibt sich, wie das Richterbuch erzählt, die Sitte des Schibboleth her. Körperliches Aussehen und Gestalt der Waffen waren bei beiden Gegnern die gleichen, drum sollte ein geheimzuhaltendes Wort den Freund vom Feinde unterscheiden helfen. Es war daher wohl nur eine Nachahmung jener alten Gepflogenheit, wenn die Apostel[3]) in gleicher Weise der Kirche, die gegen die Macht des Satans anzukämpfen hatte, ein mysteriöses Symbol anvertrauten, durch dessen treue Bewahrung sich die wahrhaften Glieder der Kirche von allen ungläubigen wie ketzerischen Elementen schieden.

---

[1]) Über ein Fünftel der das Homiliarium Karls des Grossen bildenden Predigten stammt von Maximus, wenngleich manche davon später einen anderen Verfasser beigelegt bekommen haben. Vgl. meine Schrift: Das Homil. Karls d. Gr. S. 79. 89—94.

[2]) Homil. 83. Im Homiliarium I 05 zwischen Dominica ante palmas und Dominica in palmas unter dem Titel: In traditione symboli. Sermo beati Maximi de expositione fidei. Vgl. Abaelard, Introd. ad theolog. ed. Cousin II 15. Theol. christiana ibid. p. 365.

[3]) Zur Abfassung durch die Zwölfe vgl. Sermo 27 am Schluss.

Soweit die kurze Einleitung. Schlag auf Schlag folgen nun die einzelnen Stichworte des Symbols, jedes mit einer knappen Erklärung versehen. Kein Artikel ist ausgelassen, keiner besonders bevorzugt. Alle anderen Interessen treten zurück, dem Bischof ist es nur um die Mitteilung und Erklärung des mysterium symboli zu thun.

Du glaubst an Gott den allmächtigen Vater. Mit Recht, denn seine Grösse lässt sich nicht begreiflich machen, sie kann nur geahnt, nur geglaubt werden. Der Glaube an ihn wird zur unbedingten Notwendigkeit für den Christen, eine Thatsache, die auch Jesus wiederholt hervorhebt. Wenn wir ihn Gott nennen, so denken wir an seine Anfangslosigkeit, wenn wir von seiner Allmacht sprechen, an die Fülle seiner Macht. Wie beides für uns ein undurchdringliches Geheimnis ist, so gilt das Gleiche von seiner Vaterschaft, aus der indessen die Thatsächlichkeit des eingeborenen Sohnes mit Gewissheit folgt. Als dieser Sohn kam Christus auf die Welt. Er heisst Herr auf Grund der ihm eignenden göttlichen Natur; einiger oder eingeborener als der, welcher nicht seines Gleichen hat; Sohn als Gott, der von Gott ausgegangen ist. Geboren vom heiligen Geist aus der Jungfrau Maria. Als solcher ist Christus himmlischer Art und frei von allem Tadel. Der Eingeborene Gottes, der um unserer Erlösung willen Mensch werden und die alt und sündig gewordene Menschennatur wieder herstellen sollte, musste auch auf eigenartige Weise zur Welt kommen. Gottessohn und Menschensohn reimt sich zusammen wie Schöpfer der Welt und Erlöser. Unter Pontius Pilatus gekreuzigt und begraben. Das Kreuz verursacht dem keinen Anstoss, der sich bewusst ist, dass Gottes ewiger Sohn, wie er für uns geboren ist, so auch für uns gelitten hat, wenngleich das Ganze ein wunderbares Geheimnis bleibt. Der Kreuzestod insbesondere lässt, weil die verächtlichste aller Strafen, den Sieg um so glänzender erscheinen; für alle Welt leidend wollte Christus auch angesichts aller Welt sterben. Zugleich sollte der innere Zusammenhang zwischen seinem Sterben und den dasselbe begleitenden merkwürdigen Naturereignissen allbekannt und offenkundig werden. Drum ist dem Leiden Christi gegenüber unsererseits nicht Klagen und Seufzen, sondern Preisen und Rühmen angebracht. Wenn schliesslich Christus noch begraben wurde, so war dies nicht bloss die natürliche Folge seines Todes, sondern es geschah, einmal um auch die in der Erde Ruhenden an dem von seinem Leibe ausgehenden Segen teilnehmen zu lassen, sodann um seinem vollständigem Tode gegenüber auch die Vollständigkeit seiner Auferstehung ins rechte Licht zu stellen. Am dritten Tage wieder auferstanden von den Toten. Dort Schmach, hier Herrlichkeit; dort Tod, hier Leben; dort liebevolle Hingabe, hier machtvolles Handeln. Denn er konnte sterben, aber er konnte nicht im Tode bleiben. Als ein Herr über den Tod, musste er ebensowohl selbst wieder auferstehen, wie er andere auferweckt hatte. Die Himmelfahrt war für den von der Jungfrau geborenen Gottessohn, der über die Hölle triumphiert hatte, der gegebene Weg, um das Reich wieder einzunehmen, dem er freiwillig zuvor entsagt hatte. Gleichzeitig knüpfte sie ein wunderbares Band zwischen Himmel und Erde; der Himmel freut sich und die Erde ist fröhlich, jener über den Menschensohn, diese wegen des Gottessohnes. Im Himmel sitzt Christus wie ein thronender Triumphator, zur Rechten des Vaters, mit dem ihn göttliche Natur und unzertrennliche Liebe verbindet; letzteres in besonders zutreffender Weise, da er mit dem Vertreter der Linken, dem Teufel, keine Gemeinschaft hat. Von dort kommt Jesus zum Gericht. Wer das Menschengeschlecht geschaffen hat, dem gebührt auch, ihm ein Ende zu setzen, wer es erlöst hat, vermag es auch zu richten. Ein Gericht nach dem Tode aber ist notwendig um der verschiedenartigen Lebensführung der Menschen auf Erden willen. Dass in dasselbe auch die Lebenden mit eingeschlossen werden, kann nicht wundernehmen. Und an den heiligen Geist. Wem derselbe Name eigen ist, der verlangt auch das gleiche Bekenntnis; was im Himmel geeint ist, sollen Menschen nicht trennen wollen. Die Gottheit duldet weder Teilung noch Ungleichheit. Denn wie der Sohn seinen Ausgang vom Vater nahm, so ging auch der Geist aus dem Vater hervor; und wie der eingeborene Sohn Gottes nur Gott sein kann, so kann auch der aus Gott hervorgehende Geist nur Gott sein. Endlich, er inspiriert, wie er will und teilt himmlische Gnaden aus, wie er will. Also folgt auch aus dem gleichen Können des Geistes sein Einssein mit Vater und Sohn. Die heilige Kirche. Mit Recht führt die Kirche dieses Prädikat, denn sie heiligt alle Menschen und macht allmählich die ganze Welt in allen Zungen jubeln Gott zum Preis. Sie reinigt durch das Sakrament der Taufe die Erdenbewohner vom Sündenschmutz und verhilft ihnen zum Himmel. An der Sündenvergebung sodann ist in besonderem Masse gläubig festzuhalten, da sie allein den Menschen vom ewigen Tode befreit. Das war es ja, warum Christus Mensch wurde und starb, dass er uns, die wir uns den Sünden nicht entziehen konnten, mit seinem unschuldigen Blute rein wusch und durch Vergebung frei machte. Damit ermahnt er uns zugleich, die Sünde zu fürchten. Mit der Auferstehung des Fleisches schliesst die Reihe der Glaubensartikel. Auch sie ist begründet in Christi Menschwerdung. Der Ewige wurde Fleisch, um das Fleisch zu verewigen. Christi Tod und Begräbnis fehlte die Krone, wenn er nicht durch beides den Menschen Leben und Auferstehung vermittelt hätte. Die Erde bietet mit ihrem Absterben und Wiederaufblühen ein Analogon: die aufspriessende Saat ist ein Unterpfand der zukünftigen Auferstehung. Nur ein hartes Herz kann sich gegen diese Erkenntnis verschliessen.

Das ist das Symbol, dessen Wahrheitsgehalt jeden Gläubigen zum Christen macht. Das ist das Symbol, welches sowohl Lebende heiligt als Tote zum Leben zurückführt.

Gerade bei dieser Symbolerklärung des Maximus tritt der liturgische Charakter einer solchen Traditionsrede noch einmal klar hervor. Dieselbe soll weder Neues bringen noch den Stoff erschöpfen, am allerwenigsten aber hat sie irgendwelchen Zwecken zu dienen, die ausserhalb der betreffenden kirchlichen Ceremonie liegen. Es gilt ausschliesslich den feierlichen Moment der Symbolübergabe bezw. Rückgabe durch eine Ansprache des Bischofs zu fixieren, welche, unter Vorausschickung einer knappen Einleitung, an der Hand der vollständig aufgezählten Symbolstichworte in kurzen Worten bekannte Ausführungen rekapituliert. Was es um den vollen Inhalt der einzelnen Artikel sei, wussten die Kompetenten schon längst aus den umfangreichen Katechisationen über das Symbol, und sollte ja das eine oder das andere noch nicht zur Sprache gekommen sein, sollte es

§ 6. Die katechetische Thätigkeit des Maximus von Turin.

Punkte geben, über die sich der Bischof noch gern eingehender verbreitet hätte, ehe die Taufkandidaten seiner direkten Aufsicht entwüchsen, so brauchte er immerhin nicht die harmonisch abgerundete Traditionsrede durch längere Einlagen oder auffällige Exkurse zu unterbrechen und den festlichen Gottesdienst durch eine über Gebühr lange Ansprache zu beschweren. Noch unterstanden ja die Neophyten nach der Taufe volle acht Tage seiner direkten bischöflichen Einwirkung.[1] Da bot sich denn, wenn man in den Katechisationen dieser Woche auf die dem Taufakt direkt vorangehenden Glaubensfragen zu sprechen kam, eine bequeme Gelegenheit, diesen oder jenen Punkt im Symbol, der noch einer Erörterung zu bedürfen schien, zur Sprache zu bringen.[2]

Fraglos herrscht also die altkirchliche Tauferziehung mit

---

[1] Selbstverständlich besass der Katechumenat zu Maximus' Zeiten in Turin noch sein volles Ceremoniell und die bekannte mysteriöse Art. Zum Tauftermin vgl. Hom. 62: In pascha omnes gentes baptizari solent. In drei Katechesen erklärte Maximus den Neophyten die Tauftriten: Tractatus de baptismo I—III. ML. 57, 771—782. Aus dem ersten derselben geht hervor, dass alle auf die Taufe bezüglichen Ceremonieen vor Katechumenen und Kompetenten streng geheim gehalten (Ideo dimissis iam catechumenis vos tantum ad audiendum retinuimus, quia praeter illa quae omnes christianos convenit in commune servare, specialiter de coelestibus mysteriis locuturi sumus quae audire non possunt nisi qui ea donante iam domino perceperunt), sowie dass die Kompetenten vom Taufvollzug selbst überrascht und erst nachher über die Bedeutung der mit ihnen vorgenommenen Akte aufgeklärt wurden (Non autem mirari debetis, quod vobis inter ipsa mysteria de mysteriis nihil diximus quod non statim ea quae tradimus interpretati sumus. Adhibuimus enim tam sanctis rebus atque divinis honorem silentii et inter illos sacros mysteriorum apparatus a docendi cessamus officio, ut tantam divinae gratiae maiestatem quae digne nullis hominum vocibus explicari potest, amplius tacendo veneremur. Sed quia instrui in omnibus et doceri vestram dilectionem necesse est, transacto iam mysteriorum ordine exponimus vobis ea quae ante tradidimus ne dum minus intelligitis divini mysterii dignitatem, minus illud pretiosum putetis).

[2] So thut es Maximus im Tractat. de bapt. II im Anschluss an die Tauffragen: Credis in deum patrem omnipotentem? Credis et in Iesum Christum filium eius qui conceptus est de spiritu sancto et natus est ex Maria virgine? Credis et in spiritum sanctum? Credis in sanctam ecclesiam et remissionem peccatorum?

§ 6. Die katechetische Thätigkeit des Maximus von Turin.

ihrer Trennung zwischen Katechumenat und Kompetentum, mit ihren Skrutinien und Katechisationen, mit ihrer Übergabe und Rückgabe des Symbols und den bei beiden Gelegenheiten üblichen, das Symbol erklärenden Ansprachen während des fünften Jahrhunderts in den lateinisch redenden Mittelmeerländern. Man begegnet ihr in Afrika wie in Italien, in Spanien und auf der Balkanhalbinsel. Auch ins nächste Jahrhundert reicht sie hinüber und, wo sich irgendwie die Neigung zeigt, die ausgedehnte Taufvorbereitung mit ihrem lästigen Ceremoniell zu kürzen, da treten Synodalbeschlüsse und kirchenregimentliche Dekrete einem solchen Versuche als einer verderblichen Neuerung entgegen, nicht minder wo man den jetzt als Zwang empfundenen altehrwürdigen Taufterminen, Ostern und Pfingsten, zu entgehen und etwa an Tagen wie Weihnachten und Epiphanias, am Johannisfeste oder an einem anderen Heiligentage die Taufe zu empfangen wünscht.[1]) Denn nur ganz besondere Nothlagen können ein Abgehen von der alten Regel entschuldigen. Die diesbezüglichen Verfügungen der römischen Bischöfe Siricius, Coelestin I., Leo I., Gelasius werden immer aufs neue wiederholt und gehen schliesslich in das Kirchenrecht über.[2])

[1]) Ostern und Pfingsten werden schon von Tertull. de bapt. c. 19 als die eigentlichen Taufttermine bezeichnet. Auch das 6. Jahrhundert hält im allgemeinen noch daran fest, vgl. die Schilderungen von Venantius Fortunatus, carm. III 9, 89—94 (Ostern) und V 7, 105—110 (Pfingsten). Gegen Abweichungen von der Regel protestieren unt. and. die II. Synode von Macon a. 585 can. 3 (Mansi conc. coll. IX 951. Hefele, Conciliengesch. III 40) und die Synode von Auxerre a. 585 (alias 578) can. 18 (Mansi l. c. IX 913 sq. Hefele a. a. O. III 45). Wiederholt beruft man sich im Abendland auf die Beschlüsse (can. 45—48) der zwischen 341 und 381 anzusetzenden Synode von Laodicea (Mansi l. c. II 572. Hefele a. a. O. I 771) und nimmt dieselben in die späteren Kanonensammlungen auf. Vgl. Fulgentius Ferrandus breviatio canonum Nr. 199—201. 206 Ml. 67, 959. 960.

[2]) Siricius epist. 1 ad Himerium episc. Tarraconens. (a. 385) c. 2, 3. Ml. 13, 1134 sqq. — Coelestinus epist. 21 ad episcopos Galliarum c. 12. Ml. 50, 536 sq. — Leo epist. 16 ad universos episcopos per Siciliam constitutos c. 1. 3. 4. 5. Ml. 54, 696 sqq. Epist. 168 ad universos episcopos per Campaniam Samnium et Picenum constitutos c. Ml. 54, 1209. — Gelasius epist. 9 ad episcopos Lucaniae c. 10 Ml. 59, 52. — Diese gelegentlichen Verfügungen gingen in die grossen Dekretaliensammlungen über und bekamen dadurch Gültigkeit für die ganze Kirche. Vgl. Dionysius Exiguus collectio decretorum pontif. Roman. Ml. 67, 232 sq. 281. 284. 305 sq.

Ja selbst Gregor der Grosse spricht sich noch unzweideutig in diesem Sinne aus, wenn er den die Taufe begehrenden Juden von Agrigent zwar die Umgehung der gesetzlichen Ostertaufzeit, aber nicht die der vierzigtägigen Vorbereitung erlaubt.[1]

Gleichwohl ist für den altkirchlichen Katechumenat die Zeit abgelaufen. Die immermehr um sich greifende Kindertaufe mit den ihr entsprechenden neuen Formen der Taufvorbereitung setzen ihm ein Ziel. So kommt es zu einer Periode des Überganges, während welcher entsprechend der verschiedenartigen Altersstufe des Taufkandidaten auch die Weisen der Taufvorbereitung bald den Charakter des altkirchlichen Katechumenates, bald den jener liturgischen Neubildungen tragen. „Zu den letzten Zeugnissen aus der Zeit, wo man auf dem Boden der konstituierten Kirche selbst, trotz der längst in den Vordergrund getretenen Kindertaufe, der Katechumenenordnung sich doch noch ganz als einer in der Praxis der Kirche lebenden bewusst war," gehört ein Brief des Ferrandus an den Bischof Fulgentius von Ruspe aus dem ersten Drittel des sechsten Jahrhunderts. Ein äthiopischer Sklave war während der Taufvorbereitung erkrankt und starb, ehe er den letzten kirchlichen Forderungen hatte nachkommen können. Er war Katechumene gewesen, dann Kompetent geworden, hatte sich am Unterricht wie an den Skrutinien beteiligt, hatte auch das Symbol zurückgegeben und das Vaterunser empfangen. Da überfällt ihn ein Fieber, so dass er sterbend und schon sprachlos in der Osternacht zum Taufbrunnen gebracht wird, wo er unbewusst die Taufe empfängt, während andere für ihn die erforderlichen Antworten auf die Tauffragen geben mussten.[2] Den Ferrandus beunruhigt nun der Gedanke, ob der Äthiope selig geworden sei, denn trotz seiner normalen Vorbereitung ist er schliesslich doch nicht wie ein Erwachsener, sondern wie ein Kind zur Taufe

---

Crisconius breviarium canonicum c. 212. 297. ML. 88, 906. 907. 910. 911. 941 sq. Isidor. epist. decretales 3, 2; 63, 1. 5; 73, 1; 82, 12. Ml. 84, 631 sq. 755 sq. 759. 785 sq. 801.

[1] Gregor. M. epist. lib. VIII 23: Poenitentia ac abstinentia quadraginta diebus indicta eos baptizet.

[2] Fulgentii ep. Ruspensis epist. 11 ML 65, 378 sqq. Vgl. v. Zezschwitz a. a. O. I 147 f.

gelangt.¹) So peinlich war also noch jenes Zeitalter, wenn es sich um die korrekte Durchführung der Katechumenatsvorschriften handelte. Sieht man freilich näher zu, so gilt die Empfindlichkeit des Ferrandus weniger der Erziehung und religiösen Vertiefung des Taufkandidaten, als der exakten Beobachtung des mit ihm vorzunehmenden Ceremoniells.²)

Und dieser Eindruck wird dadurch verstärkt, dass etwa gleichzeitig ein Mann wie Senarius, der Comes Patrimonii am Hofe Theodorichs des Grossen, sich mit dem Studium der Taufriten beschäftigt. Zeugt schon diese Thatsache an und für sich von dem lebhaften Interesse, welches man damals am Liturgischen nahm, so thut dies noch viel mehr jener Brief, welchen Senarius auf seine diesbezügliche Bitte hin von dem römischen Diakonen Johannes empfing.³) Derselbe enthält eine Schilderung der Katechumenatsverhältnisse, bei welcher kein einigermassen wichtiger Bestandteil der letzteren unerörtert bleibt. Und doch, wie eigenartig mutet uns dieses Bild an. Zwar die alten Namen sind geblieben, aber die Begriffe haben

---

¹) L. c. c. 3: Quomodo namque potuerit aetas illa rationis capax aliena confessione purgari, non video. Nonne solos parvulos rite credimus offerentium fide salvari, quos originali tantum novimus iniquitate damnari?

²) Wie sehr das Vorbereitungsceremoniell allmählich durchgebildet erscheint, und wie es fast die Taufe in den Hintergrund schiebt, lehrt eine nach der Symbolübergabe an Kompetenten gehaltene Ansprache, welche der Wende des 5. und 6. Jahrhunderts angehören dürfte. Denn hier werden den zehn Plagen, welche Pharao zwangen Israel freizugeben, zehn Schläge gegenübergestellt, durch welche sich das neutestamentliche Israel vom Satan losmacht, nämlich 1) quando nomina vestra dedistis, 2) quotidianae orationis instantia, 3) ieiunia, 4) vigiliae, 5) terribiles exorcismi, 6) precatio sacerdotum, 7) apostolici symboli traditio atque confessio, 8) orationis dominicae informatio, 9) saeculo pompisque eius et apostaticis angelis renuntiare, 10) fidei credulitas. Damit ist der Christ frei, und die Taufe entspricht nur der Überwindung des Haupthindernisses auf dem Weitermarsche, dem Durchzuge durchs Rote Meer. Vgl. Fulgentii ep. Ruspens. opera, Appendix, sermo 78 ad competentes post traditum symbolum. Ml. 65, 950.

³) Ioannis diaconi epistola ad Senarium virum illustrem. De variis ritibus ad baptismum pertinentibus et aliis observatione dignis. Ml. 59, 399—408. Über Senarius vgl. Cassiod. variarum libri duodecim IV. 4. Über die Würde des Comes Patrimonii oder Domänenverwalters handelt Dahn, Die Könige der Germanen III 136 f. 175. 176 f. IV 164.

sich verschoben. Der Katechumene wird katechisiert, indem ihm der Priester die Hand auflegt und ihn segnet. Er heisst Kompetent als der, welcher das Symbol mitgeteilt erhalten hat. Die Zahl der Skrutinien ist auf drei fixiert. Das Ceremoniell sowohl vor als nach der Taufe hat feste Formen angenommen, und die Geflissentlichkeit, mit der es Johannes durchspricht, zeigt, dass auf ihm der Nachdruck liegt. Kurz überall ein Erstarrungsprocess der, unaufhaltsam fortschreitend, sich hier in seinen ersten Anfängen beobachten lässt. Aus der einst so wirksamen Arbeit an den Katechumenen beginnt sich ein kunstvolles System liturgischer Formeln herauszukrystallisieren.

§ 7. Der Katechumenat in Gallien.

Die eigenartigen liturgischen Verhältnisse der gallischen Kirche lassen ein gesondertes Eingehen auf dieselben notwendig erscheinen. Freilich fliessen hier die Nachrichten über Katechumenat und Kompetentenbehandlung anfangs nur sehr spärlich.[1]) Man hatte es auch in Gallien zunächst natürlich

---

[1]) Wir sind vorzugsweise auf die folgenden liturgischen Quellenschriften angewiesen, deren Ertrag aber erst im II. Kapitel dieses Buches zur vollen Verwendung kommen kann.

1. Bischof Germanus von Paris † 576 hinterliess eine Expositio brevis antiquae liturgiae Gallicanae in duas epistolas digesta. Ob sie ein Originalwerk des Germanus oder, wie Duchwald (Die gallikanische Liturgie 1888 S. 5 f.) behauptet, das Excerpt eines Zeitgenossen aus einem grösseren Werke jenes Bischofs über die Messfeier sei, ist gleichgültig. Jedenfalls behandelt sie die symbolische Bedeutung der liturgischen Riten und gewährt trotz ihres rohen Stils einen vortrefflichen Einblick in die liturgischen Verhältnisse Galliens um die Mitte des 6. Jahrhunderts. Ml. 72, 89—98.

Dasselbe gilt von einem Lektionar und einem Sakramentar, zwei Denkmälern des gallikanischen Gottesdienstes aus einer Zeit, da derselbe von Rom aus noch wenig beeinflusst war:

2. Lektionar von Luxeuil (Lectionarium Gallicanum) wird von Mabillon, der es im Kloster Luxeuil fand, und von Duchesne (Origines du culte chrétien (2) p. 147) in das 7., von Piper (Karls des Grossen Kalendarium und Ostertafel S. 67) in das 8. Jahrhundert versetzt. Fraglos re-

vorwiegend mit erwachsenen Katechumenen zu thun, auf die man im Gottesdienste Rücksicht nehmen musste. Ihnen zu präsentiert aber die hier dargebotene Lektionenreihe ein höheres Alter als die Handschrift selbst. Dasselbe ist ein rein gallisches Werk ohne Spuren von römischem Einfluss. Mabillon, De liturgia Gallicana libri III p. 106—173. Ml. 72, 171—216. Vgl. Rev. Bénéd. 1893 p. 438—441.

3. Sakramentar von Autun (Missale Gothicum s. Gothicogallicanum), von Kardinal Bona entdeckt, von J. M. Tommasi zuerst herausgegeben. Die Handschrift von ca. 700, jedenfalls nach 678 wegen der Erwähnung des Laodegarfestes, beschrieben von Delisle (Anciens sacramentaires p. 69—71). Das Sakramentar bietet die zum Schema der altgallischen Messe gehörenden Gebete. Dass sich hier und da schon in vorsichtiger Weise der Einfluss des römischen Gelasianum bemerklich mache, hat Watterich (Konsekrationsmoment S. 193) in Bezug auf das Verschwinden der konsekratorischen Epiklese nachgewiesen. Auch Duchesne (l. c. p. 144) spricht von römischen Formeln bei den Heiligenmessen. Von der Tauflitorgie indessen dürfte dies kaum gelten, denn hier zeigt unser Sakramentar auch nicht die geringste Spur von fremden Einflüssen. Alle Formeln sind durchaus selbständig gallisch, durchaus unrömisch. Folgende Stücke kommen für uns in Betracht: 1) Nr. 27. Missa in symboli traditione enthaltend die Gebete zu der für gallische Katechumenatsverhältnisse charakteristischen Palmsonntagsmesse. 2) Nr. 33. Präfationen und Kollekten für die Ostervigilie. 3) Nr. 34 enthält unter der Aufschrift Ad christianum faciendum drei Gebete, welche bei der Signierung von Kindern vor deren Taufe gesprochen wurden.

Man könnte Nr. 34 für ein fremdartiges Einschiebsel ansehen, denn nach Analogie des altkirchlichen Katechumenates müsste eine Ceremonie Ad christianum faciendum allen übrigen Katechumenatspartieen vorangehen. Es hat keinen Sinn, wenn dieser durchaus initiatorische Akt erst weit hinter der traditio symboli erwähnt wird, die doch den Höhepunkt der Taufvorbereitung repräsentiert, ja wenn derselbe sogar, zwischen Ostervigilgebeten und Taufhandlung stehend, die Feierlichkeiten der Osternacht in auffallender Weise unterbricht. Aber andrerseits lässt sich wieder nicht nachweisen, woher ein solches Einschiebsel stammen könnte; jedenfalls nicht von Rom, vielmehr muss auch Nr. 34 gallischen Ursprungs sein. Ich erkläre mir die Sache so, dass Gallien, bevor es den alles uniformierenden Skrutinienritus Roms kennen lernte, im 6. und 7. Jahrhundert ein doppeltes Schema für die Taufvorbereitung besass: für erwachsene Taufkandidaten Kompetentenmessen mit Symbolübergabe und Vigilgebeten (Nr. 27, 33), für Kinder eine kurze auf den Ostersamstag anberaumte liturgische Ceremonie (Nr. 34). Der Taufakt (Nr. 35) umfasste alsdann Erwachsene wie Unmündige. Ebenso nahmen beide an der Messe der Osternacht (Nr. 36) teil. Ich bin zu dieser Auffassung gekommen, weil Nr. 34 auffallenderweise nur von

Liebe schloss man den Eingang der Messe mit dem vom Priester angestimmten Benediktus und einem dasselbe zusammenfassenden Kindern spricht, während die Palmsonntagsmesse in traditione symboli schon um ihrer expositio willen, die an Stelle der Predigt tritt, Erwachsene voraussetzt. — Ausgaben von Tommasi (Codices sacramentorum nongentis annis vetustiores. Romae 1680. Opp. omnia ed. Vezzosi. Romae 1751 Tom. VI, 231—338), Mabillon (De liturgia Gallicana p. 188—300), Muratori (Liturgia Romana vetus II 517—658), Ml. 72, 225—318.

Von diesen echt gallischen Werken wollen solche unterschieden sein, welche die Liturgie der fränkischen Kirche bereits in starker Veränderung durch das mehr und mehr eindringende Gelasianum zeigen. Für uns kommen in Betracht das Messbuch von Auxerre und das im Kloster Bobbio gefundene Burgundische Messbuch.

4. Messbuch von Auxerre (Vetus missale Gallicanum). Die Beschreibung der Handschrift bei Delisle (Anciens sacramentaires p. 73—79) zeigt, dass man es hier nicht mit einem einheitlichen Werke zu thun hat. Vielmehr sind bereits soviel fremdartige Bestandteile in dasselbe eingedrungen, dass man das Ganze geradezu als ein Gemisch von gallischen und römischen Elementen bezeichnen kann. Tommasi, Mabillon, Watterich haben diese Thatsache bereits in Bezug auf die sie interessierenden Partieen konstatiert. Aber dieselbe gilt nicht minder in unserem Falle. Unter den 39 Nummern dieses Messbuches gehören nicht weniger als zwölf der Katechumenen- und Taufliturgie an. Aber von ihnen repräsentieren nur fünf den echten gallischen Ritus, wie er aus dem Sakramentar von Autun bekannt ist, indem sie die Gebete für die Palmsonntagsmesse (Nr. 15), für die Feierlichkeiten der Osternacht (Nr. 24. 25. 26) und für eine Missa matutinalis pro parvulis qui renati sunt (Nr. 33) darbieten. Alle übrigen sind Parallelformulare zu den Skrutinienriten, welche das Gelasianum in seiner späteren Form darbietet: es sind entweder Gebete, welche zum Aufnahmeakt (Nr. 13 event. Nr. 9) oder zu den Skrutinien (Nr. 10 event. Nr. 9) gehören oder Erklärungen der Evangelien, des Symbols, des Vaterunsers aus dem Skrutinium in apertione aurium (Nr. 12. 11. 16. 14). Um dieses vorwiegend gelasianischen Charakters willen darf das Messbuch nicht über die Mitte des 7. Jahrhunderts zurückdatiert werden. Duchesne l. c. p. 123: Assez longtemps après saint Grégoire. P. Suitbert Bäumer im Historisch. Jahrbuch 1893. S. 285. Watterich a. a. O. S. 201. Ausgaben von Tommasi (l. c. VI 309—415), Mabillon (l. c. p. 329—378), Muratori (l. c. II 697—758), Ml. 72, 339—382.

5. Burgundisches Messbuch aus dem Kloster Bobbio (Sacramentarium Gallicanum), ebenfalls von Mabillon entdeckt, und von ihm im Museum Italicum (I 1 p. 278—397) herausgegeben, die Handschrift beschrieben von Delisle (l. c. p. 79 sq.). Mabillon sucht die Heimat desselben in der Nähe von Luxeuil, also im Norden von Burgund; Duchesne (l. c. p. 161) geht von dem Fundort aus und sieht in dem hier geschilderten Gottesdienst einen oberitalienischen Mischritus. Und in der That haben wir es mit einem Misch-

§ 7. Der Katechumenat in Gallien.

Gebete: Johannes, der Gegenstand dieses Lobgesanges, sollte, weil zwischen Weissagung und Erfüllung in der Mitte stehend, die Katechumenen daran erinnern, dass alt- und neutestamentliche Propheten das Kommen des Herrn vorbereitet hatten.[1]

Wichtiger als diese liturgische Einlage war indessen fraglos für die Katechumenen die regelmässige sonntägliche Predigt, die in Gallien wohl niemals völlig eingeschlafen ist, jedenfalls bei weitem nicht in dem Masse, wie es bekanntlich in Rom der Fall war. Schon die grosse Menge von Homilarien der verschiedensten Art, welche in den folgenden Jahrhunderten im Frankenreiche zusammengestellt wurden, beweisen aufs beste, dass der weise Rat des Cäsarius nicht auf unfruchtbaren Boden gefallen war, es möchten alle diejenigen Priester, denen es zu schwer werde, eigene Predigten zu machen, sich eine Sammlung von anerkannt guten Homilien der Väter anlegen, um allsonntäglich wenigstens eine fremde Predigt der Gemeinde vorlesen zu können.[2] Dass man diese Wohlthat in gleicher Weise den Katechumenen wie den Gemeindegliedern hat zukommen lassen, dafür spricht die Thatsache, dass die Predigt in Gallien zu allen Zeiten zu demjenigen Teile des Gottesdienstes gehörte, der aller Welt zu-

---

ritus hier zu thun; die gallischen Traditionen schliessen zahlreiche Kompromisse mit dem römischen Einfluss, weshalb als Entstehungszeit wohl die gleiche wie beim Messbuch von Auxerre anzunehmen ist. Für die Fastenzeit sind durchaus korrekt sechs Messen angegeben, eine missa quadragesimalis (Muratori l. c. II 815), vier missae ieiunii (l. c. p. 817. 819. 822. 823) und die missa in symboli traditione (l. c. p. 834). Nimmt man noch die orationes in vigiliis paschae (l. c. p. 843—845), den ordo baptismi (l. c. p. 847—852) und die missa in vigiliis paschae (l. c. p. 853—854) hinzu, so erhält man ein anschauliches Bild von der alten gallischen Katechumenen- und Tauflliturgie. Aber zwischen die 5. und 6. Fastenmesse schieben sich eine Reihe von Einlagen, unter denen p. 828—832 nichts anderes enthalten als eine dem Gelasianum entsprechende und mit den dortigen Formularen z. T. wörtlich übereinstimmende, wenngleich verkürzte Wiedergabe der apertio aurium. Muratori l. c. II 775—968. ML 72, 451—580.

[1] So wenigstens Huchwald (Die gallikanische Liturgie S. 10 f.). Daher für dieses Benediktus (Luk. 1, 68—79) die gewöhnliche Bezeichnung Prophetia, für das darauffolgende Gebet Collectio post prophetiam. Germanus expositio brevis, epist. 1. s. v. de prophetia ML 72, 90.

[2] Vita Caesarii I 15. 41. 42. ML 67, 1008. 1021. Vgl. 2. Konzil von Vaison 529 can. 2 (Mansi conc. coll. VIII 727. Hefele. Conciliengesch. (2) II 741)

§ 7. Der Katechumenat in Gallien.

gänglich war, in dem also die missionierende Arbeit der Kirche zum Ausdruck kam.[1])

Aber auch die Fürbitte für die Katechumenen fehlte nicht. Gleich an die Predigt schloss sich die sog. Precis an, bei welcher der Bedeutung des betreffenden Sonntages angepasste Responsorien seitens der Leviten mit einzelnen Bittrufen des vor dem Altar knieenden Priesters wechselten. Diese Responsorien galten dem Volke d. h. der Gemeinde in ihrem weitesten Umfange und in besonderem Masse auch den Katechumenen.[2])

Damit freilich hatte die Katechumenenmesse ihren Abschluss erreicht. Wer noch nicht durch die Taufe in die Gemeinde aufgenommen war, wurde nunmehr vom Diakonen aufgefordert, das eigentliche Gotteshaus zu verlassen und draussen in der Vorhalle knieend zu lauschen, während drinnen die Gläubigen zu Messopfer und Kommunion noch zusammenblieben und die Missa fidelium feierten.

So ist es im Frankenreiche fraglos bis in die Mitte des 6. Jahrhunderts gehalten worden, denn wenn auch Bischof Germanus von Paris diese Zweiteilung der Messe als „alten Ritus" bezeichnet, so hält er doch noch immer für notwendig auf denselben näher einzugehen.[3])

Mehr und mehr freilich schlief seitdem die Sitte ein: es

---

[1]) Das geht deutlich aus der gallischen Gottesdienstordnung hervor. Aber auch Synoden treten für diese Forderung ein. Das Konzil von Orange 441 can. 18: Ut catechumeni lectionem evangelii audiant (Mansi conc. coll. VI 438), das von Valencia 524 can. 1: Sermonem sacerdotis non solum fideles sed etiam catechumeni ac poenitentes et omnes qui ex diverso sunt, audire licitum habeant. Sic enim pontificum praedicatione audita nonnullos ad fidem attractos evidenter scimus. (Mansi conc. coll. VIII 620.) Im strikten Gegensatz hierzu steht Rom, wo nicht nur seit der Mitte des 5. Jahrhunderts die Predigt in schlimmsten Verfall geraten war, sondern wo auch der noch zu besprechende Skrutinienritus die Kompetenten bereits vor dem Evangelium aus der Kirche wies.

[2]) Über die Details sind wir wenig unterrichtet, vgl. aber Germanus expositio brevis, epist. 1 s. v. de prece: l'reces vero psallere levitae pro populo .... ut audita apostolis praedicatione levitae pro populo deprecentur; s. v. do caticumino: Postea deprecarunt pro illos levitae, diceret sacerdos collecta, post prece exirent postea foris. Ml. 72, 92.

[3]) L. c. s. v. de caticumino: Caticuminum ergo diaconus ideo clamat

gab ja sogut wie keine Heiden mehr im Lande, die Kindertaufe war zur Regel geworden. Darum kamen auch jene auf die Katechumenen Bezug nehmenden Kultusstücke allmählich ausser Gebrauch. Das früher regelmässig gesprochene Benediktus mit der dazu gehörigen Kollekte findet sich nur noch an den offiziellen Tauflerminen. Und ebenso scheidet die Precis aus dem Gemeindegottesdienste aus, um im engen Anschluss an die Benediktuskollekte für die Taufzeiten reserviert zu bleiben.¹)

Über besondere liturgische Akte, wie Exorcisationen, Signationen, Salbungen sind wir noch weniger unterrichtet. Dass sie ebensowohl mit Katechumenen wie mit Taufkandidaten vorgenommen wurden, geht aus ihrer gelegentlichen Erwähnung unzweifelhaft hervor.²) Aber weder diese noch die daraufbezüglichen Notizen der gleichzeitigen Liturgiker Spaniens reichen aus, um uns auch nur annähernd ein Bild von der Taufvorbereitung in der älteren fränkischen Kirche zu gewähren.

---

iuxta antiquum ecclesiae ritum ut tam Iudaei quam haeretici vel pagani instructi, qui grandi ad baptismum veniebant et ante baptismum probantur, starent in ecclesia et audirent consilium veteris et novi testamenti, postea deprecarent pro illos levitae, diceret sacerdos collecta, post preces exirent postea foris qui digni non erant stare dum inferebatur oblatio, et foras ante ostium abscultarent prostrati ad terram magnalia: quae cura ad diaconum vel ad ostiarium pertinebat, ut illis admoneret exire, iste provideret ne quis indignus retardaretur in templo dicendo: Nolite dare sanctum canibus neque mittatis margaritas vestras ante porcos. Ml. 72, 92.

¹) Buchwald, Die gallikanische Liturgie. S. 11. 13.
²) So in dem Opusculum de septem ordinibus ecclesiae (Hieronymi opp. Appendix Nr. 12 Ml. 30, 165 sq.), wo die bischöfliche Heerde eingeteilt wird in die vier Kategorieen: Katechumenen, Kompetenten, Getaufte, Pönitenten. Den Eintritt in den ersten Stand bezeichnet die Salzdarreichung: Sal catechumeni datur in mysterio. D. Germain Morin sieht in diesem Opusculum einen Brief des Faustus von Iliez an Rustikus von Narbonne (Rev. Bénéd. 1891, 97—104), was von Engelbrecht (Patristische Analecten S. 5—19) und Bergmann (Studien zu einer kritischen Sichtung der südgallischen Predigtlitteratur S. 117—125) bestritten wird. — Ferner in zwei vermutlich dem Cäsarius von Arelate angehörenden Reden, nämlich August. opp. Tom. V Appendix sermo 37 c. 8 Ml. 39, 1821: Quod modo in nostris competentibus exercetur, quia quando catechumenus in fronte signatur, spiritualis Gollas percutitur et diabolus effugatur, und sermo 42 c. 2 Ml. 39, 1826: Omnes qui ad salutare baptismum consequendum ecclesiae offeruntur, et chrisma et oleum benedictionis accipiunt.

§ 7. Der Katechumenat in Gallien.

Auch an liturgischen Gebeten aus dieser Zeit sind wir bis jetzt sehr arm. Und von dem wenigen, das uns erhalten ist, steht nicht einmal fest, ob es wirklich der älteren fränkischen Liturgie angehört hat, oder ob es aus der Zeit stammt, da das von Rom her eindringende Gelasianum eine völlige Umgestaltung auf liturgischem Gebiete angerichtet hatte.[1]

Um so günstiger sind wir in Bezug auf die der Taufe unmittelbar voraufgehenden Vorbereitungsceremonieen gestellt, insbesondere — und das ist für den vorliegenden Fall das wertvollste — in Bezug auf den Akt der Symbolübergabe an die Kompetenten. Die summarische Art, mit der man alle übrigen Partieen der Taufvorbereitung abthut oder wohl gar ignoriert, hingegen die Geflissentlichkeit, mit der die Symbolmitteilung uns geschildert wird, zeigen aufs deutlichste, dass auch die gallische Kirche gerade auf diesen Akt den Hauptnachdruck legte.

Es war am Palmsonntag oder, wie man damals sagte, am Tage der Salbung. Denn jenes Zeitalter legte in dem üblichen Evangelium Joh. 12, 1—24 weniger den Accent auf den Einzug Christi in Jerusalem als auf die Jesu Passion einleitende Salbung der Maria von Bethanien. Darum pflegte man auch an diesem Sonntag die liturgische Weihe der heiligen Öle vorzunehmen.[2]

Der Verlauf des Gottesdienstes ist im grossen und ganzen der bekannte.[3] Nachdem die Geistlichkeit unter Gesang an

---

[1] Letzteres gilt fraglos von dem Exorcismus Adgredior te immundissime damnato spiritus, in dem bereits stark unter gelasianischem Einflusse stehenden Messbuch von Auxerre Nr. 10.

[2] Dies unctionis vgl. Ildef. de cognit. bapt. c. 34. Über die Feierlichkeiten an diesem Tage vgl. Germanus l. c. epist. 2 Ml. 72, 95 sq. — Auch eine Salbung der Katechumenen scheint an diesem Tage üblich gewesen zu sein, doch lässt sich nicht feststellen, wann sie im Gottesdienst stattfand vgl. Germanus l. c. epist. 2 Ml. 72, 96 A. B.: Ideo heo die fides populi firmatur, symbolum et lacte chrismatis enutritur. — Infans lacte nutritur et catecumenis chrismate unguetur. Lac ex matris ubera suggetur et chrisma in sinu sanctae matris ecclesiae consecratur. — Über den Palmsonntag als den Termin der Symbolübergabe in Gallien vgl. auch den can. 13 des Konzils von Agde (bei Narbonne) 506 (Mansi con. coll. VIII 327 Hefele, Conciliengesch. II 653).

[3] Obwohl die gallikanische Liturgie in letzter Zeit wiederholt Gegen-

den Altar getreten ist, der Bischof die Gemeinde gegrüsst hat und von ihr wieder gegrüsst worden ist und der Diakon Schweigen

---

stand eingehender Darstellung geworden ist (Buchwald, Die gallikanische Liturgie, Gross-Strehlitz 1886, Gymnasialprogramm Nr. 193. Derselbe, De liturgia Gallicana dissertatio. Vratislaviae 1890. Arnold, Caesarius von Arelate S. 133—153. 523—533. Watterich, der Konsekrationsmoment im heiligen Abendmahl und seine Geschichte S. 179—212), so scheint doch zum besseren Verständnis des Folgenden auch an dieser Stelle eine Schilderung der gallikanischen Messe, wie sich dieselbe im allgemeinen bis zum 7. bezw. 8. Jahrh. behauptet hat, wünschenswert.

Der Gottesdienst zerfällt in die Katechumenenmesse und in die Messe der Gläubigen.

Angethan mit der den ganzen Körper bedeckenden Casula und der Stola, mit Pelzärmeln und Handschuhen tritt der Priester aus der Sakristei an den Altar, mit ihm die in weisse Seide gehüllten Leviten, während die übrigen Kleriker eine Antiphone anstimmen. Eine vom Priester verlesene Ansprache, oft in Form eines Gebetes, die sogenannte Präfation, weist das Volk auf die Bedeutung des Tages hin. Der Diakon gebietet Schweigen. Der Priester grüsst die Gemeinde: Der Herr sei immer mit euch; die Gemeinde antwortet: Und mit deinem Geiste. Es folgt die Kollekte, bei welcher das Volk kniet. Sodann stimmt der Priester das dreimalige Heilig griechisch an, die Gemeinde antwortete lateinisch, das hebräische Amen machte den Beschluss, denn Christus ist in allen Sprachen anzubeten (vgl. Joh. 19, 20); zugleich ein deutlicher Hinweis auf die Beziehungen der gallikanischen Liturgie zum Orient. Vgl. 2. Konzil von Vaison 529 c. 3 Mansi conc. coll. VIII 727. Hefele, Conciliengesch. II 741. Buchwald a. a. O. S. 10, 11. Das nun folgende Kyrie eleison sangen drei Chorknaben, der Priester stimmte das Benediktus (Luk. 1, 68—79) an (auch Prophetia genannt, weil Johannes der Täufer der letzte Prophet war) und betete die Collectio post propheticam.

Prophetia und Collectio post propheticam sollten die Katechumenen insbesondere daran erinnern, dass alt- und neutestamentliche Propheten das Kommen des Herrn vorbereitet hatten. Um dieses ihres besonderen Zweckes willen wurden sie mit dem Aufhören der alten Katechumenenpraxis überflüssig und finden sich später nur noch an den offiziellen Taufterminen.

Damit schliesst die Einleitung des Gottesdienstes, und es folgen die biblischen Lektionen. Bekanntlich hat die gallikanische Gottesdienstordnung deren drei, aus den Propheten, aus den apostolischen Briefen, aus den Evangelien. Die Auswahl dieser Lektionen (vgl. das Lektionar von Luxeuil und das Burgundische Messbuch aus Bobbio) stimmt nicht selten mit denen der altspanischen Liturgie überein. Nach der Epistelperikope wurde der Hymnus trium puerorum (Benedicite) gesungen, woran sich eine Collectio post benedictionem schloss. In der Fastenzeit

§ 7. Der Katechumenat in Gallien.

geboten hat, beginnt die Messe mit dem kleinen Hagios, dem dreimaligen Kyrie eleison und dem vom Bischof angestimmten Benediktus.

unterblieb das Benedicite. Den Übergang zur Verlesung des Evangeliums bildete ein wahrscheinlich von den Knaben, welche das Kyrie eleison gesungen hatten, vorgetragenes Responsorium. Die Verlesung des Evangeliums endlich geschah mit grösster Feierlichkeit. Unter den Klängen des Dreimalheilig, welches der Klerus erst griechisch, dann lateinisch sang, und denen des Gloria tibi domine ward das Evangelienbuch in Prozession aus dem Sakrarium auf den Ambon getragen, voran der siebenarmige Leuchter mit brennenden Lichtern. Christus, mit den sieben Gaben des Geistes ausgerüstet, schien jetzt aus dem Grabe hervorzugehen und gen Himmel fahrend den Thron der göttlichen Majestät zu besteigen. Nach Beendigung der Lektion begleitete ein abermaliges Trishagion das Zurückbringen des Buches.

Jetzt folgte die Predigt mit einer Ermahnung der Gemeinde, bezw. die Verlesung einer älteren Homilie.

Noch gedenkt man der Katechumenen (der Priester vor dem Altar knieend) in der sog. Precis. Dieselbe besteht aus biblischen der Bedeutung des Tages angepassten und mit einzelnen Bittrufen durchsetzten Responsorien, welche von Leviten gesungen werden. Indessen wurden auch sie nach dem Schwinden der alten Katechumenendisciplin hinter das Benediktus gesetzt und analog der Prophetia für die Taufseiten reserviert. Eine Collectio post precem schliesst diesen ersten Teil der Messe.

Wer nicht zu den fideles gehört, erhält vom Diakon die Aufforderung sich zu entfernen, der Ostiarius schliesst die Thüren, der Diakon gebietet abermals Schweigen. Damit beginnt die Messe der Gläubigen.

In feierlicher Weise trägt der Diakon in der Turris einen Teil der Tags zuvor konsekrierten Opfergaben aus der Sakristei auf den Altar, unter dem Gesang des Klerus. Indessen stand diese Reminiscenz an die Präsanktifikatenmesse des Morgenlandes wohl nur in der Advents- und Fastenzeit in Übung. In der Regel dürften die vom Volke dargebrachten Gaben an Brot und Wein (2. Synode von Macon 585 c. 4 Mansi conc. coll. IX 951. Hefele, Conciliengesch. III 40) vom Priester mit dem Gebet Veni sanctificator geopfert und sodann mit einem grossen Seidenpallium bedeckt worden sein. Den Moment der Verhüllung begleiten die Laudes d. h. ein dreimaliges Hallelujah.

Gebete (Collectio ante und post nomina) eröffnen und schliessen die Verlesung der Diptychen. Dieselben enthielten die Namen derjenigen Lebenden, Verstorbenen oder Heiligen, deren man bei dem hl. Messopfer besonders gedenken wollte. Damit diese Einigkeit der dreifach geteilten Kirche auch äusserlich zum Ausdruck komme, grüssten die an der Feier Teilnehmenden einander mit dem Friedenskuss. Eine Collectio ad pacem dient abermals als Abschluss.

§ 7. Der Katechumenat in Gallien.

Die Eingangskollekte gedenkt der doppelten Bedeutung des Tages: er ist ein Fasttag, und zugleich erinnert er an des Lazarus Auferweckung, nach welcher der dankbare Jubel des Volkes nicht lange auf sich warten liess. Wie Lazarus, so harrt aber auch die in ihrem Sündengrabe der Verwesung preisgegebene Seele des Heilandes, der sie zu neuem Leben erwecken soll.[1])

Sinnig ist die Auswahl der Perikopen: sie handeln vom neuen Bunde (Jer. 31, 31—34); von den Glaubenshelden des alten Bundes (Hebr. 11, 3—34); von den Juden, welche den Herrn begrüssen, wie von den Griechen, welche ihn zu sehen wünschen (Joh. 12, 1—24). Es fehlt also nicht an Beziehungen

---

Das Sursum corda des Priesters sowie das Gratias agamus mit dem Responsorium Dignum et iustum leiten zu dem den Kanon einführenden Gebet, der Contestatio (Immolatio, römisch Praefatio) über, welche ausnahmslos mit den Worten Vere dignum et iustum est beginnt, aber im Gegensatz zum römischen Ritus bei jeder Messe verschieden ist. Sie klingt in das Dreimalheilig aus.

Eine ganz kurze Collectio post sanctus leitet zu dem Qui pridie, dem Abendmahlsbericht, über, dem eine kurze Collectio post pridie folgt. Diese letztere, auch Post mysterium, Post secreta genannt, enthält zuweilen die in der griechischen Liturgie beliebte Epiklese. Den römischen Kanon, aber auch nichts mehr, auch in Gallien durchzusetzen, ist erst Gregor dem Grossen gelungen und selbst dies nur für etwa ein halbes Jahrhundert, da er mit den verbliebenen Eigentümlichkeiten der gallikanischen Liturgie im Widerspruch stand.

Die Confractio et commixtio corporis et sanguinis domini begleitet Antiphonengesang des Klerus. Das Vaterunser, von anderen Gebeten eingeleitet und geschlossen, singt die ganze Gemeinde, ebenso wie es bei den Griechen üblich war. Das vom Diakon zur andächtigen Verbeugung aufgeforderte Volk erhielt nun den kurzen priesterlichen Segen, denn nur für den celebrierenden Bischof waren feierliche Segenssprüche reserviert. Damit war die Messfeier beendigt.

[1]) Sakramentar von Autun Nr. 27: In geminas partes diem hunc excolendum complectitur, domine, nostras servitutis famulatio vel de ieiunii cultu sacrato vel de insignibus tuis quae hodie fulserunt mirabilibus, quo Lazarum reduxisti post tartara, cum ad vocem tuam intonantem exsilivit et quatriduani iam faetentis funus vivificans animasti, vel etiam causa miraculi obstupefacta plaudens turba Bethania occurrit cum palmis tibi obviam regi. Exaudi nos in hoc geminato servitutis nostrae obsequio et praesta propitius atque placatus, ut animas nostras quae tumulo sunt peccatorum conclusae et cicatricum morbida tabe corruptae reviviscant ex tua interius visitatione, sicut Lazari viscera a tua fuerant animata voce.

§ 7. Der Katechumenat in Gallien. 155

zu der bevorstehenden Kompetentenfeier.¹) Auch die auf die alttestamentliche Perikope folgende Kollekte gedenkt ebensowohl der Fastenzeit, in welcher die Gemeinde noch steht, wie des alsbald von den Taufkandidaten abzulegenden Bekenntnisses.²)

Eine Predigt hielt der Bischof heute nicht. Statt ihrer erklärte er vielmehr das Symbol und teilte den Wortlaut desselben den Kompetenten mit.

Allerlei Schmuck im Kirchengebäude zeichnete trotz der Passionszeit, in der man sich befand, den Tag als einen Festtag der Gemeinde aus. Gefiederte Teppiche und weisse Leinendecken schmückten die Cancellen zwischen Apsis und Schiff, und das Evangelienbuch verhüllte eine rote Decke.³)

---

¹) Lektionar von Luxeuil XXXII. Da die Handschrift gerade hier eine grössere Lücke aufweist, so besitzen wir nur noch den Schluss der prophetischen Perikope: Et vir fratrem suum dicens: Cognoscite dominum. Omnis enim cognoscent me a minimo eorum usque ad maximum, ait dominus. Quia propitiabor iniquitati eorum et peccati eorum non ero memor amplius. Doch begann sie sehr wahrscheinlich mit v. 31. Der Verlauf der Messe war in allen Teilen Galliens fast derselbe, umsomehr differierten unter einander die Lektionen und die Kollekten. Nicht einmal in derselben Provinz herrschte volle Einhelligkeit. Wenigstens beweisen dies die Konzilien von Vannes 465 (c. 15) für Tours, und von Epaon 517 (c. 27) für Lyon. Mansi conc. coll. VII 955 VIII 562. Hefele, Conciliengesch. II 595. 685. Es kann daher auch nicht wundernehmen, wenn das Burgundische Messbuch von Bobbio, welches Muratori der Diöcese Besançon zuweist, für die Palmarummesse die Perikopen Jes. 57, 1—4. 13; 1. Petr. 2, 21—25; Joh. 12, 1—8. 12—18 angiebt. Muratori, Liturg. Rom. vet. II 832—834.

²) Sakramentar von Autun Nr. 27: Done redemptor noster domine, qui mansuetus mansueti animalis aselli terga insedens ad passionem redemptionis nostrae spontaneus adpropinquas, cum tibi ramis arboreis certatim sternitur via et triumphatricibus palmis cum voce laudis occurritur, quaesumus maiestatem tuam divinam, ut oris nostri confessionem atque corporis in ieiuniis humiliationem libens suscipias et fructum nos viriditatis habere concedas, ut sicut illi in tua fuerant obvia cum arboreis virgis egressi, ita nos te redeunte in secundo adventu cum palmis victoriae mereamur occurrere laeti, salvator mundi.

³) Germanus l. c. epist. 2 Ml. 72, 96 A. C.: Ideo autem venientem sacerdotem symbolum tradere, expandetur super cancellum mollicia plumarum vel candida sabana . . . . vel codix sacri evangelii rubro tectus velamine. — Liber autem evangelii in specie corporis Christi rubro tegitur velamine sanguinis signo monstrante.

§ 7. Der Katechumenat in Gallien.

Ob es den Kompetenten bereits an diesem Ehrentage verstattet war, auch der Missa fidelium wenigstens teilweise beizuwohnen, lässt sich nicht mit Sicherheit feststellen, ist auch für die vorliegende Untersuchung ohne Belang. Mehr als wahrscheinlich freilich ist ihre Anwesenheit bei der einleitenden Feier, welche aus der Darbringung der Opfergaben, aus dem Verlesen der Diptychen und der Collectio post nomina d. h. dem Gebet über die Opfergaben, dem römischen Offertorium, bestand. Denn eben diese Collectio post nomina legt im Anschluss an die letzten Worte des Tagesevangeliums vom Weizenkorn, das in die Erde fällt und sterbend viele Früchte bringt, Fürbitte ein für die Gemeinde, für die Verstorbenen, für die Anwesenden, welche sich zum Empfang des Taufsakramentes rüsten.[1]) Auch würde eine solche Erlaubnis durchaus zu den Gepflogenheiten der gallischen Kirche stimmen. War man in derselben doch geneigt, beim Gottesdienste den Katechumenen

---

[1]) Sakramentar von Autun Nr. 27: Ecce domine de te Caiphae pontificis vaticinium ignarum sibi ipsi in populis est probatum, ut unus occumberes pro gente, ne cuncti pariter interirent et tu singulare granum in terra morereris, ut seges plurima nasceretur. Supplices tibi ipsi qui pro mundi salute es hostia caesus deprecamur, ut nobis de te ipso veniam dones qui te ipsum obtulisti pro nobis. Et hos quos recitatio commemoravit ante sanctum altare, qui in pacem iam tuam ab his sunt vinculis corporeis translati, quaesumus domine, ut te habeant ereptorem quem per baptismum meruerunt redemptorem habere. Sed et si qui inter hos adstantes qui ad baptismi salutaris sacramenta praeparantor, quaesumus domine deus noster, ut imbutos in fide, instructos in sensu, confirmatos in gratia ad percipiendam plenitudinem gratiae tuae, spiritus tui munere iubeas praeparari, ut sancti lavacri fonte desiderato mereantur renasci. Indessen sei bemerkt, dass sowohl diese Fürbitte wie diejenige für die Verstorbenen in der Collectio post nomina des Burgundischen Messbuches von Bobbio (Muratori, Liturg. Rom. vet. II 834 sq.) fehlt.

Die Gebete, welche zur eigentlichen Kommunion gehören, das beim Friedenskuss gesprochene und die Präfation, sodann die beiden Paare, welche Einsetzungsworte und Vaterunser einschliessen, nehmen nur Bezug auf das Evangelium des Tages, sofern dasselbe von Jesu Besuch bei Lazarus und seinem Einzug in Jerusalem handelt, entbehren aber jeder Erwähnung der Taufkandidaten. Vgl. l. c. Nr. 27: Collectio ad pacem, Immolatio missae. Post sanctus, Post secreta, Ante orationem dominicam. Post orationem dominicam.

§ 7. Der Katechumenat in Gallien.

überhaupt grössere Rechte einzuräumen, als dies in Rom der Fall war.

Die geschilderten Gottesdienste und Ceremonieen setzen durchweg erwachsene Taufkandidaten voraus, denen man in der Art der Alten Kirche bereits vor der Taufe eine gewisse Teilnahme am Gemeindeleben zugestehen konnte und musste. Nirgends findet sich eine Spur davon, dass, wie es zur selben Zeit in Rom geschah, auch Kinder einer mehrwöchentlichen Taufvorbereitung unterstellt gewesen wären, die alsdann, weil man auf ein Verständnis bei den Betreffenden nicht rechnen konnte, einfach als opus operatum galt.

Und doch dürfte in der 2. Hälfte des 6. und jedenfalls im 7. Jahrhundert die Zahl der erwachsenen Taufkandidaten in der gallischen Kirche gegenüber den zu taufenden Kindern bedeutend zurückgetreten sein.[1]) Man half sich in der letzteren auf eine Weise, bei der ebensowohl der pietätvolle Anschluss an die Vergangenheit wie die verständige Stellungnahme zu den Anforderungen der Gegenwart zu bewundern ist.

Das kirchliche Empfinden sträubte sich von alters her dagegen, einen Menschen direkt und ohne Zwischenstufen dem heiligen Taufsakrament zuzuführen. Sowohl pädagogische Gründe schienen dagegen zu sprechen wie auch das Bewusstsein, dass es sich hier um ein Mysterium handle, das ebenso wie alle anderen Mysterien vorsichtig angefasst werden müsse, wenn es nicht profaniert werden sollte. Der erstere Grund war Kindern gegenüber hinfällig, der zweite wirkte entschieden noch mit: eine gewisse Läuterung musste das Menschlein erfahren, ehe man es mit dem heiligen Bade der Taufe in Berührung bringen durfte. Darum lässt die gallische Kirche ebenso taktvoll als glücklich neben die erziehlichen Taufvorbereitung der Erwachsenen eine liturgische der Kinder treten.

Am Ostersamstag werden dieselben signiert. Die Ceremonie genau uns zu vergegenwärtigen, sind wir leider nicht im stande, da uns die Rubriken fehlen. Doch wissen wir, dass Gott in einem Eingangsgebet unter Berufung auf Jesu freundliche Aufforderung an die Kinder gebeten wird, auch diesem

---

[1]) Für Germanus von Paris gehören die pagani instructi qui grandis ad baptismum veniebant bereits der Vergangenheit an, M. 72, 92 B.

§ 7. Der Katechumenat in Gallien.

Kinde seinen Segen nicht vorzuenthalten,[1]) und dass zwei Kollekten die Signierung des Kindes an Augen, Ohren, Nase, Zunge und Brust begleiten.[2]) Mehr als wahrscheinlich ist auch, dass noch eine die Symbolübergabe abbildende Ceremonie damit verbunden war, wenigstens scheint dies aus dem korrupten Text der ersten Kollekte herausgelesen werden zu müssen.[3])

Die Osternacht war auch in Gallien der eigentliche Tauftermin, mochte es sich um Erwachsene oder um Kinder handeln. Denn einerseits eignete sich für die vorbereitenden Kompetentengottesdienste kein Abschnitt des Kirchenjahres so vortrefflich als die Passions- und Fastenzeit. Andrerseits war die ganze Taufliturgie auf die Osterzeit zugeschnitten und auf eine möglichst grosse Anzahl von Kompetenten angelegt. Nur ungern sah man es deshalb in kirchlichen Kreisen, wenn ein Täufling oder seine Eltern nicht bis zum nächsten Osterfeste mit der Taufe warten wollten, sondern sich auf einen Nebentermin wie Pfingsten, Johannis oder Weihnachten kaprizierten.[4])

In der der Taufhandlung vorausgehenden Vigilie wechseln zwölf biblische Lektionen mit zwölf Präfationen und ebensovielen Gebeten.[5]) Es ist der Gang, den Gott mit der Menschheit gemacht hat, der hier noch einmal den Täuflingen als Repetition alles dessen, was sie bisher schon gehört haben, teils in historischer Erzählung teils in Prophetenworten zu Gemüte ge-

---

[1]) Sakramentar von Autun Nr. 84: Domine dignare benedicere huius infantiae famulo tuo ill., quoniam nec conditione quisquam nec aetate depellitur dicente dilectissimo filio tuo domino nostro: Nolite prohibere infantes venire ad me. Hi enim, domine, antequam bonum aut malum sciant, crucis tuae sigillo signentur et qui indigent dictatem ad sacri nominis tui baptismum percipere mereantur.

[2]) L. c.: Accipe signaculum Christi und Signo te in nomine patris.
[3]) Suscipe verba divina, inluminare verbo domini, quia hodie confessus es a Christo.
[4]) Vgl. oben S. 142.
[5]) Die Lektionen im Lektionar von Luxeuil XLI. Hinter der siebenten Lektion der Gesang Mosis Exod. 15, 19—21, hinter der elften das Gebet des Jonas c. 2, hinter der zwölften der Gesang der drei Männer aus dem griechischen Daniel 3. 64—90. — Präfationen und Gebete finden sich im Sarkamentar von Autun Nr. 83. Eine andere Reihe im Messbuch von Auxerre Nr. 24 und im Burgundischen Messbuch von Bobbio, Muratori, Liturg. Rom. vet. II 843—845.

führt wird. Den Beschluss machen zwei Gebete, welche die letzte Lektion einrahmen und beide die Katechumenen zum Gegenstande haben, nämlich die Präfation: Precem spei fratrum nostrorum carissimi unianimes adiuvemus, uti dominus omnipotens ad fontem eos beatae regenerationis suae euntes omnes misericordiae suae auxilio spiritus prosequatur, und die Kollekte: Creator omnium domine et fons aquae vivae qui per lavacrum baptismi peccata eorum deles, quibus iam donasti resurrectionis fidem, ut mortem huius saeculi non timeant: reple eos spiritu sancto ut formari in illis Christum ac vivere glorientur.[1])

Noch ehe die Taufkandidaten hereingeführt werden, vollzieht sich im Baptisterium die Weihe des Taufwassers. Der Kern dieser Vorfeier besteht in dem altehrwürdigen Akte der Exorcisation des Taufbrunnens und dem über das Wasser gesprochenen Weihegebet, der sog. Kontestation, bei welcher der Bischof zugleich das Chrisma in Kreuzesform in die Piscina schüttet. Invitatorium und Kollekte leiten die Doppelceremonie ein, ein Dankgebet schliesst dieselbe.

Jetzt erst betreten die Täuflinge den ihnen bis dahin vorenthaltenen Raum. Nach Westen gewendet, entsagen sie in dreifacher Formel dem Teufel, seinen Werken, seinem Wesen. Sodann in die Piscina selbst eingetreten, bekennen sie sich ebenfalls zu dreien Malen zu Vater, Sohn und heiligem Geist. Und ebenso geschieht die Untertauchung dreimal auf den Namen von Vater, Sohn und Geist.

---

[1]) So im Sakramentar von Auton Nr. 33. Die entsprechenden im Messbuch von Auxerre lauten: Dominum maiestatis oremus, ut cervi more fonte iam proximo sitientes mox ad caelestis palmae lauream consequantur. — Sitiant ad te deum vivum tuorum domine corda famulorum; suscipe cupientes saeculo mori, ut tibi domine renascantur; da praeveniem petentibus gratiam, vitam credulis daturus aeternam.

Im Burgundischen Messbuch von Bobbio: Dei patris misericordiam pro competentibus, fratres carissimi, supplices deprecemur, ut eos dominus omnipotens ad fontem suae regenerationis euntes omni caelestis misericordiae auxilio prosequatur. — Auctor universitatis ac domine te deprecamur et quaesumus, ut mortificatos terrenis vitiis in novum hominem tibi servire patiaris per resurgentem a mortuis dominum nostrum Iesum Christum.

§ 7. Der Katechumenat in Gallien.

Ausserhalb des eigentlichen Taufraumes erfolgt noch die Konfirmation durch den Bischof und die Austeilung der weissen Taufkleider. Als eine gallische Spezialität, vielleicht sogar nur als eine Eigentümlichkeit von Südfrankreich und Oberitalien ist die Fusswaschung der Neugetauften anzusehen, welche der Konfirmation entweder unmittelbar voranging oder folgte. Mit Handauflegung und Gebet schliesst auch dieser Teil der Feier.[1])

Der Bischof kehrt in die Basilika zurück, um die Messe zu halten, an der natürlich die Neugetauften sich beteiligen.[2])

Nach diesem Verlauf der Taufvorbereitung erfolgte also während des 5. und 6. Jahrhunderts in Gallien die Symbolübergabe an erwachsene Kompetenten am Palmsonntag und zwar in der Weise, dass der feierliche Akt regelmässig von einer das Symbol erklärenden Ansprache des Bischofs begleitet war.

Bei einer solchen Gelegenheit fasste Faustus von Riez den Entschluss,[3]) über den heiligen Geist zu schreiben. Die Schrift liegt heute noch vor,[4]) sie behandelt ihr Thema in zwei Büchern und beginnt mit der Bemerkung, dass apostolische Fürsorge und Gründlichkeit den weitläufigen Schriftinhalt in der wunderbar kurzen heilbringenden Formel des Symbols zusammengezogen haben.[5])

---

[1]) Das Sakramentar von Autun Nr. 35, das Messbuch von Auxerre Nr. 25, das Burgundische Messbuch von Bobbio, Muratori l. c. II 848—852 bieten die bei Weihe und Taufe gebräuchlichen Formeln und Gebete.

[2]) Die Messe folgt dem bekannten Schema. Die Lektionen bietet das Lektionar von Luxeuil XLI (Rom. 6, 3—11; Matth. 28) und das Burgundische Messbuch von Bobbio, Muratori l. c. II 852 sq. (1. Kor. 5, 6 - 8. Matth. 28); es sind ihrer bei dieser Messe nur zwei. Die Messgebete finden sich im Sakramentar von Autun Nr. 36, im Messbuch von Auxerre Nr. 26, im Burgundischen Messbuch von Bobbio, Muratori l. c. II 854.

[3]) Gennadius vir. ill. c. 86.

[4]) Fausti Reiensis opp. ed. Engelbrecht. C. S. E. L. XXI p. 99 - 157.

[5]) Fides catholica in universum mundum per patriarchas ac prophetas et gratiae dispensatores spiritu sancto insinuante diffusa est. Haec apostolica sollicitudo atque perfectio sicut per sacras paginas dilataverat, ita in symboli salutare carmen mira brevitate collegit et tamquam dispersas remediorum species disposuit in corpus unum. Zu dem Ausdruck carmen vgl. Zahn, Das apost. Symb. S. 9 Anm. 8.

§ 7. Der Katechumenat in Gallien.

Eingehender spricht Faustus diese seine Ansicht über Entstehung und Verfasserschaft des Symbols in der ersten der beiden von ihm erhaltenen Homilieen über das Glaubensbekenntnis [1] aus. Symbole sind einzulösende Picknicksmarken, Beiträge des Einzelnen zum gemeinsamen Mahle. So sammelten die Väter der Gemeinden in Fürsorge für das Heil der Völker aus den verschiedenen Teilen der Schrift heilskräftige Zeugnisse, aus denen sie dann der Christenheit eine Seelenspeise bereiteten, die sie Symbolum nannten. Der Nachdruck liegt darauf, dass das Glaubensbekenntnis die Quintessenz des gesamten Schriftinhaltes bildet, leicht fasslich, leicht behaltbar. Seine Verfasser aber sind die Väter, an anderer Stelle die Leiter der Gemeinden, also wohl die Bischöfe; ihre Intention aber bestand in dem Heil der Völker.[2]

Man hat also damals in Gallien von dem Glaubensbekenntnis, welches man den Kompetenten anvertraute, nicht behauptet, dass dasselbe von den Aposteln verfasst sei. Im Gegenteil. Im schärfsten Gegensatz zu Rom, das gerade auf diese fabelhafte Herkunft den grössten Wert legte, ignorierte man dieselbe und begnügte sich damit, das Symbol von kirchlichen Lehrern mit apostolischer Gewissenhaftigkeit redigiert sein zu lassen.[3]

---

[1] Die beiden Homilieen tragen in der Biblioth. Max. Patr. VI 628—632 fälschlich den Namen des Eusebius von Emesa. Caspari, der sie zuerst in den Quellen II 185—199 und sodann mit Hilfe bisher unbenutzter Handschriften in verbesserter Gestalt in den Kirchenhistorischen Anecdota I 315—341 abdruckte, wies sie dem Faustus von Riez zu und fand damit allgemeinen Beifall. Vgl. unt. and. Kattenbusch (D. apost. Symb. I 158—164) und Hahn (Biblioth. d. Symb. (3) S. 70). Widerspruch erhob erst jüngst Bergmann (Studien zu einer kritischen Sichtung der südgallischen Predigtliteratur I 71—86). Doch ist Seeberg (R.E. (3) V 785) unter voller Würdigung der Bergmannschen Bedenken zur Casparischen Ansicht als einer „wenn auch nicht sicheren, so doch recht wahrscheinlichen" zurückgekehrt.

[2] Caspari, Kirchenhist. Anecdota I 315: Ita et ecclesiarum patres de populorum salute solliciti ex diversis voluminibus scripturarum collegerunt testimonia divinis gravida sacramentis. A. a. O. S. 316: Ita et ecclesiarum magistri, studiosissimi salutis nostrae negotiatores, in scripturis sanctis de magnis maxima separaverunt mentium paginis inscribenda. Vgl. Bergmann a. a. O. S. 81—83.

[3] Diese Beobachtung Zahns (D. apost. Symb. S. 6) entzieht einem der gewichtigsten Argumente, welche Bergmann (a. a. O. S. 81—83)

Abgesehen von dieser nicht unwichtigen Thatsache trägt aber jene erste Homilie des Faustus für den vorliegenden Zweck wenig aus.

Zwar der Eingang erinnert an manche Traditionsansprache. Die heilbringende Formel, die sich zum übrigen Inhalt der beiden Testamente verhält wie das Grösste zum Grossen, das Beste zum Guten, dieses bekannte verbum abbreviatum des Herrn will aufs sorgfältigste in Herz und Gedächtnis festgehalten werden. Eher mögen sich Leib und Seele trennen, als dass die Seele dieses Schutzes beraubt würde.

Aber die sich unmittelbar anschliessende Erklärung der einzelnen Artikel geht in auffälligster Weise ihre eigenen Wege.

Fast die Hälfte der ganzen Auseinandersetzung gilt dem ersten Artikel, der in den drei Abschnitten Gott, Vater, Allmächtiger abgehandelt und vorwiegend zur Widerlegung der Arianer benutzt wird. Bei den Begriffen der Vaterschaft und der Allmacht wird zugleich eingehend des Sohnes gedacht und eine Betrachtung über den heiligen Geist eng daran angeschlossen. Nachdem auf diese Weise die Lehre von der Trinität abgehandelt ist, folgen noch in kurzem Zuge und ohne inneren Zusammenhang die Lehrstücke von Christi Leben und Leiden und schliesslich der Artikel von der Kirche.

Das Ganze ist eine apologetische Predigt über das Symbol, aber keine eigentliche Erklärung desselben und noch viel weniger eine Traditionsansprache: ein Eindruck, über den kein Zweifel mehr bestehen kann, sobald man die andere Homilie des Faustus zum Vergleiche heranzieht, eine wirkliche Traditionsrede im Charakter des 5. Jahrhunderts.

In dieser letzteren verbreitet sich der Bischof zunächst ganz allgemein über den Wert des katholischen Glaubens im Gegensatz zu dem schlechten Führer, der menschlichen Vernunft. Nur wem jenes von Christus dem Irrenden angezündete grosse Licht leuchtet, der kann Gott suchen und auch wirklich finden. Welch grosse Wohlthat im Vergleich mit dem mosaischen Gesetz! Dort eine erdrückende Fülle von Vorschriften, Gesetzen, Opfern, hier nur die Forderung des einzigen Wortes: ich glaube.

gegen Faustus als Verfasser der Homilieen geltend macht, von vornherein den Boden.

Ihr kann auch der Geringste nachkommen, er braucht nur mit dem Herzen zu glauben, mit dem Munde zu bekennen. Das einfachste Heilmittel gegen die Sünde ist dem Christen in diesem verbum abbreviatum gegeben, im Glauben an Gott d. h. darin, dass man ihn gläubig sucht und mit voller Liebe sich ihm anschliesst.

Es folgt: ich glaube auch an seinen Sohn, unsern Herrn Jesus Christus. Dieser Glaube an Christus bedeutet nicht den Übergang zu einem anderen Gott, sondern nur zu einer anderen Person innerhalb derselben Gottheit.

Das stereotype „es folgt" leitet die Besprechung aller weiteren Artikel ein, zunächst: der empfangen ist vom heiligen Geiste, geboren aus der Jungfrau Maria.

Menschwerdung und Jungfrauengeburt, unbegreiflich für den menschlichen Verstand, können und müssen aus der göttlichen Allmacht erklärt werden.

Indessen genügt es nicht, nur an den lebendigen Gott zu glauben, wenn man darüber den Tod des Menschen Christus vergisst. Verlangt doch der siegreiche Feldherr, dass man neben seinen Triumphen auch seiner Wunden gedenkt, um voll ermessen zu können, was er für das Vaterland gethan hat. Darum ist im Symbol auch vom Kreuze Christi die Rede, denn es war nicht bloss ein Machtspruch Gottes, der die Menschheit von Sünden frei machte, sondern Christi Wunden und Tod haben dies zuwege gebracht. Erst hat er sich im Gehorsam gedemütigt, ehe er erhöht wurde. Auf der Kreuzeswage aber lagen nicht Gold oder Silber, sondern er selbst mit seinem Leiden. Dieser Preis mag dem Sünder zeigen, wie wert er vor Gott geachtet ist.[1])

Im Grabe musste Christus einige Zeit bleiben, damit niemand an der Wirklichkeit seines Todes zweifeln konnte. Man spricht von drei Tagen, wobei freilich bemerkt sein will, dass der erste und dritte nicht voll waren, so dass die ganze Grabesruhe nicht einmal zwei Tage ausgemacht hat. Dann stand Christus auf, Tod dem Tode, Leben den Toten. Zwar hatten die Juden mit einem unverständlichen Interesse seine Gruft versiegelt, aber

---

[1]) Die Art, wie in diesem Abschnitt die verschiedenen Mittel und Ziele der Erlösung zusammengestellt sind, ist echt abendländisch bezw. echt augustinisch. Vgl. Seeberg, Lehrb. d. Dogmengesch. I 304 Anm. 1.

weder Grab noch Unterwelt konnten ihn behalten. Und ebensowenig gewann die den Wächter beigebrachte Lüge vom Diebstahl der Jünger irgend eine Bedeutung.

Christi Himmelfahrt weist jeder Seele den Weg, den auch sie einschlagen wird, wenn sie vom Leibe sich scheidet. Darum soll der Gedanke daran eine Mahnung zur Tugend sein.

Er sitzt zur Rechten Gottes des allmächtigen Vaters. Darin liegt keine Beschränkung irgendwelcher Art, sondern der Ausdruck gleicher Ehren und Rechte mit dem Vater.

Von dort kommt er abermals herab, nicht zu einer neuen Erlösung sondern zum Endgericht. Auch Engel hätten dasselbe in seinem Namen vollziehen können, aber so hochgeachtet ist der Mensch bei Gott, dass er keiner himmlischen Kreatur unterstellt wird, sondern nur Gott allein. In diesem Selbstkommen tritt klar zu Tage, wie bedeutend dem Herrn die Sache erscheint. Den Guten bietet er sich dar als den, an welchen sie geglaubt, den Bösen tritt er entgegen als der, den sie gekreuzigt haben. Denn Lebende und Tote sind Gerechte und Ungerechte. Alle werden sie auferstehen, die einen, um zu empfangen was sie verdient haben, die anderen, um zu sehen was sie verloren haben. So gilt denn von den Gottlosen, dass sie zugleich Lebende und Tote sind, denn wer in der Hölle ist, kann nicht sterben und ist zugleich fern vom Leben.

Es folgt: ich glaube an den heiligen Geist. Ein Glaube, ein Bekenntnis, eine Majestät fasst ihn mit Vater und Sohn zusammen: drei Personen in der einen göttlichen Substanz vereinigt. Einen Rangunterschied zwischen den dreien giebt es nicht, es ist nur Unvollkommenheit der Sprache, wenn man einen nach dem anderen nennt. Freilich ist auch an der Unterschiedlichkeit der drei Personen unbedingt festzuhalten. Daher schädigt jeder Abbruch, der dem heiligen Geist geschieht, zugleich die ganze Trinität, und alles was von Gott im allgemeinen ausgesagt wird, gilt damit auch vom Geist im besonderen. Denn in jeder Person fühlt sich die dreifache Gottheit beleidigt, und mit der Verehrung eines in der Dreiheit wird die ganze Trinität verherrlicht. So erstreckt sich denn auch im Symbol der Glaube an die eine Gottheit bis in den dritten Artikel.

Was alsdann noch folgt, die heilige allgemeine Kirche,

§ 7. Der Katechumenat in Gallien. 165

die Gemeinde der Heiligen, die Vergebung der Sünden, die Auferstehung des Fleisches, das ewige Leben, das alles wird erwähnt, nicht als ob man daran glaube, sondern dass man es in Gott glaube, dass man es bekenne als eine Summe göttlicher Wohlthaten.

Die Kirche ist dank göttlicher Gnade über den ganzen Erdkreis verbreitet, darum heisst sie die allgemeine. In ihrem Schosse, wenngleich nicht durch sie, vollzieht sich unsere Wiedergeburt.

Das Bekenntnis zur Gemeinde der Heiligen will diesen letzteren, weil sie von Gott erleuchtet und ihm ähnlich sind, eine besondere Ehrenstellung zuerkennen, in der Weise, dass man, während zwar kultische Anbetung Gottes allein gebührt, doch den Heiligen um ihrer Gottesfurcht, ihrer Gottesliebe und ihrer ihnen von Gott verliehenen Verdienste willen Verehrung zollt.[1]

Vergebung der Sünden wäre ohne Sündenfall unnötig gewesen. Nachher war es dann die Liebe des Herrn, welche den ursprünglichen Zustand wiederherstellte. Aus der Taufe geht der Mensch in paradiesischer Unschuld hervor. „Weite, Herr, und segne in der gegenwärtigen Zeit der Wiedergeburt den Schoss der heiligen Mutter. Sage, Herr, zu deiner Kirche, was du durch den Engel zu deiner Mutter gesagt hast: Der heilige Geist wird über dich kommen, und die Kraft des Höchsten wird dich überschatten. Möchte die Mutter wieder vom heiligen Geist empfangen, die Jungfrau wieder gebären, Gottes Sohn wieder Mensch, die jungfräuliche Natur wieder befruchtet werden, die menschliche Art wieder aus der Unvergänglichkeit

---

[1] Während Faustus also hier vor Übertreibung der Heiligenverehrung warnt, bestreitet der auf Faustus basierende Tractatus S. Faustini de symbolo (vgl. oben S. 88 Anm. 2) die Gegner jeder Heiligenverehrung, indem er den Anhängern des Vigilantius vorwirft: Illos hic sententia ista confundit, qui sanctorum et amicorum dei cineres non in honore debere esse blasphemant, qui beatorum martyrum gloriosam memoriam sacrorum reverentia monumentorum colendam esse non credunt. In symbolum praevaricati sunt, et Christo in fonte mentiti sunt, et per hanc infidelitatem in medio sinu vitae locum morti aperuerunt, ubi secundum symbolum donatur abrenutiato peccatorum. Caspari, Alte und neue Quellen S. 273—276. Zahn, D. apost. Symb. S. 8. 90.

hervorgehen, damit niemand daran zweifelt, dass Ehre und jungfräuliche Geburt, wie er sie an den Gliedern in Übung sieht, zuvor dem Haupte eigen gewesen seien."

Dieser leicht verständlichen Apostrophe folgt noch der Artikel von der Auferstehung des Fleisches. In eigenartiger Weise begreift sie der Bischof mit der Sündenvergebung zusammen. Von beiden würde ohne Adams Fall nicht die Rede sein, beide stellen parallele Erscheinungen dar. Dort steigt aus der Tiefe des Taufbrunnens die gereinigte Seele empor, hier wächst aus seiner eigenen Asche, die für ihn zum Samenkorn wurde, der Leib auf. Gottes Güte erwies sich darin, dass er den Menschen immer reicher ausstattete, von der Schöpfung zur Wiedergeburt, von den Segnungen in dieser Welt zu dem, was man von der zukünftigen Welt erhoffen darf. So preist denn auch die Materie in ihrer Wiederherstellbarkeit die Macht des Schöpfers; sie scheidet aus dem Leben, aber sie geht nicht zu Grunde; sie scheint verbraucht, aber sie ist nur verborgen in Hoffnung; und der Leib, auf welchen die Seele angewiesen ist, wird ihr auch wieder zur Verfügung stehen. Möchte nur, wie die Auferstehung dem Tode ein Ende macht, so ihr wieder das Leben folgen. Diesem Ziele gelte der gegenwärtige Kriegszug mit seinen Strapazen: der Wiederherstellung des Leibes folge die Seligkeit, dass wir unseren Gott, den wir im Gericht sehen werden, auch in der Herrlichkeit zu sehen gewürdigt werden.

Wohlan nun, ihr lieben neuen Gotteskinder! Prägt diese ebenso kurzen als kostbaren Worte aufs tiefste in euer Herz, damit ihr diesen ewigen Schatz unserer Hoffnung immer und überall glaubet, hoffet, bewahret und bewachet.

Dies ein Bild aus der gallischen Kirche des 5. Jahrhunderts. Indessen sollte der geschilderte Brauch rasch veralten. Bei der zunehmenden Verchristlichung des Landes kam es immer seltener vor, dass ein Erwachsener die Taufe begehrte. Die Palmsonntagsfeier mit ihrer Symbolrede behauptete sich zwar im Gebrauch, aber sie verlor je länger je mehr an Bedeutung. Mit Sicherheit muss man dies aus dem allmählichen Verschwinden der Traditionsansprachen schliessen. So erwartet man von Cäsarius von Arelate, dem predigteifrigen Kirchenfürsten des 6. Jahrhunderts, mehr als eine Symbolrede vorzu-

§ 7. Der Katechumenat in Gallien.

finden. Und doch ist keine auf uns gekommen.¹) Das legt die Vermutung nahe, dass er es nur selten mit erwachsenen Kompetenten zu thun gehabt haben kann. Nur selten, denn ganz fehlten sie auch zu seiner Zeit noch nicht.²) Giebt er

---

¹) Denn die einzige, die etwa dafür gelten könnte, der Sermo 241 in Augnst. opp. Tom. V Appendix Ml. 39, 2194—2196 (Hahn, Biblioth. d. Symb. (3) S. 72 Anm. 167), ist eine Gemeindepredigt, die vom Glauben an das Symbol und von den guten Werken in der Weise handelt, dass sie ausführt: Wer gerettet werden will, halte unverbrüchlich fest am rechten katholischen Glauben, wie er im Symbol zum Ausdruck kommt. Besonders Christi Demut, von der das Symbol die wichtigsten Beweise gibt, reize den Menschen zur ernsten und wirklichen Nachahmung. Diese aber äussere sich im Abtöten der sündhaften Glieder, im Aufgeben des alten, im Annehmen eines neuen Lebens, dessen Akte einzeln namhaft gemacht werden. Wer alles dies thut, wird Vergebung der Sünden und ewiges Leben erlangen. — Avitus von Vienne hat Reden über das Symbol gehalten. Doch sind nur dürftige Fragmente davon auf uns gekommen, aus denen sich wenig über ihren Charakter ersehen lässt. Vgl. Ml. 59, 305 nr. IV und 309 nr. III. — Nach Gallien, wenn nicht nach Italien, und vermutlich in das 6. Jahrh. gehört eine Symbolrede, der im übrigen jede charakteristische Färbung abgeht, der Sermon 243 in August. opp. Tom. V Appendix Ml. 39, 2193 sq. Caspari, Quellen II 152, Hahn, Biblioth. d. Symb. (3) S. 50 f. Die Erklärung selbst ist überaus mager. Sie appelliert von der übergrossen Liebe Gottes, der obwohl Schöpfer doch in ein Vaterverhältnis zu seinen Geschöpfen getreten ist, an die Gegenliebe der Christen, die sich im Aufgeben alles heidnischen Götzendienstes, in der Vermeidung alles Bösen, in der vertrauensvollen Hingabe an Gott selbst äussern soll. Die Jungfrauengeburt ferner kann bei demjenigen keine Zweifel erwecken, der von Gottes Allmacht voll und ganz durchdrungen ist. Dass Gottes Sohn aber Mensch wurde, war nötig, um das der Verführung des Teufels verfallene Ebenbild Gottes zu retten. Den Leiden, die Christus aus demselben Grunde auf sich nahm, folgte seit der Auferstehung die Offenbarung seiner göttlichen Macht, auch sie kommt uns zu gute. Die Ebenbürtigkeit des Geistes mit Vater und Sohn wird nur kurz konstatiert. Die Erklärung der Sanctorum communio klingt etwas an die bekannte Deutung auf Teilnahme an den Sakramenten, speciell an die Taufe, da es nämlich weiter heisst, dass der durch die Wiedergeburt aus Wasser und Geist der Kirche Einverleibte ewige Vergebung aller Sünden geniesse. Sollen endlich Christi Auferstehung und Erhöhung sich auch dem Menschen nutzbar erweisen, so müssen diese letzteren fest daran glauben, dass ihnen Auferstehung des Fleisches und ein ewiges Leben dermaleinst bestimmt beschieden sei.

²) Gegen Holtzmann a. a. O. S. 100: Kinder werden behandelt, als wären sie erwachsene Katechumenen älteren Stils. Insofern können

doch in einer Moralkatechese¹) die Wege an, wie ein Kompetent aus einem Gefäss des Satans ein Gefäss Christi werden könne. Derselbe meide einerseits die groben Sünden der früheren Zeit, die Übertretungen des 5. 6. 7. und 8. Gebotes, und er befleissige sich andrerseits in den nächsten Wochen vor und nach der Taufe der strengsten Askese, damit der geistliche Geburtsprozess ohne Störung von statten gehen könne. Auch zählt Cäsarius zu denjenigen Eigenschaften, durch welche sich der wahre Christ von den blossen Namenchristen unterscheidet, dass der erstere Symbol und Vaterunser treu im Gedächtnis behalte und wohl darauf merke, dass auch seine Kinder dies thun.²)

Daneben aber rechnet Cäsarius wieder so gut wie ausschliesslich mit der Kindertaufe und mit den Pflichten der Paten. Auch wenn er sich direkt mit Taufkandidaten beschäftigt, versäumt er nicht zu wiederholten Malen Paten und Gemeindeglieder darauf aufmerksam zu machen, dass sie die Sache ebenso angehe wie jene, dass auch sie aus seiner Ansprache manches entnehmen könnten, und dass es ihre Aufgabe sei, durch gutes Beispiel wie mahnende Worte heilsam auf die Kompetenten einzuwirken.³) Kurzum, das Pateninstitut tritt

---

Kirchenlehrer wie Faustus von Riez und Cäsarius von Arles Predigten halten, als ob die alten Katechumenatseinrichtungen noch Bestand hätten.

¹) August. opp. Tom. V Appendix Sermo 267 ML 39, 2242—2246. Zur Caesarianischen Verfasserschaft dieses Sermon und des Sermo 264 (vgl. unten Anm. 8) siehe die Anmerkungen in ML 39, 2233. 2242, ferner in ML 52, 1042 A und bei Arnold, Caesarius von Arelate S. 441. 442. Eine Rede des Caesarius an Neugetaufte findet sich im Homiliar des Burchard Nr. 10 (Eckhart, Comment. de rebus Franc. orient. I 839. Rev. Bénéd. 1896 p. 194—196).

²) August. opp. Tom. V Appendix Sermo 266 c. 2 ML 39, 2241: Ille bonus christianus est, qui symbolum et orationem dominicam memoriter tenet et filios vel filias suas, ut et ipsi teneant, fideliter docet. Vgl. Sermo 303 c. 3 ML 39, 2325: Quanto celerius et melius quicumque rusticus vel quaecumque mulier rusticana, quanto utilius poterat et symbolum discere et orationem dominicam.

³) August. opp. Tom. V Appendix Sermo 264 c. 3. ML 39, 2234 sq.: Interrogamur enim in baptismo, utrum abrenuntiemus diabolo, pompis et operibus eius et abrenuntiaturos nos voce libera respondemus. Quod quia infantes per se minime profiteri possunt, parentes ipsorum pro eis

merklich in den Vordergrund, ein Symptom der Wandlung, welche der Katechumenat in dieser Zeit durchmacht.

Den jugendlichen Täuflingen gegenüber sah man sich in Gallien zu einer Umgestaltung des bisherigen Kompetentenceremoniells genötigt. Es genügte für dieselben eine einzige liturgische Feier am Ostersamstag, welche die gesamten Ceremonieen der Fastenzeit einschliesslich der Symbolübergabe ihrem wesentlichen Inhalte nach repräsentierte. In ihr aber fand die Symbolrede natürlich keinen Platz.

§ 8. Skrutinienmessen in Neapel.

Trotz der grossen Nähe von Rom weist die Liturgie von Neapel ein eigenartiges Gepräge auf. Oder besser gesagt, Rom und Neapel gingen anfangs gemeinsame Wege; während aber die Stadt der Päpste eine liturgische Neuerung nach der anderen erlebte und allmählich auf dem gottesdienstlichen Gebiete einen Reichtum der Formen schuf, von dem alsbald alle Länder des westlichen Europas zehren konnten, blieb die kirchliche Metropole von Unteritalien ihren alten Gewohnheiten treu und nahm nur zögernd irgendwelche Umgestaltungen des Gottesdienstes vor. So kommt es denn, dass im 6. und 7. Jahrhundert, der Zeit, in welcher uns neapolitanische Quellen [1]) in reichstem

---

fideiussores existunt. Sermo 267 c. 5 Ml. 39, 2243: Qui filios aut filias excipere religioso amore desiderant et antequam baptizentur et posteaquam baptizati fuerint, de castitate, de humilitate, de sobrietate vel pace eos admonere vel docere non desinant et agnoscant se fideiussores esse ipsorum. Pro ipsis enim respondent quod abrenuntient diabolo, pompis et operibus eius. Vgl. auch Sermo 168 c. 3 Ml. 39, 2071: Quicumque viri quaecumque mulieres de sacro fonte filios spiritualiter exceperunt, cognoscant se pro ipsis fideiussores apud deum extitisse.

[1]) Wir verdanken die Urkunden der neapolitanischen Liturgie vorwiegend der glücklichen Kombinationsgabe des Dom Germain Morin, der in diesem ganzen Abschnitt hauptsächlich zu Worte kommt. Es handelt sich in erster Linie um das Evangeliar von Neapel auf Grund zweier Handschriften des Britischen Museums (Cotton ms. Nero D. IV, sog. Cuthbertsevangeliar, und Cod. Reg. I B. VIII). vgl. Rev. Bénéd. 1891 p. 481—493.

Masse fliessen, zwischen den beiden grossen Nachbarstädten in liturgischer Hinsicht eine weite Lücke klafft.

Dieselbe Beobachtung macht man selbstverständlich auch in Bezug auf Katechumenat und Taufe. Auch hier ist Neapel die zögernde, Rom die fortschreitende Gemeinde. Rom hat die gesamte Taufvorbereitung den Anforderungen der Zeit entsprechend in seiner Weise umgebildet. Neapel weist eine Zwitterbildung von Altem und Neuem auf.

Noch wird hier die Liste der Taufkandidaten in der zweiten Fastenwoche zusammengestellt.[2]) Die damit beginnende Taufvorbereitung aber findet ihre Höhepunkte in drei Gottesdiensten, welche an den Sonntagen Okuli, Lätare, Judika gehalten werden. Es sind Skrutinienmessen, von denen jede wiederum durch eine besondere Ceremonie charakterisiert wird, derart, dass man den Katechumenen in der ersten Messe die Psalmen, in der zweiten das Vaterunser, in der dritten das Symbol überliefert. Die Sitte kann nicht auf Neapel beschränkt gewesen sein, denn wie aus dem noch zu besprechenden römischen Ge-

---

529—537. 1895 p. 392. Anecdota Maredsolana I 426—435. Sodann hat Morin 27 Predigten, die bisher unter den Predigten des Chrysostomus (opp. Venet. 1549 Tom. I. II. V) figurierten, dem Bischof Johannes von Neapel ca. 534—554 zugewiesen. Rev. Bénéd. 1894 p. 385—402. 1895 p. 390 s. Unter ihnen sind die Nummern 3. 23. 26. 27 bei Katechumenenfestlichkeiten gehalten.

[1]) Gegen Morin in der Rev. Bénéd. 1891 p. 534: C'est en ce samedi (Samstag der dritten Fastenwoche) qu'a lieu le scrutin pour l'admission des aspirants au baptême. In der That ist im Evangeliar von Neapel für den Samstag nach Okuli ein Skrutinium mit der Perikope vom Blindgeborenen (Joh. 9, 1—38) vorgesehen: De quadragisima post III. dominicas sabbato mane post scrutinium. Da aber bereits der Sonntag Oculi eine grosse Katechumenenfeier aufweist, kann jenem Skrutinium am Samstag darauf nur eine untergeordnete Bedeutung eignen. Die Perikope würde dafür sprechen, dass an diesem Samstag eine Salbung der Katechumenen vorgenommen sei, ein Effeta oder eine Apertio aurium. Da indessen nur dieses eine vereinzelte Skrutinium erwähnt wird, so liegt die Vermutung noch näher, dass wir es bei demselben mit einem Rudiment aus früherer Zeit zu thun haben, das ohne praktische Bedeutung nur traditionell weiter geführt wird: am selben Samstag fand nämlich im altkirchlichen Katechumenat die Übergabe des Symbols, also die Hauptfeier der ganzen Taufvorbereitungszeit statt (vgl. oben S. 26). Daran dürfte jene Notiz im neapolitanischen Evangeliar erinnern.

lasianum in seiner ältesten, jedenfalls vorgregorianischen Gestalt hervorgeht, gab es auch in Rom eine Zeit, in der man am 3., 4. und 5. Fastensonntag eine Skrutinienmesse für die Kompetenten abhielt.[1]) Diese Thatsache ist insofern von Wichtigkeit, als aus ihr klar hervorgeht, dass vor der Einführung der späteren komplicierten Skrutinienordnung mit ihrer durch den 7. römischen Ordo festgelegten Siebenzahl Rom wie Neapel sich in der Hauptsache[2]) mit drei sonntäglichen Skrutinienmessen begnügten. Ob dieselben früher in Rom einen ähnlichen Charakter trugen wie während des 6. und 7. Jahrhunderts in Neapel, lässt sich freilich wie gesagt nicht feststellen. Jedenfalls aber ist das sicher, dass Neapel in der Überlieferung der Psalmen bei der Okulimesse eine Ceremonie besitzt, welche keine andere Kirche aufzuweisen hat, und ferner, dass das Voraufgehen der Gebetsüberlieferung vor der traditio symboli eine ebenfalls sonst durchaus unbekannte Abnormität bildet. Und doch bleibt auch hier der letzteren durchaus ihre Eigenart gewahrt. Sie macht den Höhepunkt der Taufvorbereitung aus, auf welchen die beiden anderen Ceremonieen nur wie Vorläufer hinweisen. Das Symbol als das wichtigste und bedeutungsvollste Katechismusstück wird bis zuletzt zurückbehalten.

Es sind neue Arbeiter, welche der Herr durch Katechumenat und Taufe für seinen Weinberg dingen will. Darum verliest man bei der ersten Skrutinienmesse am Sonntag Okuli die Perikope Matth. 20, 1—16; es ist die Messe der Psalmenübergabe.[3]) Das Psalmbuch legt man in die Hände der Kate-

---

[1]) Gelas. I 26. 27. 28.
[2]) Dass ausserdem noch untergeordnete Skrutinien gehalten wurden, über deren Verlauf wir im Unklaren sind, dafür könnte jene oben S. 170 Anm. 1 erwähnte Notiz sprechen.
[3]) Rev. Bénéd. 1891 p. 487: Dominica tertia quando psalmi accipiunt, von Morin (Rev. Bénéd. 1891 p. 530. 534 Anecd. Mareds. I 428. 432) anfangs quando salem accipiunt gelesen und auf die bekannte Ceremonie der Salzreichung gedeutet. Vgl. aber ebendans. Rev. Bénéd. 1894 p. 387. 392 s. Den electi ad fidem wird eingeschärft: Hos versiculos psalmi memoria tenete, ore reddite . . . . tenete traditum vobis psalmum, ut, cum tenueritis lingua, reddideritis vita, vocibus et moribus. Über die pseudo-chrysostomische (Nr. 3) Erklärung des 22. Psalms l. c. p. 387. 392 s. Um eine gleiche traditio psalmi handelt es sich auch in dem Sermo 366 in August. opp.

chumenen, das erste Hauptstück der neuen Lehr- und Lebensanschauung, in die sie einzutreten im Begriff stehen. Was aber fortan für ihr Handeln und Denken unbedingt massgebend werden soll, damit müssen sie sich vertraut gemacht, das müssen sie sich genau eingeprägt haben. Ein kleiner Anfang wird deshalb jetzt schon mit zwei Psalmen gemacht, dem liebenswürdigen 22. bezw. 23. vom Guten Hirten, der wie kein anderer die religiöse Grundstimmung der Alten Kirche wiederspiegelt, und aus praktischen Rücksichten, um seiner Kürze willen mit dem 116. bezw. 117.: Laudate dominum omnes gentes.[1]) Der Inhalt beider Psalmen wird vom Bischof erklärt, den Wortlaut haben sich die Katechumenen einzuprägen, um ihn gelegentlich aufsagen und — was die Hauptsache ist — im Leben vertreten zu können.

Acht Tage später erfolgt, jedenfalls unter gleichen Ceremonieen, die Auslieferung des zweiten Katechismusstückes an die Katechumenen. Es gehört zu den regelmässig wiederkehrenden Obliegenheiten des Bischofs, am Sonntag Lätare denselben das Vaterunser in einer Ansprache zu erklären und seinen Wortlaut mitzuteilen.[2])

Den Beschluss macht am Sonntag Judika die Übergabe des Symbols,[3]) welche, wie aus zwei neapolitanischen Erklärungen

---

Tom. V Appendix XI. 39, 1646—1650: Psalmum vobis dilectissimi qui ad Christi baptismum properatis in nomine domini tradimus memoriae collocandum, cuius necesse est, ut mysterium illuminante divina gratia exponamus.

[1]) lungamus et brevem propter tardos qui prolixos versus psalmi tonere non possunt. Rev. Bénéd. 1894 p. 392 n. 3.

[2]) Rev. Bénéd. 1891 p. 488. 530. 535. 1894 p. 390. 396 s. Anecd. Mareds. I 427. 433: Dominica IV quando orationem accipiant. Perikope: Matth. 6, 9—15. Ansprache des Bischofs Johannes (Nr. 23 unter den pseudo-chrysostomischen): Annua vobis dominica oratio ex pontificali doctrina electis ad fidem debetur.

[3]) Nirgends figuriert sonst der Sonntag Judika als Tag der Symbolübergabe. Doch wird im Zusammenhang mit den Feierlichkeiten der beiden vorangehenden Sonntage die Wahl der neapolitanischen Kirche verständlich, ihr bezeichnet die Judikafeier den Abschluss einer mit Okuli beginnenden Steigerung. Der Zufall hat es gewollt, dass zwei für Deutschland besonders wichtige Urkunden an Judika als dem Symboltermin festhalten, während sie die beiden Vorstufen, die Okuli- und Lätarefeierlichkeiten, streichen: das Evangeliar des Bischof Burchard von Würzburg

desselben hervorgeht, die Kenntnis des Vaterunsers bei den Kompetenten voraussetzt.[1])

(741—753) und das von Paulus Diakonus zusammengestellte Homiliar Karls des Grossen, deren beider Beziehungen zu Unteritalien überaus durchsichtig sind.

Über das Burchard-Evangeliar, dessen Handschrift, nicht viel später als s. 700, sich in der Würzburger Universitätsbibliothek befindet, vgl. Scheps, Die ältesten Evangelienhandschriften der Würzburger Universitätsbibliothek S. 14—22 und Morins vortrefflichen Aufsatz in der Rev. Bénéd. 1893 p. 113—126. Dasselbe enthält eine der neapolitanischen durchaus verwandte Perikopenreihe und stammt vermutlich ebenso wie sein Besitzer aus England, woselbst seit den Tagen des Erzbischofs Theodor und seines Begleiters Hadrian von Nisita (Beda hist. eccl. IV 1, Rev. Bénéd. 1891 p. 482) liturgische Schriften aus Unteritalien im Gebrauch waren (vgl. die S. 169 Anm. 1 erwähnten englischen Abschriften eines neapolitanischen Originales).

Das Homiliar des Paulus Diakonus ist nicht nur in Monte Cassino verfasst (vgl. meine Schrift: Das Homiliarium Karls des Grossen auf s. urspr. Gestalt hin untersucht S. 68), sondern weist auch manche Zeichen seines Ursprungs auf. So sind die vier Schriftlektionen am Weihnachtsfeste (a. a. O. S. 20—23) eine Eigentümlichkeit des Benediktinerritus im Gegensatz zu den gewöhnlichen drei der nicht mönchischen Gemeinden, wie denn überhaupt Rom noch im 8. Jahrhundert Veranlassung hatte, sich über süditalienische Gepflogenheiten in manchen Klöstern zu ärgern (Rev. Bénéd. 1893 p. 114 s.). — Beide Urkunden wissen von einer traditio psalmorum oder einer traditio orationis dominicae nichts mehr; denn diese specifisch neapolitanischen Ceremonieen sind dem siegreichen Einflusse der römischen Liturgie erlegen. Aber für die in allen katholischen Ländern gleichangesehene traditio symboli halten beide Predigtsammlungen gewohnheitsgemäss an der neapolitanischen Tradition fest, obwohl sie für ein Land und für eine Zeit zusammengestellt sind, da man den Kompetenten das Symbol ausschliesslich inmitten des auf einen Wochentag fallenden Skrutiniums in apertione aurium zu überliefern gewohnt war. Vgl. Burchard-Evangeliar: Dominica V quando symbolum accipiunt mit der Perikope Matth. 21, 33 sqq. Sogar die oben S. 170 Anm. 1 und S. 171 Anm. 2 erwähnte Notiz hat sich erhalten: De quadragesima post III dominicas sab. mane post scrutinium, allerdings mit der Perikope Job. 10, 11 sqq. Homiliarium Karls des Grossen: Zwischen Dominica ante palmas und Dominica in palmas: I 95. In traditione symboli. Sermo beati Maximi de expositione fidei: Cum apud patres nostros sicut liber Iudicum refert (Ml. 57, 433—440). Vgl. oben S. 137 Anm. 2. — Vgl. noch die Münchener Evangelienhandschrift Clm. 6224 aus dem 7. Jahrh. mit Randnoten des 8. bezw. 9. Jahrh.: In tradicione simboli mit der Perikope Mark. 7, 31 (Rev. Bénéd. 1893 p. 246—256, bes. p. 251, 1895 p. 392 s.).

[1]) Rev. Bénéd. 1891 p. 488, 530 Anecd. Mareds. I 428, 433: Dominica

Die Gemeinde, so beginnt der Bischof,[1]) jubelt über den Zuwachs an Gläubigen, der ihr bevorsteht. In ihrer Freude bietet sie daher den Neuhinzutretenden das Beste, was sie hat, ihr Glaubensbekenntnis, freilich nicht ohne dasselbe den jungen Christen ernst ans Herz zu legen. Denn in seiner Gedrängtheit verfügt es zugleich über eine wunderbare Kraft. Ringsum drohen Gefahren. Dort die grübelnden Häretiker, deren böser Umgang gute Sitten verdirbt, deren Wort um sich frisst wie der Krebs, die sich weder in die Gleichwertigkeit des Sohnes mit dem Vater noch in die Göttlichkeit des heiligen Geistes finden können. Die Kirche hat sie deshalb gebannt, und der Gläubige muss sie meiden. Hier die spöttischen Heiden, welche die jungen Christen am Glauben irre zu machen sich bemühen, indem sie auf die Geburt von der Jungfrau als einen naturwidrigen Prozess hinweisen, welche den, der auf eine Auferstehung von den Toten hofft, mit dem Hinweis verhöhnen, ob auch die Märtyrer, die man den wilden Tieren im Cirkus oder den Fischen im Meere zum Frasse vorgeworfen hat, die auf den Scheiterhaufen verbrannt sind, denen man geflissentlich die Möglichkeit eines ordentlichen Begräbnisses nahm, ob auch sie alle auferstehen können. Mit solchen Gegnern wird sich der junge Christ herumschlagen müssen, und damit er nicht unterliegt, giebt ihm der Bischof jetzt schon die entsprechenden Antworten an die Hand. Gewiss, jene Dinge sind mit Worten nicht zu erklären, darum eben muss man sie glauben. Andrerseits ist, was hier unserem Glauben zugemutet wird, nichts Ausser-

---

V quando symbolum accipiunt. Perikopen: Matth. c. 21. c. 22. c. 25, 31 — Rev. Bénéd. 1894 p. 397 n. 3 (Vgl. Caspari, Quellen II 230): Videte in patre, quod dixistis in capite orationis. Pater noster qui es in caelis, hoc dicitis et in symboli confessione, Credo in deum patrem omnipotentem.

[1]) Die beiden Symbolerklärungen (Nr. 26. 27 der pseudo-chrysostomischen) sind neuerdings abgedruckt von Caspari, Quellen II 226—234. Vgl. Hahn, Biblioth. d. Symb. (3) S. 50. Caspari sieht in dem Verfasser einen abendländischen Bischof oder Presbyter zwischen 450 u. 550. Kattenbusch (D. apost. Symb. I 209) giebt als Heimat derselben Italien an. Morin endlich (Rev. Bénéd. 1894 p. 398—402) macht auf die verblüffende Übereinstimmung dieser Predigten mit dem Evangeliar von Neapel in liturgischer Hinsicht aufmerksam und nimmt daher eine Verwechselung zwischen Johannes von Neapel (ca. 534—554) u. Johannes Chrysostomus an.

gewöhnliches, wenn wir an die Schöpfung der Welt aus nichts denken, wenn wir uns die absolut geheimnisvolle unerforschliche Weise vorstellen, wie der Mensch sich im Mutterleibe bildet, wenn wir der Wunder gedenken, die Christus in seinem Erdenleben vollbrachte, da er bei verschlossenen Thüren eintrat, da er auf dem Meere wandelte, da er dem Winde und dem Wetter Ruhe gebot. Einem solchen allmächtigen Gott müssen wir auch glauben können, dass er in den Schoss einer Jungfrau einging und Mensch wurde, dass er wiederherstellen wird, was Menschenhand geflissentlich zerstört hat.

Die frische Art, wie der Redner die Zeitaufgaben im Auge behält und seine Taufkandidaten für die Lösung derselben tüchtig zu machen bestrebt ist, trägt dazu bei, gerade diesen beiden Symbolerklärungen ein überaus kräftiges Kolorit zu verleihen. Fort und fort werden die Hörer aufgerüttelt, wird an ihre Aufmerksamkeit, an ihre Leistungsfähigkeit appelliert. „Ihr seid die Kinder. Wollt ihr den Vater beerben, so macht ihm Ehre, folgt seinem Beispiel, thut seinen Willen." „Nur wenn ihr seinen Geboten gehorcht, wird er die Versprechungen halten, auf welche ihr hofft." „Ihr seid voller Sehnsucht nach der Gnade, und doch werdet ihr derselben nur teilhaftig, wenn ihr euer Haupt Christus nachahmt in seiner Demut, Geduld, Feindesliebe." „Thut, was ihr von uns gehört, gesehen und gelernt habt."

So sind die beiden Homilieen überreich an Ermahnungen und Verheissungen. Heil und Friede erwarten den, bei welchem Glauben, Leben und Bekennen im rechten Einklang stehen. Sicherung des irdischen, Unvergänglichkeit des zukünftigen Lebens, ist, was der Christ von seinem Glauben zu erwarten hat.

Stück- und wortweise wird das Symbol durchgesprochen. Zunächst der Begriff: Credo; fünf Buchstaben, zwei Silben, und doch welche unermessliche Fülle von Objekten schliesst er ein. Der Christ glaubt dem Allmächtigen, eben weil er allmächtig ist, weil er alles kann. Indem er Gott zugleich Vater nennt, tritt er in alle Rechte und Pflichten dieses Kindesverhältnisses ein. Nur wer den letzteren voll und ganz nachkommt, legt mit Freimut sein Glaubensbekenntnis zu Gott dem allmächtigen Vater ab. Der Unterschied von Gotte glauben und an Gott glauben ist also dem Redner nicht klar zum Bewusstsein gekommen.

Beim zweiten Artikel wird die Gottgleichheit des Sohnes den Zeitverhältnissen entsprechend breit behandelt. Der Verfasser schildert unzweideutig das Treiben der die Gemeinde in der Gegenwart beunruhigenden Arianer, doch ohne ihren Namen zu nennen. Die Schwangerschaft Marias wird aus gleichem Grunde mit einer uns befremdlichen Breite behandelt. Bei dem Kreuzestode verdient es die besondere Aufmerksamkeit der Hörer, dass der Unschuldige für den Schuldigen litt, der Bedürfnislose für den Vater Gewinn einheimste. In besonderem Masse wird Christi Sanftmut, die er in allen Leiden bewies, nachdrücklichst hervorgehoben und den jungen Christen zur Nachahmung aus Herz gelegt. Wie sein Tod die beiden Feinde Pilatus und Herodes zu Freunden machte, so machte er auch uns zu Freunden Gottes, indem er die trennende Wand fortnahm. Wie er in seinen Erdentagen drei Tote erweckt hatte, so hat er es während seiner Grabesruhe mit zahlreichen andern Heiligen gethan, die dann mit ihm auferstanden, denn auch in der Unterwelt drängte es ihn Wunder zu thun. Die Begriffe „Sitzen" und „Rechte Gottes" bieten Anlass, in gewohnter Weise die Hörer vor dem Missverständnis zu warnen, als handele es sich hier um eine mit dem Wesen Gottes unvereinbare körperliche Beschränktheit. Das Gericht über die Lebendigen und die Toten lässt nach des Verfassers Meinung eine doppelte Erklärung zu, zunächst die physische, sodann die moralische: Christus richtet die Frommen und die Sünder.

Der heilige Geist ist vom Vater und vom Sohne ausgegangen. Geflissentlich hebt dies der Verfasser mehrere Male hervor. Als Missionsgeist durchwaltet und mehrt er die Kirche, in seinem Dienste standen einst Paulus und Barnabas. Zugleich heiligt, regiert und tröstet er den einzelnen Christen und führt ihn der Kirche zu. Dem Schiffe auf dem Meere gleich gleitet die Kirche dahin, die Gläubigen an Bord; Glaube und Liebe, Geist, Heiligkeit, Friede, Gebet und Busse machen die Bestandteile dieses Schiffes aus; in seiner Mitte ragt als Mast das Kreuz. So steuert es in Einmütigkeit des Geistes dem ewigen Hafen, der Stadt des Friedens zu. Diese mit allen dem Verfasser zur Verfügung stehenden Farben geschilderte Kirche verheisst und gewährt dem Gläubigen Auferstehung des Fleisches und ewiges Leben.

Unter solchen und ähnlichen Auseinandersetzungen war das Symbol den Taufkandidaten am Sonntag Judika übergeben worden. Seine Rückgabe erfolgte vermutlich am Morgen des Ostersamstags.[1])

Jedenfalls repräsentiert also die Taufvorbereitung in Neapel während des 6. und 7. Jahrhunderts ein eigentümliches Übergangsstadium. Mit dem altkirchlichen Katechumenat hat sie das belehrende Wort, die lebendige Traditionsansprache gemein. Noch hat die bestimmte liturgische Formel nicht über die freie pädagogische Wirksamkeit des Bischofs die Überhand gewonnen. Andrerseits aber offenbart sich schon in den drei Skrutinienmessen eine Anbahnung zu dem späteren verhängnisvollen Skrutinienwesen. Auf letzterem Wege rasch weiter zu gehen, scheint man freilich vorerst in Neapel nicht gewillt gewesen zu sein. Man überliess es um jene Zeit einstweilen der Gemeinde von Rom, die Dreizahl der Skrutinienmessen zur heiligen Siebenzahl zu vervollständigen, überhaupt die ganze steife Skrutinienordnung peinlich genau auszubilden und damit den altkirchlichen Katechumenat definitiv zu Grabe zu tragen.

---

[1]) Rev. Bénéd. 1891 p. 536.

Zweites Kapitel.

Die Stellung des apostolischen Symbols im Skrutinienritus des frühen Mittelalters.

§ 9. Der Verfall des altkirchlichen Katechumenates.

Der altkirchliche Katechumenat, der im Zeitalter des Augustin und Ambrosius auf seiner Höhe gestanden hatte, behauptete sich in dieser seiner dominierenden Stellung während des 5. Jahrhunderts in allen Teilen der Kirche. Er fand seinen Schwerpunkt in der an der Hand des Taufsymbols stattfindenden dogmatischen Unterweisung der Taufkandidaten, er gipfelte in den glänzenden Gemeindefeierlichkeiten der Übergabe und Rückgabe des Symbols, und er schuf, indem er auf doppelte Weise das Glaubensbekenntnis in den Mittelpunkt des Interesses rückte, eine eigenartige Litteraturgattung, die Symbolerklärung. Noch sind uns im grossen Kommentar des Rufinus sowie in den Reden des Augustin und Niceta, des Chrysologus und Maximus, des Faustus von Riez und des Johannes von Neapel charakteristische und glänzende Beispiele für die Art und Weise erhalten, wie man damals den Anfängern im Christentum die Quintessenz der christlichen Lehre nahe zu bringen wusste.

Das wird mit einem Male anders. „Alle die abendländischen freien Reden in traditione und redditione symboli, die wir noch übrig haben, gehören dem 4. und 5. Jahrhundert und der ersten Hälfte des 6. an. Von der zweiten Hälfte dieses Jahrhunderts an finden wir das Symbol zwar noch in Schriften über die Taufe und in anderen Schriften, aber nicht mehr in freien in traditione oder redditione symboli gehaltenen und später aufgezeichneten Reden ausgelegt." [1]) Venantius Fortunatus

---

[1]) Caspari, Quellen II 152.

macht zwar noch gegen Ende des 6. Jahrhunderts die fränkische Kirche auszugsweise mit dem Kommentar des Rufinus bekannt[1]), und Ildefonsus von Toledo behandelt noch im 7. Jahrhundert eingehend in seiner Erklärung des Taufritnals das von demselben nicht zu trennende Taufsymbol,[2] aber von jenen Reden über das Symbol, welche direkt der Taufvorbereitung ihre Entstehung verdanken, hört man fortan nichts mehr. Das legt den Schluss nahe, dass auch mit dem Katechumenat und der Kompetentenunterweisung eine vollständige Änderung vorgegangen sein muss. Und dem war in der That so.

Den ersten Stoss hat der altkirchliche Katechumenat erhalten, als sich die Heiden massenweise zum Taufbecken drängten. Eine sorgfältige dogmatische Ausbildung, eine gewissenhafte ethische Erziehung wurden mehr und mehr zur Unmöglichkeit. Schon Augustin hatte dieses erfahren müssen und nach ihm noch mehr Chrysologus. Immerhin trug man die daraus erwachsenden Schwierigkeiten, so gut es gehen wollte, und dachte jedenfalls nicht daran, aus diesem Grunde etwas an der bisherigen Praxis zu ändern.

Dann aber verschwanden allmählich die erwachsenen Katechumenen, und nur Kinder stellten sich als Taufbewerber ein. Was sich bisher bloss als schwer durchführbar erwiesen hatte, musste nunmehr als widersinnig erscheinen. Die Kompetentenunterweisung wird durchaus hinfällig.

Und doch beseitigte man sie keineswegs. Denn so unendlich gross war die Hochachtung vor dem Altüberlieferten, so gering das Zutrauen zu der eigenen Leistungsfähigkeit, dass man sich nicht entschliessen konnte, einen Modus aufzugeben, der zwar ehrwürdig, aber für die dermaligen Verhältnisse der christlichen Gemeinde nicht mehr brauchbar war. Im Gegenteil. Man behielt ihn nach Möglichkeit bei und ordnete ihm die berechtigten Wünsche und Bedürfnisse der Zeit unter, unbekümmert darum, dass Worte, die einst Geist und Leben geatmet hatten, nunmehr zu schwer verständlichen Formeln herabsinken mussten, dass an Stelle zielbewusster Einrichtungen jetzt leere Ceremonieen

---

[1]) Siehe oben S. 94 Anm. 3.
[2]) Adnotationes de cognitione baptismi c. 32—95. ML 96, 128—146. Hahn, Biblioth. d. Symb. (3) S. 66. Kattenbusch, D. apost. Symb. I 154 f.

traten, die man bald mit Aufbietung aller Gelehrsamkeit nicht mehr erklären konnte, obwohl man sie von Generation zu Generation sorgfältig weiter tradierte.

So kommt es zu einem förmlichen Scheinkatechumenat, es beginnt die Blütezeit der Skrutinien.

Schon Augustin spricht von denselben, aber er ist bestrebt, sie auf ein gesundes Mass zu reduzieren, freilich ohne hindern zu können, dass bereits viele seiner Zeitgenossen ein Skrutinium für wesentlicher erachteten als eine Katechese über dogmatische oder ethische Fragen. Jetzt nun, wo die letzteren den veränderten Zeitverhältnissen so gut wie völlig zum Opfer gefallen waren, mussten sich naturgemäss die Skrutinien um so mehr ausbreiten. Man hatte es mit unmündigen Kindern zu thun, aber man unterstellte dieselben jenen hergebrachten liturgischen Akten, welche nur dann einen Wert hatten, wenn sie vom Empfänger in ihrer sittlichen Bedeutung gewertet werden konnten, nicht aber wenn man sie als magisch wirkende opera operata auffasste. Freilich konnte man sich dabei auf die Autorität keines Geringeren als Augustins selbst berufen, der im Gegensatz zu den Pelagianern jenem mechanischen Arbeiten an unmündigen Kindern mehr als einmal das Wort geredet hatte.[1]

Die geschilderte Krisis vollzieht sich nun im allgemeinen derart, dass man die alten Katechisationen zu kurzen liturgischen Lektionen und Ansprachen zusammenschrumpfen lässt, bei den Skrutinien sodann auf jede Prüfung oder Selbstprüfung ver-

---

[1] De symbolo sermo ad catechumenos 1, 2: Non ergo creatura dei in infantibus exorcizatur aut exsufflatur, sed ille sub quo sunt omnes qui cum peccato nascuntur. — De nuptiis et concupiscentia II 29, 50: Ex illo cooperant in ecclesia dei parvuli baptizandi exorcizari et exsufflari, ut ipsis mysteriis ostenderetur non eos in regnum Christi, nisi erutos a tenebrarum potestate, transferri. — Epistol. class. III 194 ad Sixt. Rom. presb. c. 10, 43: Ubi apertissime demonstrantur infantes, et cum exorcizantur et cum ei ss per eos, a quibus gestantur, renuntiare respondent, a diaboli dominatione liberari. Vgl. c. 10, 46. — Vgl. Caelestin. pap. epist. 21 ad episcop. Galliar. c. 12, 13 ML 50, 536: Ut tunc vere appareat, quomodo princeps mundi huius mittatur foras, et quomodo prius alligetur fortis. et deinceps vasa eius diripiantur.

zichtet und endlich die bescheidenen symbolischen Handlungen der alten Zeit in steigendem Masse künstlich ausgestaltet.

Äusserlich angesehen trat also in den meisten Fällen eine Verkürzung und Beschränkung der an dem Taufkandidaten vorzunehmenden Veranstaltungen ein. Ja es wäre nicht schwer gewesen — wie es denn auch später geschehen ist — in einem einzigen Skrutinium alles das symbolisch wiederzugeben, was als wirkliche Erziehung und Belehrung in früherer Zeit mehrere Wochen in Anspruch nahm. Aber wie gesagt, zu einer solchen radikalen Umgestaltung des Katechumenenritus konnte sich das 6. Jahrhundert noch nicht entschliessen. Die vier letzten Fastenwochen etwa mussten nach wie vor mit der Arbeit an den Täuflingen ausgefüllt werden. Und da nun jene, die alte Katechumenatserziehung abbildenden symbolischen Handlungen einer eigentlichen Steigerung nicht fähig waren, so wurden sie in ermüdender Häufigkeit wiederholt.

Mit heiliger Begier waren einst die Kompetenten wöchentlich mehrmals, vielleicht täglich zu den Katechisationen und Skrutinien geeilt. Erfuhren sie doch hier mit wachsender Spannung eine Förderung ihrer Erkenntnis, eine Reinigung ihres sittlichen Empfindens, wurden sie doch unter Wonneschauern aus einer Klarheit in die andere geführt, immer einen Schritt näher dem wundervollen heissersehnten Ziele.

Das alles fiel jetzt fort. Von einer Steigerung der Eindrücke und Einwirkungen war nicht mehr die Rede, sondern nur von lästiger Wiederholung. Und selbst wenn ein Fortschritt in jenen symbolischen Handlungen nachweisbar gewesen wäre, so hatten diejenigen, denen sie galten, keine Empfindung davon, die unmündigen Kinder.

Es berührt uns eigentümlich zu sehen, wie diese Kleinen mehrmals wöchentlich auf den Armen der Paten in die Kirche getragen werden, damit in ihrer Gegenwart jene symbolischen Handlungen von Geistlichen und Paten vorgenommen werden; wie man sie hinausweist, weil in der Gottesdienstordnung Stücke an die Reihe kommen, welche einst den Heiden gegenüber als Geheimnisse der Kirche galten, und wie man sie dann zu solchen gottesdienstlichen Partieen wieder hereinruft, an denen von alters her auch den Ungetauften erlaubt war teilzunehmen.

Den Kindern selbst mögen jene Ceremonieen wenigstens nicht lästig gewesen sein. Aber die armen Paten muss man bedauern, welche vier Wochen hindurch Zeuge davon sein mussten, wie man in eintönigster Weise eine Fiktion aufrecht zu erhalten suchte, an welcher einzig und allein der übertriebene Konservativismus des Klerus ein Interesse hatte. Es ist daher wohl auch nicht zufällig, wenn nicht nur jedes Skrutinium, sondern sogar jeder Skrutiniumsabschnitt damit beginnt, dass die Kinder von den Akoluthen namentlich aufgerufen und reihenweise aufgestellt werden. Denn man wird kaum einen tieferen symbolischen Sinn hinter dieser Massregel zu suchen haben, die vielmehr sicherlich nur ihre guten praktischen Gründe hatte. Mancher Pate mag es nicht für eine Sünde gehalten haben, samt seinem Patenkinde einem Skrutinium oder wenigstens einem Teile eines solchen aus dem Wege zu gehen. Die Taufe wäre ohne Frage noch immer wirksam gewesen. Nur für die Kirche kam es darauf an, einer solchen Vernachlässigung ihrer Ordnungen und Ceremonieen vorzubeugen.

Eine in das Einzelne gehende Darstellung jenes merkwürdigen ceremoniellen Systems wird den Nachweis liefern, wie ein mit Formeln übersättigtes Geschlecht zeitweise einer Belehrung entraten zu können meinte, welche der Kirche in früheren Jahrhunderten als unumgänglich nötig erschienen war, mit anderen Worten, wie in demselben Masse, als das Ceremonieenwesen der Skrutinien um sich greift, die Einführung der jungen Christen in den Inhalt des christlichen Glaubensbekenntnisses zurücktritt.

---

§ 10. Spanische Liturgiker.

Ein vortreffliches Beispiel des liturgischen Zwitterzustandes bietet während des 6. und 7. Jahrhunderts die Kirche Spaniens in ihren verschiedenen Teilen.

Für den Süden der Halbinsel kommt als Gewährsmann vorzugsweise Bischof Isidor von Sevilla in Betracht. Denn seine beiden diesbezüglichen Werke, die Offizien und die Sentenzen,[1]) blieben auf Jahrhunderte hinaus die unerschöpfliche Fundgrube für alle gottesdienstlichen Schriftsteller und haben insbesondere die liturgischen Anschauungen des karolingischen Zeitalters aufs stärkste beeinflusst. Da ist es nun interessant zu beobachten, wie viele der späteren Zeit durchaus geläufige liturgische Dinge sich bei Isidor noch nicht finden, wie dieser Forscher, der doch alle möglichen gottesdienstlichen Details mit grösstem Eifer sammelte und erklärte, gleichwohl in demjenigen, was er von der Taufvorbereitung berichtet, auf einem durchaus altmodischen Standpunkte zu stehen scheint. Von jener Fülle der die Taufe einleitenden Ceremonieen, speciell von den Skrutinienmessen, welche damals von Rom aus den ganzen Westen Europas zu erobern begannen, hat der Bischof von Sevilla um die Wende des 6. und 7. Jahrhunderts noch keine Ahnung.[2]) Deshalb genügt er auch trotz aller Wertschätzung, die er bei späteren Geschlechtern findet, den Vertretern eines entwickelteren Kultus allein bald nicht mehr. Man schreibt ihn aus, aber man ergänzt und vermehrt diese Excerpte zugleich durch solche aus modernen Liturgikern.[3])

[1]) Vgl. über Symbol und Katechumenat: De ecclesiasticis officiis I 28, II 21—27. Sententiarum libris tres I 21. Ausserdem: Excerpta canonum IV 6. 21. 28. 31. Concilia Hispaniae 38 c. 42. 45 (Eliberitanum), 62 c. 2 (Toletanum XVII), 64 c. 49 (Bracarense II). Etymologiarum lib. VI c. 19, 43—58. Ml. 83. 84. 82.

[2]) Mayer (Gesch. d. Katechumenat. S. 122) folgert daraus mit Unrecht, dass es deshalb auch in Rom zu dieser Zeit noch keine Skrutinien gegeben haben dürfte. Vielmehr hat gerade Spanien sehr lange an altkirchlichen Gewohnheiten und Anschauungen festgehalten. Vgl. auch die liturgischen Zugeständnisse Gregors des Grossen in seinem Briefe (Epist. lib. I 43) an Bischof Leander von Sevilla, der auf dem 4. Konzil von Toledo 633 verlesen und den Akten desselben (cap. 6) eingefügt wurde. Mansi, conc. coll. X 618 sqq. Hefele, Conciliengesch. (2) III 80.

[3]) So ist z. B. die Schrift über die Taufe, welche Odilbert von Mailand an Karl den Grossen richtete (Mabillon, Vet. anal. 1723 p. 77. Caspari, Alte und neue Quellen S. 286 Anm. 14. Kattenbusch, D. apost. Symb. I 177. 210) nichts anderes als ein Excerptenkonglomerat aus Isidor, dem römischen Diakonen Johannes und anderen Liturgikern. Die noch nicht edierte Handschrift, ein Sanblasiensis bezw. Augiensis aus dem 10. Jahrh., befindet sich in St. Paul im Lawantthal (Kärnten).

Als Taufbewerber setzt Isidor sowohl Erwachsene als Kinder voraus. Indessen ist die Behandlung derselben, im Ceremoniell wenigstens, durchweg die gleiche; denn ein jeder, der zum Glauben kommen will, muss erst Katechumene, sodann Kompetent gewesen sein.

Katechumenen sind Hörer. Ihnen werden die Grundbegriffe des Christentums mitgeteilt: „Höre, Israel, der Herr unser Gott ist ein einiger Herr". Auf dieser Stufe wendet man den Götzen den Rücken und kehrt sich zu dem einen Gott. Auch entspricht diese Stufe zugleich dem vorbereitenden Stadium derer, die nur die Taufe des Johannes empfangen hatten. Des näheren wird dann der Katechumenat durch drei bestimmte Ceremonieen repräsentiert, durch die Exorcisation, die Salzdarreichung und die Salbung.

Der zu exorcisierende Katechumene hat sein Vorbild an dem mondsüchtigen Knaben, den der Herr unmittelbar nach der Verklärung heilte; die Mittel der Exorcisation sind Wort und Anhauchung; der Zweck der, dass der nunmehr gewissermassen Geheilte seinerseits dem Teufel entsagen kann. Er thut dies persönlich oder, wenn es ein Kind ist, durch die Paten.

Durch das Salz erhalten die Katechumenen die Würze der Weisheit, besonders aber soll es sie an Lots Weib, die Salzsäule, erinnern. Auch sie, die eben dem Teufel entsagt haben, könnten in Gefahr kommen, rückwärts zu schauen.

Über Ceremoniell und Idee der Salbung endlich finden sich bei Isidor keine näheren Angaben.[1]

Der Unterschied zwischen diesem Katechumenat und dem der Alten Kirche liegt auf der Hand. Es sind nur Ceremonieen, von denen Isidor zu berichten weiss, Ceremonieen, die zwar in bescheidenem Umfange auftreten, aber doch das Recht der Ausschliesslichkeit für sich in Anspruch nehmen. Denn davon, dass es für den Katechumenen vor allem darauf ankommt, sich vermittelst einer zweijährigen Vorbereitungszeit in die

---

[1] Vielleicht gehörte dieselbe irgendwie zum Exorcismus. Ildefons. de cognit. bapt. c. 14. 21. Vgl. Kraus, Realencyklopädie I 470 nr. 6.

religiöse und sittliche Denkweise der Gemeinde einzuleben, ist so gut wie gar nicht mehr die Rede.[1])

Darum ist es auch nur Wortklauberei, wenn nach wie vor zwischen Katechumenen und Kompetenten unterschieden wird. Vielmehr besteht eine wirkliche Differenz zwischen beiden so wenig, dass man nur um der ehemaligen Zweiteilung willen die beiden Namen auch fernerhin als Überschriften für die Gruppen des der Taufe vorangehenden Ceremoniells beibehält. Immerhin bleibt es bedeutsam, dass erst auf der höheren, weil dem Taufakt näheren Stufe das Symbol als das charakteristische Merkmal der Kompetentenzeit erscheint.

Denn nachdem die „Hörenden" zu „Bittenden" geworden sind, denen es um den Eintritt in die christliche Gemeinschaft ernstlich zu thun ist, teilt man ihnen am Palmsonntag[2]) nach der Ceremonie der Kopfwaschung[3]) die heiligen Geheimnisse, Symbol und Vaterunser,[4]) mit. Indem Isidor hierüber referiert, versäumt er nicht, Entstehung, Namen und Bedeutung des Symbols zu besprechen. Obwohl er dabei durchaus nichts Neues bringt, so sind doch diese seine Definitionen um seines persönlichen Ansehens willen von den späteren Liturgikern unaufhörlich wiederholt worden.

---

[1]) Synode von Elvira ca. 306 c. 42: Intra biennium temporum placuit ad baptismi gratiam admitti debere. c. 45: Qui aliquando fuerit catechumenos et per infinita tempora nunquam ad ecclesiam accesserit, placuit ei baptismum non negari Hefele, Conciliengesch. I 174. 175. Vgl. damit Isidor, de eccl. offic. II 22: Competentes sunt, qui iam post doctrinam fidei, post continentiam vitae ad gratiam Christi percipiendam festinant.

[2]) De eccl. offic. I 28: Hoc die symbolum competentibus traditur propter confinem dominicae paschae solemnitatem, ut, quia iam ad dei gratiam percipiendam festinant, fidem quam confiteantur agnoscant.

[3]) L. c.: Vulgus ideo eum diem capitilavium vocant, quia tunc moris est lavandi capita infantium qui ungendi sunt, ne forte observatione quadragesimae sordidata ad unctionem accederent. Daraus geht mit ziemlicher Sicherheit hervor, dass die Sitte eine Reminiscenz an das besonders in Afrika übliche Vollbad der Taufkandidaten am Gründonnerstag ist, welches der Reinlichkeit halber die Fastenaskese unterbrach.

[4]) De eccl. offic. II 22: Iam catechizantur i. e. imbuuntur instructione sacramentorum. Sentent. I 21: Fidei symbolum et dominica oratio pro tota lege parvulis ecclesiae ad coelorum regna sufficit capessenda. Vgl. De eccl. offic. II 23.

Nicht viel anders als in den spanischen Südprovinzen lagen die Verhältnisse in den galläcisch-suevischen Gemeinden.

Das Osterfest, an welchem die Taufe vollzogen zu werden pflegte, wurde von alters her und bis um die Mitte des 6. Jahrhunderts, wenn auch nicht von allen, so doch von sehr vielen Gemeinden in Gallien regelmässig am 25. März begangen. Der Tag galt als Datum der Auferstehung Christi. „Warum sollen wir mit den Juden das Osterfest nach dem Monde berechnen?"[1] Auch in Galläcien jenseits der Pyrenäen konnte man sich nicht darein finden, im strikten Gegensatz zu Weihnachten Ostern als bewegliches Fest zu nehmen, das zwischen den 22. März als Anfangs- und den 21. April als Endtermin zu fallen habe. Indessen drang diese Opposition nicht durch. Mit der Katholisierung der galläcischen Kirche ging innerhalb derselben auch eine planmässige Centralisierung der Liturgie Hand in Hand. Das bezeugen schon die Beschlüsse der ersten Synode von Braga,[2] welche Gleichmässigkeit im Chorgesang sowie Übereinstimmung in den Lektionen fordern, für die Messe und die Taufceremonieen aber als unabänderliche Richtschnur jenen Mess- bezw. Taufordo einschärfen, den einst Metropolit Profuturus von Braga direkt vom Papst erhalten hatte. Damit war in der Hauptsache also die liturgische Gleichförmigkeit zwischen der römischen und der galläcischen Kirche ein für allemal zum

---

[1] So die unechten, wenngleich alten Akten der palästinensischen Synode, welche nach Euseb. hist. eccl. V 25 im letzten Jahrzehnt des 2. Jahrhunderts in betreff des Osterfestes gehalten wurde, bei Baluze, Nova coll. concil. I 13—16. Sodann Martinus von Braga. De pascha c. 1 Ml. 72, 49 sq.: Sicut a plerisque gallicanis episcopis usque ante non multum tempus custoditum est, ut semper VIII. Kal. April. diem paschae celebrarent, in quo facta resurrectio Christi traditur. Vgl. Caspari, Martin von Bracaras Schrift de correctione rusticorum S. XLVI ff.

[2] A. 561 (span. Aera a. 599). Caspari, Martin von Bracara u. s. w. S. XIV Anm. 3. Von Hefele (Conciliengesch. III 15—20), der sie als zweite Synode von Braga (die erste a. 411 Hefele II 104) zählt, fälschlich in das Jahr 563 gesetzt. Die betreffenden Kanones sind 1. 2. 4. 5. Mansi conc. coll. IX 777. Vgl. 2. Synode von Braga 572 (span. Aera 610) can. 1. Mansi l. c. IX 836 Hefele a. a. O. III 29 f.: Placuit omnibus episcopis atque convenit, ut per singulas ecclesias episcopi per dioeceses ambulantes primum discutiant clericos, quomodo ordinem baptismi teneant vel missarum et quaecumque officia quomodo peragantur.

Gesetz erhoben. Fortan teilten die beiden suevischen Metropoliten jedesmal Jahrs zuvor das betreffende Datum des Osterfestes ihren Bischöfen mit, und diese wiederum gaben dasselbe am Weihnachtstage nach der Evangelienlektion mit einer kurzen Ermahnung ihrer Gemeinde kund.[1]) Nunmehr war jeder über den Anfang der nächsten Fastenzeit orientiert.

Indessen liess man diese letztere zur Hälfte vorübergehen, ehe man die Vorbereitungen zur Taufe traf. Denn erst zwanzig Tage vor Ostern traten die Katechumenen zu Exorcisationen und zur Einübung des Symbols, das sie am Gründonnerstag zurückzugeben hatten, zusammen.[2])

Man hat diese kurze Frist befremdlich gefunden, und in der That bedeutet sie, trotz der Berufung auf die „alten Kanones", eine Neuerung gegenüber der weit längeren Taufvorbereitung in der Alten Kirche. Indessen eine Neuerung, die überaus leicht sich erklärt. Denn für blosse Ceremonieen, die vorzugsweise an Kindern vorgenommen wurden, konnte manchen eine Kompetentenzeit von drei Wochen schon viel zu lang erscheinen.

Aber auch für erwachsene Taufbewerber genügte ein solch beschränkter Zeitraum. Handelte es sich doch auch für sie schliesslich nur darum, sich das Taufsymbol dem Wortlaut nach anzueignen, denn die Bedeutung desselben für die Taufe fing an, einen veränderten Charakter zu bekommen. Es ist wohl nur eine antiquarische Reminiscenz, wenn Isidor nach wie vor in ihm die knappe und doch völlig ausreichende Zu-

---

[1]) 2. Synode von Braga c. 9. Mansi l. c. IX 840. Hefele a. a. O. III 30.

[2]) 2. Synode von Braga c. 1 (vgl. oben S. 18 Anm. 2): Hoc modis omnibus praecipere, ut, sicut antiqui canones iubent, ante viginti dies baptismi ad purgationem exorcismi catechumeni currant: in quibus viginti diebus omnino catechumeni symbolum, quod est: Credo in deum patrem omnipotentem, specialiter doceantur. c. 9: Mediante quadragesima ex diebus viginti baptizandos infantes ad exorcismi purgationem offere. Vgl. auch unter den zwischen der 1. und 2. Synode von Braga von Martin zusammengestellten 84 älteren Kanones, den sog. Capitula Martini (Caspari a. a. O. XXXVII—XLI), das cap. 49: Non licet ante duas septimanas paschae, sed ante tres ad baptismum suscipere aliquem. Oportet autem in ipsis diebus, ut hi qui baptizandi sunt, symbolum discant et quinta feria novissimae septimanae episcopo vel presbytero reddant. Mansi l. c. IX 855. Hefele a. a. O. III 30.

zammenfassung des Schriftinhaltes, das verbum abbreviatum,[1]) sieht. Und ebenso mutet es an wie ein Gruss aus einer anderen Welt, wenn Ildefonsus, indem er das Taufritual seiner Zeit bespricht, zugleich eine eingehende Erklärung des Symbols anzufügen für nötig hält.[2]) Eine solche Gabe mochte im allgemeinen für Spanien damals noch ebenso erwünscht sein, wie sie dies zur Zeit des Venantius für Franken gewesen war. Aber in den wenigen, der Taufvorbereitung gewidmeten Fastenwochen machte man von ihr wohl dort wie hier nur einen relativ geringen Gebrauch.

Denn in demselben Masse, als das Symbol in der Taufvorbereitung zurücktrat, wurde es zu einem integrierenden Bestandteil des Taufaktes selbst. Und während früher die Belehrung über den Inhalt des Symbols, über die zwölf Artikel die Hauptsache bildete, bemerkt man nunmehr, wie der Akt des Bekennens zu den im Symbol ausgesprochenen Heilsthatsachen in den Vordergrund tritt.

Etwas Ähnliches war ja freilich zu allen Zeiten nachweisbar gewesen, aber so rückhaltlos wie Bischof Martin von Braga dürfte zuvor noch niemand gerade diesen Gesichtspunkt beim Symbol betont haben.[3]) Schon war auch die Abgabe des Namens, welche früher die Kompetentenzeit einleitete, dicht an den Taufakt selbst herangerückt worden. Denn hier am Taufbrunnen fragte man den Täufling oder, sofern er unerwachsen war, seinen Paten: Wie heissest du? Antwort: Johannes. Der Priester fährt fort: Johannes, entsagst du dem Teufel und seinen Engeln und allen seinen bösen Werken? Entsagst du? Auf die bejahende Antwort

---

[1]) Sentent. 1 21.
[2]) Vgl. oben S. 182 Anm. 2.
[3]) De correctione rusticorum c. 15: Vos ergo, fideles, qui in nomine patris et filii et spiritus sancti ad Christi baptismum accessistis, considerate, quale in ipso baptismo pactum cum deo fecistis. Nam cum singuli nomen vestrum dedistis ad fontes etc. Ecce ergo considerate, quale pactum cum deo sociatis in baptismo: Promisistis, vos abrenuntiare diabolo et angelis eius et omnibus operibus eius malis, et confessi estis, credere vos in patrem et filium et spiritum sanctum et sperare vos in fine saeculi carnis resurrectionem et vitam aeternam. c. 16: Ecce qualis cautio et confessio vestra apud deum tenetur!

hin heisst es drittens: Glaubst du an Gott den allmächtigen Vater? Ich glaube. An Jesus Christus? Ich glaube. Glaubst du an den heiligen Geist? Ich glaube. Hierbei machen die drei Glaubensfragen den vollen Wortlaut des Symbols aus.

Damit ist die Rückgabe des Symbols am Gründonnerstag in die bescheidene Stellung einer Probeleistung verwiesen, durch welche festgestellt wird, ob Taufkandidaten bezw. Paten den Wortlaut des Symbols sich angeeignet haben. Die altehrwürdige Sitte dient praktisch nur noch dazu, etwaige peinliche Überraschungen beim eigentlichen Taufakte unmöglich zu machen. Denn der Nachdruck liegt auf dem am Taufbrunnen selbst abzulegenden Bekenntnis. Hier wird der Bund mit Gott definitiv geschlossen. Es findet eine feierliche Abmachung statt des Inhaltes, dass die zu Taufenden für alle Zeiten dem Teufel und allem, was teuflischer Art ist, den Rücken kehren und sich zugleich dem dreieinigen Gott im Glauben zuwenden und auf die Auferstehung des Fleisches und das ewige Leben ihre Hoffnung setzen. Wenn je der Getaufte in einem dieser Punkte anderen Sinnes wird, wenn er sich irgendwie mit heidnischem Kultus einlässt oder sich in seinen christlichen Pflichten lax zeigt, so steht er dem Meineidigen gleich. Denn jene beiden Formeln beim Taufakte sind Gelöbnisse an Eides Statt. Die wichtigere von ihnen aber ist das apostolische Glaubensbekenntnis.

Während also zwischen Katechumenat und Kompetentenzeit nur dem Namen nach noch ein Unterschied besteht, ist die letztere offiziell auf drei Wochen reduciert und vorwiegend mit Exorcisationsceremonieen ausgefüllt. Denn das Symbol wird zwar noch am Palmsonntag übergeben und am Gründonnerstag zurückgegeben, aber einerseits schliesst der geringe Zeitraum zwischen beiden Terminen die Möglichkeit aus, auf Grund des Symbols einen erspriesslichen Kompetentenunterricht zu erteilen, andrerseits legt die nur beiläufige Erwähnung einer Symbolübergabe und -rückgabe den zwingenden Schluss nahe, dass auch jene beiden liturgisch noch immer glänzenden Akte gleichwohl nur die Ceremonieen eines Scheinkatechumenates repräsentieren, während die wahre Bedeutung des Symbols für die Gemeinde zur Zeit anderswo zu suchen ist. Und dieses

10. Spanische Liturgiker.

Urteil dürfte für die gesamte spanische Kirche in jener Zeit gelten. Denn schon frühe erstreben eine Reihe von Konzilienbeschlüssen liturgische Gleichförmigkeit zwischen den toletanischen und den galläcischen Gemeinden.[1])

Bei dem beherrschenden Einfluss aber, welchen Toledo damals auf ganz Spanien ausübte, kann es nicht minder zweifelhaft sein, dass jene kirchliche Centralisation in Spanien auf nichts anderes hinauslief als auf eine allmähliche Verbreitung der toletanischen Liturgie in den Provinzen. Wer deshalb die liturgischen Verhältnisse der Hauptstadt kennt, ist damit zugleich über diejenigen in den Provinzen orientiert.

Eine glückliche Fügung hat nun aber überaus wichtige Urkunden der Kirche von Toledo aus dem 7. Jahrhundert der Nachwelt erhalten.[2]) Mit ihrer Hilfe lässt sich leicht ein Bild zusammenstellen, wie man es damals in Spanien mit Katechumenat und Taufe gehalten hat.

Am Sonntag Lätare findet die Einzeichnung der Taufkandidaten beim Bischof oder beim Presbyter statt. Die Predigt im Gottesdienst heisst sie willkommen und schärft ihnen als

---

[1]) Vgl. 1. Synode von Braga can. 2. Mansi l. c. IX 777. Hefele a. a. O. III 18: Ut per solemnium dierum vigilias vel missas omnes easdem et non diversas lectiones in ecclesia legerent. — 4. Synode von Toledo can. 2. Mansi l. c. X 616. Hefele a. a. O. III 80: Unus ordo orandi atque psallendi nobis per omnem Hispaniam atque Galliam conservetur, unus modus in missarum solemnitatibus, unus in vespertinis matutinisque officiis, nec diversa sit ultra in nobis ecclesiastica consuetudo, qui in una fide continemur et regno. Vgl 11. Synode von Toledo can. 3. Mansi l. c. XI 138. Hefele a. a. O. III 115.

[2]) Über die Annotationes de cognitione baptismi des Ildefonsus von Toledo (Ml. 96, 111—172), welche c. 20—30 die Katechumenatsceremonieen, c. 31—35 das Symbol im allgemeinen, c. 36—95 die einzelnen Artikel desselben, c. 96—142 die Taufceremonieen enthalten, vgl. Caspari, Quellen II 153. 162 Anm. 137, sowie Wagenmann in R.E. (2) VI 697. Alles Übrige findet sich vereinigt in den Anecdota Maredsolana, Vol. I (Liber Comicus sive lectionarius missae quo Toletana ecclesia ante annos mille et ducentos utebatur, vgl. Rev. Bénéd. 1895 p. 391s.), dem verdienstvollen Werke des Dom Germain Morin. Man findet hier vor allem das Lektionar (Liber Comicus) und das Homiliar von Toledo, beide zum ersten Male bekannt gegeben auf Grund zweier Handschriften des 11. und des beginnenden 12. Jahrhunderts, welche sich früher in dem jüngst wieder bevölkerten altcastilischen Kloster Silos befanden und jetzt Eigentum der Pariser

erstes das Gebot ein: Höre Israel, der Herr unser Gott ist ein einiger Herr (Deuter. 6, 4).[1]) Damit sind sie Katechumenen und haben sich an den folgenden zwanzig Tagen bis zur Osternacht der Taufvorbereitung im engeren Sinne zu unterstellen. Dieselbe bestand aber vorzugsweise in Exorcismen und in der Aneignung des apostolischen Symbolums, das in dieser Zeit erklärt, dem Wortlaute nach übergeben, memoriert und zurückgegeben wurde. Zu diesem Behufe fanden täglich nachmittags 3 Uhr Kompetentengottesdienste statt, für welche uns die Perikopen noch erhalten sind.[2])

Noch herrschte die alte Zweiteilung der Messe, aber unter den Taufkandidaten gab es ebensowohl Kinder als Erwachsene.[3]) Das hatte zur Folge, dass die Vorbereitungsgottesdienste nicht nach einem einheitlichen Schema gehalten werden konnten. Schon der Eintritt war ein zwiespältiger. Wie der Taufe Christi zur Vergebung der Sünden die Taufe Johannis zur Busse voranging, so galt auch den späteren Geschlechtern die Busse als der erste Schritt zum Eintritt in die Kirche. Ihn thaten die Erwachsenen, indem sie ihre Sünden bekannten. Bei den Kindern musste man sich mit einem von alters her bekannten symbolischen Akt, dem Gehen über ausgebreitete rauhe Felle, begnügen. Denn indem die Kinder sich dieser Ceremonie unterzogen, teilten sie gewissermassen das Leben des in Kamelshaare gekleideten Wüstenpredigers.[4])

Nationalbibliothek (nov. acq. lat. 2171), bezw. des Britischen Museums (addit. 30 853) sind.

[1]) Anecd. Mared. I 411: Sermo in vicesima legendus. Homo ille, quem deus bona voluntate condidit ad imaginem et similitudinem suam, tibi dicitur, Esto caticuminus et auditum prebe. Veni ad cognitionem dei, ut nomen per officium adnotationis meae scribendum in libro vitae. L. c. p. 423: Ideo enim ante plures dies paschae nomen vestrum offertis. Ildefonsus l. c. c. 20.

[2]) Anecd. Mareds. I 109—143 (Montag nach Lätare bis Mittwoch nach Palmsonntag).

[3]) Vgl. Anecd. Mareds. I 408: Sermo de nativitate domini. Post paululum enim missa audientium celebrabitur, ad fidelium sacramenta venimus. Von der Einladung und seelsorgerlichen Behandlung Erwachsener spricht Ildefonsus u. a. l. c. c. 17. 18, von der Taufe von Kindern c. 106.

[4]) Ildefonsus l. c. c. 14: Hinc itaque est quod per stramenta ciliciorum ad oleandum sacerdotibus parvuli deducuntur, ut poenitentiae signum habeant

Dieser Unterschied bleibt natürlich massgebend für die folgenden Wochen. Zwar werden Exorcisationen, Insufflationen, Salbungen, Signationen¹) an den Erwachsenen ebenso vollzogen wie an den Kindern, aber jene haben vor den letzteren die eigentliche Taufbelehrung voraus, und sie unterziehen sich allerlei Leistungen, welche bei den Kindern entweder in symbolische Formeln aufgelöst oder von den Paten übernommen werden.²)

Die Taufbelehrung etwaiger erwachsener Katechumenen geschah nach alter Sitte in Form von Katechesen.³) Der Taufkandidat ward an die sittlichen Pflichten erinnert, die ihm das neue Leben auferlegt; es werden ihm die kirchlichen Ceremonieen erklärt, und vor allem führt man ihn in die christliche Glaubenslehre an der Hand des Symbols ein. Freilich kann diese letztere Thätigkeit angesichts der kurzen Frist — mag es sich nun um die drei Wochen von Lätare bis Ostern oder um die fünf Tage von Palmsonntag bis Gründonnerstag handeln — nur mehr Formsache gewesen sein. Auch irgendwelche selbständige Gedanken wird niemand in diesen Symbolkatechesen suchen. Wenigstens hat eine auf uns gekommene Vorlage solcher Katechesen starke Anleihen bei Augustin gemacht, daneben freilich auch den Landsmann Isidor mit Vorliebe herangezogen.⁴)

---

propter opus, qui poenitentiae opera demonstrare non possunt propter aetatis tempus. Maiores autem aetate cum advocari ad fidem coeperint, per se poenitentiam exhibant de erroribus pristinis, in quibus aut generaliter vixerunt aut idolis servierunt. c. 21: Ili si maiores aetate sunt cum actione poenitendi veniunt. Si minores sunt, in signo poenitentiae per stramenta ciliciorum a ministris deducuntur ad sacerdotem, ut qui per se non possunt agere poenitentiae opus, in se habeant poenitentiae signum propter aetatis minimae tempus; et hoc tenentur in poenitendi effecta, quod notatur in poenitentiae signo. Zu der merkwürdigen Ceremonie vgl. oben S. 54.

¹) Die Signation erwähnt Ildefonsus l. c. c. 30: Si dixerimus catechumenis: Creditis in Christum, respondent: Credimus, et signant se; iam crucem Christi portant in fronte et non erubescunt de cruce domini sui.

²) Über die Patenpflichten vgl. Ildefonsus l. c. c. 114.

³) Eine solche findet sich im Homiliar von Toledo, Anecd. Mareds. I 423. Sie stimmt anfangs überein mit der Moralkatechese des Caesarius von Arelate (August. opp. Tom. V Appendix Sermo 267, vgl. oben S. 169 Anm. 1). Dann folgen Erinnerungen an die nominis datio, manus impositio, unctio.

⁴) Es sind die c. 32—35 bei Ildefonsus von Toledo, vgl. oben S. 182

Liturgisch gipfelt die Taufvorbereitung vorwiegend in den Feierlichkeiten des Palmsonntages.[1]

Zwei Gottesdienste fanden statt, eine Matutin und eine Messe.

Die Exorcismen, welche von eigens beauftragten Exorcisten unter Handauflegung über die Katechumenen gesprochen wurden, und deren Formeln in besonderen Büchern niedergelegt waren, kommen wohl auch in anderen Katechumenengottesdiensten vor.[2] Dagegen erfährt jene Palmsonntagsmatutin eine besondere Auszeichnung durch das ihr eigentümliche Effeta, die Salbung der Katechumenen an Ohren und Zunge mit Öl auf Grund von Mark. 7, 31—37, dessen Verlesung als dritter Perikope sich denn auch den beiden Lektionen Jes. 49, 22—26 und 1. Petr. 1, 25—2, 10 anschliesst, während eine Predigt über denselben Gegenstand die Täuflinge über Wesen und Bedeutung der soeben an ihnen vollzogenen Ceremonie aufklärt. Dieselbe galt als Vorstufe der bald darauf stattfindenden wichtigsten Feier. Denn wem die Ohren geöffnet waren, der vermochte den Wortlaut des Symbols in sich aufzunehmen, und wem der Priester die Zunge gelöst hatte, der war im stande, dasselbe freimütig zu bekennen.[3]

Anm. 2. Sie benutzen von Augustin die Schriften De fide et symbolo, Enchiridion, De doctrina christiana, von Isidor die Offizien und Etymologien.

[1] Dass es sich nur um den Palmsonntag handeln kann, geht unzweifelhaft aus der Übereinstimmung von Ildefonsus l. c. c. 28 und Anecdota Maredsolana I 132 sq. hervor. Dieser Termin entsprach altspanischer Gepflogenheit vgl. Isidor. de eccl. offic. I 28. Damit erledigt sich der Zweifel Mayers (Gesch. d. Katechumenats S. 122).

[2] Ildefonsus l. c. c. 21—26, bes. c. 22: Exorcidiantur ii exorcismis ab his qui ex eo nomine exorcistae dicuntur. Qui tali officio deputati com ordinantur, sicut canones iubent, accipiunt de manu episcopi libellum in quo scripti sunt exorcismi. c. 24: Ut ipsa expulsio invisibilis hostis quadam fieri expugnatione visibili contempletur, ita ut et catechumenus terreatur consideratione auditus, et fidelis incitetur aggressione conflictus. — Die Handauflegung wird ebensowohl beim Exorcismus wie bei der Salbung erwähnt. Die Anhauchung ist neben der Exorcisation nur von sekundärer Bedeutung. Die Darreichung von Salz an die Katechumenen war in Spanien nur teilweise üblich, vgl. Ildefonsus l. c. c. 26: Ii in nonnullis locis, ut refertur, sales accipiunt, velut significato sapientiae condimento.

[3] Ildefonsus l. c. c. 21. 27. 28. 29. Anecd. Mareds. I 132—134. 411: Sermo de effetatione. Filioli, quum baptizati fueritis, tenete vitam bonam.

§ 10. Spanische Liturgiker. 197

So folgte auf das nächtliche Effeta als Vorbedingung alsbald die Übergabe des Symbols an die Katechumenen, die in der Regel erst von diesem Momente an den Namen Kompetenten führten.[1]) Das Evangelium des Tages gedachte der Salbung Christi in Bethanien und erst in zweiter Linie seines Einzuges in Jerusalem. Als Epistel figurierte 2. Joh. 9—17. Ganz speciell auf die Katechumenen aber war die alttestamentliche Lektion zugeschnitten: sie bestand aus einer Anzahl von Mahnungen und Warnungen, die man verschiedenen Kapiteln des Exodus und des Deuteronomium entnommen hatte.[2])

---

[1]) Ildefonsus l. c. c. 30: Nam sicut ex eo quod dei audiendo cognitionem audiens dicitur, sic ex eo quod accepto Symbolo iam petit gratiam dei, competens vocatur. Hingegen c. 31: Dehinc tradendum est symbolum, ut is qui domini praeceptum audivit, qui divini magisterii gratiam petiit, verae fidei regulam accipiat. Vgl. c. 30: (Competentes) petunt baptismatis sacramenta. Ihre Leistungen sind demzufolge: abstinentes animam a delictis, corpus ab epulis.

[2]) Anecd. Mareds. I 134—138. Evangelium: Joh. 11, 55—12, 13. Daher dies unctionis. An ihm fand auch die Weihe der hl. Öle statt. Vgl. oben S. 151 Anm. 2. Die alttestamentl. Lektion ist zusammengesetzt aus Exod. 19, 4. 5. Deuter. c. 5. 6. 4. 10. 11. 30. 28 passim. Anecd. Mareds. I 134.

Von einer freien Symbolerklärung ist also nicht mehr die Rede. Vielmehr lautet der Text dieser Ansprache, die im Anschluss an die Symbolkatechese Augustins (3ll. 40, 627—636, vgl. oben S. 44) in der mozarabischen und in der toletanischen Liturgie wörtlich übereinstimmt, nur kurz folgendermassen: Carissimi, accipite regulam fidei, quod symbolum dicitur. Et cum acceperitis, in corde scribite et quotidie apud vosmetipsos dicite. Antequam dormiatis, antequam procedatis, vestro symbolo vos munite. Symbolum nemo scribit, ut legi possit; sed ad recensendum, ne forte deleat oblivio quod non tradidit lectio, sit vobis codex vestra memoria. Quod audituri estis hoc credituri et quod credituri hoc etiam lingua reddituri. Ait enim apostolus: Corde creditur ad iustitiam, oris confessio fit ad salutam. Hoc enim symbolum quod retenturi estis et credituri. Signate ergo vos et respondete. Alsdann folgt der Wortlaut des Symbols, das von Bischof, Kompetenten und sonstigen Anwesenden aufgesagt wird. (Hahn, Biblioth. d. Symb. (3) S. 69. Caspari, Quellen II 291 f. Kattenbusch, D. apost. Symb. I 156). Im Anschluss hieran scheint eine Besprechung der einzelnen Artikel stattgefunden zu haben. Vgl. Anecd. Mareds. I 411: Symbolum quod in homiliario nostro explicatur und Ml. 85, 395 nota c: Et deinde explicabat. Alsdann noch die Schlussworte: Hanc sanctae fidei regulam quam vobis nunc tradidit sancta mater ecclesia, firmissima mentis vestrae retinete sententia, ne aliquando dubitationis scrupulum in corde vestro oriatur. Quis,

Am Morgen des Gründonnerstag gaben die Kompetenten das Symbol der Gemeinde zurück, Erwachsene sagten es persönlich auf, Kinder wurden durch ihre Paten vertreten.[1]

In der Osternacht fand die Taufe statt.[2] In der Basilika begann man die zwölf Lektionen zu verlesen, doch wartete die Taufgesellschaft den Schluss derselben nicht ab. Vielmehr brachen Bischof und Diakonen bereits nach der zweiten Lektion in das Baptisterium auf, um hier den Taufakt zu vollziehen.[3] Derselbe erfolgte, nachdem die Taufkandidaten in dreifacher Formel dem Teufel, seinen Engeln, seinen Werken entsagt und in gleicher Weise sich feierlich zu Vater, Sohn und heiligem Geist bekannt hatten.[4] Auch hier gehörte es zu den Pflichten der Paten, für unerwachsene Täuflinge ihrerseits Absage wie Bekenntnis zu sprechen.[5]

Alsdann weiht der Bischof das bis dahin noch profane Wasser zu seinem heiligen Zweck, indem er es mit einem Holzkreuz berührt, es exorcisiert, Öl hineingiesst und schliesslich ein Segenswort darüber spricht.[6]

---

si, quod absit, in hoc vel tenuiter dubitatis, omne fidei fundamentum subruitis et animae periculum generatur. Et ideo si aliquem vestrum inde quippiam movet, reputet quia hoc intelligere non possit, vera tamen esse credat omnia quae audivit. Deus autem omnipotens ita cor vestrum inluminet ut intelligendo et credendo quae diximus, et fidem rectam custodiatis et sanctis operibus fulgeatis, ut per haec ad beatam vitam pervenire possitis. Anecd. Mareds. I 411. Ml. 85, 394—397.

[1]) Ildefonsus l. c. c. 34. Vgl. Capitula Martini (oben S. 190 Anm. 2) cap. 49: Et quinta feria novissimae septimanae episcopo vel presbytero reddant. Die Perikopen gedenken des Bundes, den Gott mit Israel geschlossen hat: Exod. 19, 1—19. Hebr. 12, 12—23. Joh. 12, 27—36 (Anecd. Mareds. I 145—148).

[2]) Über Zeit und Ort der Taufe vgl. Ildefonsus l. c. c. 108.

[3]) Die Lektionen finden sich im Lektionar von Toledo, Anecd. Mareds. I 171—201.

[4]) Ildefonsus l. c. c. 105. 110. 111. Die Absageformel schwankt zwischen Diabolo et angelis eiusque operibus cunctis und Tibi diabole et angelis tuis, operibus tuis et imperiis tuis. Das Taufgelübde (secunda in qua creditur deo in nomine trinitatis Ildefonsus c. 111) scheint im Gegensatz zu Galläcien nicht den vollen Wortlaut des Symbols wiedergegeben zu haben. Vgl. hierzu Caspari, Quellen II 290—300.

[5]) Ildefonsus l. c. c. 113. 114.

[6]) Ildefonsus l. c. c. 109.

Die Taufe selbst besteht in Spanien in einem einmaligen Untertauchen. Es soll darin im Gegensatz zu den arianischen Bewohnern des Landes der einheitliche göttliche Charakter der Trinität zu symbolischem Ausdruck kommen.[1]) Die sich sofort anschliessende Konfirmation bietet nichts Bemerkenswertes.

Jetzt erst wird den Neugetauften der Wortlaut des Vaterunsers mitgeteilt.[2]) Denn wie das Symbol in einem offiziellen Verhältnis zur Taufe steht, so das Herrngebet zum Abendmahl. Mit der Kommunion aber erreicht die eigentliche Feier ihren Abschluss.

Montag und Dienstag finden noch Neophytenmessen mit Predigt statt, an denen die Neugetauften in ihren weissen Kleidern teilnehmen.[3]) Schon am Dienstag werden dann die letzteren abgelegt. Auch diesen feierlichen Akt begleitet eine Schlussrede, deren Schema ebenfalls erhalten ist.[4])

---

[1]) Ildefonsus l. c. c. 117. Vgl. den Brief Gregors des Grossen an Leander von Sevilla (Epistol. lib. I ep. 43 Ml. 77, 498): Sed quia nunc usque ab haereticis infans in baptismate tertio mergebatur, fiendum apud vos non censeo, ne, dum mersiones numerant, divinitatem dividant. Ebenso die 4. Synode von Toledo a. 633 can. 6. Mansi, conc. coll. X 618 sq. Hefele, Conciliengesch. III 80. Dagegen hielt die nicht in demselben Masse von den Arianern bedrängte gallicisch-suevische Kirche, und zwar unter Berufung auf Rom, mit guten Gründen daran fest, die Täuflinge dreimal in dem einen Namen der Trinität zu taufen. So Martin von Braga in seiner Epistola ad Bonifatium episcopum de trina mersione (bei Flores Espana sagrada Tom. XV p. 423—426). Vgl. Caspari, Martin von Bracara's Schrift De correctione rusticorum S. XLI—XLVI.

[2]) Ildefonsus l. c. c. 132—135. Vgl. Sermo de effetatione (Anecd. Mareds. I 411): Non enim orabitis hanc orationem nisi post baptismum.

[3]) Ildefonsus l. c. c. 139. Eine Dienstagspredigt an Neophyten über Matth. 16, 3 ff. enthält das toletanische Homiliar: Sanctam et sacratissimam paschae festivitatem dies iste concludit, Anecd. Mareds. I 413. Eine Abkündigungsformel findet sich in der Handschrift des toletanischen Lektionars p. 24: Crastina die pro his qui de suscepti sunt ad ecclesiam sanctam Ierusalem in unum ad missam conveniamus, Anecd. Mareds. I 392. Unter ecclesia sancta Ierusalem verstand man in Spanien, wie in Italien, die jedesmalige bischöfliche Hauptkirche (Acta SS. November I 327).

[4]) Gewöhnlich umfasste die Neophytenzeit die volle Osterwoche. Denn der Tag der Ablegung der weissen Kleider war in der Regel der Samstag, das Sabbatum in albis, nach Ostern. Die Schlussrede übereinstimmend bei Ildefonsus c. 142 und im Homiliar von Toledo, Anecd. Mareds. I 413.

So weist also auch die Liturgie der spanischen Hauptstadt nur einen Scheinkatechumenat auf, der sich in einem gesteigerten Ceremonieenwesen gefällt, aber selbst Erwachsenen gegenüber eines lehrhaften Charakters fast völlig entbehrt. Statt selbständiger Symbolkatechesen begegnet eine aus augustinischen Bruchstücken zusammengestoppelte Vorlage, statt lebendiger Gemeindeansprachen bei Übergabe und Rückgabe des Symbols ein stereotypes liturgisches Schema. Und doch dürfte die Gemeinde kaum ein Bewusstsein von dem gewaltigen Umschwung gehabt haben, der sich vor ihren Augen vollzog. Denn ihre Aufmerksamkeit haftete an den Ceremonieen, diese aber blieben konstant, ja sie entfalteten sich sogar in noch reicherem Masse als bisher. Unwesentlich hingegen erschien, dass man dieselben nicht mehr an wirklichen Katechumenen vollzog sondern an Kindern, welche in passiver Weise nur die Rolle der Katechumenen zu spielen hatten, damit das bisherige Ceremonieenwesen auch fernerhin zur Darstellung kommen konnte. Die erziehliche und belehrende Arbeit war in Wegfall gekommen, aber das auf ihr sich erbauende Ritual blieb und wurde jetzt der Kindertaufe angepasst.

Dieser fingierte Katechumenat, der in seinen Formen und Titeln noch immer an den Brauch der alten Kirche erinnert, findet seine glänzendste liturgische Ausgestaltung in dem Ritus der sieben Skrutinienmessen.

§ 11. Die Quellen des Skrutinienritus.

Die frühmittelalterlichen Schriften, welche uns die Kenntnis des Skrutinienritus vermitteln, sind teils wenig bekannt, teils heiss umstritten. Bei einer von ihnen, dem gelasianischen Sakramentar, schwankt die Datierung sogar um Jahrhunderte. Aus diesem Grunde erscheint es mir notwendig, der Darstellung der Skrutinienmessen eine Besprechung eben jener Quellen selbst voranzuschicken, um von vornherein meinen Standpunkt

§ 11. Die Quellen des Skrutinienritus. 201

in diesen Fragen zu präcisieren und festzustellen, welche Bestandteile ich für echt und zuverlässig halte.

1) Das Sacramentarium Gelasianum ist ein Werk der römischen Kirche aus dem 6. Jahrhundert und bietet in drei Büchern die liturgischen Gebete für die dem Laufe des Kirchenjahres folgenden Hauptfeste, für die nach dem bürgerlichen Jahr geordneten Heiligenfeste, endlich für die Sonn- und Alltagsmessen. Freilich hat man sich zu hüten, in ihm das sehen zu wollen, was sein Name zu besagen scheint, eine zuverlässige Darstellung der römischen Liturgie um die Wende des 5. und 6. Jahrhunderts in der Zeit des Papstes Gelasius I. (492—496) und des grossen Ostgoten Theodorich. Schon dem flüchtigen Blick treten eine Anzahl von Gebeten entgegen, welche entweder formell in den wohlgefügten Plan des Ganzen nicht passen, sondern von einem späteren Redaktor in nicht geschickter Weise eingeflickt sind, oder von solchen, die inhaltlich eine jüngere Zeit und eine andere kirchliche Provinz verraten. Selbst die älteste uns erhaltene Handschrift des Sakramentars [1]) weist unverkennbare Bestandteile aus nachgregorianischer Zeit auf. Auch stammt sie, wie die übrigen drei Handschriften, nicht nur aus Frankreich, sondern alle vier repräsentieren zugleich die römische Liturgie in fränkischer Umgestaltung. Kein Wunder, dass dieses unter dem Namen des Gelasius gehende liturgische

---

[1]) Handschriften: 1. Codex Vatic. Regin. 316, ca. 700 in Frankreich, vermutlich in St. Denis geschrieben, dann wahrscheinlich im Benediktinerkloster Fleury bei Orléans, nach dessen Plünderung im Hugenottenkrieg 1562 in den Besitz des Pariser Senators Petau gelangt, dann in den der Königin Christine von Schweden, und von dieser der Vatikanischen Bibliothek überwiesen (Delisle, Mémoire sur d'anciens sacramentaires 1886 Nr. 2). — 2. Cod. Rhenang. 30, früher im Kloster Rheinau bei Schaffhausen, jetzt in der Züricher Kantons- und Universitätsbibliothek. 8. Jahrh. (Delisle l. c. Nr. 9). — 3. Cod. Sangallens. 348 in St. Gallen. 8. Jahrh. (Delisle l. c. Nr. 10). — 4. Sacrament. Gellonense, 2. Hälfte des 8. Jahrh., bis 1785 in der französ. Abtei Gellone, seitdem Cod. lat. 12048 der Pariser Nationalbibliothek (Delisle l. c. Nr. 7).

Ausgaben: J. M. Thomasius (Tommasi), Codices sacramentorum. Romae 1680. Opp. omnia ed. Vezzosi. Romae 1751 Tom. VI. — Muratori, Liturgia romana vetus. Venetiis 1748 Tom. I. — Migne ser. lat. 74, 1055—1244 — Auf Grund auch der drei jüngeren Handschriften: Wilson, The Gelasian Sacramentary. Oxford 1894. Hiernach citiere ich.

Konglomerat bei seiner sonstigen hohen Wichtigkeit gleichwohl sehr verschieden beurteilt ist. Die beiden ersten Herausgeber Tommasi und Muratori schlossen sich den Anschauungen Johannes Morins, des Entdeckers der Urkunde, und des Kardinals Bona,[1] der ebenfalls mit ihr bekannt war, an, indem sie zwar auf verschiedene Einschiebsel aus jüngerer Zeit hinwiesen, im übrigen aber den römischen Ursprung des Sakramentars wie die gelasianische Verfasserschaft entschieden betonten. Beides wurde alsbald von Jacob Basnage und Pfaff[2] in Abrede gestellt: das Gelasianum sei ein Werk des 10. Jahrhunderts. Letztere kühne Hypothese nahm in der Gegenwart Johann Mayer[3] wieder auf, indem er die Entstehung des Sakramentars der fränkischen Kirche des 9. Jahrhunderts zuwies. Indessen haben auch seine Ausführungen, die sich auf einzelne interpolierte Stellen gründeten, mit Recht keinen Beifall gefunden. Weit mehr Eindruck machte Duchesne[4] mit der Behauptung, dass erst die fränkischen Liturgiker des 9. Jahrhunderts den Namen Gelasianum einer römischen liturgischen Sammlung beigelegt hätten, die jedenfalls nicht gelasianisch, nicht vorgregorianisch sei, wohl aber im 7. Jahrhundert bei dem römischen Klerus ausserhalb der päpstlichen Kapelle gebräuchlich war, etwa 700 nach Frankreich gelangte und sich hier steigender Beliebtheit erfreute. Neben ihr gab es in Rom seit dem 7. Jahrhundert ein zweites, speciell für den Dienst in der päpstlichen Kapelle bestimmtes Messbuch, von dem Hadrian ein Exemplar an Karl den Grossen sandte. So hatte man jetzt in Franken zwei römische Sakramentare, von denen man zur Unterscheidung das ältere Gelasianum, das jüngere Gregorianum nannte, eingedenk der Thatsache, dass sowohl Gelasius als

---

[1] Jos. Morinus, Commentarius historicus de disciplina in administratione sacramenti poenitentiae. Venetiis 1702 p. 598. Jos. Bona, Rerum liturgicarum libri duo. Parisiis 1672 p. 352. Morin hat das Verdienst, zuerst auf die Wichtigkeit der Urkunde aufmerksam gemacht und ihre Veröffentlichung durch Tommasi veranlasst zu haben.

[2] Jac. Basnage, Histoire de l'église 1699. Tom. II p. 947. Christoph. Matth. Pfaff, Dissert. de liturgiis Tubing. 1718.

[3] Joh. Mayer, Geschichte des Katechumenats und der Katechese in den ersten sechs Jahrhunderten 1868 S. 106—135.

[4] Duchesne, Origines du culte chrétien 1889 p. 119—127.

Gregor sich einst um die römische Liturgie verdient gemacht hatten. Indessen so ansprechend auch hier von einem anerkannten Gelehrten ein schwieriges Problem gelöst zu sein scheint, so zahlreich sind andrerseits die Widersprüche, welche dieser Lösungsversuch hervorruft, und die Hindernisse, die sich einer detaillierten Nachprüfung darbieten. Es haben daher, wie früher schon Ernst Ranke,[1] so neuerdings Probst, Bäumer und Watterich,[2] den römischen Ursprung des Gelasianums gegen Johann Mayer, und sein Zurückgehen bis auf die Zeit des Papstes Gelasius gegen Duchesne betont, nicht ohne gewisse Einschränkungen und unter energischer Betonung der zahlreichen gallisch-fränkischen Einschiebsel aus späterer Zeit.

Eine Einschränkung ist es vor allem, wenn auf die Verfasserschaft des Papstes Gelasius kein allzu grosser Nachdruck gelegt wird. Denn thatsächlich findet sich der Name Gelasianum in keiner Handschrift, sondern ist erst durch Tommasi, der hierin einer Gewohnheit des 9. Jahrhunderts folgte, dem Sakramentar in seiner Ausgabe vorgesetzt worden.

Zwar wissen wir von einem Zeitgenossen des Gelasius, dass dieser Papst Messgebete gesammelt und verfasst hat,[3] und es liegt daher der Schluss nahe, dass er dieses nicht bloss zu seinem Vergnügen gethan hat, sondern um dieselben in irgendwelcher offiziellen Weise in den kirchlichen Gebrauch einzuführen. Es ist nicht ersichtlich, warum Duchesne diese

---

[1] Ernst Ranke, D. kirchl. Perikopensystem 1847 S. 80—109.
[2] Probst in d. Zeitschr. f. kathol. Theol. XV 1891 S. 197—209. Ders., Die ältesten römischen Sakramentarien u. Ordines 1892 S. 143—297. — P. Suitbert Bäumer im Historischen Jahrbuch 1893 S. 241—301. — Watterich, Der Konsekrationsmoment im heil. Abendmahl und seine Geschichte 1896 S. 153—174.
[3] Gennadius vir. illustr. c. 96: Scripsit tractatus diversarum scripturarum et sacramentorum delimato sermone, fecit et hymnos in similitudine Ambrosii episcopi. — Liber pontificalis ed. Duchesne Paris 1886 I 255: Fecit et ymnos in modum beati Ambrosii — fecit etiam et sacramentorum praefationes et orationes cauto sermone et epistulas fidei delimato sermone multas. Minder wichtig, weil in der That erst dem 9. Jahrh. angehörig, sind die Notizen bei Walafrid Strabo, De reb. eccl. c. 22: Nam et Gelasius papa in ordine quinquagesimus unus ita tam a se quam ab aliis compositas preces dicitur ordinasse. Et Galliarum ecclesiae suis orationibus utebantur quae adhuc a multis habentur (ML. 114, 946).

naheliegende Folgerung von der Hand weist und darauf beharrt, Gelasius habe nur einzelne Gebete gesammelt, aber keine Sammlung von Gebeten veranstaltet. Aber gleichwohl kommt nicht viel darauf an, den direkten Anteil des Gelasius an dem uns vorliegenden Sakramentar haarscharf angeben zu wollen oder den Begriff Verfasser peinlich zu betonen. Von einem definitiven Abschluss kann überhaupt bei keinem der alten Sakramentare die Rede sein; sie alle zeigen eine im Fluss befindliche liturgische Bewegung.

Eins indessen kann auch Duchesne jedenfalls nicht leugnen, dass bei Mit- und Nachwelt Gelasius für eine in liturgischen Dingen Epoche machende Persönlichkeit galt. Seine Regierungszeit repräsentiert eine Stufe der liturgischen Entwicklung. Auf die Zahl der von ihm gesammelten wie verfassten und jedenfalls im Gottesdienst gebrauchten Gebete kommt es hier nicht an. Jedenfalls bilden sie im 6. Jahrhundert einen Bestandteil des römischen Gottesdienstes, und jedenfalls erhielten sie sich innerhalb jener dreiteiligen Sammlung, welche wir heute das gelasianische Sakramentar nennen, und wurden dadurch für die Entwicklung des Gottesdienstes überhaupt von Bedeutung. Es ist daher durchaus recht und billig, einer liturgischen Urkunde, welche die Erträgnisse gelasianischer Geistesarbeit enthält, auch den Namen des Gelasius zu belassen.

Denn dass es bereits vor Gregor eine Sammlung von Gebeten für den Gottesdienst in Rom gegeben hat, dürfte trotz Duchesne unzweifelhaft sein. Der römische Diakon Johannes, der im Jahre 872 vom Papste Johannes VIII. den Auftrag erhielt, das Leben Gregors des Grossen zu schreiben, lässt den letzteren ein gelasianisches Messbuch teils kürzen, teils umändern, teils erweitern, jedenfalls aber den ganzen Stoff desselben in Gestalt eines einzigen Buches herausgeben.[1]) Selbst wenn wir auch hier auf die Bezeichnung gelasianisch keinen Nachdruck legen, so erscheint doch soviel sicher, dass bereits vor Gregor ein wirkliches Messbuch vorhanden war,

---

[1]) Vita Gregorii M. II 17 ML 75, 94: Sed et Gelasianum codicem de missarum sollemniis, multa subtrahens pauca convertens, nonnulla vero superadiiciens, pro exponendis evangelicis lectionibus in unius libri volumine coarctavit. Vgl. aber Bäumer im Historisch. Jahrb. 1893 S. 246 Anm. 2.

das von Gregor alsdann umgearbeitet wurde. Nicht also erst das 7. Jahrhundert, sondern schon das 6., die Zeit vor Gregor, kannte ein in irgend welcher Weise abgeschlossenes Sakramentar. Es ist dies um so selbstverständlicher, als bereits im 5. Jahrhundert der mauretanische Bischof Voconius wie der in Massilia lebende Presbyter Musaeus Sakramentarien verfassten.[1] Was aber in Mauretanien und Gallien geschehen konnte, darf für Rom jedenfalls nicht als unmöglich hingestellt werden. Dass jenes römische Sakramentar mehrteilig gewesen sei, geht unzweideutig aus der Bemerkung des Diakonen Johannes hervor: es sei von Gregor in ein Buch zusammengezogen worden. Der Schluss auf das vorliegende in drei Bücher zerfallende Sakramentar dürfte also nicht allzu gewagt sein. In diesem dreiteiligen Werke haben wir, zahlreiche spätere Veränderungen natürlich abgerechnet, das römische Messbuch des 6. Jahrhunderts nach seinem Kern und seinem wesentlichen Inhalte. Diesen ziemlich klaren Sachverhalt anzuerkennen sieht sich Duchesne nur deshalb verhindert, weil er den in Rom lebenden und schreibenden Diakonen Johannes für einen in den Theorien und Dogmen der alkuinischen Liturgenschule befangenen und deshalb unzuverlässigen Berichterstatter hält.

Auch lassen sich vorgregorianische Spuren im Gelasianum unschwer nachweisen. Wenn die Januariusmesse (I 10) auf die Idole Bezug nimmt, so setzt dies die Entstehung der fraglichen Gebete in einer heidnischen Nachbarschaft voraus. Übertritte vom Arianismus zum Katholicismus waren wohl eher vor als nach Gregor an der Tagesordnung, so dass ein auf sie anspielendes Gebet (I 85) fraglos zu den ältesten Bestandteilen der Sammlung gezählt werden dürfte. Das Andenken der beiden Hauptapostel Peter und Paul wird noch durch eine Doppelfeier am 29. Juni begangen (II 29. 31. 33), während wir aus dem Mikrologus[2] wissen, dass seit Papst Gregor das Paulusfest einen Tag nach dem Petrusfest fiel. Zwar finden wir diese und ähnliche Erscheinungen auch in Urkunden aus

---

[1] Gennadius, vir. illustr. c. 78. 79.
[2] Micrologus de ecclesiasticis observationibus c. 42 Ml. 151, 1009: Sicut sanctus Gregorius papa festum sancti Pauli post festum sancti Petri voluit observare.

fraglos späterer Zeit, aber deshalb brauchen sie nicht auch jener späteren Zeit ihren Ursprung zu verdanken. Sie sind vielmehr dort wie hier Überbleibsel aus dem christlichen Altertum.

Leichter freilich sind solche Partien im Gelasianum zu konstatieren, welche frühestens im 7. Jahrhundert entstanden sind oder ihren Ursprung ausserhalb Roms an der Stirne tragen. Man erinnere sich dabei, dass die älteste und beste Handschrift des Gelasianums aus Gallien stammt und erst etwa 700 geschrieben ist. Dahin gehört das Capitulum S. Gregorii papae (I 21), ferner das Fest der Kreuzerhebung am 14. September (II 56), welches erst Papst Honorius I. in Rom einführte; specifisch fränkische Heiligenfeste sind Juliana (17. März, 13. Kal. Mart. II 12), Magnus (19. August, 14. Kal. Sept. II 49), Ruffus (27. August, 6. Kal. Sept. II 50), Priscus (1. Sept., Kal. Sept. II 53). Dass alle diese Feste nicht im römischen Gelasianum des 6. Jahrhunderts gestanden haben können, liegt auf der Hand. Aber auch von denjenigen Gebeten, die uns hier angehen, weil sie der Katechumenats- und Taufliturgie angehören, lässt sich ein Teil als Interpolation aus der Handschrift ausscheiden, obwohl damit keineswegs gesagt sein soll, dass dieselben deshalb auch späteren Ursprungs und dem römischen Usus des 6. Jahrhunderts fremd gewesen sein müssen.

Im ersten Buch des Gelasianum kommen für uns zunächst in Betracht die Nummern I 26. 27. 28. Sie enthalten die Messen der Sonntage Oknli, Lätare, Judika. Aus ihren Überschriften wie teilweise aus dem Inhalt dieser Gebete geht hervor, dass wir es mit Skrutinienmessen zu thun haben. Wir nehmen keinen Anstand, diese drei Messen unter die Bestandteile des ursprünglichen Gelasianum zu rechnen, ebenso wenig wie wir es beiläufig in Bezug auf I 25 die Reminiscere- oder I 37 die Palmarummesse thun würden.

Anders hingegen liegt die Frage bei den Nummern I 29—36. Sie enthalten keine Messgebete, z. T. überhaupt nicht einmal Gebete, scheinen also schon aus diesem Grunde nicht in diesen Zusammenhang zu gehören. Andrerseits bilden sie wiederum eine in sich geschlossene Gruppe, denn sie sind durchweg Bestandteile der uns im 7. römischen Ordo überlieferten Skrutinienliturgie. Und zwar bietet I 29 die Formel, mit der am Montag nach Okuli der Beginn der Skrutinien angekündigt wird. I 30—32 werden bei der Ceremonie der Einführung in den Katechumenat gebraucht, I 33 enthält Gebete und Exorcismusformeln für die gewöhnlichen Skrutinienmessen, I 34—36 hingegen Gebete, Ansprachen und Formeln, die bei dem grossen (dritten) Skrutinium der Ohrenöffnung gebraucht wurden. Nun verlegt also I 27 die erste Skrutinienmesse auf den Sonntag Okuli, I 29 hingegen lässt zu dieser ersten Skrutinienmesse erst am Montag nach Okuli eingeladen werden, scheint demnach den Vollzug derselben erst in der laufenden Woche anzunehmen, ihn vielleicht mit dem 7. römischen Ordo auf den Mittwoch nach Okuli anzusetzen. Hier liegt also ein frappanter Widerspruch vor, der allein schon beweist, dass I 29 und mit ihr die eng damit zusammenhängenden Nummern I 30—36 eine jener Interpolationen aus späterer Zeit bilden. Dazu kommt, dass diese Nummern reich an Rubriken sind. Für Rubriken aber liegt in einem Messbuch kein Bedürfnis vor. Und in der That finden wir Rubriken auch fast nur (vgl. III 76. 98) im ersten Buche des Gelasianums und auch hier nur bei der Skrutinien- und Taufliturgie (I 26—36. 42—45. 66—78), bei einzelnen Weihen (20. 40. 88. 95) und bei sonstigen Stücken (16. 38. 39. 41), die nicht eigentlich in ein altes Messbuch gehören, bei denen man vielmehr vermuten muss, dass sie als vielbenutzte gottesdienstliche Formulare später der Bequemlichkeit halber an den entsprechenden Stellen in die Handschriften eingeschoben sind. Mayer[1] geht also entschieden über das Ziel hinaus, wenn er sagt: „Da das von Thomasius edirte Gelasianum aus einem Ordo Rubriken in sich aufgenommen hat, so muss es aus der Zeit stammen, wo bereits solche Ordines im Gebrauche waren." Und wenn er dann andrerseits mit Meckel behauptet, dass sich die ältesten Ordines nicht weiter als bis an das Ende des 8. Jahrhunderts zurückverfolgen lassen,[2] so kommt er zu dem zweiten durchaus falschen Schluss, dass der Skrutinienritus als einer „der jüngsten Bestandteile des Gelasianums" „aus der

---

[1] Gesch. d. Katechumenats S. 114.
[2] Meckel in der Tübinger Quartalschrift 1862 S. 50—83. Mayer, Gesch. d. Katechumenats S. 113. Vgl. dagegen Probst im Katholik 1880 II S. 55—75.

1. Hälfte des 9. Jahrhunderts stammt"[1]). Und doch bietet ihn bereits eine nach allgemeinem Urteil etwa dem Jahre 700 angehörende Handschrift, der Codex Vaticanus. Um 700 also waren jene Skrutiniengebete und Rubriken bereits bekannt. Es kann also nur die Frage sein, ob dieselben samt der hinter ihnen stehenden Skrutinienordnung dem 6. oder dem 7. Jahrhundert angehören. Ich bin der Ansicht, dass die in den Rahmen des Gelasianums notwendig gehörenden Skrutinienmessen an den Sonntagen Okuli, Lätare, Judika (I 26. 27. 28) eine ältere echte Schicht repräsentieren,[2]) während die eigentlichen Skrutiniengebete und Exorcismusformeln (I 29—36) später, aber spätestens im 7. Jahrhundert in das Gelasianum eingeschoben wurden.

Ebenfalls ein Einschiebsel aus späterer Zeit ist die Formel für das am Ostersamstag zu haltende letzte Skrutinium (I 42 a). Besonders die hier erwähnten Ceremonieen der Ölsalbung an Schultern und Brust und der Abrenuntiation sind Bestandteile von sehr jungem Datum, von welchen nicht einmal der 7. römische Ordo etwas weiss.

Gleicherweise kann I 44 (Taufbrunnenweihe, Taufakt und Konfirmation) kein Bestandteil des alten Messbuches sein. Auch diese Gebete dürften ebenso in das Gelasianum eingeschoben sein, wie sie einen fremden Bestandteil im Gregorianum (Muratori II 63—65) bilden.

Hingegen könnten die den einzelnen Lektionen der Ostervigilie jedesmal anzuschliessenden Kollekten (I 43) dem ursprünglichen Gelasianum angehört haben, wenn sie nicht auch durch ihre Eigenschaft als einleitender Akt der Taufhandlung verdächtig würden. Bei den Messgebeten der Taufnacht (I 45) aber handelt es sich um Bestandteile, die durchaus innerhalb des Planes eines Sakramentars liegen.

Dieselbe Erscheinung wiederholt sich zwischen der Exaudimesse (I 65) und der Messe der Pfingstvigilie (I 79). In diese Woche fällt der andere Tauftermin des Jahres. Darum hat man hier eine Reihe von Gebeten eingeschoben, welche bei den Skrutinien und bei der Taufhandlung gebraucht wurden,

---

[1]) A. a. O. S. 112.
[2]) Vgl die entsprechende Dreizahl in der neapolitanischen Liturgie oben S. 170 f.

darunter auch solche für den besonderen Fall, dass der Täufling ein körperlich oder geistig Kranker war (I 66—70. 72), die natürlich für uns völlig ausser Betracht bleiben; ebenso wie die sekundären Ceremonieen der Wasser- und Ölweihe (I 73. 74. 76). Hingegen entspricht I 71 (Ad catechumenum faciendum) den Nummern I 30. 32 in den österlichen Skrutinien.[1]) Von den Lektionengebeten I 77 und den Messgebeten I 78 aber gilt dasselbe, wie von den entsprechenden Partien der Osterwoche, den Nummern I 43 und 45.

Für eine Darstellung der Katechumenats- und Tauffestlichkeiten gewinnt man also folgende Materialien aus dem Gelasianum und zwar:

I. aus dem Gelasianum in seiner ältesten Gestalt:

1. Skrutinienmessen für die Sonntage Oculi, Lätare, Judika I 26. 27. 28.

2. Orationen abwechselnd mit Lektionen vor der Taufhandlung I 43. 77.

3. Taufmesse im Anschluss an den Taufakt in der Oster- bezw. Pfingstnacht I 45. 78.

II. aus den Einschiebseln des 7. Jahrhunderts:

1. Gebete, Formeln und Ansprachen für die im 7. römischen Ordo geschilderten Skrutinienmessen I 29—36.

2. Eine Formel für das Karsamstagsskrutinium, jünger als der 7. römische Ordo, I 42a. (Die Lichterweihe I 42b bleibt hier natürlich ausser Betracht.)

3. Taufbrunnenweihe, Taufakt und Konfirmation I 44.

4. Gebete und Formeln für die Skrutinien und den Taufakt in der Pfingstzeit I 66—76, bes. I 71. 75. Ihre Rubriken tragen ein eigenartiges Gepräge. Es ist möglich, dass das Ceremoniell der Taufvorbereitung vor Pfingsten ein anderes war wie das vor Ostern. Aber ebensogut kann dieses vierte Einschiebsel aus einer anderen Zeit stammen als das mit dem 7. römischen Ordo übereinstimmende erste.[2])

2) Der 7. römische Ordo.

Mabillon hat im 2. Bande seines Museum Italicum fünfzehn römische Ordines d. h. Rituale für die verschiedenen

---

[1]) Gebet Te deprecor = I 30; Gebet Domine sancte = I 32.
[2]) Vgl. Mayer, Geschichte des Katechumenats S. 49.

kirchlichen Ceremonieen veröffentlicht. Selbstverständlich haben dieselben ein sehr verschiedenes Alter und einen sehr verschiedenen Wert. Uns interessiert hier nur der siebente dieser Ordines, der das Ceremoniell der Skrutinien und der Taufe enthält. Er kennt bereits sieben Skrutinien, die durchweg an Wochentagen, vom Mittwoch nach Oknli bis zum Ostersamstag gehalten werden. Die Siebenzahl gilt als unumgänglich nötig und wird mit der Siebenzahl der Gaben des heiligen Geistes mystisch begründet. Eine besondere Auszeichnung erfährt das dritte Skrutinium der Ohrenöffnung, in welchem den Katechumenen das Symbol übergeben, und das siebente, in welchem dasselbe von ihnen zurückgegeben wird. Für die fünf übrigen Skrutinien hingegen genügt ein einziges sich stets wiederholendes liturgisches Schema. Den Beschluss macht die Taufliturgie, welche in die drei Akte der Taufwasserweihe, der eigentlichen Taufe und der bischöflichen Konfirmation zerfällt. Der ersten Kommunion sowie der übrigen österlichen bezw. pfingstlichen Neophytenfeste wird nur ganz allgemein gedacht.

Die in diesem 7. römischen Ordo angedeuteten liturgischen Gebete scheinen in einem besonderen Taufbuch zusammengestellt gewesen zu sein. Der Bequemlichkeit halber, d. h. um alle gottesdienstlichen Gebete beisammen zu haben, trug man sie im 7. Jahrhundert in Gallien in die Codices des gelasianischen Sakramentars ein, ohne daran Anstoss zu nehmen, dass sie mit der von diesem wiedergespiegelten Skrutinienmesspraxis des 6. Jahrhunderts nicht harmonierten. So finden wir es in dem um 700 geschriebenen Cod. Vaticanus, in dem jene Skrutinien- und Taufgebete die Abschnitte I 29—36. 42a. 43. 44 bezw. 66—77 bilden.

Da sich also die Gebete des 7. römischen Ordo bereits als Interpolation in einer um das Jahr 700 geschriebenen gallischen Handschrift finden, so muss dieser Ordo selbst und die von ihm vertretene Skrutinienpraxis bereits im 7. Jahrhundert in Gallien eingebürgert gewesen sein, wenngleich der uns vorliegende Text dieses Ordo erst dem Ende des 8. Jahrhunderts anzugehören braucht.[1])

---

[1]) Duchesne, Origines p. 283. 284.

3) **Jesse von Amiens, Epistola de baptismo, ca. 812.**[1])
Unter den geistlichen Diplomaten am Hofe Karls wird häufig der Bischof Jesse von Amiens genannt. Er gehörte zu jener schlauen Kommission, welche es verstand, Papst Leo III. trotz aller noch so berechtigten Anklagen zu halten und ihn dadurch der fränkischen Politik zu wertvollen Gegendiensten zu verpflichten. Drei Jahre später trifft man Jesse in einer ebenfalls rein politischen Mission in Konstantinopel und in den folgenden Jahren aufs neue in Ravenna und Rom, wo er abermals in Karls Auftrag mit dem Papste verhandelt. Der überaus brauchbare Bischof zählte natürlich auch zu jenen geistlichen Würdenträgern, welche im Jahre 811 Karls Testament gegenzeichneten und damit die Ausführung desselben garantierten. Und erst recht nach Karls Tode scheint die hohe Politik das Gebiet gewesen zu sein, auf welchem Jesse am liebsten seine Kräfte versuchte, freilich jetzt mit weniger Glück. Auf der Seite Lothars beteiligte er sich 830 an der Erhebung gegen Kaiser Ludwig, was ihm als einem Majestätsverbrecher schliesslich die Absetzung eintrug.

---

[1]) Zuerst veröffentlicht in Gallandi, Biblioth. veter patr. XIII 397—401. Abdruck bei Migne ser. lat. 105, 781—791 C.

Beide Herausgeber lassen unmittelbar darauf noch vier andere Abschnitte folgen, welche indessen mit der Jesseschen Epistel nichts zu thun haben, nämlich:

a) Item traditio baptisterii, ist das aus Alcuin. epist. 93 (vgl. epist. 261) bekannte, unten noch näher zu besprechende Schema des damals im fränkischen Reiche sich einbürgernden neuen Tauferdo.

b) Item de baptismo officioque eius, auctoribus nominatim venientium ad fidem, ist eine dürre Erklärung der bei den Skrutinien gesprochenen Gebete, vgl. Gelas. I 50 Absch. 1 und I 31.

c) Prima enim adnotatione perunctare etc. ist eine von Migne vor das fünfte ökumenische Konzil zurückdatierte Auseinandersetzung über die fides catholica.

d) Capitula de presbyteris admonendis (abgedr. bei Boretius M. G. Capit. reg. Franc. p. 237 sq). Dass dieses Kapitular, von dem wir nicht wissen, wann und wo es erlassen ist, einer Schrift Jesses angehängt ist, hat vielleicht darin seinen Grund, dass man es für eines von jenen hielt, mit deren Publizierung Jesse in spezieller Mission vom Kaiser beauftragt war (vgl. Excarpsus capituli domno imperatoris Karoli quem Jesse episcopus ex ordinatione ipsius augusti secum detulit ad omnibus hominibus notum faciendum. Boretius l. c. p. 120).

§ 11. Die Quellen des Skrutinienritus.

Als theologischen Schriftsteller lernen wir Jesse nur aus dem vorliegenden offenen Briefe kennen. Derselbe repräsentiert ein Rundschreiben des Oberhirten an die Geistlichen der Diöcese Amiens zu Nutz und Frommen derer, welche im Taufceremoniell nur eine geringe Übung haben. Indessen dürfte es weder zufällig sein noch sich ausschliesslich aus lokalen Bedürfnissen erklären lassen, dass Jesse, der sonst für die theologische Arbeit wenig Zeit übrig gehabt zu haben scheint, diesmal zur Feder griff. Vielmehr ist anzunehmen, dass auch zu dieser bischöflichen Stilübung jener Fragebogen den Anlass gegeben hat, den Kaiser Karl etwa 812 an die Erzbischöfe des ganzen Reiches geschickt hat. Für diese schon von Caspari[1] aufgestellte Behauptung spricht der ganze Charakter des Briefes, der sich in Form von Fragen und Antworten abwickelt und, wenn auch in etwas anderer Reihenfolge, eben die Punkte behandelt, welche der Kaiser in jenem seinem Rundschreiben an die Erzbischöfe erörtert wissen wollte.

Jedenfalls beweist die Epistel, dass ihr Verfasser bis zu einem gewissen Grade in der Lage war, aus eigenem theologischen Wissen zu schöpfen. Denn er behandelt die Anfragen Karls in durchaus selbständiger Weise, indem er bald ein Fremdwort philologisch erklärt, bald rubrikenartig diese oder jene Ceremonie einschärft, in der Hauptsache aber bei einem jeden Brauche die biblische Begründung und die symbolische Ausdeutung ausführlich angibt. Überall begegnet das aus dem 7. römischen Ordo und dem erweiterten Gelasianum bekannte Ceremoniell der sieben Skrutinien.

Um so merkwürdiger ist es freilich, dass Jesse nirgends sagt, was er eigentlich unter einem Skrutinium versteht. Er mochte es ebenso wenig wissen wie die meisten seiner Zeit. Vielmehr setzt er an Stelle einer Antwort auf Karls zweite Frage: De scrutinio, quid sit scrutinium? einen grossen Ausschnitt aus dem 7. römischen Ordo, der den Verlauf der gewöhnlichen Skrutinienmesse und der der Ohrenöffnung schildert. Indessen war es fraglos kein Akt der Verlegenheit, wenn Jesse sich in diesem Falle mit fremden Federn schmückte.

---

[1] Alte und neue Quellen S. 285 f. Anm. 14

Der gewandte Kopf, der alle übrigen Fragen glatt zu beantworten wusste, hätte sich auch in diesem Punkte helfen können. Die Sache erscheint sofort klar, wenn man sich vergegenwärtigt, dass die Epistel zwar ihren Anlass von dem Fragebogen des Kaisers genommen zu haben scheint, dass sie aber nicht an Karl, sondern an die Geistlichen der Diöcese Amiens gerichtet war. Der Bischof nahm Gelegenheit, zugleich mit einer detaillierten Erklärung der Katechumenats- und Taufceremonieen das wichtigste Formular der Taufvorbereitung, den über die Skrutinien handelnden Abschnitt des 7. römischen Ordo, der schriftlich nicht in aller Hände sein mochte, seinen Pfarrern mitzuteilen und aufs neue einzuschärfen, den Wissenden zur Repetition, den Unwissenden zur Nachachtung. Gerade dieser Umstand macht uns die Jessesche Epistel so wertvoll. Aus ihr lernt man die Veränderungen kennen, welche das Skrutinienwesen im Zeitalter Karls erfahren hat.

4) Amalar von Trier, Epistola de caerimoniis baptismi, ca. 812.[1]

Noch klarer liegen die Verhältnisse bei der Schrift des Erzbischofs Amalar von Trier über die Taufceremonieen. Wir besitzen den Brief, in welchem Karl zu wissen begehrt, wie es der Erzbischof und die Priester seiner Diöcese in Bezug auf beides halten. Amalar, der ebenfalls in Briefform antwortet, behandelt in diesem seinem Schreiben ebensowohl den vorliegenden Gegenstand, wie er sich andrerseits angelegen sein lässt, den Kaiser von seiner Rechtgläubigkeit und seinem Eifer in kirchlichen Dingen zu überzeugen und ihm zugleich einen Wunsch zu unterbreiten, der seine oberhirtliche Stellung betrifft. Karl war von diesen Ausführungen Amalars so befriedigt, dass er sich zu einem überaus gnädigen Antwortschreiben herabliess. Und in der That dürfte die Arbeit Amalars auch eine der besten unter allen gewesen sein, die auf Karls Aufforderung hin einliefen. Denn Amalar war einer der kenntnisreichsten und zugleich produktivsten liturgischen Schriftsteller seiner Zeit. Selbst während der Strapazen einer verantwortungsvollen Reise feierte seine rastlos thätige Feder nicht. Im Früh-

---

[1] Alcuini opera ed. Froben II 520—524. Abdruck bei Migne ser. lat. 99, 890—902. Vgl. auch Jaffé, Mon. Carol p. 402 sq. 406—410. 422—429.

jahr 813 ging er in offizieller Mission mit dem Abt Peter von Nonantula nach Konstantinopel, um die politischen Differenzen zwischen den beiden Reichen endgültig auszugleichen. Damals entstand auf stürmischer See seine Erklärung der Messe. Auch schrieb er nach seiner Rückkehr über die Vigilien und über die Gottesdienste der Karwoche.[1]

Jedenfalls dürfen wir annehmen, dass, wenn ein ebenso praktisch erfahrener als wohlunterrichteter Kopf, wie Amalar war, dem Kaiser in einer Schrift die Frage beantwortete, wie es in seiner Diöcese mit der Taufe gehalten werde, diese seine Arbeit uns ein getreues Abbild der einschlägigen Verhältnisse im Erzbistum Trier und den angrenzenden Missionsbezirken[2] zu Anfang des 9. Jahrhunderts bietet.

5) Aquileiense (Foroiuliense) catechumenorum scrutinium, ca. 860.

---

[1] In jüngster Zeit hat Morin (Rev. Bénéd. 1891 p. 433 ss. 1892, p. 337 ss. 1894 p. 241—243. 1895 p. 393) die alte Ansicht von der Identität der beiden Amalare, des Trierer Erzbischofs und des Metzer Diakonen, wieder aufgegriffen. Denn schon die eine Thatsache ist überaus merkwürdig, dass die hier in Frage stehende Schrift des Trierer Amalar über die Taufceremonieen von ihm als Soedae de scrutinio et baptisterio (ML 99, 891) und von seinem Reisegenossen Peter von Nonantula als Expositio de fide et scrutinio (ML 99, 890) bezeichnet wird, und dass andrerseits auch der Metzer Diakon in seiner Schrift De ecclesiasticis officiis I 23 (ML 105, 1040) erklärt, das scrutinium in einem proprium opusculum, von dem wir sonst nichts wissen, behandelt zu haben. Die Vermutung liegt also sehr nahe, dass es sich beide Male um dieselbe Schrift, eben um unsere Epistola Amalars an Karl handelt, und dass also auch ihr Verfasser, der Trierer Bischof Amalar, und der berühmte Autor der vier Bücher De ecclesiasticis officiis, der Metzer Diakon Amalar, identisch sind. Darum ist es sehr wenig angebracht, wenn Rudolf Sohm (K.R. (3) I 430) die sorgfältigen Untersuchungen Morins mit dem einen Worte „Irrtum" glaubt abthun zu können. Wenn ich gleichwohl zu dem fraglichen Problem hier keine Stellung nehme, so geschieht dies nur, weil die ganze Frage für die vorliegende Untersuchung keinen Belang hat. Denn dass der Verfasser der ca. 812 geschriebenen Epistola de caerimoniis baptismi der damalige (ca. 809—814) Erzbischof Amalar von Trier war, steht beiden Teilen fest.

[2] Hauck, Kirchengesch. Deutschl. II 620: Die älteste Kirche in Hamburg hatte Amalar von Trier im Auftrage des Kaisers eingeweiht; vielleicht war dieser Teil Sachsens überhaupt der Arbeit der Kirche von Trier überwiesen worden.

§ 11. Die Quellen des Skrutinienritus.

Auch vom Patriarchen Maxentius von Aquileja war eine Antwort auf Karls Fragebogen eingelaufen, die uns noch erhalten ist.[1]) Maxentius führte noch immer jenen stolzen Titel von der Zeit her, wo Aquileja neben Mailand eine selbständige, vom Papste unabhängige Kirchenprovinz gebildet hatte. Zu Karls Zeiten freilich war infolge der grossen Gebietsverluste während des 7. und 8. Jahrhunderts dieses Patriarchat auf das kleine Gebiet zwischen dem Po, der Etsch, den Julischen Alpen und der Grenze von Istrien beschränkt,[2]) und der Sitz des Patriarchen war nicht mehr das altehrwürdige Aquileja, sondern die kleine langobardische Residenz Cividale (Forum Julii), der Geburtsort des Paulus Diakonus.[3]) Des Maxentius Antwort ist kurz und bündig. Der Brief beginnt mit den gewöhnlichen Dankes- und Entschuldigungsworten und behandelt dann die einzelnen Stichworte der Reihe nach und ohne inneren Zusammenhang. Nur soviel steht fest, dass der Verfasser nirgends auf die sieben römischen Skrutinien zu sprechen kommt. Es wäre nicht undenkbar, dass sie zu seiner Zeit beseitigt gewesen wären. Indessen treten sie später in Cividale wieder auf: eine Erscheinung, die denjenigen nicht in Erstaunen versetzen wird, der eine Ahnung hat von den unglaublichen und noch keineswegs historisch festgestellten Schwankungen, denen gerade die Diöcese Aquileja ausgesetzt gewesen ist. Jedenfalls wurden in derselben noch um

---

[1]) Epistola de significatu rituum et caerimoniarum baptismi bei Pez, Thesaurus anecdot. 1721 Tom. II pars II p. 7—12. Abdruck bei Migne ser. lat. 106, 51—54. Die in der Handschrift auf den Brief folgenden und deshalb auch von Pez (l. c. p. 12—16) angeschlossenen Collectanea dicta de antiquis ritibus baptismi eorumque significatu stammen weder von Maxentius noch aus Aquileja. Auch wollen sie nicht, wie Pez meint, blos ein Excerpt aus verschiedenen Autoren sein. Letzteres sind sie freilich, aber nur in dem Sinne, wie alle diese erzbischöflichen Antwortschreiben mehr oder weniger grosse Anleihen bei älteren Autoren oder bei den Zeitgenossen machten. Vielmehr folgen sie ebenso wie die übrigen auf des Kaisers Aufforderung hin eingelaufenen Briefe dem Fragebogen Karls und dürften daher ebenfalls nichts anderes sein als ein solcher, nur dass wir ihren Absender nicht kennen. Indessen ist soviel sicher, dass sie aus einer Diöcese stammen, in welcher unter Beseitigung der gelasianischen Skrutinien die unten eingehender zu besprechende neue Taufordnung eingeführt war.

[2]) Wiltsch, Handb. d. kirchl. Geographie und Statistik. I 277.

[3]) Einhard, Vita Karoli M. c. 33.

die Mitte des 9. Jahrhunderts die Skrutinien in der Weise des 7. römischen Ordo abgehalten. Dies geht unzweifelhaft aus der Urkunde hervor, welche Bern. de Rubeis nach einer Handschrift in Cividale veröffentlichte.[1]) Dieselbe bietet uns in ausführlichster Weise die bekannten sieben Skrutinien und zwar nicht als eine interessante Rarität aus alter Zeit, sondern als eine noch fortdauernde kirchliche Übung. Denn Patriarch Lupo (jedenfalls Lupo I. ca. 860) wird im Text der Skrutinien redend eingeführt.[2]) Er muss also selbst noch Skrutinien in der alten Weise abgehalten haben.

6) Codex Sessorianus 52.

Als die Bibliotheken der verschiedenen römischen Klöster in den siebziger Jahren zur königlichen Biblioteca Vittorio Emanuele vereinigt wurden, siedelte auch der Cod. Sessorianus 52 von seinem alten Standort bei Santa Croce in Gerusalemme nach dem Collegium Romanum über. Bereits Caspari hatte auf denselben aufmerksam gemacht, weil er in ihm den Textus receptus des Symbols zum ersten Male im offiziellen Gebrauch der römischen Kirche nachweisen konnte.[3]) Auf Kattenbuschs Veranlassung hat alsdann Morin in jüngster Zeit eine Beschreibung der Handschrift gegeben,[4]) aus der hervorgeht, dass der Codex in mehr als einer Hinsicht diejenige Beachtung verdient, welche ihm Caspari zugesprochen hatte. Zwar gehört die Handschrift selbst erst dem 11.—13. Jahrhundert

---

[1]) Fr. Jo. Fran. Bernardi Mariae de Rubeis O. Pr. dissertationes duae: prima de Turranio seu Tyrannio Rufino monacho et presbytero: altera de vetustis liturgicis aliisque sacris ritibus qui vigebant olim in aliquibus Foroiuliensis provinciae ecclesiis. Venetiis 1754 p. 228—248. Vgl. Hahn, Biblioth. d. Symb. (3) S. 43—45.

[2]) Vgl. de Rubeis l. c. p. 245 sq. Die Rubrik: Et ideo de haereticis est proferendum atque a catholica disciplina modis omnibus respuendum, quatenus modis omnibus christianae religionis cultoribus sanctissimam et individuam trinitatem atque inseparabilem unitatem confitentibus detur intelligi, nullam hoc in Christi mysterio permanere haereticae pravitatis commixtionem Iudae. Et huic mysterio pontifex interesse debet, sicut mihi Luponi visum est ecclesiae sanctae Aquileiensis pontifici, quatenus tanta cum solicitudine agatur, quantum creditur in eo totius christianitatis et religionis summa consistere.

[3]) Quellen II 99. Alte und neue Quellen S. 305.

[4]) Rev. Bénéd. 1897 p. 481—488.

an, aber der Inhalt des in Frage stehenden Abschnittes weist auf eine viel frühere Zeit zurück, nämlich nach Ansicht beider Forscher, Casparis sowohl als Morins, auf die Regierungszeit Papst Nikolaus' I. und Kaiser Ludwigs II.,[1]) also in die Jahre 858—867. Für uns kommen hier Fol. 111—117b, in Betracht, weil sie ganz analog dem 7. römischen Ordo eine Darstellung der Skrutinien von der Denuntiatio am Montag nach Okuli bis zu den Lektionen der Osternacht enthalten.[2]) Da nun die vorhergehenden und folgenden Blätter ohne Frage auf specifisch römische Ceremonieen Bezug nehmen[3]), von denen eine, wie gesagt, durch die Namen Nikolaus und Ludwig bestimmt datiert ist, so liegt der Schluss sehr nahe, dass auch das auf Fol. 111—117b Geschilderte in der römischen Gemeinde unter Papst Nikolaus praktische Giltigkeit hatte, d. h. dass noch in der zweiten Hälfte des 9. Jahrhunderts in Rom selbst die Skrutinien in Übung gewesen sind, was angesichts des Amalarschen Berichtes über die Feier der dritten Skrutinienmesse am Mittwoch nach Lätare in Rom nicht unwahrscheinlich ist.[4])

---

§ 12. Die Skrutinienmessen.

Ursprünglich scheint die römische Kirche sich mit einer geringeren Anzahl von Skrutinienmessen begnügt zu haben.

---

[1]) Fol. 126 finden sich nämlich unter anderen auch die beiden Akklamationen: Domno nostro Nicholao a deo decreto summo pontifici et universali papae vita, und: Domno nostro Hludovvico augusto a deo coronato magno pacifico imperatori uita et uictoria. Rev. Bénéd. 1897 p. 484.
[2]) l. c. p. 482 sq.
[3]) Fol. 104: Ordo processionis universalis romani pontificis incipit. — septem esse regiones aecclesiastici ordinis urbis Romae l. c. p. 482. — Fol. 117b: Sedes apostolica. — Fol. 123: Primitus antequam pontifex egrediatur. — Fol. 124b: Ordo qualiter in sancta romana ecclesia reliquiae recondantur l. c. p. 483. — Fol. 131: Si domnus apostolicus non vult missam celebrare l. c. p. 484. — Fol. 131: Qualiter in sede apostolica presbyteri diaconi vel supra eligantur l. c. p. 485.
[4]) Vgl. Amalar. de eccl. offic. I 8.

§ 12. Die Skrutinienmessen.

Wenigstens hat das Gelasianum in seiner ältesten Gestalt ihrer nur drei für die Sonntage Okuli, Lätare, Judika angesetzt, eine Thatsache, welche um die Mitte des 7. Jahrhunderts noch durch das neapolitanische Evangeliar bestätigt wird.[1]) Damit ist aber keineswegs gesagt, dass sich in Rom während des 6. Jahrhunderts auch die ganze Taufvorbereitung in diesen drei sonntäglichen Festlichkeiten erschöpft hätte. Denn fraglos konnten dieselben für sich allein nicht genügen, mindestens waren noch ein Einführungsakt sowie die Ceremonieen der Symbolübergabe und Symbolrückgabe erforderlich und gewiss auch vorhanden. Wenn gleichwohl immer nur jene drei Messen genannt werden, so erklärt sich diese Thatsache wohl am einfachsten daraus, dass die übrigen, die Taufe vorbereitenden Gottesdienste sowohl dem Charakter wie dem Namen nach sich scharf von ihnen abhoben. Es herrschte eine gewisse Vielseitigkeit in der Gestalt dieser Katechumenatsgottesdienste. Die einen waren wirkliche Messen, die sich nur dadurch vor ihresgleichen auszeichneten, dass man in einigen Gebeten, wie in der Kollekte, dem Memento, dem Hanc igitur, allenfalls auch in der Sekreta Täuflinge und Paten erwähnte. Insofern mussten sie natürlich in einem Messbuch wie dem Gelasianum Platz finden. Neben ihnen gab es dann noch andere liturgische Akte von durchaus eigenartiger Gestalt, die man kurz als Skrutinien bezeichnete, vielleicht teilweise auch nur mit einem Specialnamen wie etwa Apertio aurium benannte. Sie gehörten nicht in ein Messbuch, sondern dürften vielmehr ursprünglich in besonderen Ordines vereinigt gewesen sein. Aus diesen nahm man sie erst später stückweise in die Messbücher herüber — was zusammen benutzt wurde, sollte der Bequemlichkeit halber auch in einem Bande zusammengebunden sein — und schob sie

---

[1]) Gelas. I 26: Tertia dominica quae pro scrutinio electorum celebratur. I 27: Quarta dominica pro scrutinio secundo. I 28: Quinta dominica quae pro scrutinio celebratur. — Capitula evangel. Neapolitana in Anecd. Mareds. I 432 sq.: Dominica tertia quando psalmi accipiunt. Dominica quarta quando orationem accipiunt. Dominica quinta quando symbolum accipiunt. — Vgl. auch die Frage des Senarius: Quare tertio ante pascha scrutinentur infantes. Ioannis diaconi epist. ad Senarium c. 2. III. 59, 401; sowie oben S. 170 f.

unorganisch genug zwischen die einzelnen Sonntagsmessen ein.¹) Bildeten sie ja doch eine Ergänzung zu jenen drei Skrutinienmessen, ohne dass sie deshalb mit diesen irgendwie auf gleicher Linie rangiert hätten oder mit ihnen von vornherein formell zusammengefasst gewesen wären.

Aber der Trieb nach liturgischer Vervollkommnung blieb auf diesem halben Wege nicht stehen. Im 7. römischen Ordo erscheinen jene Messen und diese liturgischen Akte zu einem kunstvollen Gebäude von sieben Skrutinienmessen vereinigt, wobei zugleich die bisherigen Termine eine merkliche Verschiebung erfahren.²) Auch gibt man sich gleichzeitig redliche Mühe, jene heilige Siebenzahl mystisch auszudeuten.³)

Eine detaillierte Darstellung dieses planvollen Kunstwerkes wird am besten zum Bewusstsein bringen, welcher frappanten Veränderung hinsichtlich seiner Tendenz wie seiner Ausgestaltung in kurzer Zeit der altkirchliche Katechumenat verfallen war, und zwar ohne dass die Kirche ein lebhaftes Bewusstsein von der vollzogenen Krisis gehabt hätte.

1. Die Aufnahme in den Katechumenat.

Am Montag nach Okuli wird die Gemeinde offiziell aufgefordert, die ersten Schritte für die bevorstehende Taufe zu thun.⁴)

---

¹) Über derartige Einschiebsel vgl. oben S. 206—209. Sie haben sicher ganz oder teilweise schon vor ihrer Einschiebung in das Gelasianum Verwendung bei den die Taufe vorbereitenden liturgischen Akten gefunden.

²) So fand der Einführungsakt in älterer Zeit vor dem Sonntage Okuli, unter der Herrschaft der sieben Skrutinien hingegen am Mittwoch nach Okuli statt.

³) Vgl. 7. römisch. Ordo c. 8: Secundum formam septem donis spiritus sancti, ut dum septem septenario numero implebantur, detur illis gratia septiformis spiritus sancti.

⁴) Die Formel lautet nach Gelas. I 29: Scrutinii diem, dilectissimi fratres, quo electi nostri divinitus instruantur, imminere cognoscite. Ideoque sollicita devotione succedente sequente illa (7. römisch. Ordo: quarta) feria circa horam diei sextam (7. römisch. Ordo: tertiam) convenire dignemini, ut caeleste mysterium quo diabolus cum sua pompa destruitur et

Infolgedessen finden sich zwei Tage später, am Mittwoch früh 9 Uhr, die Paten mit den Täuflingen vor der Kirche ein. Ein Akoluth verzeichnet die Namen und ruft alsdann die Einzelnen der Reihe nach herein, indem er die Knaben zur Rechten, die Mädchen zur Linken aufstellt. Es beginnt in fünf liturgischen Akten die Einführung in den Stand der Katechumenen.

Der Priester bekreuzt jedem Kinde die Stirn mit den Worten: In nomine patris et filii et spiritus sancti.

Er betet unter Handauflegung:

Omnipotens sempiterne deus, pater domini nostri Iesu Christi respicere dignare super hos famulos tuos quos ad rudimenta fidei vocare dignatus es. Omnem caecitatem cordis ab eis expelle, disrumpe omnes laqueos satanae quibus fuerant colligati, aperi eis domine ianuam pietatis tuae; et signum sapientiae tuae imbuti omnium cupiditatum foetoribus careant et suavi odore praeceptorum tuorum laeti tibi in ecclesia deserviant et proficiant de die in diem, ut idonei efficiantur accedere ad gratiam baptismi tui percepta medicina.[1]

Er exorcisiert das den Täuflingen zu reichende Salz:

Exorcizo te creatura salis in nomine dei patris omnipotentis et in caritate domini nostri Iesu Christi et in virtute spiritus sancti. Exorcizo te per deum vivum et per deum verum qui te ad tutelam humani generis procreavit et populo venienti ad credulitatem per servos suos consecrari praecepit. Proinde rogamus te domine deus noster, ut haec creatura salis in nomine trinitatis efficiatur salutare sacramentum ad effugandum inimicum, quem tu domine sanctificando sanctifices, benedicendo benedicas, ut fiat omnibus accipientibus perfecta medicina permanens in visceribus eorum in nomine domini nostri Iesu Christi, qui venturus est iudicare vivos et mortuos et saeculum per ignem.[2]

---

ianua regni caelestis aperitur, inculpabili deo iuvante ministerio peragere valeamus. Per dominum nostrum Iesum Christum qui cum patre et spiritu sancto vivit et regnat deus per omnia saecula saeculorum.

[1] Gelas. I 30. Ebendaselbst noch zwei andere Formeln: Preces nostras quaesumus domine, und: Deus qui humani generis.

[2] Gelas. I 31.

Dann legt er jedem Täufling ein Salzkorn in den Mund mit den Worten:

Accipe X. sal sapientae propitiatus in vitam aeternam, und schliesst endlich mit dem Gebet:

Deus patrum nostrorum, deus universae conditor veritatis, te supplices exoramus, ut hunc famulum tuum respicere digneris propitius, ut hoc primum pabulum salis gustantem non diutius esurire permittas, quo minus cito expleatur caelesti; quatenus sit semper domine spiritu fervens, spe gaudens, tuo semper nomini serviens. Perduc eum ad novae regenerationis lavacrum, ut cum fidelibus tuis promissionum tuarum aeterna praemia consequi mereatur.[1]

Nach diesem Einführungsakt galt das Kind als Katechumene. Es übernahm damit Pflichten und genoss zugleich Rechte, welche denen der erwachsenen Katechumenen im 4. und 5. Jahrhundert analog waren. Natürlich konnte es aber als Kind nicht annähernd dasjenige leisten, wozu seine erwachsenen Vorgänger im stande gewesen war. Und da sich die Begriffe von dem, was im Gottesdienste die Hauptsache sei, mittlerweile stark verschoben hatten, so stellte man auch schon aus diesem Grunde andere Anforderungen an den Katechumenen.

Man verlangt fortan vom Katechumenen nur die Teilnahme an höchstens sieben Gottesdiensten, welche in den Zeitraum von der dritten Fastenwoche bis zum stillen Samstag fallen. Mehr nicht. Ja selbst in diesen sieben Gottesdiensten öffnen sich für ihn nur die Thüren der Kirche bei demjenigen liturgischen Teile der Messe, der ausschliesslich auf ihn Bezug nimmt, sich geradezu als eine nur für die Katechumenen berechnete Einlage gibt. Es liegt nahe, dass es sich bei dieser Einlage vorwiegend um Signationen und Exorcisationen handelte; denn die regel-

---

[1] Gelas. I 32. — Den Gepflogenheiten der Alten Kirche entspricht weit mehr die Darstellung des Aufnahmeaktes in Gelas. I 71 (vgl. oben S. 209 Anm. 1. 2): Inprimis catechizas eum divinis sermonibus et das ei monita, quemadmodum post cognitam veritatem vivere debeat. Post haec facis eum catechumenum, exsufflas in faciem eius et facis ei crucem in fronte, imponis manum super caput eius his verbis ... Inde vero postquam gustaverit medicinam salis et ipse se signaverit, benedicis eum his verbis ... Vgl. Duchesne, Origines p. 285 n. 2.

mässige Sonntagspredigt war längst in Verfall geraten[1]) und hätte, auch wenn sie noch zu Recht bestanden hätte, für diese Art von Katechumenen keinen Zweck gehabt. Auch die Fürbitte der Gemeinde für ihre Katechumenen ist geblieben, nur dass auch sie in einen Teil der Messe, zwischen die Kanongebete, fällt, an dem die Ungetauften sich nicht beteiligen dürfen.

Um ihres speciellen Zweckes und ihrer charakteristischen Ausgestaltung willen bezeichnet man daher jene Gottesdienste in der Erinnerung an die altchristlichen Skrutinien als Skrutinienmessen.

Somit besteht der alte Katechumenat nur dem Namen und der Idee nach im 6. und 7. Jahrhundert fort. Praktisch fällt er mit einer Institution zusammen, die sich fast durchweg mit den für die Kompetenten der alten Zeit getroffenen Veranstaltungen deckt.

Nach jener Einführungsceremonie hiess das Kind zwar Katechumene, in Wirklichkeit aber war es Kompetent. Und wenn die Liturgiker seit Isidor sich abmühen, für die spätere Zeit einen Unterschied zwischen jenen beiden Begriffen zu konstatieren, so beweisen sie nur durch jene ihre künstlichen Definitionen, die sich obendrein unter einander widersprechen, dass sich die Begriffe Katechumene und Kompetent praktisch völlig decken.

2. Die gewöhnliche Skrutinienmesse.

Während die Kinder vor der Kirchthüre warten, nimmt die Messe in bekannter Weise ihren Anfang: der Chor stimmt

---

[1]) Duchesne, Origines p. 163: Après les leçons nous devrions trouver l'homélie. Mais à Rome l'homélie paraît être tombée d'assez bonne heure en désuétude. Saint Grégoire et, avant lui, saint Léon sont les seuls anciens papes dont il reste des homélies et même que l'on sache en avoir prononcé. Encore les homélies de saint Léon sont-elles courtes et réservées à certains jours solennels. Les prêtres romains n'avaient pas le droit de prêcher, et les papes voyaient d'un mauvais oeil que les autres évêques laissassent prêcher les leurs. Sozomène, qui écrivait vers le temps de Xystus III, rapporte que personne ne prêchait à Rome.

die Antiphone [1]) an, während der Klerus in feierlicher Prozession das Gotteshaus durchschreitet und in der Apsis Platz nimmt.

Die Kollekte gedenkt bereits der Katechumenen:

Da, quaesumus domine electis nostris digne atque sapienter ad confessionem tuae laudis accedere, ut dignitati pristinae, quam originali transgressione perdiderant, per tuam gloriam reformentur. [2])

Alsdann aber werden dieselben auf Anweisung des Diakonen (Catechumeni procedant) einzeln mit Namen hereingerufen und der Liste nach, wie vorher aufgestellt. Es folgen Exorcismen und Gebet, die eigentlichen Skrutinien.

Der Diakon ermahnt: Orate electi, flectite genua; sodann nach Schluss des Gebetes: [3]) Levate, complete orationem vestram in unum et dicite Amen, worauf alle mit Amen antworten. Dann wendet sich der Diakon an die Paten: Signate illos, accedite at benedictionem. Die Paten ihrerseits schlagen über der Stirn der Kinder mit dem Daumen das Kreuz unter dem Segenswunsch: In nomine patris et filii et spiritus sancti.

Mit der Bekreuzung der Einzelnen beginnt auch der Akoluth den jedesmaligen Exorcismus. Derselbe wird unter Handauflegung vollzogen, und zwar bei den Knaben durch das Gebet:

Deus Abraham, deus Isaac, deus Iacob, deus qui Moysi famulo tuo in monte Sinai apparuisti et filios Israel de terra Aegypti eduxisti deputans eis angelum pietatis tuae qui custodiret eos die ac nocte. Te quaesumus domine ut mittere digneris sanctum angelum tuum, ut similiter custodiat et hos famulos tuos et perducat eos ad gratiam baptismi tui.

Ergo, maledicte diabole, recognosce sententiam tuam et

---

[1]) Der 7. römische Ordo und das Scrutinium Aquileiense schreiben eine mit Bezug auf die Taufe aus Ex. 36, 23—26 zusammengestellte Antiphone, Jesse von Amiens hingegen antiphonam ad introitum eo die pertinentem vor.

[2]) Gelas. I 26. Andre Kollekten I 27: Omnipotens sempiterne deus ecclesiam tuam spirituali fecunditate multiplica, ut qui sunt generatione terreni fiant regeneratione caelestes, und I 28: Concede domine electis nostris, ut sanctis edocti mysteriis et renoventur fonte baptismatis et inter ecclesiae tuae membra numerentur.

[3]) Der Wortlaut dieses Gebetes ist nicht bekannt, in Aquileja war es das Pater noster.

da honorem deo vivo et vero et da honorem Iesu Christo filio eius et spiritui sancto et recede ab his famulis dei. Quia istos sibi deus et dominus noster Iesus Christus ad suam sanctam gratiam et benedictionem fontemque baptismatis donum vocare dignatus est. Per hoc signum sanctae crucis frontibus eorum quod nos damus, tu maledicte diabole nunquam audeas violare. [1])

Bei den Mädchen hingegen ist als Gebet üblich:

Deus caeli, deus terrae, deus angelorum, deus archangelorum, deus prophetarum, deus martyrum, deus omnium bene viventium, deus cui omnis lingua confitetur caelestium terrestrium et infernorum: te invoco domine ut has famulas tuas perducere et custodire digneris ad gratiam baptismi tui.

Ergo maledicte diabola recognosce etc. [2])

Dieser Vorgang wiederholt sich dreimal. Der Diakon leitet durch Gebet jedesmal die Signation und Exorcisation ein, die Paten sowie ein zweiter und ein dritter Akoluth führen dieselben aus. Die entsprechenden Exorcisationsgebete finden sich ebenfalls im Gelasianum,[3]) beim zweiten Mal für die Knaben: Audi maledicte satanas adiuratus,[4]) für die Mädchen: Deus Abraham, deus Isaac, deus Iacob, deus qui tribus Israel

---

[1]) Gelasian. I 33.

[2]) Dieser zweite Teil des Gebetes bleibt sich gleich und wiederholt sich bei allen übrigen Exorcismen.

[3]) I 33.

[4]) Nur diese Formel, die an sich schon eine direkte Austreibung des Satans ausspricht, macht jenen zweiten Teil: Ergo maledicte diabole überflüssig, der daher auch an dieser Stelle im Gelasianum nicht vorgesehen ist. Im Skrutinium von Aquileja tritt diesmal das Audi maledicte satanas sogar ganz an die Stelle des Ergo maledicte diabole als zweiter Teil eines Gebetes, dessen erster Teil lautet: Deus, immortale praesidium omnium postulantium, liberatio supplicum, pax regnantium, vita credentium, resurrectio mortuorum, te invoco super hos famulos tuos qui tuam gratiam benedictionis petentes ad aeternam desiderant gloriam pervenire. Accipe hos domine omnes et quia dignatus es dicere: Petite et accipietis, quaerite et invenietis, pulsate et aperietur vobis, petentibus itaque praemium porrige et ianuam pande pulsantibus, ut aeternam caelestis lavacri benedictionem consecuti promissa tui nominis regna percipiant. de Rubeis l. c. p. 231 sq.

monuisti; beim dritten Mal für die Knaben: Exorcizo te immunde spiritus in nomine patris, für die Mädchen: Exorcizo te immunde spiritus per patrem et filium.

Das Gebet zu Gott, die höhere geistliche Funktion im Gegensatz zu der Exorcisation, ist Sache des Priesters. Abermals folgt das Orate electi des Diakonen, seine Aufforderung an die Paten und die Signation der Kinder durch dieselben. Dann betet der Priester, indem er die einzelnen bekreuzt und ihnen die Hand auflegt:

Aeternam ac iustissimam pietatem tuam deprecor, domine sancte, pater omnipotens, aeterne deus luminis et veritatis, super hos famulos et famulas tuas ut digneris eos illuminare lumine intelligentiae tuae. Munda eos et sanctifica. Da eis scientiam veram, ut digni efficiantur accedere ad gratiam baptismi tui. Teneant firmam spem, consilium rectum, doctrinam sanctam, ut apti sint ad percipiendam gratiam tuam.[1]

Abermals alles erst über die Knaben, dann mit Wiederholung des Gebetes über die Mädchen. Den Beschluss macht wieder die bekannte Eingangsceremonie: das Orate electi des Diakonen, die Anweisung an die Paten und die Signation der Kinder durch die letzteren. Der Priester kehrt an seinen Platz zurück.

Während der Verlesung der Epistel[2] und beim Responsorium[3] dürfen die Katechumenen noch anwesend sein. Dann aber erklärt der Diakon in dreifach nachdrücklicher Weise: Catechumeni recedant. Si quis catechumenus est recedat. Omnes catechumeni exeant foras. Dieselben warten vor den Kirchthüren das Ende der Messe ab.[4]

---

[1] Gelas. I 33. Unbedeutende Varianten in der in Aquileja gebrauchten Formel, vgl. de Rubeis l. c. p. 233.

[2] Mit Bezug auf die Katechumenen Ezech. 36, 25—28 bezw. 29 a.

[3] 7. römischer Ordo: Aspiciam vos et crescere faciam. Levit. 26, 9. Jesse: Psallatur graduale pertinens ad ipsum diem. Am ausführlichsten im Scrut. Aquileiense p. 233: Graduale. Beata gens cuius est dominus deus eorum, populus quem elegit dominus in haereditatem sibi. Ps. 32, 12. Vulgus: Verbo domini caeli firmati sunt et spiritu oris eius omnis virtus eorum. Ps. 32, 6.

[4] Innerhalb der Skrutinienmessen wird also der alte Unterschied der Missa catechumenorum von der Missa fidelium noch aufrecht erhalten,

Drinnen verliest man das Evangelium, das auch in Beziehung auf die Katechumenen ausgewählt zu sein scheint.[1]

Eltern und Paten nehmen natürlich an der Messe in ihrem weiteren Verlaufe teil. Unter den Kanongebeten zählt diesmal das Memento die Namen der Paten, das Gebet Hanc igitur die der Kinder einzeln auf, letztere mit der Bitte: Hos domine fonte baptismate innovandos spiritus tui munere ad sacramentorum tuorum plenitudinem poscimus praeparari.[2]

Den Beschluss macht in hergebrachter Weise die Kommunion.

Vor dem Auseinandergehen werden Ort und Zeit der nächsten Skrutinienmesse abgekündigt.[3] Damit ist schon ausgesprochen, dass die Termine für diese Skrutinien nicht nur nicht feststanden, sondern dass ihre Festsetzung von örtlichen Gepflogenheiten, ja wohl gar von dem Belieben des betreffenden Bischofs abhing.[4]

---

der auch zu Gregors des Grossen Zeit (Dial. II 23) bei den übrigen Messen noch praktisch bestanden hat, dann aber wohl im 7. Jahrhundert Hand in Hand mit dem Vorherrschen der Kindertaufe von selbst in Wegfall geraten ist.

[1] Wenigstens geben der 7. römische Ordo und das Scrutinium Aquileiense als eine dieser Lektionen Matth. 11, 25—30 an.

[2] Gelas. 1 26. Auch bei dem stillen Offertorialgebet, das die Darbringung der Opfergaben begleitet (Super oblata, secreta), gedenkt man der Täuflinge; so wenigstens dürfte Gelas. 1 28 zu verstehen sein: Exaudi nos, omnipotens deus, et famulos tuos quos fidei christianae primitiis imbuisti, huius sacrificii tribuas operatione mundari.

[3] Der an Gelas. III 16 angeschlossene Messordo lässt diese Ankündigung sogar der Kommunion vorausgehen, ohne Zweifel mit Rücksicht auf diejenigen Eltern und Paten, welche vor Schluss des Gottesdienstes die Kirche verliessen. Denn dass die Teilnahme aller auch an der Kommunion nicht als Regel vorausgesetzt wurde, geht aus dem Konjunktiv: Communicent omnes (7. römischer Ordo und Jesse), sowie aus dem Zusatz: Qui volunt (Scrut. Aquil.) unzweideutig hervor.

[4] Im folgenden einige Beispiele, wie verschieden die Skrutinientermine in den vier Wochen von Okuli bis Ostersamstag angesetzt wurden:

7. römischer Ordo: 1. Mittwoch nach Okuli. 2. Samstag nach Okuli. 3. Woche nach Lätare. 4. 5. Woche nach Judika. 6. Woche nach Palmsonntag. 7. Ostersamstag.

Jesse von Amiens: 1. Montag nach Okuli. 2. Woche nach Okuli. 3. 4. 5. Bis einschliesslich Dienstag nach Judika. 6. Mittwoch nach Judika. 7. Ostersamstag.

Scrutin. Aquileiense: 1. Montag nach Okuli. 2. 3. Woche nach

Diese geschilderte Skrutinienmesse wiederholte sich fünfmal.[1]) Dagegen waren zwei andere Skrutinienmessen, eine mittlere und die letzte, durch ein besonderes Ceremoniell ausgezeichnet. In ihnen findet man die Erinnerung an die altkirchlichen Feierlichkeiten der Symbolübergabe und Symbolrückgabe wieder.

3. Die Skrutinienmesse der Ohrenöffnung.

Die Verwandtschaft zwischen den liturgischen Kompetentenskrutinien der früheren und den Skrutinienmessen der späteren Zeit tritt klar bei dem dritten dieser Gottesdienste hervor, bei dem es sich um die Symbolübergabe handelt. Zwar wird diese letztere jetzt mit der Übergabe des Vaterunsers in einen Akt zusammengezogen, auch erfährt sie durch die überaus feierliche Mitteilung der Evangelien, die sog. Ohrenöffnung, eine charakteristische Bereicherung, der sie sogar ihren neuen Namen verdankt. Aber die Thatsache bleibt doch bestehen, dass trotz aller veränderten Verhältnisse die Mitteilung des Glaubensbekenntnisses an die Katechumenen nach wie vor als der Höhe-

---

Okuli. 4. 5. 6. Woche nach Lätare und nach Judika. 7. Samstag vor Palmarum. So wenigstens, und nicht nach der Berechnung von de Rubeis l. c. p. 237, scheint der Text gelesen werden zu müssen.

Durandus, Rationale divin. offic. Venetiis 1599 lib. VI c. 56: 1. 2. Mittwoch und Samstag nach Okuli. 3. 4. Mittwoch und Samstag nach Lätare. 5. 6. Mittwoch und Samstag nach Judika. 7. Mittwoch nach Palmarum.

Zwei Codices von Aquileja und Portogruaro, welche de Rubeis l. c. p. 234. 237 erwähnt, nennen Montag, Mittwoch, Freitag nach Lätare und Judika als Skrutinientermine. Das siebente Skrutinium fiel dann vermutlich auf den Samstag vor Palmarum.

Ein dritter Codex von Aquileja (de Rubeis l. c. 237 sq.): 1. Freitag nach Okuli. 2. 3. 4. Montag, Mittwoch, Freitag nach Lätare. 5. 6. 7. Montag, Mittwoch, Samstag nach Judika.

[1]) Über Skrutinienmessen vor Pfingsten sind wir schlecht orientiert, vgl. Martene, De ant. eccl. ritib. 1736. Tom. I p. 82: Nisi mihi hac de re sollicite inquirenti tandem occurrisset ipsa scrutiniorum tempora in praecitato Gellonensi sacramentorum libro, non quidem septem numero, sed tria dumtaxat, quorum primum septimo ante pentecosten die, secundum in sequenti feria quinta, tertium sabbato celebraretur. Totidemque etiam observanda esse in baptismo epiphaniae.

punkt in der Taufvorbereitung gilt, und die nähere Bekanntschaft mit dieser Skrutinienmesse der Ohrenöffnung liefert obendrein den Beweis, dass auch die liturgischen Bestandteile in der Hauptsache dieselben geblieben sind.

Die sog. Ohrenöffnung hat mit der gleichnamigen Ceremonie der älteren Zeit[1]) so gut wie nichts gemein. Denn diese stand um die Wende des 4. und 5. Jahrhunderts im engsten Zusammenhange mit dem eigentlichen Taufakte, den sie geradezu einleitete. Man spendete sie vor dem Eintritt in das Baptisterium in der Weise, dass der Priester dem Täufling Ohren und Nase mit Öl salbte unter dem Segenswunsch: Effeta. Denn als biblisches Vorbild galt die Heilung des Taubstummen. Und an gleicher Stelle hat sie sich auch noch im Skrutinienritus erhalten, indem ein etwas verändertes Effeta im siebenten und letzten Skrutinium, also ebenfalls unmittelbar vor dem Taufakt,[2]) seinen Platz fand.

Hingegen bietet die spanische Kirche eine Parallele zur vorliegenden Feier. Denn auch in ihr gehört die Ceremonie der Ohrenöffnung unter die liturgischen Akte der Kompetentenzeit und bildet, wenngleich in viel bescheidenerer Form, die Vorbedingung für den Empfang des Symbols.[3])

Was aber die Mitteilung des Gebets anbetrifft, so eignete derselben schon in der alten Kompetentenpraxis eine nur sekundäre Bedeutung gegenüber der des Symbols. Auch sah man bereits damals von einer ordentlichen Rückgabe des Vaterunsers ab, weil dasselbe regelmässig in jedem Gottes-

---

[1]) Ambros. de myst. c. 1: Aperite igitur aures et bonum odorem vitae aeternae inhalatum vobis munere sacramentorum carpite quod vobis significavimus cum apertionis celebramus mysterium diceremus; Effeta q. e. adaperire ut venturus unusquisque ad gratiam quid interrogaretur cognosceret, quid responderet meminisse deberet. c. 2 Post haec ingressus es regenerationis sacrarium. — De sacrament. I 1: Quid egimus sabbato? Nempe apertionem. Tibi aures tetigit sacerdos et nares ut aperirentur aures tuae ad sermonem et ad alloquium sacerdotis. — Vgl. den pseudoaugustinischen Sermo de mysterio baptismatis (August. opp. Tom. VI Appendix Ml. 40, 1209); den Tractatus I de baptismo des Maximus von Turin Ml. 57, 774 und den Sermo 52 des Petrus Chrysologus.

[2]) Siehe unten S. 237.

[3]) Siehe oben S. 196.

§ 12. Die Skrutinienmessen.

dienste wiederkehrte, also nicht zu befürchten war, dass sein Wortlaut den Getauften unbekannt blieb.[1]) Kein Wunder, dass diese Ceremonie auch innerhalb der Skrutinienmessen nur im Gefolge der Symbolübergabe erscheint.

In welcher der sieben Skrutinienmessen die Ohrenöffnung vorzunehmen sei, stand nicht unbedingt fest. Man scheint darauf ebenso wenig Wert gelegt zu haben, wie auf die Termine der Skrutinienmessen selbst. In Rom war es die dritte, in Amiens die sechste, in Aquileja sogar erst die siebente Skrutinienmesse, die sich jener besonderen Auszeichnung erfreute.[2])

Anfangs nimmt alles seinen gewohnten Verlauf. Nur folgt diesmal der alttestamentlichen Lektion Jes. 55, 2b—7 mit dem Responsorium Venite filii[3]) noch eine wirklich apostolische Lektion, nämlich Kol. 3, 9b—17,[4]) mit dem Responsorium Beata gens.[5])

Dann aber schreitet eine feierliche Prozession von der Sakristei zum Altar. Unter Kerzenglanz und Weihrauchduft[6]) tragen vier Diakonen je ein Evangelium in der Hand und legen dasselbe auf eine Ecke des Altars. Nachdem dies geschehen, erklärt der Priester den Katechumenen in bestimmter liturgischer Formel, was ein Evangelium ist, woher es stammt, wovon es

---

[1]) Siehe oben S. 31 Anm. 3.
[2]) Siehe oben S. 226 Anm. 4.
[3]) Scrut. Aquil. p. 238: Venite filii, audite me, timorem domini docebo vos. Ps. 33, 12. — Accedite ad eum et illuminamini et facies vestrae non confundentur. Ps. 33, 6.
[4]) Der 7. römische Ordo gibt widersinnig als Schluss der Epistel die Worte Ps. 18, 5: Et quidem in omnem terram exivit sonus eorum et in fines orbis terrae verba eorum, an, vermutlich die Worte des damals in Rom auf die Epistel folgenden Responsoriums. Denn im 9. Jahrh. hatte man in Rom die obigen Responsorien, als Perikopen aber verlas man Ezech. 36, 32 sqq. und Jes. 1, 16—18. Amalar de eccl. offic. I 8.
[5]) Scrut. Aquil. p. 239: Beata gens cuius est dominus deus eorum, populus quem elegit dominus in hereditatem sibi Ps. 32, 12. — Verbo domini caeli firmati sunt et spiritu oris eius omnis virtus eorum. Ps. 32, 6.
[6]) Weihrauch und Kerzen sollen vor dem feierlichen Zuge her die Luft reinigen und den Weg erleuchten. Daher galten sie in Rom als notwendige Bestandteile jeder Procession und wurden auch dem Papste vorangetragen, wenn er von der Sakristei zum Altar schritt, um die Messe zu halten.

handelt, und warum es gerade vier Evangelien gibt.[1]) Beim letzten Punkte wird natürlich unter dem Einflusse des Hieronymus[2]) an das Gesicht des Ezechiel erinnert.

Dann aber heisst es: Stillestehn und aufmerken![3]) Die Katechumenen sollen einen direkten Einblick in das Evangelium bekommen. Darum erfolgt jetzt eine vierfache Lesung in der Weise, dass jeder der vier Diakonen der Reihe nach, erst die beiden zur Linken, dann die beiden zur Rechten, sein Evangelium von der Ecke des Altars fortnimmt und den Anfang desselben (Matth. 1, 1—21; Mark. 1, 1—8; Luk. 1, 1—17; Joh. 1, 1—14) vom Ambo aus verliest. Während ein Subdiakon mit bedeckter Hand das Buch in die Sakristei zurückträgt, erklärt jedesmal der Priester die Beziehung zwischen dem inneren Charakter des betreffenden Evangeliums und dem

---

[1]) Gelas. I 34: Aperturi vobis, filii carissimi, evangelia i. e. gesta divina, prius ordine insinuare debemus quid est evangelium et unde descendat et cuius in eo verba ponantur et quare quatuor sint qui haec gesta scripserunt vel qui sunt ipsi quatuor qui divino spiritu, annuntiante propheta, signati sunt, ne forte sine hac ordinis ratione vel causa stuporem vobis in mentibus relinquamus, et quia ad hoc venistis ut aures vobis aperiantur, ne incipiat sensus vester obtundi. Evangelium dicitur proprie bona annuntiatio quae utique annuntiatio est Iesu Christi domini nostri. Descendit autem evangelium ab eo quod annuntiet et ostendat, quod is qui per prophetas loquebatur venit in carne sicut scriptum est: Qui loquebar, ecce adsum. Explicantes autem breviter quid sit evangelium, vel qui sint ii quatuor, qui per prophetam ante monstrati sunt, nunc sua quaeque nomina singulis assignemus indiciis. Ait enim propheta Ezechiel: Et similitudo vultus eorum ut facies hominis et facies leonis a dextris illius, et facies vituli et facies aquilae a sinistris illius. Hos quatuor has figuras habentes evangelistas esse non dubium est, sed nomina eorum qui evangelia scripserunt haec sunt: Matthaeus, Marcus, Lucas, Ioannes.

[2]) Hieron. in Ezech. lib. I c. 1, 7.

[3]) Diese Mahnung: State cum silentio, audientes intente ist bekanntlich nicht bloss der Skrutinienmesse der Ohrenöffnung eigen, sondern sie ging auch im regelmässigen Gottesdienste jeder Schriftverlesung voran. Sie war hier umsomehr angebracht, als nicht bloss Predigten sondern auch Lektionen nicht selten von den Akklamationen der Menge unterbrochen wurden. Ambrosius apol. altars proph. David 7, 39: Evangelica lectione quam pio prosecuti estis assensu. Vgl. auch Germanus expositio brevis, s. v. de silentio: Silentium autem diaconus pro duobus rebus adnuntiat, scilicet ut tacens populus melius audiat verbum dei et sileat cor nostrum ab omni cogitatione sordida, quo melius recipiatur verbum dei.

alttestamentlichen Tierbilde, welches denselben zum Ausdruck bringt.¹)

Ohne Unterbrechung schliesst sich an diese Mitteilung des Evangeliums die Übergabe des Symbols.²) Dieselbe wird durch eine ganz kurze und allgemein gehaltene Ansprache des Priesters eingeleitet. Diese liturgisch formulierte Symbolvorrede bildet zusammen mit der stereotypen Schlussrede Haec summa est fidei nostrae ein kümmerliches Surrogat für die altkirchliche Symbolerklärung, an welche daher auch noch manche Worte anklingen, so wenn es heisst, dass dieses Symbol auf Grund göttlicher Inspiration von den Aposteln festgestellt sei: Worte, die sich nur auf das Apostolikum beziehen können, nicht aber auf das damals zur Mitteilung an die Täuflinge übliche Nicäno-Konstantinopolitanum.³) Oder wenn der Priester fortfährt, dass dieses Symbol, obwohl arm an Worten, dennoch die grössten Geheimnisse in sich berge; dass sein Inhalt vollauf hinreichend sei, ohne dass deshalb sein Wortlaut das Gedächtnis beschwere; dass es darum hochheilige Pflicht der Christen sei, das Symbol sich wohl einzuprägen, aber verpönt, es durch Niederschrift einer vergänglichen Materie anzuvertrauen.

Nach dieser Ansprache nimmt der Akoluth einen Knaben auf den linken Arm, um auf die Frage des Priesters: „In welcher Sprache bekennen die Kinder unsern Herrn Jesus Christus?" zu antworten: „In der griechischen Sprache." Der Priester fährt fort: „So sage uns, was sie als ihren Glauben bekennen." Alsdann recitiert der Akoluth das Symbolum zweimal in griechischer Sprache, indem er erst einen Knaben, dann ein Mädchen als Repräsentanten des griechisch redenden Teiles der Gemeinde auf dem Arme hält.⁴)

---

¹) Gelas. I 84.
²) Gelas. I 85.
³) Vgl. Caspari, Quellen II 115 Anm. 68.
⁴) Näheres über diese Sitte siehe bei Caspari, Quellen III 119 f. Anm. 206 u. S. 446—510: Über den gottesdienstl. Gebrauch des Griechischen im Abendl. während des früheren Mittelalt., bes. S. 486 Text und Anm. 26, S. 494 Anm. 89, S. 504 Text und Anm. 50, S. 510 Text und Anm. 63. Was nun der Doppelsprachigkeit der Gemeinde willen ursprünglich einen praktischen Grund hatte, wurde auch nachher noch in symbolischer Absicht beibehalten. Vgl. Caspari a. a. O. S. 500: Man wollte dadurch, dass man an den oben genannten Tagen

§ 12. Die Skrutinienmessen.

Diese Doppelceremonie wiederholt sich in entsprechender Weise mit Beziehung auf die lateinisch redende Bevölkerung. Bei der Symbolübergabe aber das Apostolikum durch das Nicäno-Konstantinopolitanum zu ersetzen, sah sich die römische Kirche genötigt, als seit den Tagen des Odoaker und besonders unter den Ostgoten der Arianismus steigenden Einfluss in Italien gewann. Indessen hat sich diese Praxis auch noch zu Zeiten und in Gegenden behauptet, wo von Arianismus keine Rede sein konnte. Man hatte sich daran gewöhnt, im Nicäno-Konstantinopolitanum die solennere Form für das Apostolikum zu sehen, auf welche dann auch alle Attribute des letzteren übergingen.[1] Denn auch die unmittelbar darauffolgende stereo-

die Lektionen des Tages auch Griechisch vorlesen und auch griechische Gesänge singen liess, darauf hindeuten, dass die christliche Gemeinde trotzdem, dass sie aus verschiedenen Nationen bestehe, und dass infolge davon verschiedene Sprachen in ihr gesprochen würden, doch einen Gott, einen Herrn, einen Glauben, eine Taufe, eine Hoffnung, einen Sinn habe und darum eins sei, dass es trotz aller in der Kirche herrschenden nationalen und sprachlichen Verschiedenheiten nur eine heilige, über die ganze Erde ausgebreitete, allgemeine Kirche gebe. — Im einzelnen weist indessen die Ceremonie natürlich bei den verschiedenen Gemeinden mancherlei Abweichungen auf. So kennt Jesse von Amiens nur eine zweimalige Recitation des Symbols, einmal über die Knaben, das andere Mal über die Mädchen, und zwar beide Male lateinisch. Die liturgische Frage lautet: Annuntia fidem illorum et qualiter confiteantur dominum Iesum Christum. Besonders eigenartig erscheint die Ceremonie in einem der florentinischen Kirche angehörenden Missale et Sacramentarium (Caspari. Alte u. neue Quellen S. 290—308. Quellen III 486 f.), wo erst das Apostolikum lateinisch vom Akoluthen für die Knaben, sodann das Nicäno-Konstantinopolitanum griechisch vom Presbyter für die Mädchen, endlich das letztere noch einmal vom Presbyter lateinisch für beide Teile recitiert wurde. Über eine fünffache Recitation in der aquilejensischen Kirche (de Rubeis, l. c. p. 241—243, 247 sq.) siehe unten S. 258 ff.

[1] Caspari, Quellen I 236 Anm. 28. S, 244 II 115 Anm. 88. Der Wechsel zwischen Nicäno-Konstantinopolitanum und Apostolikum bezw. die Aufpfropfung des letzteren auf das erstere bei der Feier der Symbolübergabe tritt durchaus willkürlich auf und bedarf daher keiner eingehenden Erörterung. Caspari nennt a. a. O. III 197 Anm. 336. 337, S. 486 Text und Anm. 26, S. 504 Text und Anm. 50, S. 510 eine Reihe von Ritualen, aus welchen dieses ersichtlich wird. Auch hebt er a. a. O. S. 494 Anm. 39 hervor, dass das Nicäno-Konstantinopolitanum bald griechisch bald lateinisch tradiert wurde, hingegen das Apostolikum in Italien, Gallien, Germanien nur lateinisch mit der einzigen Ausnahme von Vienne vielleicht:

type Schlussrede bezieht sich nicht auf das soeben den Taufkandidaten überlieferte Symbol zurück, sondern auf das altrömische Apostolikum, dessen Wortlaut sie in freier Weise reproduziert.[1])

Diese Summe unseres Glaubens, dieser Wortlaut des Symbols verdankt seinen Ursprung nicht menschlicher Weisheit, sondern Gott. Ein jeder kann es begreifen und bewahren. Hier findet er die eine gleiche Macht des Vaters und des Sohnes. Hier den einigen Sohn Gottes, von der Jungfrau Maria und dem heiligen Geiste dem Fleische nach geboren. Hier seinen Kreuzestod, sein Begräbnis und seine Auferstehung. Hier die Himmelfahrt und das Sitzen zur Rechten der väterlichen Majestät dessen, der zum Gericht über Lebende und Tote wiederkommen wird. Hier den durch gleiche Gottheit mit Vater und Sohn verbundenen heiligen Geist. Hier endlich die Erwähnung der Kirche, die Vergebung der Sünden, die Auferstehung des Fleisches. Die Täuflinge aber, deren alter Mensch jetzt in einen neuen umgewandelt wird, haben fest zu glauben, dass die in Christus vollzogene Auferstehung auch bei ihnen allen zur Vollendung kommen müsse, geistig und leiblich. Denn das Sakrament der Taufe ist nichts anderes als ein Abbild dieses Todes und dieser Auferstehung. Daraus folgt dann weiter die Notwendigkeit, dass der Täufling jenes den Tod und die Auferstehung lehrende kurze Symbol seinem Herzen fest einprägt, um sich allezeit dieses Schutzmittels bedienen zu können. Denn es bildet eine unüberwindliche Waffe im Kampfe gegen alle Anfechtungen des bösen Feindes. Umgekehrt bietet sein Besitz, nach Absage an den Teufel, die unvergängliche Gnade Gottes, die Vergebung der Sünden, die Glorie der Auferstehung. Darum gilt es, das Symbol des katholischen Glaubens sich so anzueignen, dass kein Wort dabei geändert wird. Mit dem Wunsche, dass das göttliche Erbarmen diejenigen, welche jetzt die Taufe zu empfangen eilen, samt denjenigen, die sie ihnen spenden, ins Himmelreich gelangen lasse, schliesst die Ansprache.

Ordo scrutinii ex ms. insignis ecclesiae Viennensis in Gallia. Martene, De ant. eccl. ritib. 1736 Tom. I p. 117. Caspari, Quellen III 223 ff.

[1]) Caspari, Alte u. neue Quellen S. 306 und Anm. 82.

Es folgt sofort die Überreichung des dritten instrumentum sacrosanctae legis, des Vaterunsers.[1]

Abermals heisst es: Stillestehn und aufmerken! Der Priester beginnt wiederum mit einer einführenden Ansprache, auch sie das Rudiment der alten Expositio orationis dominicae. Es folgen die einzelnen Bitten, jede mit einer kurzen Erklärung, endlich eine Schlussmahnung.

Das Skrutinium der Ohrenöffnung ist beendigt, die Katechumenen werden entlassen, die Messe nimmt in gewohnter Weise ihren Fortgang.

Allen ihr zur Verfügung stehenden Pomp entfaltete die Kirche der damaligen Zeit bei dieser Feierlichkeit. Dieselbe bildete den Höhepunkt der ganzen Taufvorbereitung und sollte als solcher nicht nur den Katechumenen einen unauslöschlichen Eindruck machen, sondern auch die anderen Gemeindeglieder, besonders die Eltern und Paten, stets aufs neue daran erinnern, was sie einst im Zusammenhang mit der Taufe empfangen und wozu sie sich damals alles verpflichtet hatten. Zwar war der Inhalt der bei dieser Ohrenöffnung gehaltenen Ansprachen in dogmatischer wie ethischer Hinsicht ein sehr dürftiger. An den Ideenreichtum des augustinischen Zeitalters erinnern in schwacher Weise kümmerliche liturgische Formeln. Aber man war bestrebt, das, was an Geist fehlte, durch reich entwickelte Ceremonieen wettzumachen. Alles in allem bot das Skrutinium der Ohrenöffnung ein farbenprächtiges und infolgedessen überaus anziehendes Bild. Es konnte nicht ausbleiben, dass dasselbe die Phantasie der Gemeinde in hervorragendem Masse beschäftigte.[2]

---

[1] Gelas. I 36.

[2] Einen Reflex der ästhetischen Stimmung, in welche die Gemeinde durch jene pomphaften Ceremonieen der Ohrenöffnung und der Symbolübergabe versetzt wurde, bietet die Kuppel des katholischen Baptisteriums zu Ravenna. Dieselbe zeigt eine Mosaikdekoration, welche durch drei konzentrische Kreise in ebensoviel scharf getrennte Bildergruppen gegliedert ist. Die unterste Zone weist in vierfacher Wiederholung zwei verschiedene Architekturbilder auf, Idealansichten einer dreischiffigen Basilika im Querschnitt. Das eine Mal wird ein Altar mit dem Evangelienbuch im Mittelschiff von zwei Sesseln in den Seitenschiffen flankiert, das andere Mal

4. Das der Taufe unmittelbar voraufgehende letzte Skrutinium.

Am Ostersamstag fand die letzte den Taufakt vorbereitende Ceremonie statt. Da man an diesem Tage keine Messe zu schliessen Schranken rechts und links einen mit Edelsteinen geschmückten, mit Polstern belegten Thron ein, auf welchem ein Kreuz steht.

In der zweiten Zone schreiten die zwölf Apostel, die in zwei von Paulus und Petrus geführte Chöre geteilt sind, auf grünem Plan einher. In den von dem faltigen Gewande bedeckten Händen trägt jeder seine Krone.

Das Mittelbild endlich bietet die Taufe Christi.

Es liegt auf der Hand, dass wir es bei diesem musivischen Schmuck des Baptisteriums mit einer künstlerischen Darstellung des Skrutiniums der Ohrenöffnung zu thun haben. Die vier Altäre mit den Evangelien des Matthäus, Markus, Johannes, Lukas entsprechen den vier Ecken des einen Altars, auf welchen die Diakonen ihre Evangelienbücher niederlegen. Die erste Bildzone gibt demnach die traditio evangelii wieder.

Die traditio symboli hingegen spiegelt sich in der Apostelprozession der zweiten Zone wieder. Als die Übermittler des im Bewusstsein der Alten Kirche mit der Taufhandlung untrennbar verbundenen Glaubensbekenntnisses, als die Repräsentanten des Symbolums dürfen die Zwölfe einen hervorragenden Platz im Baptisterium beanspruchen. Denn ihr Bild erinnert den Täufling an die einzigartige Gabe, welche er und mit ihm die ganze Kirche ihrer Vermittelung verdankt.

Somit geben sich die beiden Zonen als die naturgemässen Vorstufen der im Mittelbilde dargestellten Taufe Christi, des hohen Vorbildes des sich im Baptisterium regelmässig vollziehenden Taufaktes.

Ich habe diese Ansicht bereits in meinem Aufsatz: Die Kuppelmosaiken im katholischen Baptisterium zu Ravenna, Neue kirchl. Zeitschr. 1897 S. 420—434 näher ausgeführt und bewiesen. Nachträglich sehe ich, dass Duchesne (Origines du culte chrétien p. 291s.) eine Idee ausspricht, die durchaus geeignet ist, meine Anschauung von dem Einflusse der Liturgie auf die bildende Kunst der Alten Kirche zu bestätigen. Auch er ist überzeugt, dass der mächtige Eindruck, den die Ohrenöffnung auf die Taufkandidaten machen musste, danach rang, in der Sprache der Kunst zum Ausdruck zu kommen. Den Beweis glaubt er durch den Hinweis auf solche Bilder zu bringen, welche den thronenden Christus zeigen, wie er den um ihn versammelten Aposteln bezw. ihrem Führer die Rolle des neuen Bundes, das neue Gesetz überreicht: Dominus legem dat. So auf einem Apsismosaik im Mausoleum der Konstantina (S. Costanza) bei Rom (Garrucci, Storia dell' arte cristiana tav. 207), auf einem Sarkophag in S. Maria in Porto in Ravenna (V. Schultze, Archäologie d. altchristl. Kunst S. 259) u. s. Duchesne fasst seine Erwägungen in die Worten zusammen: Je n'oserais assurer que cette scène ait été composée expressément halten pflegte, so konnte auch jenes Skrutinium nicht in eine solche eingegliedert werden, sondern es bildete eine in sich abgeschlossene selbständige Feier. Früh 9 Uhr, oder was noch wahrscheinlicher ist, in einer der Nachmittagsstunden, so dass mit nur kurzer Unterbrechung die eigentlichen Taufceremonieen sich alsbald anschliessen konnten,[1]) finden sich die Kinder in der Kirche ein, erstens um katechisiert zu werden und zweitens um das bei der Ohrenöffnung empfangene Symbol zurückzugeben.

Dass von einer Katechisation im alten Sinne nicht mehr die Rede sein konnte, liegt angesichts einer vorwiegend aus unmündigen Kindern bestehenden Kompetentenschar auf der Hand. Die Sache war infolge der veränderten Zeitumstände gefallen und nur der Name noch geblieben.

In der That verstand man unter der für den stillen Samstag anberaumten Katechisation nichts anderes, als die Verbindung der bekannten Ceremonieen der Signation und Exorciation mit dem für dieses letzte Skrutinium aufgesparten Effeta. Und doch äussert sich in einem scheinbar geringfügigen Zuge, dass auch dieser jetzt so verblasste liturgische Vorgang auf eine grosse Vergangenheit zurückblickt. In den vorerwähnten Skrutinienmessen werden Signation und Exorciation von den Paten bezw. den Akoluthen, also niederen Klerikern ausgeführt. In diesem letzten Skrutinium ist beides dem Priester reserviert. Denn es handelt sich ja um eine sog. Katechisation. Und das Katechisieren war in alter Zeit Sache des obersten Klerikers in der Gemeinde, des Bischofs.[2])

---

d'après le rituel de la Traditio legis christianae; mais il y a entre ces deux choses un rapport trop évident pour qu'il n'ait point été remarqué. Beaucoup de fidèles, en jetant les yeux sur les peintures qui ornaient le fond de leur église, devaient se rappeler une des plus belles cérémonies de leur initiation.

[1]) 7. römische Ordo: Ut in ipso sancto sabbato hora tertia revertantur ad ecclesiam, et tunc catechizantur et reddunt symbolum et baptizantur et complentur septem oblationes eorum. — Das andere ist eine Vermutung Duchesnes l. c. p. 292.

[2]) Dieser Grund scheint mir wahrscheinlicher als der von Duchesne l. c. p. 292 angegebene: C'est un prêtre qui est chargé d'adjurer Satan pour la dernière fois.

Abermals werden die Kinder der Liste nach aufgestellt, zur Rechten die Knaben, zur Linken die Mädchen. Der Priester durchschreitet die Reihen und bekreuzt jedem einzeln die Stirn. Dann legt er jedem die Hand auf und betet die grosse und zugleich letzte Exorcisationsformel:

Nec te latet satanas imminere tibi poenas, imminere tibi tormenta, imminere tibi diem iudicii, diem supplicii, diem qui venturus est velut clibanus ardens, in quo tibi atque universis angelis tuis aeternus veniet interitus. Proinde damnate da honorem deo vivo et vero, da honorem Iesu Christo filio eius, et spiritui sancto, in cuius nomine atque virtute praecipio tibi ut exeas et recedas ab hoc famulo dei, quem hodie dominus deus noster Iesus Christus ad suam sanctam gratiam et benedictionem fontemque baptismatis dono vocare dignatus est, ut fiat eius templum per aquam regenerationis in remissionem omnium peccatorum, in nomine domini nostri Iesu Christi, qui venturus est iudicare vivos et mortuos et saeculum per ignem.[1]

Auch das alte Effeta hat eine ceremonielle Änderung und textliche Erweiterung erfahren. Der Priester benetzt den Finger mit Speichel[2] und streicht dann jedem einzeln über Nase und Ohren mit den Worten:

Effeta, quod est adaperire, in odorem suavitatis. Tu autem effugare diabole, appropinquavit enim iudicium dei.[3]

Damit schliesst[4] die Katechisation, und es beginnt die Rückgabe des Symbols, die selbstverständlich aus dem Schiffbruch des alten Katechumenats auch nicht vielmehr als den nackten Namen gerettet hat.

---

[1] Gelas. I 42.
[2] Aus Delikatesse wiederholte man das Beispiel Christi (Mark. 7, 33 f.) nicht buchstäblich, sondern man nahm entweder Öl statt Speichel, so in Spanien (vgl. oben S. 196), oder man benetzte die Nase statt der Zunge, so hier. Vgl. Ambros. de sacrament. c. 1: Christus muti tetigit os quia loqui non poterat sacramenta caelestia; nunc autem tangimus et ibi quia viri et hic quia mulieres baptizantur et non eadem est puritas servi quanta domini.
[3] Gelas. I 42.
[4] Andere Kirchen schieben hier eine Salbung an Brust und Schultern und die Abrenuntiation ein. Vgl. unten S. 245 f.

§ 12. Die Skrutinienmessen.

Abermals durchschreitet der Priester die Reihen der Kinder, indem er jedem einzelnen die Hand auflegt und in eigener Person das Nicäno-Konstantinopolitanum recitiert,[1] erst bei den Knaben, dann bei den Mädchen. Das ist alles.

Es folgt noch eine Schlusskollekte. Dann werden die Katechumenen entlassen, um sich erst wieder zum Taufakt einzufinden. Die Skrutinien sind beendigt.

5. Der Taufakt.

Die Taufe selbst wurde in der Osternacht vollzogen.

Die Kompetenten nahmen an der feierlichen Vigilie teil. Dieselbe bestand aus Schriftverlesung und Gebet. Man hatte eine Reihe von Lektionen in der Weise ausgewählt, dass der Täufling noch einmal einen Überblick über den Gang Gottes mit der Menschheit gewinnen sollte: gewissermassen eine letzte nachdrückliche Katechese vor der Aufnahme in die Kirche, wie Gott die Welt erschaffen, und wie er alsdann die Gläubigen des alten Bundes durch Not und Gefahr hindurchgerettet hat, Noah durch die Flut, Isaak auf Moria, die Juden in der Passahnacht und beim Durchzug durchs Rote Meer, schliesslich Sadrach Mesach und Abednego.[2] Es sind die der Christenheit seit den Tagen der Katakomben in Fleisch und Blut übergegangenen Typen göttlicher Bewahrung und Errettung. Mit Schriftstellen dieser Art wechseln noch Prophetenworte, wie das vierte Kapitel des Jesaias, das als Hinweis auf die Taufe galt, oder die Vision des Ezechiel, und Lieder wie Mirjams Lobgesang, der Segen Moses, das Lied vom Weinberg (Jes. 5), der 42. Psalm.[3]

---

[1] Gelas. I 42: Inde vero dicis symbolum imposita manu super capita ipsorum. 7. römischer Ordo: Ambulat in circuitu imposita manu super capita eorum decantando excelsa voce: Credo in unum Deum.

[2] Duchesne. Origines p. 297 nennt auch noch Jonas. Ich weiss nicht, auf welche Autorität hin, obwohl die Sache an sich sehr wohl möglich ist. Dass man zu des Ambrosius Zeiten das Jonasbuch in Mailand in der Karwoche las, um die Gemeinde auf Tod und Auferstehung des Herrn vorzubereiten (Ambros. epist. I 20, 25), ist bekannt.

[3] So und nicht wie es in meinem Aufsatz: Neue kirchl. Zeitschr. 1897 S. 426 irrtümlich heisst. Psalm 51.

§ 12. Die Skrutinienmessen.

Ein kurzes Gebet fasst jedesmal den Inhalt des Gelesenen nachdrücklichst zusammen.[1]) So heisst es denn auch am Schluss, nachdem die Worte des Psalms verhallt sind:

Omnipotens sempiterne deus, respice propitius ad devotionem populi renascentis, qui sicut cervus aquarum exspectat fontem, et concede propitius ut fidei ipsius sitis baptismatis mysterio animam corpusque sanctificet.[2])

Alsdann öffnen sich die Pforten des Baptisteriums und die sehnsüchtig harrenden Täuflinge betreten zum ersten Male den ihnen bis dahin sorgfältig verschlossenen Taufraum. Kerzenträger führen den Zug, der aus dem Bischof, der gesamten Geistlichkeit, den Täuflingen und ihren Paten besteht und unter Absingung der Litanei den Taufbrunnen umzieht. Nachdem der Gesang beendet, grüsst der Bischof die Anwesenden und fordert sie zur Teilnahme an der Weihe des Taufwassers auf. Weihgebete[3]) wechseln mit bestimmten Ceremonieen: der Bischof schlägt das Kreuz über das Taufwasser, er haucht darüber, giesst geweihtes Öl hinein und lässt die Kerzenträger ihre Kerzen in das Bassin tauchen.

Es folgt der eigentliche Taufakt. Der Bischof legt dem Täufling die drei Glaubensfragen, welche den Inhalt des apostolischen Glaubensbekenntnisses ausmachen, vor:

Credis in deum patrem omnipotentem?

Credis et in Iesum Christum, filium eius unicum, dominum nostrum, natum et passum?

Credis et in spiritum sanctum, sanctam ecclesiam, remissionem peccatorum, carnis resurrectionem?[4])

Hat der Täufling jede Frage mit Ja beantwortet, so wird er vom Bischof dreimal untergetaucht oder benetzt mit den Worten: Baptizo te in nomine patris et filii et spiritus sancti.

Der Schluss des Taufaktes, die Konfirmation oder Kon-

---

[1]) Solche Kollekten finden sich Gelas. I 43. 77.
[2]) Vor der Schwelle des Baptisteriums von Salona zeigte der Fussboden sehr sinnig in Mosaik zwei Hirsche am Kantharus und darüber die Worte: Sicut cervus desiderat ad fontes aquarum ita desiderat anima mea ad te deus. Vgl. Garrucci, Storia dell'arte cristiana tav. 278.
[3]) Gelas. I 44.
[4]) Gelas. I 44.

signation, spielt sich wiederum in einem anderen Raume ab, dem an das Baptisterium angrenzenden Konsignatorium. Dorthin ist der Bischof bereits vorangegangen. Ehe die Neugetauften ihm dahin folgen, schlägt noch der Presbyter über jeden einzelnen das Kreuz mit dem in geweihtes Öl getauchten Daumen unter dem Segenswunsch:

Deus omnipotens, pater domini nostri Iesu Christi, qui te regeneravit ex aqua et spiritu sancto, quique dedit tibi remissionem omnium peccatorum, ipse te linit chrismate salutis in Christo Iesu domino nostro in vitam aeternam.[1]

Darauf empfangen sie die weissen Taufkleider und treten mit diesem Schmuck in das Konsignatorium vor den Bischof hin. Dieser erfleht für sie in einem liturgischen Gebete[2] die sieben Gaben des heiligen Geistes und bekreuzt dann einen jeden mit dem in Chrisma getauchten Daumen auf der Stirn unter den Worten: In nomine patris et filii et spiritus sancti. Pax tibi.[3]

Die Feier der ersten Kommunion, sowie die übrigen Neophytengottesdienste während der Osterwoche darzustellen, liegt ausserhalb der vorliegenden Aufgabe.

---

[1] Gelas. I 44.

[2] Gelas. I 44: Deus omnipotens, pater domini nostri Iesu Christi, qui regenerasti famulos tuos ex aqua et spiritu sancto, quique dedisti eis remissionem omnium peccatorum, tu domine immitte in eos spiritum sanctum tuum paraclitum, et da eis spiritum sapientiae et intellectus, spiritum consilii et fortitudinis, spiritum scientiae et pietatis; adimple eos spiritum timoris dei in nomine domini nostri Iesu Christi, cum quo vivis et regnas deus semper cum spiritu sancto, per omnia saecula saeculorum.

[3] 7. römischer Ordo. Wie diese Konfirmation unter Berufung auf Apostelgesch. c. 8 den Bischöfen als den Nachfolgern der Apostel reserviert bleiben muss, so unterscheidet sich auch das dabei gebrauchte Chrisma von dem Öl der vorhergehenden Salbung dadurch, dass es vom Bischof geweiht ist.

§ 13. Die Skrutinien im fränkischen Reiche.

Auch die fränkische Kirche sollte sich ihrer ursprünglichen Taufliturgie nicht allzulange erfreuen. Vielmehr erfuhr die letztere im Verlaufe des 7. Jahrhunderts eine durchgreifende Umgestaltung Hand in Hand mit der unter dem wachsenden Einflusse des Gelasianums sich vollziehenden Umbildung des gesamten fränkischen Gottesdienstes.[1]

Auf welche Weise Gallien mit dem Gelasianum bekannt geworden sein dürfte, läset sich unschwer erraten. Man braucht nur daran zu denken, dass bereits in der ersten Hälfte des 6. Jahrhunderts Papst Vigilius der suevisch-galläcischen Kirche einen Mess- bezw. Taufordo zugehen liess, der alsdann durch die erste Synode von Braga offiziell eingeführt wurde.[2] Diesem Vorgange würde es nur entsprechen, wenn die seit der Taufe Chlodovechs dem fränkischen Reiche seitens der römischen Bischöfe zugewendete Fürsorge auch in derartigen liturgischen Geschenken sich kund gegeben hätte.

Zwar wurden dieselben nicht immer und nicht überall mit Dank angenommen. Der lobhafte Selbständigkeitstrieb der gallischen Kirche bäumte sich gegen jede liturgische Uniformierung, selbst wenn dieselbe nicht gewaltsam aufgedrängt, sondern in überaus vorsichtiger Weise den einzelnen Gemeinden

---

[1] Wenig glücklich lassen Mone (Latein. Messen S. 112—114) und Baeumer im Histor. Jahrb. 1893 S. 293—295 bereits im ersten Drittel des 6. Jahrh. das Gelasianum in Gallien Eingang finden. Das könnte höchstens von Südfrankreich gelten, wie denn Baeumer speciell den Cäsarius von Arelate glaubt als Mittelsperson annehmen zu können. Das Richtige trifft wohl allein Walterich (Konsekrationsmoment S. 201, vgl. S. 186 f.): Dass die altgallische Messe dem neurömischen Messbuch, wie es aus der Reform des Gelasius hervorgegangen war, gerade im 7. Jahrhundert, auch nicht früher, hat weichen müssen, wissen wir einerseits durch den Bericht des Augustinus an Gregor, andererseits durch die Nachrichten über die weite Verbreitung des Gelasianums im ganzen Frankenreich, von Toulouse bis Köln, vom Bodensee bis zur Küste der Normandie, und durch das noch vorhandene, gerade aus Gallien nach Rom zurückgekehrte vollständige eine Exemplar aus dem 7. Jahrhundert.

[2] Siehe oben S. 189. Über die liturgischen Beziehungen Roms zu anderen Gemeinden vgl. Baeumer im Histor. Jahrb. 1893 S. 285—295.

§ 13. Die Skrutinien im fränkischen Reiche.

nur nahe gelegt wurde. „Gerade die wiederholten Konzilienbeschlüsse, welche in den Kirchenprovinzen Einheit der Liturgie forderten, sind Beweise dafür, dass man die alte Liturgie und die in ihr herrschende Freiheit des Textes nicht so leichten Kaufes aufgab."[1]) Wenn es schliesslich doch zu jener Romanisierung Galliens in liturgischer Hinsicht kam, so liegt der Grund ebensowohl in der kirchenregimentlichen Weisheit der Bischöfe von Rom, wie vielleicht noch in höherem Masse in der Vortrefflichkeit der römischen Liturgie selbst.[2]) Die ungeteilte Bewunderung, die jeder Mensch einem einheitlichen und wohlgeordneten Kunstwerke gern zollt, mag der Anlass gewesen sein, dass die gallischen Bischöfe sich immer häufiger um liturgische Belehrung dorthin wandten, wo jenes Kunstwerk entstanden war, und wo man beständig auf diesem Gebiete weitere Erfahrungen sammelte und neue Fortschritte machte, an den bischöflichen Stuhl von Rom.[3])

Verhältnismässig am liebsten dürfte man in Gallien nach den römischen Skrutinienmessen gegriffen haben. Denn sie waren in besonderem Masse geeignet, einem Mangel in der fränkischen Liturgie abzuhelfen. Das Land war im grossen und ganzen christianisiert, höchstens die austrischen Grenzdistrikte konnten noch als Missionsgebiet angesehen werden. Somit wurden damals fast nur Kinder getauft, und doch fehlte es für die Taufvorbereitung derselben an einem festen litur-

---

[1]) Watterich, Konsekrationsmoment S. 201.
[2]) Köstlin, Gesch. d. christl. Gottesdienstes 1887 S. 112f.
[3]) Vgl. bes. Innocenz I an Victricius von Rouen eplst. 2 c. 1.: Etsi tibi frater carissime pro merito et honore sacerdotii quoplurimum polles, vivendi et docendi, ecclesiasticas regulae nota sunt omnia, neque est aliquid quod de sacris lectionibus tibi minus collectum esse videatur; tamen quia Romanae ecclesiae normam atque auctoritatem magnopere postulasti, voluntati tuae morem admodum gerens, digestas vitae et morum probabilium disciplinas annexas litteris meis misi, per quas advertant ecclesiarum regionis vestrae populi quibus rebus et regulis christianorum vita in sua cuiusque professione debeat contineri qualisque servetur in urbis Romae ecclesiis disciplina. Erit dilectionis tuae per plebes finitimas et consacerdotes nostros qui in illis regionibus propriis ecclesiis praesident regularum hunc librum quasi didascalicum atque monitorem sedulo insinuare, ut et nostros cognoscere et ad fidem confluentium mores valeant docendi sedulitate formare. Ml. 20, 469.

§ 13. Die Skrutinien im fränkischen Reiche. 243

gischen Schema.[1]) Wenigstens wird ein solches nirgends genannt, so dass es den Anschein hat, als ob man über ein unsicheres Experimentieren und Kopieren auf diesem Gebiete nicht hinausgekommen sei. Das muss aber umsomehr wundernehmen, als es jenem Zeitalter für unmöglich galt, irgend einen Menschen, selbst ein unmündiges Kind der Taufe ohne vorgängige Vorbereitung zuzuführen. Der Übergang schien zu hart: es bedurfte einer allmählichen Läuterung des alten Menschen, der Wiedergeburt mussten naturgemäss Geburtswehen vorangehen, die entweder katechetisch-pädagogischer — so beim altkirchlichen Katechumenat der Erwachsenen, oder liturgischer Art waren — so in der Folgezeit bei Kindern.

Hier nun setzen die Skrutinienmessen ein.

Wer von dem altkirchlichen Katechumenate herkommt, auf den müssen diese Messen als armselige Epigonen einer grossen Zeit einen wenig günstigen Eindruck machen. Es erscheint widersinnig, um des traditionellen Zusammenhanges willen eine Schar unmündiger Täuflinge wochenlang derartigen liturgischen Ceremonieen zu unterstellen, welche für die Kinder ebenso wertlos wie für ihre Eltern und Paten ermüdend waren. Stellt man sich aber einmal auf den Standpunkt jener Zeit, dass eine Taufe ohne irgendwelche Vorbereitung auch für Kinder undenkbar sei, so lässt sich leicht ermessen, dass die fränkische Kirche vor dem bisherigen Flickwerk herzlich gern einem geschlossenen System, wie es in diesem römischen Skrutinienritus vorlag, den Vorzug gab.

So greifen denn die sieben römischen Skrutinienmessen seit dem 7. Jahrhundert unaufhaltsam in Gallien um sich, hier und da wohl noch flüssig in Bezug auf den Wortlaut, aber in der ganzen Anlage doch bereits klar und fest umrissen. Mochte man für den sonntäglichen Gottesdienst an der altgallischen

---

[1]) Probst (Katholik 1880 II S. 58) erklärt im Gegenteil die rasche Verbreitung des Skrutinienritus in Franken aus dem Missionscharakter des Landes. Indessen scheitert diese Begründung von vornherein an der Thatsache, dass Burgund und Neuster um die Mitte der 6. Jahrhunderts christliche Länder waren. Jedenfalls ist es bezeichnend, dass schon um die Mitte des 6. Jahrhunderts Bischof Germanus von Paris die auf die Teilnahme von erwachsenen Katechumenen zugeschnittene Gottesdienstordnung als „alten Ritus" bezeichnen konnte.

Liturgie festhalten, so führte man für die Taufvorbereitung gleichwohl den römischen Skrutinienritus ein. Und das letztere war noch eher dort der Fall, wo man bereits kurz zuvor das gelasianische Messbuch recipiert und mit seiner Hilfe den Sonntagsgottesdienst im römischen Sinne umgestaltet hatte. Man kümmerte sich alsdann um die vom Gelasianum für die Sonntage Okuli, Lätare, Judika vorgesehenen Katechumenenmessen nicht im mindesten, sondern wandte sich gleich der solenneren Form der sieben Skrutinienmessen zu.

Und was im Leben praktisch neben einander gehandhabt wurde, das schien auch in ein und demselben Kirchenbuche schriftlich beisammen stehen zu können. So gliederten denn sowohl die zähen Anhänger der alten gallischen wie die elastischeren Verehrer der neuen römischen Liturgie die Gebete des Skrutinienritus ihren verschiedenen Messbüchern ein: unbekümmert darum, wie kraus ein Text aussehen musste, der die heterogenen Erzeugnisse einer mehrhundertjährigen Entwicklung friedlich vereinigte. Die Messbücher von Auxerre und Bobbio einerseits, das Gelasianum in seiner uns im Cod. Vatic. Regin. 316 überlieferten Gestalt andrerseits sind hochinteressante Urkunden einer Zeit, da man in Gallien zwar in Bezug auf die Messliturgie noch zwischen alter und neuer Zeit schwankte, in Bezug auf die Taufliturgie aber sich völlig klar war, dass es keinen brauchbareren Vorbereitungsritus gäbe als den der römischen Skrutinienmessen.

Auf diese letzteren, sofern sie in Franken zur Anwendung kommen, näher einzugehen, liegt freilich kein Grund mehr vor, nachdem sie bereits für Rom eine detaillierte Besprechung erfahren haben. Denn wenn auch manche Skrutiniengebete einen anderen Wortlaut haben, so ist ihre Intention doch nach wie vor dieselbe wie bei denen des interpolierten Gelasianums. Vor allem gehören dahin die specifisch fränkischen Formeln für den Aufnahmeakt.[1]) Auch entspricht den komplizierten dreimal zwei Exorcisationsformeln im Gelasianum ein einziger Exorcismus im Messbuch von Auxerre:[2]) ein Beweis dafür,

---

[1]) Messbuch von Auxerre Nr. 9. 13.
[2]) a. a. O. Nr. 10.

dass auch innerhalb der Skrutinien die fränkische Kirche nur zögernd sich den überquellenden Reichtum liturgischer Formeln hat gefallen lassen.

Andrerseits freilich begegnen fränkische Erweiterungen und Zusätze, von denen man in Rom ursprünglich nichts wusste. Dies gilt besonders vom siebenten Skrutinium, dessen Form von jeher eine flüssige war, da ihm die feste Eingliederung in den unveränderlichen Rahmen der Messe fehlte. Dasselbe stand für sich allein und galt bald als Abschluss der Vorbereitungsgottesdienste, bald als Eröffnung des Taufaktes, dem es ja in der That fast unmittelbar voranging, so dass bei diesem Schwanken in der Hauptsache eine Änderung im einzelnen leicht möglich war. Jener fränkischen Neuerung lag aber die Idee zu Grunde, dass, nachdem die durch den Priester vollzogene grosse und letzte Exorcisation den Kampf mit dem Satan in den Vordergrund gerückt hatte, nunmehr die Taufkandidaten denselben persönlich aufnehmen und in ihm siegen sollten. Wie den Kämpfern in der Arena salbte man ihnen zu dem Zwecke die Glieder, und in dreimaliger Absage vollzog sich alsdann der Austritt aus dem Vasallenverhältnis des Teufels.[1])

---

[1]) Noch eigenartiger gestaltete sich dieses letzte Skrutinium in dem von der Welt abgelegenen Aquileja. Denn hier feierte man dasselbe nicht nur schon am Samstag vor Palmsonntag, sondern man vereinigte mit ihm zugleich das ganze Ceremoniell der Ohrenöffnung. Es findet eine wirkliche Skrutinienmesse statt, bei welcher die Evangelien, das Symbol und das Vaterunser in der geschilderten Weise den Kompetenten übergeben werden. Dieselben werden alsdann nicht entlassen, sondern dürfen ausnahmsweise zur Verlesung des Evangeliums (Matth. 6, 5—15 wegen der kurz vorausgegangenen Übergabe der Vaterunsers) dableiben. Nunmehr heisst es: Stillestehn und aufmerken, und es beginnt sofort die ebenfalls eigenartige Katechisation. Denn an die grosse Exorcisationsformel Nec te latet schliesst sich nicht das Effeta sondern eine Ausweisung der Ketzer, deren eine ganze Reihe mit Namen aufgezählt wird. His dictis sacerdos cum diacono dicens: Si quis Arianus est, accedat. Respondet chorus: Nec quis Arianus est. Iterum sacerdos cum alio: Si quis Sabellianus est, secedat. Respondet chorus: Nec quis Sabellianus est. Es folgen denn weiter in genau derselben Weise Nestorianus, Theodotianus, Macedonianus, Pelagianus, Priscillianus (sic), Eutychianus, Fotinianus; schliesslich: Si quis haereticus est, accedat. Nec quis haereticus est. Und zwar scheint man

Nachdem über die Täuflinge das Effeta gesprochen, legen sie das Oberkleid ab und lassen sich vom Priester an Brust und Schultern mit geweihtem Öle salben.

Alsdann tritt jeder von ihnen einzeln vor und der Priester fragt ihn:

> Abrenuntias Satanae?
> Et omnibus operibus eius?
> Et omnibus pompis eius?[1])

Erst nachdem der Täufling jede der drei Fragen mit Abrenuntio beantwortet, darf er, indem er in der bereits geschilderten Weise das Symbol zurückgibt, seine Zugehörigkeit zu Christus öffentlich bekennen.

Später hat man die Abrenuntiation wieder aus dem siebenten Skrutinium ausgeschieden und sie, wie es vermutlich auch in der Alten Kirche der Fall war, den eigentlichen Taufakt eröffnen lassen. Hier hatte sie alsdann statt in der Symbolrückgabe ihr positives Gegenbild in der dreifachen Glaubensbefragung.[2])

Auch bei der Symbolübergabe konnten Schwankungen nicht ausbleiben. Sollte man die altehrwürdige Palmsonntagsmesse in traditione symboli deshalb ganz fallen lassen, weil sie ein Bestandteil des für Erwachsene berechneten alten Katechumenates war? Oder sollte man sie zu den neuen, ausschliess-

---

gerade auf diese Ceremonie in Aquileja einen besonderen Nachdruck gelegt zu haben, denn an ihr nahm der Patriarch in eigener Person teil. Erst jetzt werden die Katechumenen entlassen, und die Messe setzt mit dem Offertorium wieder ein. Aquileiense catechumenorum scrutinium p. 238—246, vgl. oben S. 214—216.

[1]) Als eine specielle Eigentümlichkeit der fränkischen Liturgie sind Ölsalbung und Abrenuntiation auch in den auf fränkischem Boden geschriebenen Cod. Vatic. Regin. 316 geraten und damit fälschlich ein Bestandteil des Gelasianums (I 42) geworden, ja sogar völlig widersinnig von hier sammt anderen Skrutinienelementen in das Gregorianum (Muratori Liturg. rom. vet. II p. 61) und in den alkuinischen Nachtrag desselben (l. c. II p. 156 sq.) aufgenommen. Natürlich werden beide Ceremonien sowohl von Jesse, Epist. de baptismo Ml. 105, 787 sq. wie von Amalar, Epist. de cerimon. bapt. Ml. 99, 897 sq. erwähnt und erklärt.

[2]) Vgl. ont. and. Jesse l. c. p. 788: Praelibato hoc ordine perducitur infans ad baptismi sacramentum et interrogatur de credulitate Christi et abrenuntiatione diaboli. Vgl. l. c. p. 789 D.

lich den jugendlichen Kompetenten geltenden Skrutinienmessen in irgendwelche Beziehung setzen? Es sieht fast wie ein Kompromiss zwischen altgallischer und römischer Gepflogenheit aus, wenn man in Amiens die Symbolübergabe weder in der Woche nach Lätare noch am Palmsonntag, sondern am Mittwoch zwischen Judika und Palmsonntag feierte.[1]) Jedenfalls hat schliesslich auch hier die römische Form gesiegt. Denn die Übergabe des Symbols schliesst sich mit der des Vaterunsers und der Evangelien ganz in der Weise des 7. römischen Ordo zu dem grossen Ceremoniell der Ohrenöffnung zusammen.[2]) Nur in einer Hinsicht geht die fränkische Kirche auch bei diesem Stücke höchst eigenartige und charakteristische Wege. Denn sie hält den veränderten Zeitumständen zum Trotz unentwegt an der altkirchlichen Sitte fest, das Symbol niemals ohne eine erklärende Ansprache den Kompetenten zu überliefern. Es scheint geradezu, als ob die Traditionen eines Cäsarius von Arelate nachgewirkt haben, wenn man neben dem liturgischen Ceremoniell das erläuternde Wort nicht missen mag.

Von jeher hat der Bischof bei der Palmsonntagsmesse das Beste gegeben, was er zu geben vermochte. Und hielt er bei dieser Gelegenheit eine ältere Predigt, so geschah es eben auch in der Absicht, lieber der Gemeinde mit der guten Leistung eines anderen zu dienen, als sie durch ein eigenes schwächliches Elaborat zu kränken. Dieselbe Beweglichkeit aber bewahrt sich die fränkische Kirche auch unter der Herrschaft der Skrutinien. Indem sie bei der Symbolübergabe bezw. Ohrenöffnung nach wie vor an einer wirklichen Symbolerklärung im alten Stile festhält, lässt sie zugleich dem Bischof die volle individuelle Freiheit, wie er jene letztere gestalten will.

Somit legt die fränkische Kirche zu einer Zeit, da in allen übrigen Ländern die Symbolerklärungen des altkirchlichen

---

[1]) Jesse l. c. p. 783 D.
[2]) Denn auf die abweichende Reihenfolge, in welcher das Messbuch von Auxerre die drei den Kompetenten zu überliefernden Stücke aufzählt Nr. 11 symbolum, Nr. 12 evangelia, Nr. 14 oratio dominica, Nr. 16 symbolum ist um des kompilatorischen Charakters dieses Werkes willen wenig Wert zu legen. Vgl. im übrigen Gelas. I 34 mit Messbuch von Auxerre Nr. 12 und Messbuch von Bobbio, Muratori l. c. II 822—830; ferner Gelas. I 36 mit Messbuch von Auxerre Nr. 14.

Katechumenates längst in Vergessenheit geraten, ja im gelasianischen Skrutinienritus direkt gestrichen sind, noch entschiedenen Wert auf eine wirkliche Symbolpredigt als auf einen unveräusserlichen Bestandteil der Taufvorbereitung, wie uns denn solche Erklärungen infolgedessen auch aus dem 7. 8. und 9. Jahrhundert erhalten sind.

§ 14. Symbolerklärungen im Zeitalter der Skrutinien.

In der feierlichen Skrutinienmesse der Ohrenöffnung beschliesst der Priester die Mitteilung des Symbols mit der Ansprache: Haec summa est fidei nostrae.[1]) Dieselbe ist älter als der Taufritus, dem sie später eingegliedert wurde.[2]) Aber trotz dieser ihrer Ehrwürdigkeit gefiel sie da nicht, wo man auf eine wirkliche Symbolerklärung Wert legte. Man ersetzte sie daher entweder ganz durch eine solche, oder man hing sie einer Symbolerklärung an. Das erstere war in Gallien der Fall, letzteres lässt sich in Oberitalien nachweisen.

Noch sind vier gallische Erklärungen aus jener Zeit erhalten, von denen sich drei geradezu als liturgische Bestandteile des auf fränkischem Boden modifizierten Skrutinienritus geben, sofern sie in die beiden liturgischen Hauptwerke jener Zeit, in das Messbuch von Auxerre und in das burgundische Messbuch aufgenommen wurden. Aber auch die vierte, der pseudoaugustinische Sermon 241, gehört hierher. Denn wie die drei vorgenannten setzt auch er die in Gallien übliche dreifache Recitierung des Symbols voraus[3]) und erklärt diese liturgische Eigentümlichkeit durch den Hinweis auf die Trinität.

Freilich sind es keine grossen homiletischen Leistungen, mit denen man es hier zu thun hat, aber sie zeugen doch wenigstens von dem guten Willen, das altehrwürdige Haupt-

---

[1]) Vgl. oben S. 233. Caspari, Alte und neue Quellen S. 306.
[2]) Zum Alter vgl. Kattenbusch, D. apost. Symb. I 121.
[3]) Vgl. Martene, De ant. eccl. ritib. 1736. Tom. I p. 88.

§ 14. Symbolerklärungen im Zeitalter der Skrutinien.

stück des Katechumenats auch fernerhin in das rechte Licht zu stellen und nicht nur die Erwachsenen unter den Täuflingen, sondern auch die übrigen Gemeindeglieder daran zu erinnern, was sie an ihrem Glaubensbekenntnis haben.

Das geht gleich aus dem Eingange der ersten jener beiden Sermone hervor, welche in das Messbuch von Auxerre eingereiht worden sind.[1]

Nach Inhalt und Wirkungskraft umschliesst das Symbol den Glauben und das Leben des Christenmenschen, den Glauben für das Diesseits, das Leben für das Jenseits. Denn wer hier Glauben (und Werke) aufzuweisen hat, dem kann dort das ewige Leben als Lohn nicht entgehen. Daher beginnt denn auch der Wortlaut des Symbols mit: ich glaube, und schliesst mit dem ewigen Leben. Um jenes Fundamentes und um dieses Giebels willen vergleicht sich das Symbol mit einem herrlichen Bauwerk. Darum heisst den Glauben mit der Vernunft vertauschen wollen, vom rechten Wege abirren und sich in die Wildnis verlieren, heisst ohne Fundament bauen, heisst mit dem Kopf durch die Wand rennen. Dieser einzigartigen Bedeutung des Glaubens hat die Stellung des Glaubensbekenntnisses im Leben des Christen zu entsprechen. Er schreibe es nicht auf Tafeln, sondern grabe es in sein Herz. Er schliesse seine Ohren auf, dass der Same des Wortes wohlvorbereitete Furchen findet, dass er Wurzel schlagen und Frucht bringen kann.

Der Glaube gilt zunächst Gott, dem Wesen ohne Anfang und ohne Ende, der zugleich Vater ist. Das führt sofort zum Sohne. Wie Gott diesen Sohn gezeugt hat, entzieht sich der Diskussion, nur an dem Faktum der Vaterschaft und der Sohnschaft ist gläubig festzuhalten. Denn der Vater selbst hat den Sohn bei der Taufe beglaubigt. Dieser Sohn nun heisst Heiland, Gesalbter, Eingeborner. Schöpfer seines Leibes ist der heilige Geist, so dass in diesem Mysterium die ganze Trinität zusammenwirkt.[2] Den Namen des Pontius Pilatus dem Sym-

---

[1] Muratori, Liturg. rom. vet. II 710—713. Mabillon, De liturg. gallic. p. 339—342.

[2] Rätselhaft ist an dieser Stelle das Einschiebsel: Iam iam si iubetis, haec quae dicta sunt, caritati vestrae sufficiant et die crastina secundum sanctam consuetudinem vestram per ministerium fratrum nostrorum ea

bol einzufügen, hielten seine Verfasser deshalb für notwendig.[1]) weil nur auf diese Weise Christi Einzigartigkeit gegenüber etwaigen Antichristen der Zukunft ausser Zweifel gestellt schien. Die Auferstehung des Herrn wird zwar von vielen verworfen, ist aber von den Evangelisten und von Paulus aufs beste bezeugt. Nach seiner Himmelfahrt sitzt der Herr zur Rechten Gottes des Vaters, was natürlich nur bildlich genommen sein will. Endlich: ich glaube an den heiligen Geist, in gleicher Weise wie an den Vater und den Sohn; dies als Widerlegung zahlreicher häretischer Lügen. Allen dreien kommt gleiche göttliche Machtfülle und gleiche Würde zu, die Unterschiede von Gross und Klein fallen bei der Trinität fort. Deshalb hiesse es die ganze Trinität herabsetzen, wollte man eine der drei göttlichen Personen verkleinern. Sinnig schliesst das Symbol mit dem ewigen Leben als dem Lohn des Glaubens.

Man ist versucht, diese in jeder Hinsicht dürftige und unvollständige Erklärung, welche mehr als einen Artikel des gleichzeitig mitgeteilten Symbols unerörtert lässt,[2]) für ein blosses Excerpt anzusehen, das dem amtierenden Geistlichen nur im allgemeinen als Richtschnur dienen sollte, wenn nicht etwa der handschriftlichen Überlieferung des Textes die zahlreichen auffallenden Lücken zuzuschreiben sind. Denn auch das andere Beispiel einer Symbolerklärung, welches sich im Messbuch von Auxerre findet, ist stark verstümmelt.[3])

---

quae restant, maturius audietis. Quod ipsi. Mit der Taufvorbereitungspraxis haben diese Worte nichts zu thun. Eher liesse sich annehmen, dass die vorstehende Symbolerklärung ebenso wie die des Maximus von Turin (vgl. oben S. 137 Anm. 2) zeitweise beim klösterlichen Officium zur Verlesung gekommen ist, und dass es sich bei der obigen Bemerkung um eine Randnotiz des Vorlesers handelt, die später fälschlich in den Text geriet.

[1]) Vgl. den merkwürdigen Ausdruck: Symboli conditores.
[2]) Vgl. Zahn, D. apost. Symb. S. 6 Anm. 1. S. 72 Anm. 1.
[3]) Muratori l. c. II 720—722. Mabillon l. c. p. 347. sq. Die Rede findet sich ausserdem noch vollständig erhalten als Sermo 242 in August. opp. Tom. V Appendix Ml. 39, 2191—2193. Auch ist die Vorrede von Sermo 242 identisch mit der Vorrede der von Caspari (Kirchenhistorische Anecdota I 290—292 vgl. p. XVII sq.) publicierten sog. Expositio beati Augustini episcopi super symbolum, welche ebenfalls dem 7. Jahrhundert angehören und bei der Symbolübergabe gehalten sein dürfte. Endlich

§ 14. Symbolerklärungen im Zeitalter der Skrutinien.

Nachdem der Redner die Zuhörer um Aufmerksamkeit gebeten, beginnt er in bekannter Weise mit einer Anempfehlung des Symbols, denn dasselbe umfasst die Trinität nach ihrer Einheit wie nach ihrer Dreiheit, die Schöpfermacht wie das Versöhnungsleiden. Es beseitigt den Unglauben, es öffnet den Eingang zum Leben, es bietet dem Bekennen die Möglichkeit sich glanzvoll zu äussern. In seiner das Gedächtnis nicht belastenden Kleinheit umschliesst es gleichwohl alles, was das Seelenheil des Menschen ermöglicht. Was von Patriarchen und Propheten vorausgesagt und vorbildlich dargestellt ist über Gott, Gottes Sohn, Geist, Erlösung, das findet sich hier als Bekenntnis kurz zusammengefasst.

Es ist Sache des Glaubens und nicht des Verstandes, Gott zu suchen. Darum steht an der Spitze des Symbols das Wort: ich glaube, und zwar gleich: an Gott den Vater. Denn beide Begriffe gehören von Ewigkeit her zusammen; Gott war nie ohne den Sohn. Als dem Allmächtigen, der Himmel und Erde durch sein blosses Wort geschaffen hat, ist ihm nichts unmöglich. Darum reflektieren wir nicht weiter über das Wie, sondern wir folgen einfach der Weisung, an den Allmächtigen zu glauben.

Der Sohn muss denselben Glauben beanspruchen wie der Vater. Denn wer gleicher Majestät ist, dem gebührt auch gleiche Ehre und gleicher Gehorsam. Er, der Heiland und Geistesgesalbte, musste, als Gott in Menschengestalt, auch von Gott seinen Ursprung nehmen; daher bekennen wir: empfangen vom heiligen Geist; nur eine solche Geburt konnte die Jungfräulichkeit der Mutter nicht gefährden, denn es heisst weiter: geboren von der Jungfrau Maria. Pontius Pilatus wird nicht um seiner persönlichen Würde willen erwähnt, sondern um den Zeitpunkt zu fixieren. Das Kreuz, an welchem Christus hing, trägt

---

begegnen Reminiscenzen an Sermo 242 wie an die Explanatio des Niceta von Remesiana in einer Symbolerklärung, welche jüngst A. E. Born auf Grund des Cod. Sangall. 27 (Psalterium aus dem 9. Jahrhundert) in der Zeitschrift für Kirchengeschichte 1898 S. 184—186 bekannt gegeben hat. Vgl. Caspari, Quellen II 152. 153. 208. Kattenbusch, D. apost. Symb. I 192f. Hahn, Biblioth. d. Symb. (3) S. 61. Rev. Bénéd. 1894 p. 364.

der Christ in der Erinnerung an die Stirn.[1]) Tod und Begräbnis des Herrn waren ebenso wirklich wie seine Geburt. Während der Leib drei Tage im Grabe ruhte, triumphierte die Seele über die Unterwelt. In seiner Himmelfahrt erhob er die begrenzte Menschennatur über die Himmel bis zur Rechten Gottes des Vaters. Mit demselben Leibe kehrt er zurück, um Christen und Heiden, Gerechte und Sünder, Gläubige und Gottlose zu richten.

Der Glaube an Vater und Sohn ist unvollständig, er verlangt als notwendige Ergänzung der Trinität den Glauben an den heiligen Geist. Ganz anders hingegen verhält es sich mit den übrigen, den Schluss des Glaubensbekenntnisses bildenden Artikeln. Wir glauben die Kirche, nicht an die Kirche, denn sie ist nur Gottes Haus, nicht Gott selbst. Sie allein ist die katholische, im Gegensatz zu den provinziell beschränkten häretischen Gemeinschaften. Wie zu ihr so bekennt sich der Christ auch zur Gemeinde der Heiligen, d. h. er steht mit den Verstorbenen, die seinen Glauben geteilt haben, in Gemeinschaft, wenngleich dermalen nur in Gemeinschaft der Hoffnung.[2]) Der folgende Artikel will uns daran erinnern, dass, nachdem uns vom Herrn in der Taufe die Vergebung der Sünden gewährt wurde, wir am Glauben treu festzuhalten haben. Unser jetzt sterbliches Fleisch ferner wird unsterblich auferstehen, um für seine Teilhaberschaft an der Seele Rechenschaft abzulegen. Und endlich erwartet denjenigen unzweifelhaft das ewige Leben, der sich gewissenhaft an die kirchlichen Pflichten gehalten und gute Werke gethan hat.[3])

Auch die dritte liturgische Symbolerklärung, die des burgundischen Messbuches von Bobbio,[4]) bietet nicht viel mehr als blosse Stichworte.

Die göttlichen Geheimnisse muss der Christ glauben und

---

[1]) Es ist charakteristisch für die fast ausschliessliche Bedeutung des Ceremoniells in jener Zeit, dass der Redner hier nicht mehr zu bieten weiss als eine Anspielung an die Signation.

[2]) Vgl. Zahn, D. apost. Symb. S. 89 Anm. 2.

[3]) Der Schluss der Rede verbietet das Symbol niederzuschreiben. Er ist identisch mit Augustins echtem Sermo 212. Vgl. oben 82 f.

[4]) Muratori l. c. II 830—832. Mabillon, Mus. Italic. I 2, 312 sq. Vgl. Hahn, Biblioth. d. Symb. (3) S. 75.

fürchten. Denn die Furcht Gottes bildet das Fundament aller Weisheit und alles Glaubens. Zu diesen göttlichen Geheimnissen gehört nun das Symbol, ohne welches Christus nicht verkündigt, der Glaube nicht bewahrt, die Taufe nicht gefeiert werden kann. Dasselbe wird jetzt von der heiligen katholischen Kirche ihren jungen Kindern anvertraut und verlangt von den letzteren, den Kompetenten, ehrerbietige Selbstvorbereitung.

Der Glaube an einen allmächtigen Gott schliesst für den Christen den grossen Trost ein, dass er sich auf Gottes Versprechungen unbedingt verlassen kann.

Indessen bildet den eigentlichen Kern des Bekenntnisses erst der zweite Artikel, denn nur wer von ganzem Herzen an den Sohn glaubt, kann auch den Vater bekennen. Jener nahm vom heiligen Geist seinen Ursprung her und ward von der Jungfrau geboren: ein Wunder, nicht zu schwer für den, welcher den Menschen aus Erde geschaffen hat. Auch ist die Jungfräulichkeit der Maria nicht nur vom Engel Gabriel bezeugt, sondern sogar vom Propheten Jesaias vorausgesagt. Dass Christus gekreuzigt, gestorben, begraben ist, darf niemanden erschrecken. Es war nicht die Folge von Schwäche und Gebrechlichkeit, sondern der Heiland handelte aus pietätvollem Pflichtgefühl. Sein Kreuz wurde unser Thron, sein Tod unser Leben. Wen sodann die dreitägige Grabesruhe Jesu verwirrt, der mag sich an seiner Auferstehung wieder aufrichten. Gerade in dieser Niedrigkeit des Herrn steckt wieder die Eigenart des Geheimnisses. Und jedenfalls kommt der, den auf Erden Gottlose richteten, selbst als Richter von seinem himmlischen Thron, denen zum Schrecken, die ihn hier verachtet haben.

Mit dem Glauben an den allmächtigen Vater und an den eingebornen Sohn ist notwendig das Bekenntnis zur Gottheit des heiligen Geistes verbunden. Das folgt schon aus dem Taufbefehl des Herrn. Die heilige Kirche Gottes muss glauben, wer ihrer Gaben teilhaftig werden will. Das Bekenntnis zur Dreieinigkeit aber zielt auf die Taufe ab, welche dem Menschen Sündenvergebung und Auferstehung des Fleisches vermittelt. Und nur wer diese letztere glaubt, vermag zum Genusse des ewigen Lebens zu gelangen.

Soweit die in liturgische Formulare der gallischen Kirche

aufgenommenen Symbolauslegungen, von denen man eigentlich nur sagen kann, dass sie den guten Willen zeigen, der Gemeinde das Glaubensbekenntnis erklärend nahe zu bringen. Denn was sie wirklich bieten, ist weder erschöpfend noch auch belehrend. Einige empfehlende Worte über das Symbol in der Einleitung, einige willkürliche Bemerkungen zu diesem oder jenem Artikel: das ist die ganze Expositio. Und dass dieses Urteil nicht etwa bloss von einigen liturgisch festgelegten Ansprachen gilt, sondern dass jene formelle wie inhaltliche Dürftigkeit überhaupt ein Charakteristikum der gallischen Symbolreden jener späten Zeit ausmacht, dafür spricht der ausser direktem Zusammenhang mit einem gallischen Messbuch stehende pseudoaugustinische Sermon 241.[1]

Auf die wenigen einleitenden Sätze, welche sich in bekannter Weise über inneren Reichtum und äussere Knappheit des Symbols auslassen, folgt eine in früheren Symbolreden noch nicht beobachtete Verteilung der zwölf Glaubensartikel an die zwölf Apostel. Eine weitere an Getaufte wie an Kompetenten als an die Söhne der Kirche gerichtete Ermahnung betont den engen Zusammenhang zwischen Taufe und Symbol und fordert auf, das letztere gläubig zu erfassen, im Herzen festzuhalten, rückhaltlos zu bekennen. Es folgt das zweite Aufsagen des Symbols und dann die Bemerkung, dass man es hier nicht mit Menschenworten zu thun hat, sondern mit Gottesworten, die im Herzen der Christen Platz greifen und die Gnade Gottes ungeschmälert bis ans Ende festhalten sollen. Erst nach einer dritten Recitation geht der Bischof nunmehr zu der kurzen Erklärung der einzelnen Artikel über.

---

[1] Der pseudo-augustinische Sermo 241 (August. opp. Tom. V Appendix ML 89, 2190—2191) hat sich bisher weder zeitlich noch örtlich festlegen lassen. Caspari, der von der nur im allgemeinen richtigen Voraussetzung ausgeht, dass freie Reden über das Symbol sich seit der ersten Hälfte des 6. Jahrhunderts nicht mehr nachweisen lassen (vgl. dagegen Kattenbusch, D. apostol. Symb. I 211), rückt deshalb unsern Sermo 241 bis in die zweite Hälfte des 5. bezw. erste Hälfte des 6. Jahrhunderts hinauf. Quellen II 152. 169. Ich kann dieser Ansicht nicht beitreten, sondern bin geneigt, mit Hahn (Bibliath. d. Symb. (3) S. 51, den Sermon in das 7. bezw. 8. Jahrhundert herabzurücken. Warum ich ihn aber im Gegensatz zu Hahn, der ihn „irgend einer Kirche Italiens" anweist, nach Gallien verweise, habe ich oben S. 248 bereits ausgesprochen.

§ 14. Symbolerklärungen im Zeitalter der Skrutinien.

Der Glaube an Gott den Vater schliesst selbstverständlich den an Gott den Sohn mit ein. Denn wenngleich der Person nach getrennt, participieren doch beide an der einen unzertrennlichen Majestät, der Sohn verfügt über dieselbe Macht wie der Vater. Die folgenden Artikel wollen über das Geheimnis belehren, wie Christus einen menschlichen Leib annahm. Den besten Aufschluss darüber gibt das Wort Gabriels an Maria. Göttliche Majestät kam menschlicher Schwachheit dabei zu Hülfe. Dabei bleibt die Jungfräulichkeit der Maria ein Glaubenspostulat, das sich nicht erklären lässt. In Bezug auf das Leiden und Sterben Jesu werden geflissentlich die einzelnen Akte aufgezählt, damit die Wirklichkeit des ganzen Vorgangs klar zu Tage tritt. Seitdem nimmt Jesus teil an Gottes Ehre, denn nichts anderes will das Sitzen zur Rechten besagen. Das Ganze aber ist für uns ein ermutigendes Beispiel, dass auch wir nach irdischem Leben und Tod wieder zu ewigem Leben auferstehen werden. Indem der Glaube des Christen sich ferner auch auf den heiligen Geist erstreckt, dokumentiert er zu gleicher Zeit die gleiche Macht desselben mit Vater und Sohn. Des weiteren verdient die Kirche mit Recht die Prädikate: allgemeine und heilige, denn der Gemeinschaften der unheiligen Sekten gibt es eine ganze Anzahl. Wo aber der heilige Glaube der katholischen Kirche herrscht, dort nimmt man auch an den Heiligtümern und Heilsgütern der Kirche teil, dort herrscht eine Gemeinschaft mit dem Heiligen.[1] Die Notwendigkeit endlich, auch an die Auferstehung des Fleisches und die Vergebung der Sünden zu glauben, folgt direkt aus der regen Beziehung zwischen Symbol und Taufe, denn das Taufsakrament besteht geradezu im Glauben an jene beiden Symbolstücke. Wer aber wirklich an all diesem festhält, was das Bekenntnis darbietet, der geht auch erwartungsvoll dem Tage der Wiederkunft Jesu entgegen.

---

[1] Sermo 241 c. 4: Credantes ergo sanctam ecclesiam catholicam, sanctorum habentes communionem, quia ubi est fides sancta, ibi est et sancta communio. Vgl. Zahn, D. apost. Symb. S. 90: Ich verstehe unter sancta communio die rechte Abendmahlsfeier, welche ebenso wie von anderer Seite wieder die nachher genannte Taufe zur Auferstehung und Sündenvergebung in Beziehung gesetzt wird.

Dies also einige Proben, wie man in Gallien die der Taufe voraufgehenden Skrutinien zu benutzen wusste, um nicht nur den Täuflingen, sondern, da dieselben der Mehrzahl nach unerwachsen sein mochten, vor allem den Paten und den übrigen Gemeindegliedern das altehrwürdige Taufsymbol inhaltlich nahe zu bringen.[1]) An Stelle einer ganz allgemein gehaltenen stehenden Formel trat so gut oder so schlecht es gehen wollte, eine den Inhalt wirklich erklärende Symbolrede.

Indessen haben auch aussergallische Gemeinden im 7., 8. und 9. Jahrhundert noch an der Form der freien Rede für die Symbolerklärung festgehalten.[2])

So besitzen wir aus einer Gemeinde einen Tractatus symboli, der sich an vielen Stellen als von der Explanatio symboli des Niceta abhängig erweist und dem 7. bezw. 8. Jahrhundert angehört.[3]) Auch bei ihm wiederholt der Priester

---

[1]) Vgl. Sermo 242 c. 1: Quaeso vos fratres carissimi, ut nobis reserantibus expositionem symboli attentius audiatis. — Digne ergo et attentiores et frequentiores et pro ratione temporis ipsius puriores ad audiendum symbolum conveniatis. — Burgund. Messbuch, Muratori l. c. II 030: Vos ergo competentes cum omni reverentia praeparate sensus vestros, audito symbolum quod vobis hodie materno ore sancta catholica tradit ecclesia. — Sermo 241 c. 1: Symbolum quod vobis tradituri sumus, fratres carissimi. s. 2: Ergo carissimi ad perenne praemium vos invitari cognoscite qui fideliter cum dei adiutorio lavacrum aquae vitalis accepistis; vel qui expetitis ut cum ad sacrum fontem vel veram poenitentiam perveneritis, per spiritum sanctum salutaris et caelestis vos unda perfundat.

[2]) Für den vorliegenden Zweck bedeutungslos sind die pseudoaugustinischen Symbolerklärungen 240 und 243 (August. opp. Tom. V Appendix Ml. 39. 2188 sqq. 2193 sq.) Über dieselben vgl. Caspari, Quellen II 152. 169. Hahn, Biblioth. d. Symb. (3) S. 50—63. Über einzelne Artikel Zahn, D. apost. Symb. S. 73. 89. Walter Caspari, Sub Pontio Pilato in „Halte was du hast" XV S. 459 f. Dasselbe gilt von den beiden sekundären Bildungen, welche Caspari in den Kirchenhistorischen Anecdota S. XV—XVIII. 283—292 veröffentlicht hat, nämlich von der sich an Cäsarius von Arelate (Pseudoaugustin. Sermo 244 vgl. oben S. 167) anschliessenden Symbolpredigt: Expositio fidei (Hahn, Biblioth. d. Symb. (3) S. 73 f.), welche mit der von A. E. Burn in der Zeitschrift für Kirchengeschichte 1896 S. 180—182 veröffentlichten Expositio de fide catholica identisch ist, und von der Traditionsansprache Expositio super symbolum (Hahn a. a. O. S. 74).

[3]) Derselbe findet sich samt einem Missale et Sacramentarium ad usum ecclesiae cuiusdam Florentinae in einer dem Anfang des 12. Jahrhunderts angehörenden Handschrift der Laurentiana in Florenz. Heraus-

dreimal das Symbol, doch nicht nach fränkischer Art gleich am Anfang hintereinander, sondern in der Weise, dass die erste Recitation den Glauben an Gott und an Gottes Sohn, die zweite den Glauben an den leidenden Christus, die dritte den Glauben an den heiligen Geist einleitet. Die Erklärung des Symbols wird also zweimal unterbrochen, eine liturgische Eigentümlichkeit, die sonst nirgends begegnet.

In den bekannten Formeln verbreitet sich der Presbyter eingangs über Wert und Wesen des Glaubens. Für den Katechumenen hat derselbe eine besondere Bedeutung. Drum darf dieser den kostbaren Besitz nicht in goldenen oder silbernen Gefässen beherbergen wollen, sondern in den nach dem Worte des Apostels (2. Kor. 4, 7) dafür angemessenen thönernen, nämlich in Herz und Gewissen. Nur eine solche Wohnstätte sucht die Fides, diese Königin unter den Tugenden. Mit diesem Schatz nun sollen die Kompetenten heute vertraut gemacht werden und nur sie, nicht irgend ein Fremder, Profaner, Ungläubiger. Es handelt sich um das Symbol und um eine Auslegung desselben, welche die Herrlichkeit der in ihm enthaltenen Lehre preist; um das von den Aposteln zusammengestellte und deshalb nach ihnen benannte Glaubensbrevier und Heilsmittel.

Nach der ersten Recitation weist der Presbyter auf den Glauben an den Allmächtigen als auf den Anfang alles Glaubens hin. So heisst Gott im Hinblick auf die Kreatur, hingegen Vater in Bezug auf den Sohn, der die Namen Heiland, Ge-

---

gegeben und besprochen von Caspari, Alte und neue Quellen S. 290—308. Vgl. Hahn, Biblioth. d. Symb. (3) S. 46 f. Kattenbusch, D. apost. Symb. I 133 f. Darf man, woran kein Zweifel ist, die beiden in der Handschrift vereinigten Stücke, das Missale und den Tractatus, als sachlich wie zeitlich zusammengehörig ansehen, so ergibt sich die Thatsache, dass während jene florentinische Gemeinde die Skrutinienmesse der Ohrenöffnung samt dem komplizierten Ceremoniell der Symbolübergabe (zuerst das Apostolikum lateinisch für die masculi, dann das Nicänum griechisch für die feminae, schliesslich das letztere lateinisch für beide Teile. Caspari a. a. O. S. 290) von Rom herübergenommen hatte, sie sich gleichwohl mit der stereotypen Ansprache Haec summa fidei nostrae (vgl. oben S. 233. 248) nicht begnügte, sondern statt ihrer nach altkirchlicher und fränkischer Art eine förmliche Symbolerklärung, obwol unsern Tractatus symboli, einschob.

salbter, Einiger führt. Einiger deshalb, weil er von einzigartigem Ursprung, weil der eine Glanz aus wahrem Lichte. Er nun, der von Ewigkeit her mit und bei dem Vater war, ist in dieser Welt erschienen, geboren vom heiligen Geiste und aus der Jungfrau Maria. Darum gilt es an den Gott und an den Menschen zu glauben, denn den einen bezeugen seine Leiden, den anderen seine göttlichen Thaten.

Es folgt die zweite Recitation des Symbols. Alsdann weist der Presbyter auf Christi Passion hin. Das Kreuz des Herrn, den Juden ein Ärgernis, den Heiden eine Thorheit, bringt den Gläubigen Rettung und ewiges Leben. Denn durch seine Leiden hat Jesus uns von den unsrigen, durch sein Sterben uns von der Macht des Todes befreit. Ebenso weist er mit seiner Auferstehung prophetisch auf die unsrige hin. Gen Himmel auffahren konnte und musste er als der, welcher zuvor vom Himmel herabgekommen war. Zum einen trieb ihn das Mitleiden, zum anderen befähigte ihn die Macht. Seitdem nimmt er, zur Rechten des Vaters sitzend, an der ewigen Seligkeit teil. Nur dass er an dem den Menschen unbekannten Tage als Richter auftreten und Gerechten und Ungerechten nach ihren Werken vergelten wird.

Nach der dritten Recitation des Symbols wird in Bezug auf den heiligen Geist noch hinzugefügt, dass er Einer sei, vom Vater ausgehend, mit dem Sohne gleich ewig, das Einigungsband beider, der Abschluss der Trinität. Von der heiligen Kirche aber wird gesagt, dass sie die eine und wahre sei, und dass in ihr die Gemeinschaft der Heiligen in Gestalt der Vergebung der Sünden und die Auferstehung dieses unseres Fleisches gepredigt werde. Darum wer da glaubt, dem werden alle Sünden vergeben, der wird des ewigen Lebens teilhaftig und vermag in das Himmelreich zu gelangen.

Ein Votum schliesst die kurzen Ausführungen.

Auch Aquileja hat den römischen Skrutinienritus nur unter starken Veränderungen angenommen. Man begegnet dort einer Anzahl von Weitläufigkeiten und Wiederholungen, denen gegenüber das römische Schema, das doch schon hinreichend kompliziert war, wahrhaft einfach und knapp erscheint. Dementsprechend hat sich auch die solenne Symbolerklärung in Aquileja bis ins 9. Jahrhundert behauptet, und zwar geht diese Thatsache aus der schon genannten aquilejischen Skrutinienurkunde[1]) hervor, nach welcher die der Skrutinienmesse der Ohrenöffnung eingegliederte Symbolübergabe am Samstag vor Palmarum stattfindet.

Eine erste einleitende Ansprache des Priesters handelt von dem Zusammenhang zwischen Taufe und Glauben, um alsdann sogleich auf das Symbol als das vom Herrn inspirierte und von den Aposteln verfasste Sakrament zu sprechen zu kommen, das ebenso kurz als inhaltsreich den heilbringenden Glauben begründet, daher selbst geglaubt und allezeit bekannt und nach Inhalt wie Wortlaut bewahrt sein will; daher es denn dem Gedächtnis wohl einzuprägen und nicht niederzuschreiben ist.

Der Akoluth, einen der Knaben auf dem linken Arm haltend und seine Hand auf dessen Haupt legend, sagt das Symbol zum ersten Male und dann, mit einem Mädchen auf dem Arm, zum zweiten Male auf.

Eine zweite einleitende Ansprache des Priesters weist dringlicher auf den bevorstehenden Tauftag hin: der Herr ruft, der Tag des Glaubens, die Stunde des Bekenntnisses ist da. Es gilt ein lauteres Herz, einen reinen Mund, ein heiliges Ohr der heilbringenden Verkündigung, die im apostolischen Symbolum besteht, entgegenzubringen.

Dasselbe wird nunmehr zum dritten Male und zwar von Priester, Diakon und Chor recitiert.

Jetzt erst erfolgt die Erklärung desselben und zwar Wort für Wort. „Ich glaube" schliesst allen Zweifel, alle Untreue aus. Der eine Gott Vater ist als der trinitarische zu denken. Der Sohn führt seine Namen als der Heiland aller Kreatur, als der mit der Fülle der Gottheit mystisch gesalbte König. Das Sohnsein wie das Herrsein eignet ihm nicht aus Gnade, sondern von Natur. Jungfrau und heiliger Geist, ein himmlischer, herrlicher Bund. Nur einen Gott konnte die Jungfrau gebären: unfassbar für den Verstand, zu verstehen nur für den Glauben. Der Richter, unter dem er litt, wird genannt, um den Zeitpunkt zu fixieren; die Todesart, weil es ein Holz war, durch welches das durch ein Holz verloren gegangene Leben

---

[1]) Aquileiense catechumenorum scrutinium p. 241—243. Vgl. oben S. 216 Anm. 1.

zurückkehrte. Des Begräbnisses wird Erwähnung gethan, damit kein Zweifel an der Wirklichkeit des Todes aufkommt, den zu fliehen ein Zeichen von Furcht gewesen wäre, den zu besiegen ein Zeichen von Kraft war. Am dritten Tage wieder auferstanden, weil sich sein Leiden nur auf sein Fleisch bezog, seine Auferstehung aber den Ruhmestitel der Trinität ausmacht. Die Himmelfahrt geschah nicht eigentlich seinetwegen, da er niemals dem Himmel entfremdet war, sondern unsertwegen, um uns dorthin zu bringen. Zur Rechten des Vaters sitzend, nimmt er an aller Macht und Ehre teil. Beim Gericht entlässt er die einen zur Herrlichkeit, die anderen verurteilt er zur Strafe. Wie an Gott den Vater, so glauben wir an den heiligen Geist. Wir unterscheiden ihn von den beiden andern Personen der Trinität, obwohl er mit ihnen hinsichtlich der Substanz eins ist und ihnen auch dem Range nach nicht nachsteht. Die heilige allgemeine Kirche aber ist ein Glaubensobjekt, weil sie den Leib Christi, dessen Haupt er selbst ist, bildet. Mit der Kirche bekennen wir also Christus selbst. Mit dem Glauben, dass uns das Himmelreich zu teil werden wird, ist auch der an die Vergebung der Sünden verknüpft. Denn nur solche, die schuldlos sind, denen die Sünden vergeben sind, können in das Himmelreich kommen. Das Fleisch muss auferstehen, damit es ebenso, wie es an Tugend oder Laster teilgenommen hat, so auch der Belohnung oder Strafe teilhaftig werden kann. An das ewige Leben endlich glauben wir, weil der Mensch erst dann richtig lebt, wenn er weiss, dass er nicht sterben wird.

Nunmehr erfolgt eine vierte Recitation des Symbols, die vermutlich als eine Rückgabe desselben seitens der Täuflinge gedacht ist, wiederum von Priester, Diakon und Chor. Alsdann eine erste Schlussbemerkung des Priesters, welche von der Leichtbehaltbarkeit der Formel handelt und abermals das Niederschreiben derselben verbietet. Das führt zu einem fünften und letzten Aufsagen seitens der Vorgenannten, worauf dann die bekannte Ansprache des Gelasianums: Haec summa est fidei nostrae,[1] allerdings in verkürzter Gestalt, den feierlichen Akt der Symbolübergabe definitiv zu Ende bringt.

[1] Vgl. oben S. 233.

Drittes Kapitel.

Das Symbol als Mittel der religiösen Volkserziehung im 8. und 9. Jahrhundert.

§ 15. Die Taufvorbereitung in der fränkischen Mission.

In der Verkündigung des Evangeliums sieht der Missionar die schwere und verantwortungsreiche Aufgabe seines Lebens, in der Taufe der jungen Christen den freundlichen Lohn für seine Mühe. Selbstverständlich weist auch die deutsche Missionsgeschichte jene Thätigkeit überall neben diesem Akte auf.

Unter den freien Friesen währt Wilfrids[1] Aufenthalt nur wenige Wintermonate, aber er predigt und tauft. Auch Willibrord findet einige Jahrzehnte später bei ihnen nur geringes Entgegenkommen; trotzdem hat er, nach Helgoland verschlagen, dortselbst drei Friesen getauft, freilich weniger in der Hoffnung, den Grund zu einer christlichen Gemeinde damit legen zu können, als in der Absicht, die unheimliche Stelle, welche den von den Inselbewohnern verehrten heiligen Quell umgab, durch laute Anrufung des dreieinigen Gottes zu durchbrechen.[2] Aus Dänemark aber nimmt er dreissig Knaben mit nach Franken, die er unterwegs tauft, nachdem er sie zuvor auf dem Schiffe katechisiert hat.[3]

---

[1] Von älteren Friesenmissionaren käme hier allenfalls nur Eligius von Noyon in Betracht, von dem man weiss, dass er in seinen Predigten die cc. 15 und 16 aus der Martin von Braga Schrift De correctione rusticorum und vermutlich auch in derselben Absicht wie Martin angewendet hat. Vita Eligii II 15 MI. 87. 525. Vgl. Caspari, Martin von Bracara's Schrift De correctione rusticorum. S. CIX f. und oben S. 191 f. — Heddius, Vita Wilfridi c. 25. Beda, Hist. eccl. V 19.

[2] Alkuin, Vita Willibrordi c. 10.

[3] L. c. c. 9: Sed in eo ipso itinere cathecizatos eosdem pueros vitae fonte abluit (a. 695).

264 § 15. Die Taufvorbereitung in der fränkischen Mission.

Wo also Zeit und Ort es erlauben, gehen Taufe und Unterricht Hand in Hand. Sind aber die Verhältnisse ungünstig, so glaubt sich der Missionar berechtigt, Erwachsenen sowohl wie Kindern das Sakrament auch ohne Katechumenat spenden zu können; denn er darf hoffen, dass das, was er als unvollkommen zurücklässt, bei Gelegenheit der Konfirmation durch den Bischof zum Abschluss gelangt. So taufte auch Bonifatius in Hessen schnell, aber er kehrte nach seiner zweiten Romreise dorthin zurück, um dem einleitenden Akte der Taufe den abschliessenden der Handauflegung anzureihen.[1]) Gleicherweise konnte er im Sommer 754 Tausende von Friesen taufen; denn auch sie sollten binnen Jahresfrist von ihm konfirmiert werden.[2]) Jenes Taufen der deutschen Missionare, so summarisch und überhastet es auch scheinen mag, war durchaus nicht planlos, und wo nicht unberechenbare Umstände eintraten, kam das Sakrament vollkommen zu seinem Rechte.

In gleicher Weise wie die Taufe überall irgendwie mit Unterricht verbunden war, unterstand ihr Vollzug selbst bestimmten Regeln und Anforderungen. Was gehört zu einer giltigen Taufe? Und wodurch wird die Heilskräftigkeit der Taufe gehindert? Diese Fragen werden wiederholt aufgeworfen und stets einhellig beantwortet.

Als Grundbedingung gilt, dass die Taufe von einem Christen und im Namen der Dreieinigkeit vollzogen ward. Ist eines von beiden nicht der Fall gewesen, so ist die Handlung wertlos und muss wiederholt werden. Gleicherweise kann derjenige Priester kein wirksames Sakrament spenden, der sich nicht scheut, wenn es verlangt wird, auch dem Wuotan Opfer darzubringen. Weiss doch ein solcher nicht, worum es sich bei der Dreieinigkeit handelt, selbst wenn er dieselbe im Munde führt. Herrscht ferner Zweifel darüber, ob ein Mensch getauft

---

[1]) Willibald, Vita Bonifat. c. 6: Multisque milibus hominum expurgata paganica vetustate baptizatis. — Tum vero Hessorum iam multi catholica fide subditi ac septiformis spiritus gratia confirmati manus impositionem acceperunt.

[2]) L. c. c. 8: Et multa iam milia hominum, virorum ac mulierum sed et parvulorum baptizavit. — Sed quia festum confirmationis neophitorum diem et nuper baptizatorum ab episcopo manus impositionis et confirmationis populo praedixerat.

§ 15. Die Taufvorbereitung in der fränkischen Mission. 265

sei oder nicht, so ist ihm das Sakrament der Sicherheit halber zu gewähren.

Alle liturgischen Verstösse aber, welche nachlässige oder unwissende Priester begehen, sind zwar zu bedauern und zu rügen und sollen nach Möglichkeit vermieden werden: die Taufe selbst aber vermögen sie nicht zu annullieren. In Thüringen tauften Priester ohne den Täufling nach dem Symbol gefragt zu haben, nicht aus principiellem Gegensatz gegen dasselbe, sondern aus Bequemlichkeit. Und Bonifatius muss diese Taufe, weil sie auf den Namen von Vater, Sohn und Geist vollzogen ist, unbedingt gelten lassen. Hingegen stand man in Bayern mit der lateinischen Sprache auf gespanntem Fusse, man radebrechte bei dem Taufakte so gut oder so schlecht es ging, oder man sprach geradezu deutsch. Trotz dieser Versündigung an der römischen Liturgie anerkannte der Papst durchaus diese in bester Absicht vollzogenen Taufen. Denn alle derartigen Unregelmässigkeiten und Vergehungen gegen die Kirchenordnung wurden durch die bischöfliche Handauflegung gesühnt.

Es sind dies die festen Normen, die man seit den Tagen Gregors II. und Gregors III. im Kirchenrecht niedergelegt findet.[1]

---

[1] Gregor II. an Bonifatius a. 726 (Epist. 27 Jaffé, Monum. Mogunt. p. 90): Enimvero quosdam baptizatos absque interrogatione symboli ab adulteris et indignis presbyteris fassus es. In his tua dilectio teneat antiquum morem ecclesiae: quia, quisquis in nomine patris et filii et spiritus sancti baptizatus est, rebaptizari liceat minime. Non enim in nomine baptizantis, sed in nomine trinitatis huius gratiae donum percepit. Et teneatur, quod apostolus dicit: Unus deus, una fides, unum baptisma. Doctrinam vero spiritalem talibus studiosius ut impertias, demandamus. Pro parvulis vero, qui a parentibus subtracti sunt et, in baptizati sint vel non, ignorant, hos ut baptizare debeas secundum patrum traditionem, si non fuerit qui testificet, ratio poscit. — Gregor III. an Bonifatius ca. 732 (Epist. 28 l. c. p. 93): Eosdemque quos a paganis baptizatos esse asseruisti, si ita habetur, ut denuo baptizes in nomine trinitatis, mandamus. — Nam et eos qui se dubitant fuisse baptizatos an non, vel qui a presbytero Iovi mactanti et immolaticias carnes vescenti, nt baptizanter praecipimus. Gregor III. an Bonifatius a. 739 (Epist. 38 l. c. p. 105sq.): Illi quippe, qui baptizati sunt per diversitatem et declinationem linguarum gentilitatis, tamen quod in nomine trinitatis baptizati sunt, oportet eos per manus impositionis et sacri chrismatis confirmari. — Zacharias an Boni-

§ 15. Die Taufvorbereitung in der fränkischen Mission.

Wie es indessen unter normalen Verhältnissen mit der Taufe in Deutschland in der 1. Hälfte des 8. Jahrhunderts gehalten wurde, erfährt man einerseits von Pirminius, andrerseits von Bonifatius.

Unter dem Schutze Karl Martells und ohne irgendwelche Beziehungen zu Rom trat Pirminius in Alamannien auf, erst am Bodensee, dann im Elsass. Er will nicht missionieren, sondern Klöster nach der Regel Benedikts gründen und von diesen aus eine nur oberflächlich christianisierte Bevölkerung sittlich und religiös vertiefen. Es ist ihm darum zu thun, dass das alamannische Volk nicht christliche Einrichtungen und Formeln sich gefallen lassen soll, deren Bedeutung es nicht einmal versteht. Andere hatten getauft, Pirminius führt aus, was es eigentlich um die Taufe sei. Andere hatten dabei gewisse liturgische Gebräuche beobachtet, bestimmte Formeln den Täuflingen eingeprägt, Pirminius begründet jene Gebräuche und erklärt diese Formeln.[1]

Von einem vorbereitenden Taufunterricht wird nichts erwähnt. Mit Recht. Denn in der Hauptsache war Alamannien damals ein christliches Land, in welchem die Kindertaufe die Regel bildete.[2] Suchte aber, was immerhin selten sein mochte, ein Erwachsener die Aufnahme in die christliche Gemeinschaft nach, so war es in das freie Ermessen des betreffenden Priesters

---

fatius a. 746 (Epist. 58 l. c. p. 167 sq.): Retulerunt quippe, quod fuerit in eadem provincia sacerdos, qui Latinam linguam penitus ignorabat et, dum baptizaret, nesciens Latini eloquii, infringens linguam diceret: Baptizo te in nomine patria et filia et spiritus sancti. Ac per hoc tua reverenda fraternitas consideravit rebaptizare. Sed sanctissime frater, si ille qui baptizavit, non errorem introducens aut haeresim sed, pro sola ignorantia Romanae locutionis infringendo linguam, ut supra sati sumus, baptizans dixisset, non possumus consentire, ut denuo baptizentur. Quia, quod tua bene compertum habet sancta fraternitas, quicumque baptizatus fuerit ab haereticis in nomine patris et filii et spiritus sancti, nullo modo rebaptizari debeatur, sed per sola manus impositione purgari debeatur. — Vgl. auch Epist. 66 des P. Zacharias an Bonifatius a. 748 (l. c. p. 186—189), welche die meisten der genannten Punkte wiederholt.

[1] Vgl. für das Folgende: Dicta abbatis Priminii de singulis libris canonicis scarapsus, bei Caspari, Kirchenhistorische Anecdota I 149—193. Näheres bei Hauck, Kirchengeschichte Deutschlands (2) I 335—346.

[2] Scarapsus c. 12. 32.

gestellt, wie er den Petenten in den Lehr- und Lebensgehalt des Christentums den Umständen und Verhältnissen entsprechend einführen wollte. Feste Formen und Einrichtungen nach Art des altkirchlichen Katechumenates oder des Skrutinienwesens gab es damals in Deutschland für diese Taufvorbereitung Erwachsener nicht. Dieselbe bestand nur in einem Katechumenenunterricht, dessen allgemeine Grundlinien man bei Pirminius angegeben findet.

Der Mensch ist geschaffen, um im Himmel den Platz der gefallenen Engel einzunehmen. Indessen verscherzte bereits Adam sich und seinen Nachkommen dieses Glück dadurch, dass er Gottes Mandate übertrat. Dem infolgedessen trotz aller Veranstaltungen Gottes, trotz Flutgericht und mosaischer Gesetzgebung, immer verhängnisvoller um sich greifenden Verderben der Menschheit hat Gott endlich durch Sendung seines Sohnes gewehrt. Christus nämlich predigte unter Juden und Heiden, man solle alle bösen Werke des Teufels meiden, Busse thun, die Taufe annehmen und die in den vier Evangelien und den übrigen heiligen Schriften niedergelegten Gebote Gottes beobachten.[1]) Indessen war Christus nicht bloss ein Prediger, sondern im vollsten Masse der Erlöser, welchem die Menschheit neben der neuen Richtschnur fürs Leben vor allem die Befreiung von der Macht des Teufels selbst verdankt. Seines Opfertodes gedenkt Pirminius deshalb mit besonderer Wärme und Ausführlichkeit,[2]) indem er zugleich vom Christen verlangt, dass derselbe nicht bloss gute Werke thut, sondern auch gläubig sich alles dasjenige einprägt, was Gott direkt oder indirekt zum endlichen Heile der Menschheit vorgenommen hat.[3])

Entsprechend dieser doppelten Pflicht des Christen behandelt er deshalb zunächst im Anschluss an die acht Todsünden das, was der Mensch thun und was er lassen soll, indem er den Nachwirkungen des Heidentums inmitten der christlichen Gemeinde nachgeht und als Mittel gegen dieselben fleissigen andächtigen Kirchenbesuch, Beobachtung der Sonn-

---

[1]) L. c. c. 3—7.
[2]) L. c. c. 7—9.
[3]) L. c. c. 10—12.

und Festtage, Teilnahme an den Sakramenten, endlich kirchliche Opfer[1] empfiehlt.

Sodann erörtert er an der Hand des apostolischen Symbols, was der Christ zu glauben hat.[2] Fraglos hat Pirminius in Alamannien diese beiden Handbücher, Todsündenkatalog und apostolisches Symbol, sowohl der Katechumenenausbildung wie der Volkserziehung im allgemeinen zu Grunde gelegt.

Orientiert ist jene Taufvorbereitung nach einer doppelten Auffassung der Taufe selbst. Denn wer sich dieser letzteren unterzieht, der erfüllt damit einerseits eine der wichtigsten Forderungen des von Christus gepredigten neuen Gesetzes; er kommt gewissermassen dem ersten unter den neuen Geboten nach, er schliesst mit Gott einen Pakt, aus welchem alle übrigen Gesetzesbefolgungen resultieren. Andrerseits bekleidet Christus in der Taufe die Seele des Täuflings mit der himmlischen Gnade und macht ihn vermittelst derselben zu seinem Gliede, das deshalb von jetzt an Christ heisst. Aus dieser doppelten Eigenschaft ergibt sich die einzigartige Bedeutung der Taufe. Sie ist das erste gute Werk, das sich ein Christ angelegen sein lassen soll, und sie pflanzt denselben zugleich in die persönliche Gemeinschaft mit Christus ein.

Der eigentliche Taufakt beschränkt sich in anerkennenswerter Einfachheit auf das Notwendigste, auf drei liturgische Fragen und drei liturgische Handlungen. In diesen sechs Momenten vollziehen Gott und Mensch die Schliessung ihres gemeinsamen Paktes. Der Täufling gibt seinen Namen ab, er entsagt dem Teufel und allen seinen Werken und allem seinem Pompe, und er bekennt sich nach dem Wortlaute des apostolischen Symbols zu dem Glauben an Gott Vater, Sohn und heiligen Geist. Darauf erfolgt die Taufe im Namen von Vater, Sohn und Geist zur Vergebung aller Sünden, die Salbung mit dem heilbringenden Öle zum ewigen Leben und die Bekleidung mit dem weissen Taufkleide zum Zeichen, dass Christus die Seele des Täuflings mit der himmlischen Gnade umkleidet hat.[3]

Das Bekenntnis zum dreieinigen Gott beim Taufakt ist in

---

[1] L. c. c. 13—30.
[2] L. c. c. 28.
[3] l. c. c. 12.

die Worte des apostolischen Symbols gekleidet und nimmt deshalb in dem überaus kurzen Taufformular den breitesten Raum ein. Da es keinen formellen Katechumenat mehr gibt, innerhalb dessen das Symbol einen liturgischen Platz finden könnte, so rückt dasselbe mit der eigentlichen Taufhandlung zusammen. Dreimal fragt der Priester: Glaubst du an Gott den allmächtigen Vater, Schöpfer Himmels und der Erde? Glaubst du auch an Jesus Christus, seinen einigen Sohn, unsern Herrn, der empfangen ist vom heiligen Geist, geboren aus der Jungfrau Maria, gelitten hat unter Pontius Pilatus, gekreuzigt, gestorben und begraben ist, niedergefahren zur Hölle, am dritten Tage wieder auferstanden von den Toten, aufgefahren gen Himmel, sitzet zur Rechten Gottes, des allmächtigen Vaters, von dannen er kommen wird zu richten die Lebendigen und die Toten? Glaubst du an den heiligen Geist, die heilige allgemeine Kirche, die Gemeinde der Heiligen, Vergebung der Sünden, Auferstehung des Fleisches, ewiges Leben? Und jedesmal antwortet der erwachsene Täufling bezw. der Pate mit Ja. Damit bekennen sich beide zum Glauben an alle jene im Symbol genannten Veranstaltungen, die Gott zum Heile der Menschheit direkt oder indirekt getroffen hat.

Indessen ist Pirminius hier keineswegs originell. Auffassung wie Darstellung des Taufaktes decken sich bei ihm fast wörtlich mit den Ausführungen des Martin von Braga. Wie dieser rückt er die Abgabe des Namens an die Taufe selbst heran und fasst Abrenuntiation und Symbol als die beiden Hälften eines mit Gott zu schliessenden Bundes, auf den die Kirche gelegentlich ihren Gliedern gegenüber rekurrieren kann.[1]) Dort wie hier hat das Symbol aufgehört, ein liturgisches Stück der Taufvorbereitung zu sein, ist vielmehr ein Bestandteil des Taufaktes geworden und dient wie als Handbuch

---

[1]) Siehe oben S. 191 f. Über die Abhängigkeit des Pirminschen Scarapsus von Martin von Braga vgl. Caspari, Martin von Bracara's Schrift De correctione rusticorum S. CXII—CXIV. Der in Frage stehende Abschnitt (De correct. rustic. c. 15. 16) begegnet ausserdem noch mehr oder weniger wörtlich in zwei Reden an Getaufte, vgl. Caspari a. a. O. S. LVI—LVIII, LXXI f. CVII—IX, CXIV f. und Kirchenhistorische Anecdota S. 198 f. 202 ff.

des Katechumenenunterrichtes so zugleich als Unterlage für den Religionsunterricht von solchen, die schon getauft sind.

Für den Paten schliesst jenes Bekenntnis zugleich die Verpflichtung ein, nicht nur alles selbst in Herz und Sinn treu zu bewahren, sondern den Inhalt des Symbols auch Kindern[1]) und Patenkindern gewissenhaft einzuprägen. Denn wenn auch der Katechismusunterricht nach des Pirminius Ansicht in erster Linie Aufgabe der Eltern ist, so überhebt doch dieser Umstand die Paten keineswegs der gleichen Verpflichtung, sie, die obendrein durch Unterweisung und Vorbild auf die sittliche Entwickelung der Täuflinge einzuwirken haben.[2])

Jedenfalls bildet dieses apostolische Symbol — dessen Wortlaut die zwölf Apostel unter dem Eindruck der Geistesmitteilung am Pfingstfeste in der Weise zusammengestellt haben, dass jeder von ihnen einen Satz nannte[3]) — die

---

[1]) Scarapsus c. 28: Et ut haec, quae supra commemoravimus, cordibus et sensibus vestris firmiter inhaereant, breviter ad memoriam vestram reducimus. c. 32: Symbolum et orationem dominicam et ipsi tenete et filios vel filias vestras docete, ut et ipsi teneant.

[2]) L. c. c. 32: Filiolos, quos ex fonte suscipitis in baptismo, scitote vos fideiussores pro eis apud deum extitisse et ideo vos docete semper et corripite et illos omnes subditos vestros, ut sobrii et caste et iuste vivant, saepius admonete atque corrigite.

[3]) Man hat es also bei Pirminius mit einer jener Weiterbildungen zu thun, auf welche oben S. 42 hingewiesen wurde. Vgl. Scarapsus c. 10: Petrus: Credo in deum patrem omnipotentem, creatorem celi et terre. Iohannes: Et in Iesu Christo, filium eius unicum dominum nostrum. Iacobus dixit: Qui conceptus est de spiritu sancto, natus ex Maria virgine. Andreas ait: Passus sub Pontio Pilato, crucifixus, mortuos et sepultos. Philippus dixit: Discendit ad inferna. Thomas ait: Tertia die surrexit a mortuis. Bartolomeus ait: Ascendit ad celos, sedit ad dexteram dei patris omnipotentis. Matheus ait: Inde venturos iudicare vivos et mortuos. Iacobus Alfei dixit: Credo in spiritu sancto. Simon Zelotis ait: Sanctam ecclesia catholica. Iudas Iacobi dixit: Sanctorum communionem, remissionem peccatorum. Item Thomas ait: Carnis resurrectione, vitam aeternam. Pirmin citiert den Text des Symbols noch in c. 12 und c. 28, also dreimal, wohl ein Beweis für die centrale Stellung, welche das Glaubensbekenntnis im damaligen kirchlichen Leben einnahm. Auffällig ist, dass Pirmin c. 7 von der „Maria semper virgo" spricht, aber den bekannten Zusatz nicht in den Text des Symbols aufgenommen hat. Was die Entstehungssage anbetrifft, so will noch der Termin der angeblichen Abfassung, das Pfingstfest, beachtet sein: c. 10: Et apparuerunt illis disper-

Summe dessen, was der Christ um seiner Seligkeit willen glauben und wissen muss, wie die acht Todsünden dasjenige nächtliche Gebiet umschreiben, das der Christ um seiner Seligkeit willen zu meiden hat.

Anders lagen die Verhältnisse überall dort, wo sich römische Einflüsse geltend machten. Hier lautete durchweg der gemessene Befehl oder die eindringliche Vorstellung, dass die Taufe und alles, was mit ihr zusammenhing, dem römischen Ceremoniell genau anzupassen sei. Dieser Art war man schon im 6. Jahrhundert gegenüber der galläcischen Kirche[1]) vorgegangen, in gleicher Weise hatte Erzbischof Augustin von Kanterbury die Angelsachsen zu beeinflussen gewusst,[2]) und nicht minder war die gallische Taufliturgie der römischen Übermacht seit dem 7. Jahrhundert langsam aber sicher unterlegen.[3])

Das nämliche Schauspiel wiederholt sich im 8. Jahrhundert auf deutschem Boden. Durch ein und dasselbe Kanzleiformular verfügte Gregor II. 716 für Bayern[4]) und sechs Jahre später für Hessen und Thüringen,[5]) dass abgesehen von Todesgefahr die Taufe nur an einem der beiden althergebrachten Termine, Ostern oder Pfingsten, erteilt werden dürfte, und zwar war es Bonifatius, der diese Anweisung an die beiden letztgenannten Länder übermittelte. Er am allerwenigsten konnte sich durch derartige Vorschriften gebunden fühlen, da er sich bereits am Anfang seiner mitteldeutschen Missionsthätigkeit dem Papste gegenüber zu Grösserem verpflichtet hatte. Denn schon am 15. Mai 719 hatte ihn Gregor unter anderem angewiesen, die Taufe nach dem ihm bekannt gegebenen römischen

---

litae linguae tamquam ignis seditque supra singulos eorum, et repleti sunt omnes spiritu sancto et coeperunt loqui aliis linguis, prout spiritus sanctus dabat eloqui illis et composuerunt symbolum.

[1]) Vgl. oben S. 180.

[2]) Beda, Hist. eccl. II 2: Ut ministerium baptizandi quo deo renascimur iuxta morem sanctae Romanae et apostolicae ecclesiae complectis.

[3]) Vgl. oben S. 243.

[4]) Addit. sec. leg. Baiuwar. c. 5 (Pertz M. G. Leges III 453) und Epist. 19 (Jaffé, Monum. Mogunt. p. 80): Sacrosancti autem baptismi sacramentum non nisi in paschale festivitate et pentecosten noverit esse praebendum exceptis his qui mortis urguentur periculo.

Formular zu erteilen.¹) In dieser Verfügung lag offenbar ein Gegensatz gegen die iroschottischen Prediger. Die souveräne Art, mit der man in den verschiedenen Teilen Süddeutschlands die Taufceremonieen regellos handhabte, konnte in Rom nur unangenehm berühren. Obendrein strebte gerade damals Rom, gestützt auf Männer wie Willibrord und Bonifatius direkte Beziehungen mit Bayern, Thüringen und Friesland an. Es ist nicht unwahrscheinlich, „dass man bereits den Plan einer mit Rom verbundenen deutschen Kirche ins Auge fasste".²) Ein solches Unternehmen musste aber mächtig gefördert werden, wenn von vornherein Gleichheit in den Ceremonieen bestand. Liturgische Übereinstimmungen prägen sich dem Volksbewusstsein tiefer ein und bilden ein festeres Band als kirchenregimentliche Beziehungen. In Verfassungsfragen musste der Papst fürchten, auf Widerspruch des fränkischen Königs zu stossen. Hier galt es vorsichtig auftreten und nichts überstürzen, um nicht zu verstimmen. Auf liturgischem Gebiete hingegen stand kaum ein Einspruch Karl Martells zu erwarten.

Dieses Angliederungsverfahren in Deutschland erscheint aber um so selbstverständlicher im Hinblick auf analoge Bestrebungen in den linksrheinischen Territorien. Dank der Thätigkeit des Bonifatius, der „die deutschen Fürsten und Bischöfe daran gewöhnt hatte, kirchliche Massregeln stets im Einvernehmen mit Rom zu treffen", bestand schon in den vierziger Jahren des 8. Jahrhunderts „thatsächlich eine Gemeinschaft zwischen der fränkischen Kirche und Rom, von der man ein halbes Jahrhundert vorher nichts wusste". „Das Bewusstsein, dass nur in der Gemeinschaft mit Rom, in der Unterordnung unter Rom die Kirche gedeihen könne, hatte unter dem fränkischen Episkopate kräftig Wurzeln geschlagen."³) Kein Wunder, wenn man in jenen Jahren bestrebt war, auch noch die letzten Reste gallischer Eigenart auf liturgischem Ge-

---

¹) Epist. 12 (l. c. p. 63): Disciplinam denique sacramenti, quam ad initiandos deo praevio credituros tenere stades, ex formula officiorum sanctae nostrae apostolicae sedis — instructionis tuae gratia, praelibata — volumus ut intendas.
²) Hauck, Kirchengeschichte Deutschlands (2) I 449.
³) A. a. O. I 554.

biete zu beseitigen und durchweg römischen Formen und Anschauungen zum Siege zu verhelfen. Fränkisches Selbstgefühl schien in kirchlichen Dingen keine Berechtigung mehr zu haben oder doch bloss geringe. Die Kirche blühte und gedieh nur insofern, als sich ihre Glieder dem höheren Willen des römischen Papstes gegenüber gefügig zeigten. So begegnen denn Bestimmungen über eine den römischen Vorschriften entsprechende Taufe und Taufvorbereitung hüben wie drüben, sie machen geradezu einen regelmässig wiederkehrenden Verhandlungsgegenstand auf allen Reformsynoden der vierziger Jahre aus, so auf der deutschen Synode 742,[1]) zu Estinnes 743,[2]) auf dem gemeinsamen fränkischen Konzil 745.[3])

Worin nun die Eigentümlichkeit dieses von Rom aus so sehr empfohlenen Taufrituals bestanden hat, darüber erhält man freilich nur sehr unzureichende Auskunft.[4])

Die Taufe wurde vom Priester als dem Beauftragten des Bischofs Ostern und Pfingsten und in lateinischer Sprache vollzogen. Nur gegenüber solchen Priestern, die sich zugleich

---

[1]) Boretius M. G. Capit. reg. Franc. I 25 c. 3: Ut unusquisque presbyter in parochia habitans episcopo subiectus sit illi in cuius parochia habitet, et semper in quadragesima rationem et ordinem ministerii sui, sive de baptismo sive de fide catholica sive de precibus et ordine missarum, episcopo reddat et ostendat. Vgl. Jaffé, Monum. Mogunt. p. 128. 202.

[2]) L. c. p. 26. Die Synode von Estinnes bestätigte die Kanones der vorjährigen deutschen Synode.

[3]) Zacharias an Bonifatius a. 745 (Epist. 51 Jaffé, Monum. Mogunt. p. 150), wo es inbezug auf unwürdige Kleriker heisst: De baptizatis vero ab illis seu ecclesiis consecratis requirat tua fraternitas, si aut ecclesias in nomine trinitatis consecravit aut parvulos similiter baptizavit, dum sacerdotio fungebatur. Et sic consecratio ecclesiarum et parvulorum baptisma sit confirmatum.

[4]) Vgl. oben S. 265 Anm. 1 Gregor II an Bonifatius etc. Ausserdem Bonifatius an Ecberecht von York (Epist. 100 l. c. p. 230). Er wagt nicht einen Priester, der sich gegen das Keuschheitsgebot vergangen hat, aus dem Amt zu entfernen: Si talem secundum iustissimos canones abstulero, morientur sine sacro regenerationis fonte infantes propter raritatem sacerdotum. Lul an den Bischof von Rom (Epist. 114 l. c. p. 279) bezeichnet es als kanonische Bestimmung: ut nullus eorum (presbyter) praesumat in eius parochia aut baptizare aut missas celebrare sine iussione episcopi. — Von Priestern, qui tauros et hyrcos diis paganorum immolabant, han-

am heidnischen Opferwesen beteiligten, konnte man sich nicht versichert halten, dass sie eine korrekte Taufe spenden würden; ihr Sakrament war deshalb unbedingt ungiltig. Hingegen konnte im Notfalle jeder andere Christ an die Stelle des Priesters treten, wenn er nur im Namen der Dreieinigkeit taufte. Um indessen von vornherein allen Unzulänglichkeiten begegnen, um alle sich etwa einschleichenden Unsitten beseitigen, und vor allem um allmählich Einheitlichkeit in die Taufceremonieen bringen zu können, musste jeder Priester in der Fastenzeit über die Korrektheit seines Glaubens wie über seine Kenntnis der Taufceremonieen dem Bischof Rede und Antwort stehen. Falls trotz alledem irgendwelche Bedenken gegen den wirkungskräftigen Vollzug einer Taufe auftauchten, so boten die bischöfliche Handauflegung und Chrismation, welche den Taufakt formell abschlossen, zugleich eine wertvolle materielle Vervollkommnung desselben.

Vom eigentlichen Taufceremoniell erfährt man nur aus einem Briefe des Papstes Zacharias an Bonifatius.[1]) Nach demselben gehörte zu einer regelrechten Taufe, dass dem Katechumenen, sofern er erwachsen war, gewisse ehrwürdige Formeln, von welchen aber nur die Abrenuntiation genannt ist, beigebracht und wieder abgefragt wurden; dass man vor der Taufe über ihn als mystischen Schutz das Kreuz schlug; dass man ihn das Glaubensbekenntnis lehrte, um ihm Gelegenheit zum Glauben und zum Bekennen zu geben. Trotz dieser wenigen Notizen kann gleichwohl kaum ein Zweifel darüber

---

delt Zacharias an Bonifatius (Epist. 66 l. c. p. 187). Über die Taufe im Namen der Dreieinigkeit l. c. p. 186. 189.

[1]) Epist. 66 (l. c. p. 188). Zur Kontroverse über diesen Brief vgl. Loofs, Zur Chronologie der auf die fränkischen Synoden des h. Bonifatius bezüglichen Briefe der bonif. Briefsammlung S. 37 ff. und Hauck, Kirchengesch. Deutschl. (2) I 531 Anm. 2. Die fragliche Stelle lautet: Sed nec ipsa sollempnia verba, quae unusquisque caticuminus, si talis aetatis est ut iam intellectum habeat, sensu cordis sui percipere et intellegere, nec docent nec quaerent ab eis, quos baptizare debent, id est abrenuntiatione satane et cetera; sed neque signacula crucis Christi eos muniunt, quae praecedere debent baptismum; sed nec aliquam credulitatem unius deitatis et sanctae trinitatis docent, neque ab eis quaerent, ut corde credant ad iustitiam et oris confessio fiat illis in salutem.

bestehen, dass die von Rom empfohlene Taufvorbereitung keine andere war als die der sieben Skrutinienmessen. Suchte man diese letzteren während des 7. Jahrhunderts in Franken einzubürgern, so gewiss auch entsprechend während des 8. in Deutschland, zumal sie noch im 9. in Rom selbst in Übung standen. Wenn immer nur von einer bestimmten römischen Weise der Taufe die Rede ist, so kann nur dieses damals in ausschliesslicher Geltung stehende Ceremoniell gemeint sein. Und nur dies erscheint auffällig, dass nicht öfters auf die zahlreichen Details dieser Skrutinienmessen im Briefwechsel zwischen Bonifatius und den Päpsten oder bei den Synodalverhandlungen Bezug genommen wird. Indessen ist dergleichen auch weder vorher in Spanien oder Franken noch nachher in der Gesetzgebung Karls der Fall. Überall wird nur von dem römischen Taufritus als solchem gesprochen und dabei als selbstverständlich und allgemein bekannt vorausgesetzt, wie derselbe beschaffen sei.

Das steht jedenfalls fest, dass nicht erst Karl der Grosse eine Romanisierung der fränkischen Taufliturgie angebahnt hat, sondern dass bereits lange vor ihm sich dieser Prozess sowohl in Franken wie in Deutschland zu vollziehen begann.[1]) Karl hat sich nur mit der ihm eignen Energie der Sache angenommen und, was sich bis dahin um der Indolenz oder des offenen Widerspruches willen nicht durchsetzen liess, glücklich zu Ende geführt, nicht ohne aufs sorgfältigste dort zu ergänzen, wo die einseitige Betonung des Ceremoniellen in der religiösen Erziehung des Volkes Lücken zu lassen schien.

Denn so gering auch die Notizen in dem erwähnten Briefe des Papstes Zacharias an Bonifatius sind, so reden sie doch im Vergleich mit den Ausführungen des Pirminius eine mehr als verständliche Sprache. Für Pirminius ist die Taufe ein kurzer, klar abgegrenzter Vorgang, ein Vertrag Gottes mit dem Täufling, bei welchem das Symbol in der Form der drei Glaubensfragen und als Kehrseite der Abrenuntiation seine feste liturgische Form gefunden hat. Daneben aber steht ein auf dem Hauptstück von den acht Todsünden und auf dem Symbol sich aufbauender Unterricht der Gemeinde einschliesslich der Katechumenen.

---

[1]) Gegen Rettberg, Kirchengeschichte Deutschlands II 782f.

§ 15. Die Taufvorbereitung in der fränkischen Mission.

Auch Papst Zacharias weist dem Symbol einen Platz im Katechumenate an. Man soll über den Taufkandidaten das Kreuz schlagen, ihm die Abrenuntiationsformel und das Symbol beibringen und beides ihm abfragen. Es handelt sich also um rein ceremonielle Akte. Denn dass speciell beim letzten Punkte der Papst nur an die bekannten Formalitäten der Symbolübergabe und Symbolrückgabe denkt, offenbart er durch den seit Jahrhunderten an dieser Stelle stereotypen Hinweis auf das Apostelwort vom Glauben des Herzens und Bekenntnis des Mundes (Röm. 10, 10).[1]) Darauf liegt nach wie vor der Nachdruck, dass der Katechumene durch wörtliche Aneignung der Symbolformel sowie durch öffentliches Aufsagen derselben seine Zugehörigkeit zur Gemeinde derer, die an den dreieinigen Gott glauben, ein für allemal kundgibt.

Bei Pirminius stand die sittlich-religiöse Erziehung des Volkes an der Hand des Symbols im Vordergrunde, der Taufakt in seiner grossen Einfachheit war nur ein Mittel zum Zweck, ein Übergang zu Grösserem und Wichtigerem. Papst Zacharias hingegen legt Wert darauf, dass das Taufceremoniell im fränkisch-deutschen Reiche mit dem der römischen Kirche genau übereinstimmt, und dass in ihm speciell das apostolische Glaubensbekenntnis seinen angemessenen liturgischen Platz findet.

Im weiteren Verlaufe hat man in Franken beiden Wünschen gerecht zu werden gesucht. Die Ausgestaltung der Taufliturgie hielt durchweg den Zusammenhang mit den römischen Traditionen aufrecht. Und zugleich behauptete sich das Symbol als Grundlage der religiösen Erziehung des Volkes.

Diese doppelte Erscheinung begegnet sofort, als sich die fränkische Kirche über die Grundbedingungen einer gesunden Heidenmission klar zu werden anfängt.

Im Jahre 796 hatte Karls Sohn Pippin die Avaren in der Hauptsache niedergeworfen [2]) und damit die Alpenländer von

---

[1]) Vgl. oben S. 30. 79. Gegen Hauck, Kirchengesch. Deutschl. (2) I 532. der die Worte: Nec aliquam credulitatem unius deitatis etc. erklärt: Sie unterliessen bei der Taufe die Trinität zu nennen. — An kirchlichen Unterricht war vollends nicht zu denken.

[2]) Alkuin an Karl (Epist. 67 Jaffé, Monum. Alcuin. p. 307 sq.): Gentes populosque Hunorum, antiqua feritate et fortitudine formidabiles, tuis suo

der Enns über die Raab bis zur Donau für die christliche Mission erschlossen. Die Bevölkerung war dem grösseren Teile nach indessen nicht avarisch, sondern slavisch; ja hier und da hatten sogar einige römische Niederlassungen seit dem 5. Jahrhundert die germanischen, slavischen und avarischen Stürme überdauert. Schon Virgil von Salzburg hatte sich die Bekehrung beider Rassen unter schwierigen Verhältnissen angelegen sein lassen. In seine Fusstapfen trat damals Arn von Salzburg, den im Norden der Bischof von Passau, im Süden der von Aquileja unterstützten.

Die Verhältnisse lagen ähnlich wie zwanzig Jahre früher bei den Sachsen. Abermals sollten in dem unterworfenen Lande Germanisierung und Christianisierung Hand in Hand gehen. Diese Vermischung heterogener Interessen hatte einst Karl dazu verführt, im Siegesrausch jede Mässigung ausser Acht zu lassen; er hatte total vergessen, dass es auf geistlichem Gebiete keinen Zwang gibt. Die Folge war gewesen, dass die Sachsen mit der Fremdherrschaft zugleich das Christentum abwarfen. Man hatte sie getauft, ohne sich über ihren Glauben zu vergewissern;[1] man hatte mit unverständiger Strenge den Zehnten eingefordert und auf der Erfüllung auch der geringfügigsten Leistungen peinlich bestanden. Dass das Christentum ein sanftes Joch sei, davon hatten die Sachsen nichts erfahren. Darum hatten sie zu Tausenden die Taufgnade von sich gestossen.[2] Das ist Alkuins wahre Meinung, wenngleich er dem Könige gegenüber als Ursache der geringen

honori militantibus subdidit sceptris, praevenienteque gratia colla diu superbissima sacrae fidei iugo devinxit et caecis ab antiquo tempore mentibus lumen veritatis infudit.

[1] Alkuin an Arn (Epist. 71 l. c. p. 327): Idcirco misera Saxonum gens toties baptismi perdidit sacramentum, quia numquam habuit in corde fidei fundamentum.

[2] Alkuin an Megenfrid (Epist. 69 l. c. p. 321): Si tanta instantia leve Christi iugum et onus suave durissimo Saxonum populo praedicaretur, quanta decimarum redditio vel legalis pro parvissimis quibuslibet culpis edicti necessitas exigebatur, forte baptismatis sacramenta non abhorrerent. Vgl. Epist. 67 (l. c. p. 308 sq.): Si melius sit rudibus populis in principio fidei iugum imponere decimarum, ut plena fiat per singulas domos exactio illarum.

Erfolge den Mangel der Erwähltheit bei den Sachsen angibt.[1])

Unzweideutig geht aus Alkuins Briefen hervor, wie wenig günstig ihr Verfasser über die fränkischen Missionsleistungen der letzten Jahrzehnte urteilt. Er hält es für seine Pflicht alles daranzusetzen, dass nicht dieselben verhängnisvollen Fehler jetzt in Kärnten und Pannonien gemacht werden. Jedenfalls bleibt Alkuin fortan neben Arn die Seele der Slaven- und Avarenmission.

Mit beiden wetteifert der siegreiche Feldherr Pippin, Karls Sohn. Eine von ihm berufene bischöfliche Kommission, bei welcher Paulinus von Aquileja den Vorsitz führte, sollte sich über Mittel und Wege klar werden, wie in den neu eroberten Landschaften das Christentum einzuführen sei. Das Protokoll dieser Kommission ist noch vorhanden.[2]) „Die Versammelten verbargen sich die Schwierigkeiten, vor denen man stand, nicht im geringsten: ein fast tierisches, jedenfalls jeder religiösen und geistigen Bildung entbehrendes Volk begehrte unter dem Eindruck einer Niederlage die Aufnahme in die Kirche. Man lehnte mit Rücksicht darauf die rasche Vornahme von Massentaufen ab. Zuerst müsse das Volk einigermassen im christlichen Glauben unterrichtet werden: die Täuflinge müssten wenigstens wissen, was die Taufe bedeute."[3]) Das Ärgernis in

---

[1]) Alkuin an Karl (Epist. 67 l. c. p. 307): Ecce quanta devotione et benignitate pro dilatatione nominis Christi duritiam infelicis populi Saxonum per verae salutis consilium emollire laborasti. Sed quia electio necdum in illis divina fuisse videtur, remanent huc usque multi ex illis cum diabolo damnandi in sordibus consuetudinis pessime.

[2]) Epist. 68 (l. c. p. 311—318).

[3]) Hauck, Kirchengesch. Deutschl. II 423, vgl. überhaupt II 414—428. Epist. 68 (l. c. p. 315): Ut in promptu daretur intellegi et ante baptismum fides esset docenda et ut intellegat novitius, quae sit baptismi gratia, quia per id peccata dimittantur et regeneratus novus homo, mortuo scilicet inter undas redemptionis vetere cum actibus suis, qui erat filius peccati, incipiat per adoptionem filius esse dei et particeps regni caelorum; et post hanc mortalem vitam aeternae vitae beatitudinem consequatur. — Epist. 69 (l. c. p. 320): Primo fides docenda est; et sic baptismi percipienda sunt sacramenta; deinde evangelica praecepta tradenda sunt. At si aliquid horum trium deerit, salutem animae suae auditor habere non poterit. Vgl. Epist. 71 (l. c. p. 326).

§ 15. Die Taufvorbereitung in der fränkischen Mission.

der Sachsenmission war zu gross gewesen. Darum lautet jetzt die immerwiederkehrende Mahnung: die Taufe nicht überstürzen, sondern erst sorgfältig die Täuflinge unterrichten und sich von ihrer inneren Bereitschaft überzeugen; und ebenso: die Taufe niemandem aufzwingen.[1]) Indessen sollte doch die eigentliche Taufvorbereitung nicht über 40 Tage dauern, wohl in Erinnerung an die altkirchlichen Katechisationen und Skrutinien. Man fürchtete, ein längerer Unterricht könne ermüden und die erste Liebe erkalten machen. Das Mindestmass aber waren sieben Tage: die Dauer richtete sich nach der religiösen Aufnahmefähigkeit des Täuflings.

Trotz dieses Anklanges an die Skrutinienwochen war jene Taufvorbereitung gleichwohl nicht als eine liturgische gedacht; sie sollte vielmehr vorwiegend katechetischer Art sein. Und zwar tritt in ihr wiederum der religiöse Gesichtspunkt aufs nachdrücklichste in den Vordergrund. Denn zuvor gilt es den Glauben zu lehren, dann die Taufe zu spenden, und erst wenn diese erfolgt ist, mag man Anweisungen für das sittliche Leben geben. Das betont Alkuin immer aufs neue.[2]) Als Ideal

---

[1]) Epist. 68 (l. c. p. 314). Von den Avaren heisst es: Haec gens bruta et inrationabilis vel certe idiotae et sine litteris tardior atque laboriosa ad cognoscenda sacra mysteria invenitur. Sie sind weder wie die Juden im Besitz der „divina eloquia, legislatio et mystica prophetarum praeconia" noch wie der gebildete Heide „saecularibus litteris imbutus." Darum p. 315: Huic autem genti sacris ignarae eloquiis non convenit iuxta haec prolata scripturarum exempla tam citius baptismi mysterium indulgere, priusquam inbuatur fidei sacramento per aliquos protelationis moras. — Intueri quippe in verbis dominicis vigilanti studio libet et animadvertendus in praeceptis illius sacratissimus ordo. Non enim ait: Ite, baptizate omnes gentes docentes eos, sed primum intulit: Docete, deinde adiecit: Baptizate. Et non qui baptizatus fuerit et crediderit, sed qui crediderit et baptizatus fuerit, hic salvus erit. Et post baptismum rursus: Docete eos servare omnia quaecumque mandavi vobis. — p. 316: Terribilis de inferni supplicio, non de gladii cruento mucrone nec coacti aut inviti trahantur ad baptismi lavacrum, sed quos spiritus sancti gratia perfuderit et ex desiderio animae suae expetierint salutem. Vgl. Epist. 67 (l. c. p. 307—310). Epist. 69 (l. c. p. 320). Epist. 71 (l. c. p. 326—328).

[2]) Epist. 68 (l. c. p. 316): Dilatatio autem tarditatis usque ad quem dierum numerum praetendatur, in sacerdotis arbitrio aestimari debet, iuxta mores prorsus audientium, quam velocius vel serius suscipiant verbum dei et adspirante spiritu sancto intellegant suae redemptionis aug-

schwebt ihm dabei die Praxis der Alten Kirche vor, wie er denn auch Augustins Schrift De rudibus catechizandis den Missionaren seiner Zeit als geeignetstes Handbuch empfiehlt. Die Symbolkatechese soll wieder in ihr Recht treten. Einleitungsweise ist der Taufkandidat davon zu überzeugen, dass er eine unsterbliche Seele besitzt, dass es ein ewiges Leben gibt, und dass es deshalb nicht gleichgültig ist, welchem Schicksal diese seine unsterbliche Seele in jenem Leben entgegengeht. An diese Ausführungen hat sich eine Erörterung zu schliessen über die Sünden, welche die ewige Pein beim Teufel im Gefolge haben, wie über die guten Werke, auf welche die ewige Herrlichkeit bei Christus als Preis gesetzt ist. Diese Werke nun decken sich in der Hauptsache mit dem Glauben an die heilige Dreieinigkeit, der seinerseits — und zwar dürfte das den weitaus grösseren Teil der Katechumenenvorbildung ausgemacht haben — an der Hand der einzelnen Symbolartikel zur Darstellung gelangt.[1])

Erst nach der Taufe werden dem jungen Christen die seiner nunmehr harrenden sittlichen Aufgaben vorgelegt.[2])

---

mentum. Infra quadragenarium tamen numerum protelationis summa persistat, ne forte longe protracti flamma desiderii eorum defervens inaniter refrigescat, ita dumtaxat, ut septenarius numerus in discendendo transgradiatur.

[1]) Alkuin an Karl (Epist. 67 l. c. p. 310): Igitur ille ordo in docendo virum aetate perfectum diligenter, ut arbitror, servandus est quem beatus Augustinus ordinavit in libro, cui „de catecizandis rudibus" titulum praenotavit. Primo instruendus est homo de animae immortalitate et de vita futura et de retributione bonorum malorumque et de aeternitate utriusque sortis. Postea: pro quibus peccatis et sceleribus poenas cum diabolo patiatur aeternas, et pro quibus bonis vel benefactis gloria cum Christo fruatur sempiterna. Deinde fides sanctae trinitatis diligentissime docenda est, et adventus pro salute humani generis filii dei domini nostri Iesu Christi in hunc mundum exponendus, et de mysterio passionis illius et veritate resurrectionis et gloria ascensionis in caelos et futuro eius adventu ad iudicandas omnes gentes et de resurrectione corporum nostrorum et de aeternitate poenarum in malos et praemiorum in bonos mox mens novella firmanda est. — Über die Bedeutung der genannten augustinischen Schrift für den altkirchlichen Katechumenat vgl. oben § 1, bes. S. 4—8.

[2]) Epist. 68 (l. c. p. 315): Post baptismum vero docendi sunt servare omnia dei mandata, quibus pie et iuste in hoc saeculo vivere de-

§ 15. Die Taufvorbereitung in der fränkischen Mission. 281

So also ist es mit den Erwachsenen zu halten.

Andere freilich liegen die Dinge bei unmündigen Kindern. Die Sünde anderer ist es, die sie belastet. Darum müssen auch Glauben und Bekenntnis dieser anderen ihnen zur Rettung dienen können. Man mag sie deshalb getrost taufen, auch wenn sie noch keinen Unterricht in den Glaubenswahrheiten haben bekommen können; wenn nur dafür gesorgt ist, dass sie später im reiferen Alter sich persönlich das Glaubensbekenntnis aneignen, welches andere jetzt für sie ablegen.[1]

Man sieht, durchweg herrschen die Anschauungen der Alten Kirche vor, während man seitens der fränkischen Theologie nicht gewillt ist, sich durch die kanonischen Vorschriften Roms besonders beengen zu lassen.

Nicht einmal darauf legt man Wert, dass die Missionare an den offiziellen Taufterminen, Ostern und Pfingsten, festhalten. Diese Forderung schien vorläufig wenigstens geradezu unmöglich. Man musste das Sakrament spenden, wann sich Täuflinge fanden, und wo Priester vorhanden waren, und man tröstete sich damit, dass ja jeder Sonntag der Erinnerung an die Auferstehung und die Geistesausgiessung gewidmet sei, und dass es daher genüge, wenn das Taufsakrament in der Nacht von Samstag auf Sonntag gefeiert werde. Auch wahrte man den Zusammenhang mit den kanonischen Vorschriften, indem man Kindertaufen nur Ostern und Pfingsten gestattete.[2]

Der Taufe selbst ging ein siebentägiges Fasten mit täglicher Katechisation und Ölsalbung voraus, eine Art Kompe-

---

beant. Vgl. Epist. 67 (l. c. p. 309): Roborata vero fide et confirmata consuetudine christianitatis, tunc quasi viris perfectis fortiora danda sunt praecepta, quae solidata mens religione christiana non abhorreat. p. 310 sq.: Et sic tempore opportuno saepius evangelica praecepta danda sunt per sedulae praedicationis officium, donec adcrescat in virum perfectum.

[1] Epist. 67 (l. c. p. 310): Igitur infantes, ratione non utentes, aliorum peccatis obnoxii, aliorum fide et confessione per baptismi sacramentum salvari possunt, si confessae pro se fidei integritatem congrua adveniente aetate custodient. Epist. 69 (l. c. p. 320): Cogi poterit ad baptismum, sed non proficit in fide, nisi infantilis aetas, aliorum peccatis obnoxia, aliorum confessione salvari poterit. Vgl. Epist. 71 (l. c. p. 327).

[2] Epist. 68 (l. c. p. 312. 313. 316. 317).

tentenstufe, die der in der Alten Kirche vielleicht nicht unähnlich war.[1])

Nachdem am Samstag Abend das Taufwasser feierlich geweiht worden war,[2]) erfolgte der eigentliche Taufakt, der aus der Abrenuntiation, aus den Glaubensfragen und aus dem dreimaligen Untertauchen im Namen des dreieinigen Gottes bestand.[3])

Dass dem apostolischen Symbol im Ceremoniell der Taufvorbereitung irgend eine nennenswerte Stellung zukomme, davon also sagt Alkuin kein Wort. Von einer liturgischen Übergabe oder Rückgabe desselben ist den Avarenmissionaren gegenüber nirgends die Rede, ebenso wenig als in Bezug auf das Vaterunser eine solche angedeutet wird.[4]) Hingegen ist die Bedeutung des Symbols wieder die allumfassende, die ihm bereits in der Alten Kirche eignete. Es gilt als Hauptstück der Katechumenenbildung, in dessen Rahmen man den ganzen Inhalt der christlichen Lehre, sofern derselbe für die jungen Christen zu wissen heilsnotwendig schien, zusammenfasse. Das Unterrichten ist die Hauptsache, sagt Alkuin, das Taufen kommt erst in zweiter Linie.

---

[1]) L. c. p. 316: Per septem tamen illos dies, in quibus vespere sabbati, quae in prima lucescit sabbati, baptizandus est, indicto ieiunio catacizetur cotidie audiens unguaturque oleo sancto.

[2]) L. c. p. 317: Et in vespere sabbati sanctificetur aqua in fonte vel in tali vase, ubi in nomine sanctae trinitatis trina mersio fieri possit.

[3]) L. c.: Et postquam se professus fuit credere in deum patrem omnipotentem et in Iesum Christum filium eius unicum dominum nostrum et in spiritum sanctum, et abrenuntiare se confiteatur diabolum et pompis eius, mundum et pompis eius, tunc semel dicatur a sacerdote: Et ego te baptizo in nomine patris et filii et spiritus sancti. Mox levatus tertia de unda suscipiatur ab eo, qui ei spiritalis pater electus est. Vgl. l. c. p. 312.

[4]) Die einzige Stelle, die dafür sprechen könnte, dass man die Taufkandidaten zuvor das Symbol aufsagen liess, findet sich Epist. 68 (l. c. p. 317 sq.): Illi vero qui ab inlitteratis clericis baptizati existunt et cum intinguerentur in aqua, nec illi fidem quia nesciebant professi sunt nec ille qui baptizabat dixit: Baptizo te in nomine patris et filii et spiritus sancti, nec in nomine Iesu Christi, sicut cuiusdam horum idiotarum professione comperimus, sed sola aqua solum corpus abluit, hi profecto pro non baptizatis habendi sunt. Vgl. Hauck, Kirchengesch. Deutschl. II 424. Indessen handelt es sich hier zweifellos um die Glaubensfragen beim Taufakt.

Noch ein halbes Jahrhundert später nimmt die Missionierung der Avaren bezw. Slaven das Interesse der fränkischen Theologen lebhaft in Anspruch. Kein Geringerer als Hraban ist bestrebt, die Arbeit auch fernerhin in denjenigen Bahnen zu erhalten, in welche sie Alkuin gewiesen hat. Wenn er daher in den vierziger Jahren an den Missionar Reginbald eine Schrift in drei Büchern über die kirchliche Disciplin richtet,[1]) so geschieht es in dem Bewusstsein, dass bei der Gewinnung barbarischer Völkerschaften der Nachdruck nicht sowohl wie bei älteren christlichen Gemeinden auf der peinlichen Beobachtung kirchenregimentlicher Vorschriften und liturgischer Ceremonieen liege, als auf einem praktischen und gediegenen Unterricht in den Glaubenswahrheiten. Das unbedingte Muster bietet hier nach wie vor die Praxis der Alten Kirche. Darum geht Hraban im ersten jener drei Bücher ganz besonders auf Augustins Schrift De rudibus catechizandis zurück,[2]) die er Reginbald und dessen Kollegen sogar im Excerpt mitteilt.

Auf dreierlei hat der Missionar bei seinem Taufunterrichte zu achten, auf die narratio, auf die exhortatio und auf die hilaritas.

Bei der narratio kommt es auf die Vollständigkeit an, ohne dass sie deshalb in einen Wust von überflüssigen Details ausarten müsste. Sie beginnt mit der Schöpfung der Welt und erstreckt sich bis auf die kirchliche Gegenwart, im grossen

---

[1]) De ecclesiastica disciplina Ml. 112, 1191—1262. Verfasst zwischen 842 und 847 auf dem Petersberg bei Fulda: Dum quietus ab omni mundano negotio in cellula mea sederem. In die beiden ersten Bücher ist vieles aus der Schrift De clericorum institutione herübergenommen, dagegen enthält das dritte Buch durchaus Neues. Die Schrift will solchen dienen, welche die dreifache Aufgabe haben, Heiden zu gewinnen (de instruendis rudibus in fide Christi), Katechumenen für den Empfang der Sakramente vorzubereiten (per praedicationis officium iam convocatos catechumenos facere et baptismate Christi abluere sacramentisque divinis confirmare et in fidei veritate corroborare), Getaufte in Lehre und Leben der Christen zu befestigen (ipsos christianos catholico dogmate erudire atque ecclesiastica disciplina corrigere in militiaque Christi constitutos, qualiter eos cum virtutibus contra vitia pugnare et usque ad finem vitae in studio bonae conversationis perseverare conveniat, prout dominus donaverit pandere).

[2]) Vgl. oben S. 4—6. 280.

§ 15. Die Taufvorbereitung in der fränkischen Mission.

und ganzen summarisch, aber mit behaglichem Ausruhen bei wichtigeren Partien. Vor allem gilt es zu betonen, dass, wie der gesamte Inhalt der alttestamentlichen Schriften auf das Kommen Christi und auf die Herausgestaltung seines Leibes d. h. der Kirche hinzielt, so auch Christus selbst wieder nur gekommen ist, um Gottes Liebe zu uns zur Erscheinung zu bringen. Dementsprechend bildet auch unsererseits die Liebe die Erfüllung des Gesetzes und unsere oberste Pflicht. Gesetz und Propheten haben keinen andern Inhalt als den des Doppelgebotes der Liebe. Und ebenso predigt das Neue Testament nichts anderes. Da aber der Liebe am meisten der Hochmut im Wege steht, so ist Christus für uns zugleich ein Muster menschlicher Demut geworden. In der Anempfehlung dieser Liebe hat deshalb der katechetische Vortrag zu gipfeln.

Die exhortatio geht von der Hoffnung auf die Auferstehung aus und behandelt je nach dem Fassungsvermögen des Hörers und je nach den Zeitumständen diejenigen Einwürfe, welche von seiten der Ungläubigen gegen die Lehre von den letzten Dingen erhoben werden. Die Schilderungen von dem Leben der Seligen und dem Dasein der Verworfenen führten zu einer Darlegung der mancherlei Anfechtungen, welche hier auf Erden den Menschen nicht erspart bleiben können, die aber gleichwohl für die Entwickelung des Gläubigen ein Segen sind, wenn er ihrer mit Geduld Herr zu werden sich bestrebt. Daran schliessen sich weitere Anweisungen für einen ehrbaren christlichen Wandel, ohne den man wohl ein Glied der Kirche hier auf Erden bleiben, aber nicht ein Bürger des himmlischen Jerusalems werden kann. Das führt schliesslich dazu, dass man auf das Urteil von Menschen nichts geben darf, sondern dass man zwar die Guten nachahmen, sich aber allein auf den Herrn verlassen muss.[1]

---

[1] Auch der Fall ist vorgesehen, dass Männer von allgemeiner Bildung, die bereits vom Christentum Kenntnis besitzen, sich zum Katechumenat anmelden. Sie beanspruchen eine individuellere Behandlung ebenso wie die Grammatiker und Rhetoren, welche verwarnt werden müssen, nicht soviel Wert auf die Form zu legen sondern die Hauptsache ins Auge zu fassen. Dass Hraban diese Abschnitte der augustinischen Schrift beibehält, während er andere Zwischenstücke ausscheidet, lässt darauf schliessen, dass in der That solche Persönlichkeiten auf dem kärntnischen

§ 15. Die Taufvorbereitung in der fränkischen Mission.

Die hilaritas endlich hat sich die grössten Kürzungen gefallen lassen müssen.[1]) Denn mit Recht hat Hraban die übermässig langen Auseinandersetzungen Augustins über alle diejenigen Dinge, welche dem Katecheten Widerwillen gegen das Katechisieren einzuflössen imstande sind, in eine einzige Erörterung zusammengedrängt. Dieselbe gedenkt sowohl der Unempfänglichkeit des Hörers, wie der Missstimmung oder wohl auch Unzulänglichkeit des Katecheten und kommt zu dem Schluss, dass es im schlimmsten Falle genügt, sich auf das Notwendigste zu beschränken, auf die Lehren von der Einheit der Kirche, von den Versuchungen, von dem unter dem Gesichtspunkt des Endgerichts zu gestaltenden christlichen Wandel. Jedenfalls ist es wichtiger, mit Gott über den Katechumenen, als mit dem Katechumenen über Gott zu reden. Alle Widerwärtigkeiten aber muss schliesslich der Gedanke an die Liebe dessen besiegen, der für die Menschen gestorben ist.

Indem Hraban noch unter direkter Berufung auf Augustin dessen beide Musterkatechesen in extenso bietet, glaubt er genug darüber gesagt zu haben, wie man die sich zum Eintritt Meldenden in die christliche Gemeinschaft aufzunehmen hat.

Bei den Anweisungen über das Ceremoniell der Taufvorbereitung und des Taufaktes im zweiten Buche [2]) schreibt er sich sodann teils selbst aus teils zieht er liturgische Schriftsteller der verschiedensten Jahrhunderte heran. Es ist eines jener liturgischen Konglomerate, wie man sie im 9. Jahrhundert häufig findet, und denen gegenüber, falls sie als Quellen dienen sollen, man nicht vorsichtig genug sein kann. Immerhin dürfte eines unbedingt sicher sein, dass Hraban,

---

Missionsgebiete vorkommen möchten. Vgl. über die vollkommene Romanisierung von Norikum-Kärnten Hauck, Kirchengesch. Deutschl. (2) I 346. Trotzdem seit dem Ende des 5. Jahrhundert die römische Kultur in diesen Ländern in Trümmern ging, hielten sich Reste derselben besonders im Süden des Landes (a. a. O. S. 353 f.) Vgl. unt. and. die Weltstadt Lorch am Einfluss der Enns in die Donau, welche zwar schon unter den Hunnen schwer gelitten hatte und in der ersten Hälfte des 8. Jahrhunderts auch ihr Bistum an Passau verlor, aber erst etwa 900 von den Magyaren zerstört wurde.

[1]) Bei Augustin § 14—22, bei Hraban nur III. 112, 1197 sq.
[2]) Das dritte Buch ist für den vorliegenden Zweck ohne Belang.

wenngleich er auch Amalar von Trier teilweise benutzt, [1] gleichwohl von dessen Skrutinienmessen nichts wissen will. Er legt vielmehr, indem er einem knappen Taufordo den Vorzug gibt, den Nachdruck weniger auf eine liturgische Taufvorbereitung als auf die tüchtige Unterweisung der erwachsenen Taufkandidaten bezw. der Taufpaten in den beiden Hauptstücken, im Vaterunser wie im apostolischen Symbol. [2] Indem er dementsprechend verhältnismässig rasch über das Taufceremoniell hinweggeht, bietet er seinem Adressaten eine längere Erklärung der sieben Bitten und vor allem eine dreiteilige Auseinandersetzung über das Symbol. Selbstverständlich ist das, was Hraban hier vorbringt, ebenfalls weder neu noch original. Die Einleitung handelt von der Entstehung des Symbols und seiner allgemeinen Bedeutung im wörtlichen Anschluss an Isidor. [3] Die Erklärung der einzelnen Artikel ist nichts anderes als die immer wiederkehrende gallische Symbolrede. [4] Und den Beschluss macht gleichsam als organische Zusammenfassung der vorausgegangenen Einzelerklärungen die Regula fidei des Isidor. [5]

Man sieht, von einer selbständigen Durcharbeitung des katechetischen Lehrstoffes ist in jenem vorwiegend receptiven Zeitalter keine Rede. Hraban ist weder selbst gewillt, eine solche zu liefern, noch verlangt er sie von andern. Es genügt die Aneignung der altbewährten Gedankenreihen und Definitionen. Auf ihr aber liegt

---

[1] Vgl. Amalar, Epist. de caerim. bapt. Ml. 99, 894 B C und Hraban Ml. 112, 1217 C D. 1218 A.

[2] De ecclesiast. discipl. II Ml. 112, 1218: Ideo enim ante baptismum catechiami debet praevenire officium, ut fidei primum catechumenus accipiat rudimentum et sic iam paratus ad baptismi accedat lavacrum. Vgl. De clericor. institut. I 25 Ml. 107, 310. — Von Amalar direkt herübergenommen ist aber die Anweisung Ml. 112. 1217 C: Et insinuanda est oratio dominica patrinis et matrinis, ut et ipsi similiter faciant his quos suscepturi sunt a sacro baptismate. Similiter insinuandum est symbolum.

[3] Ml. 112, 1224 C D. 1225 A. = De clericor. institut. II 56 = Isidor, De eccl. offic. II 23, 1—3. 5.

[4] Ml. 112, 1225 BCD. 1226 A—D. = Hraban, Homil. 13 Ml 110, 27—29 = August. opp. Tom. V Appendix sermo 242 Ml. 39, 2191—2193. Vgl. oben S. 250—252.

[5] Ml. 112, 1227 sq. = De clericor. institut. II 57 = Isidor, De eccl. offic. II 24.

auch jedenfalls gegenüber dem Ceremoniell der Nachdruck. Mindestens ebenso wichtig als die Taufe selbst ist der Taufunterricht an der Hand des apostolischen Symbols. Dies aber war durchweg die Meinung der fränkischen Theologen im Zeitalter Karls.

§ 16. Gregorianum und Taufordo.

Papst Hadrian I. entsprach nur einer von Karl dem Grossen schon längst geäusserten Bitte, wenn er dem Könige um das Jahr 788 ein Exemplar des gregorianischen Sakramentars übersandte.[1]) Was Karl mit seinem Wunsche und Hadrian mit seiner Sendung bezweckten, liegt auf der Hand. Die gottesdienstlichen Verhältnisse des weiten fränkischen Reiches standen unter dem Zeichen der Zerrissenheit und der Willkür. Gallische und römische Sakramentarien waren neben einander im Gebrauch und wurden eines aus dem anderen ergänzt und erweitert je nach individueller Neigung oder lokalen Bedürfnissen. Laune und Zufall herrschten vielfach, wo wohlüberlegte Ordnung allein am Platze war. Den ersteren energisch zu wehren, der letzteren überall im Gottesdienste zum Siege zu verhelfen, schien aber nur ein Mittel vorhanden, nämlich der enge Anschluss an die Form, welche der Gottesdienst damals in Rom hatte.

Es war also nicht eine ehrwürdige Rarität aus der Zeit des grossen Papstes, welche Karl mit dem Sacramentarium Gregorianum erbeten und erhalten hat,[2]) sondern es handelte sich bei diesem Geschenk um ein kirchenhistorisches Ereignis von weittragender Bedeutung. Das gregorianische Messbuch in die Hand des Kaisers legen, hiess alle gottesdienstlichen

---

[1]) Hadrian an Karl (Epist. 92 Jaffé, Monum. Carol. p. 274): De sacramentario vero a sancto disposito praedecessori nostro defluo Gregorio papa: immixtum vobis emitteremus. Iam pridem Paulus grammaticus a nobis cum pro vobis petente secundum sanctae nostrae ecclesiae tradicionem, per Iohannem monachum atque abbatem civitatis Ravennantium vestrae regali emisimus excellentiae.

[2]) Gegen Probst, Die ältesten römischen Sacramentarien und Ordines S. 316: Hadrian sandte an den Kaiser nicht das zu seiner Zeit in Rom gebräuchliche Sakramentar, sondern das von Gregor geordnete.

Formen des Reiches antiquieren zu Gunsten der z. Z. in Rom giltigen Liturgie. Unter diesem Gesichtspunkt kann es auch durchaus nicht befremden, sondern erscheint geradezu als selbstverständlich, wenn jenes von Hadrian an Karl gesandte römische Messbuch sich zwar nach Gregor nannte, aber sofern wir heute noch mit einiger Sicherheit seine Bestandteile konstatieren können, auch Gebetsformeln des 7. und 8. Jahrhunderts enthielt. Es verhält sich mit diesem um 788 nach Franken gelangenden neurömischen Messbuch naturgemäss ähnlich wie mit seinem altrömischen Vorgänger vor knapp zweihundert Jahren. Beide führten sich auf einen in liturgischen Dingen einflussreichen Namen zurück, repräsentierten aber nicht den Stand der Liturgie unter demjenigen römischen Bischof, nach dem sie sich nannten, sondern sie boten das Stadium, in welchem sich die von jenem Hauptvertreter ausgehende liturgische Entwickelung gegenwärtig befand. Aus dem Sakramentar, welches der Bischof von Rom durch zwei Gesandte feierlichst dem Frankenkönige überreichen liess, sollte das fränkische Reich erfahren, nicht wie es zu Gregors Zeiten mit der Liturgie in Rom gehalten sei, sondern wie man auf Grund der von dem grossen Liturgen Gregor gegebenen Anregungen und unter Berücksichtigung der seit zwei Jahrhunderten gemachten kirchlichen Erfahrungen gegenwärtig in Rom den Gottesdienst handhabte und wie man denselben der Konfirmität halber auch im Norden gehandhabt wissen wollte. Wie der Titel des päpstlichen Geschenkes gemeint sei, musste dem Könige wie jedem Einsichtigen unter seinen Unterthanen klar werden, wenn er unterm 12. März sogar Gebete zum Geburtstage des bereits unter die Heiligen versetzten Gregor fand, die natürlich erst aus dem 7. oder 8. Jahrhundert stammen konnten.[1]

Gleichwohl genügte das gregorianische Messbuch auch in seiner derzeitigen Vervollkommnung den Ansprüchen nicht, welche die damalige fränkische Kirche an ein solches Werk stellen zu müssen glaubte. Dasselbe sollte ein wirkliches Universalwerk sein, in welchem der Kleriker die für alle gewöhnlichen wie aussergewöhnlichen Gottesdienste passenden Gebete vorfand. Nun enthielt zwar das hadrianische Gregorianum in

---

[1] Muratori, Liturg. rom. vet. II 25.

§ 16. Gregorianum und Taufordo.

seinem ersten Teile den Verlauf der Messe bis zum Agnus Dei.[1]) Es fehlten demnach nur die Ceremonieen im eigentlichen Sinne, der Friedenskuss, die Brotbrechung, die Kommunion. Ihrer konnte man im Sakramentar entraten, da sie vermutlich in besonderen Rubriken zusammengestellt waren. Auffälliger war das Fehlen der Postkommunion mit dem Gebet ad complendum. Indessen fanden sich für letztere ebenso wie für die Oratio super populum zahlreiche Formulare im zweiten Teile des Gregorianums. Dieser zweite Teil nämlich bot im Anschluss an den Lauf des Kirchenjahres die wechselnden Gebete der Christus- und Heiligenfestmessen. Die Sammlung begann mit der Kollekte und den Gebeten super oblata und ad complendum der Weihnachtsvigilie und schloss mit den drei gleichen Gebeten am 4. Advent bezw. mit sechs aliae orationes de adventu.[2])

---

[1]) Muratori l. c. II 1—6.

[2]) Muratori l. c. II 7—138. — Bekanntlich wird die Frage nach den Bestandteilen des nach Franken gesandten Gregorianums verschieden beantwortet. Aber es liegt nicht im Rahmen der gegenwärtigen Untersuchungen, auf jenes Problem näher einzugehen. Nur zweierlei sei hier bemerkt. Die Gebete für die Ordination der drei höheren Grade, der Bischöfe, Presbyter und Diakonen (Muratori l. c. II 357—361) harmonieren auffallend mit den entsprechenden Partien des Leonianums, differieren aber mit denen des Gelasianums und der gallischen Liturgie, tragen demnach einen genuin römischen Charakter (Probst, D. ältest. röm. Sacrament. S. 308). Ausserdem vermisste die fränkische Kirche in dem hadrianischen Gregorianum nur die Weihegebete für die niederen Grade (Alkuins Prolog: Illud quod in praefato codice beati Gregorii ad gradus inferiores in ecclesia constituendos non habetur Muratori l. c. II 272), scheint also diejenigen für die höheren Grade darin vorgefunden zu haben. Dass aber die Zusammenstellung von derartigen Weihegebeten mit den Gebeten der Messe nichts allzu Abnormes in alter Zeit war, lehren die Apostolischen Konstitutionen, welche die Liturgie von der Bischofsweihe und der Presbyterweihe eingeschlossen sein lassen (Const. apost. VIII 4—16, Probst a. a. O. S. 306). Es hat also manches für sich, wenn Probst und Duchesne (Origines p. 116) auch diesen kleinen Abschnitt dem hadrianischen Gregorianum beizählen, und zwar dürfte er nach Cod. Ottobon. 313 (Delisle, Mémoire sur d'anciens sacrament. p. 150), Cod. Mogunt. (Lamprecht, Initial-Ornamentik Nr. 21 S. 27f.; Probst a. a. O. S. 308) und dem Sakrament. von Le Mans Nr. 77 (Delisle l. c. p. 141) an die zweite Stelle, also vor die festtäglichen Messen zu stellen sein.

§ 16. Gregorianum und Tauford o.

Für die Messe an Sonn- und Festtagen war also durch das Gregorianum im grossen und ganzen gesorgt. Aber es fehlte an Hilfsmitteln für alle übrigen Gottesdienste und kirchlichen Ceremonieen. Schon dass an allen gewöhnlichen Sonntagen dieselben Messgebete wiederkehren sollten, schien nachgerade etwas monoton. Zwar kannte man es auch in Gallien bisher nicht anders,[1]) aber zu Karls Zeit scheint sich auch in dieser Hinsicht das Bedürfnis nach reicherer liturgischer Ausgestaltung bemerklich gemacht zu haben; man wünschte noch für die Sonntage nach Epiphanias, nach Ostern, nach Pfingsten,

---

Sodann kämen in Frage die Orationen Muratori l. c. II 241—272. Probst (a. a. O. S. 323. 362—366) behauptet auf Grund mehrerer Codices, dass dieselben den vierten und letzten Teil des hadrianischen Gregorianums gebildet hätten. Und in der That ist es auffällig, dass sich nicht weniger als acht Handschriften nachweisen lassen, bei welchen die Reihenfolge der Abteilungen des Sakramentars stets lautet:

1. Ordo und Kanon (Muratori l. c. II 1—6).
2. Gebete für die Weihe der höheren Grade (Muratori l. c. II 357—361).
3. Festtägliche Messen (Murat. II 7—138).
4. Orationen (Muratori II 241—272). Darauf zuweilen ein Explicit oder ein Hic finit Gregorianus und sodann der Nachtrag des Alkuin mit oder ohne Prolog Hucusque. Diese Reihenfolge konnte ich ausser in den Codd. Ottobon. 313, Colon. 88, Mogunt. (Mainzer Seminarbibl. Probst a. a. O. S. 307—313, vgl. Lamprecht a. a. O.) und Motin. (vgl. Muratori l. c. I 71. 81), welche bereits Probst citiert, und ausser im Cod. Vatic. Reg. 337, über dessen Gestalt er sich durch Muratori hat irreführen lassen, noch nachweisen in den Sakramentarien von Marmoutier (Seminar von Autun ms. 19 bis), von Le Mans (Bibliothek ms. 77), von Senlis (Bibl. d. hl. Genoveva ms. lat. BB. 20) und in dem Cod. Laurent. Nr. 121 zu Florenz (vgl. Delisle l. c. p. 96. 141. 143. 170).

Die vier genannten Abschnitte (nach Duchesne, Origines p. 116 nur die drei ersten) haben jedenfalls in erster Linie einen Anspruch darauf, für die Bestandteile des hadrianischen Gregorianums zu gelten.

Daran würde sich reihen der Nachtrag des Alkuin (Muratori l. c. II 139—240) samt dem alkuinschen Prolog (Muratori l. c. II 271 sq.). Vgl. darüber Probst a. a. O. S. 366—382 sowie unten S. 295 Anm. 4 und S. 296 Anm. 2.

Einen zweiten Nachtrag endlich, der sich teilweise auch auf Alkuin zurückführen mag, bilden die Abschnitte Muratori l. c. II 273—290. 291—356. 362—380. 405—430. Vgl. Probst a. a. O. S. 382—385 sowie unten S. 297 Anm. 1.

[1]) Vgl. Probst a. a. O. S. 383.

kurz für jede Sonntagsmesse besondere Gebete zu besitzen. Dazu war im Gregorianum das Commune sanctorum nicht vorgesehen, d. h. es fehlte an Gebetsformularen, aus denen der Priester bei untergeordneten Heiligen- und Gemeindefesten nach Belieben eine Auswahl treffen konnte. Ebensowenig war auf Votiv- und Totenmessen irgendwelche Rücksicht genommen. Endlich fehlten alle Weihen. Alle diese Bestandteile, welche heutzutage das römische Missale ausmachen, verlangte aber bereits das Zeitalter Karls von einem vollgiltigen Sakramentar.

Ja nicht einmal dieser Umfang schien zu genügen. Auch Bestandteile des heutigen römischen Rituals wie die Taufliturgie sollte jenes Universalkirchenbuch enthalten. Und da man alles dies in dem hadrianischen Gregorianum nicht vorfand, so blieb nichts anderes übrig als dasselbe zu überarbeiten und zu ergänzen.[1])

Es war wirklich tragisch, dass eine Verordnung, die einem peinlich empfundenen Wirrwarr steuern sollte, nur dazu beitrug, denselben noch zu steigern. Die offizielle Einführung des Gregorianums durch Karl, weit entfernt die gallische und gelasianische Liturgie zu beseitigen, denen sie wohl an systematischer Ordnung überlegen war, denen sie aber an Reichhaltigkeit bedeutend nachstand, bereicherte vielmehr das liturgische Gemenge vorerst noch um einige Bestandteile.

Freilich nur vorerst. Denn im weiteren Verlaufe sollten sich doch die Abmachungen zwischen Karl und Hadrian als überaus wirksam erweisen. Vermochte auch das Gregorianum nicht sofort die übrigen Liturgien des fränkischen Reiches völlig zu ersetzen, so gab es doch einen festen Mittelpunkt ab, dem sich weitere liturgische Formeln aus alter und neuer Zeit bequem angliederten, es wurde der Ausgang für eine neue liturgische Entwickelung, bei welcher die fränkische Theologie bedeutsam in den Vordergrund trat.

---

[1]) Die beiden ältesten erhaltenen Handschriften des Gregorianums, der Cod. Ottobonianus 313 (Ehrensberger, Libri liturgici bibliothecae apostol. Vaticanae p. 393—396) und der Cod. Vaticanus Reginae 337 (Ehrensberger l. c. p. 399sq.) gehören dem 9. Jahrhundert an und weisen bereits die in Frage stehenden Überarbeitungen auf. Vgl. Muratori l. c. I 63—84. Probst a. a. O. S. 303—313.

§ 16. Gregorianum und Taufordo.

Diese Bewegung begann sofort. Zeuge dafür ist das hadrianische Gregorianum selbst, das kaum auf fränkischen Boden gekommen sofort seine Gestalt änderte. Und zwar dürften gerade die für uns interessanten Partien zuerst dem echten Texte eingegliedert sein. Denn sie werden von einem späteren Redaktor geradezu als Bestandteile des Gregorianums bezeichnet[1]), und doch sind sie nichts anderes als Ausschnitte aus der Skrutinien- und Tauflitnrgie, die man s. Z. bereits im Gelasianum vermisst und deshalb in dasselbe eingeschoben hatte, und die man, weil sie noch immer im kirchlichen Gebrauche standen, auch in dem neuen Universalkirchenbuch nicht aufgeben wollte. Nur eins will beachtet sein. Dem Gelasianum hatte man einst auf gallischem Boden die gesamten Skrutinien in möglichst grosser Vollständigkeit einverleibt; hingegen jetzt hält man es nur für nötig, das Gregorianum durch einige Skrutinienformeln[2]) zu bereichern: ein Beweis wohl dafür, dass, wenngleich die Skrutinien noch immer das Feld behaupteten, sie doch gleichwohl auf dem Aussterbeetat standen und anfingen, nur noch mit Auswahl gebraucht zu werden.[3])

Indessen blieb es nicht bloss bei einigen kleinen Einschiebseln, sondern alle Codices bieten das Gregorianum bereits so stark mit Zusätzen vermehrt, dass der Text geradezu einer neuen Redaktion gleichkommt, und zwar einer Redaktion, die

---

[1]) Vgl. in dem alkuinschen Nachtrag, Muratori l. c. II 155: Require in Gregoriano, p. 157: Sicut superius in Gregoriano continetur.

[2]) Es handelt sich um folgende Stücke:
Skrutinienformeln Gelas. I (31), 30, 1. 33 finis = Gregor. Murat. II 60.
Katechisation, Effeta, Abrenuntiation am Karsamstag Gelas. I 42 = Gregor. Murat. II 61.
Taufwasserweihe, Tauf- und Konsignationsgebete Gelas. I 44 = Gregor. Murat. II 63—65.
Ölweihe am Gründonnerstag Gelas. I 40 = Gregor. Murat. II 55—57.
Karfreitagsorationen Gelas. I 41 = Gregor. Murat. II 57—59.
Konsignationsmesse in der Osternacht Gelas. I 45 = Gregor. Murat. II 65.
Selbstverständlich fanden die Gebete der Okuli-, Lätare- und Judikaskrutinien, die sowohl in Rom wie in Franken längst ausser Übung gekommen waren (Gelas. I 26. 27. 28 vgl. oben S. 218. 244), keine Aufnahme in das Gregorianum.

[3]) Joh. Mayer (Geschichte des Katechumenats S. 133) stellt in unglaublicher Weise die ganze Sache auf den Kopf.

sich so vortrefflich den Gebräuchen der fränkischen Kirche anschmiegte und den Wünschen von Klerus und Laien derart entgegen kam, dass sie sich nach Ausweis der Handschriften drei Jahrhunderte zu behaupten vermochte. Denn nur darin differieren die Codices des 9., 10. und 11. Jahrhunderts, dass sie die fränkischen Zusätze zum hadrianischen Gregorianum entweder als Anhang behandeln und mit oder ohne Vorbemerkung dem ursprünglichen Bestand selbständig angliedern, oder dass sie diese Zusätze in ihre einzelnen Bestandteile auflösen und letztere an den entsprechenden Stellen in den gregorianisch-hadrianischen Text einschieben.

Die letztere Art mag die für den Gebrauch praktischere gewesen sein, dem Historiker hingegen sind die Handschriften ersterer Gattung die erwünschteren, denn sie setzen ihn in den Stand, im Gregorianum zwischen original-römischen und späteren fränkischen Bestandteilen scharf zu scheiden.

Da es sich nur um eine und zwar um eine sehr frühe Redaktion des Gregorianums in Franken handelt, so liegt zugleich die Frage nach dem Redaktor sehr nahe. Die Ausschliesslichkeit, mit der seine Arbeit sich überall Geltung verschaffte, lässt darauf schliessen, dass er ein sachverständiger Mann gewesen sein muss, ferner dass er nicht auf eigene Faust arbeitete, sondern dass ihn bei Durchführung und Veröffentlichung seines Werkes eine allerhöchste Genehmigung, vielleicht sogar ein offizieller Auftrag leitete. Dergleichen konnte aber nur einem Gelehrten von anerkanntem Rufe zu teil werden; nur ein solcher konnte es wagen, mit einem kirchlichen Buche, das aus der Hand eines Papstes kam und den Namen eines Papstes an der Stirne trug, so frei zu schalten, wie es hier der Fall war. Überdies muss jener Redaktor zu Karls Zeit gelebt und vielleicht schon im letzten Jahrzehnt des 8. Jahrhunderts sein Werk begonnen haben,[1] weil das absolute Fehlen eines unveränderten Gregoriano-Hadrianums sich nur auf diese Weise erklären lässt. Jedenfalls sprechen alle diese Gründe gegen Persönlichkeiten wie Abt Grimoldus von St. Gallen[2])

---

[1]) Ranke, Perikopensystem S. 70. 74.
[2]) Cod. Colon. 88, fol. 104ʳ: Explicit liber Gregorii. Incipit pre-

oder Hrodrad von Corbie,[1]) denen hier und da die Ehre jener Redaktion zuerkannt wurde. Eigentlich kann nur Alkuin in Frage kommen, für den auch in der That die ältesten Quellen eintreten. Denn der Bücherkatalog von St. Riquier ums Jahr 831 erwähnt ein missale Gregorianus et Gelasianus modernis temporibus ab Albino ordinatus,[2]) eine Notiz, die um so mehr ins Gewicht fällt, als Alkuin sich um 800 bei Abt Angilbert in St. Riquier aufhielt und hier unter anderen auch liturgische Arbeiten für das Kloster herstellte,[3]) man also hier wenige Jahrzehnte später noch eine leidliche Tradition über seine litterarische Thätigkeit haben konnte. Sodann nennt der überaus vorsichtige und zugleich kenntnisreiche Bernold von Konstanz in seinem Mikrologus unseren Alkuin geradezu als den Verfasser jenes durch ein Vorwort eingeleiteten Anhanges.[4]) Ja vielleicht liegt sogar ein nicht zu unterschätzendes Selbstzeugnis Alkuins in einem Briefe von ihm an die Mönche von

---

fatio libri secundi, a venerabili Grimoldo abbate ex opusculis sanctorum patrum excerpti. Delisle. Mémoire sur d'anciens sacramentaires p. 258.

[1]) Vgl. Cod. lat. 12050 der Pariser Nationalbibliothek, fol. 18 v. 19: Hunc ego Hrodradus, sanctorum indignus alumnus, composui librum d. h. Hrodrad schrieb den Codex oder liess ihn abschreiben. Delisle l. c. p. 123.

[2]) Daneben 19 Gelasiana und 3 Gregoriana. Hariulf, Chronicon Centulens. abbat. III 3 Ml. 174, 1261. Vgl. Becker, Catalogi bibliothecarum antiqui p. 28. Gottlieb, Über mittelalterl. Bibliotheken S. 145.

[3]) Hariulf, Vita Angilberti c. 11 (Mabillon, Acta Sanct. saec. IV p. 1 pag. 112): Hic idem Albinus a venerabili Angilberto accersitus Centulam, vitam sancti Richarii antiqua simplicitate negligentius digestam venusto sermone composuit. Antiphonas quoque et responsoria vel hymnos de eodem sancto composuit. Vgl. Anscher, Vita Angilberti c. 10 (Mabillon l. c. p. 121): Sane libellum de vita sancti Richarii sermone simpliciori digestum evocato ad se Albino magistro comitus atque lucidius componi et transcribi fecit. Hymnos etiam tam nocturnos quam diurnos et antiphonas cum responsoriis sumta materia de vita ipsius idem Albinus composuit. — Über Alkuins Aufenthalt in St. Riquier vgl. ausserdem seinen Brief an Karl (Epist. 238 Jaffé, Monum. Alcuin. p. 755sq.)

[4]) Micrologus de eccles. observat. c. 60 Ml. 151, 1020: Fecit tamen idem Albinus in sancta ecclesia non contemnendum opus . . sicut prologus testatur, quem post Gregorianas orationes in medio eiusdem libri collocavit. Über Bernold als Verfasser des Mikrologus vgl. P. Suitbert Bäumer in der Rev. Bénéd. 1891 p. 193—201. 385—395 und im Neuen Archiv 18 S. 429—446.

St. Vaast vor, die, wie auch Erzbischof Eanbald von York[1] und andere kirchliche Persönlichkeiten thaten, in liturgischen Dingen seine Hilfe in Anspruch genommen hatten, und denen er aus ‚seinem' Missale Messen für die gewöhnlichen Sonntage und die Heiligenfeste sowie Votivmessen sandte.[2] Solche aber finden sich reichlich in jenem Nachtrag zum Gregorianum.[3]

Über seine Arbeit selbst spricht sich Alkuin, wenn wir in ihm ohne weiteres den Redaktor sehen dürfen, in einem Vorwort aus, das seitdem zu den Bestandteilen des gregorianischen Sakramentars gehört.[4] Dieselbe war eine dreifache. Zunächst markierte er in seiner Abschrift die Einschiebsel des 7. und 8. Jahrhunderts durch Klammern, damit es fortan dem sich dafür interressierenden Leser möglich sei, aus dem gegenwärtig im Gebrauche befindlichen Gregorianum die Bestandteile des sich auf Gregors Zeit zurückführenden ursprünglichen Gregorianums herauszuklauben. Solche Klammern, die wir noch in einer Handschrift aus der 2. Hälfte des 9. Jahrhunderts nachweisen können, waren nötig für die vier Marientage Geburt, Verkündigung, Reinigung, Himmelfahrt, für Kreuzerhebung, für verschiedene Heiligentage, besonders für das Fest des hl. Gregor, endlich für verschiedene Tage in den Fasten, namentlich für die erst unter Gregor II. eingeführten Donnerstags-

---

[1] Alkuin an Eanbald (Epist. 167 Jaffé, Monum. Alcuin. p. 609): De ordinatione et dispositione missalis libelli nescio cur demandasti. Numquid non habes Romano more ordinatos libellos sacratorios abundanter? Habes quoque et veteris consuetudinis sufficienter sacramentaria maiora. Quid opus est nova condere, dum vetera sufficiunt?

[2] Jaffé, Monum. Alcuin. p. 729: Missas quoque aliquas de nostro tuli missale ad cotidiana et ecclesiasticae consuetudinis officia: primo in honore summae trinitatis; deinde sanctorum intercessiones deprecandas etiam et angelorum suffragia postulanda . . . Postea sanctae dei genitricis semperque virginis Mariae missam superaddidimus . . . nec non et sancti Vedasti patris vestri et protectoris nostri dictavimus missam . . . Pro peccatis quoque et elemosynam facientibus adiunximus orationes . . . Arbitror vos melius haec omnia vel in sacramentis vestris conscripta vel in consuetudine cotidiana habere.

[3] Nr. 43: Incipiunt orationes quotidianis diebus ad missam. Nr. 44—48. 64—67. Votivmessen: Nr. 70—75. 60—82 u. s. w. Muratori l. c. II 176 sqq.

[4] Dasselbe beginnt: Hucusque praecedens sacramentorum libellus a beato papa Gregorio constat esse editus. Muratori l. c. II 271 sq.

stationen. Nicht alle mag Alkuin mit Sicherheit als nachgregorianische Bestandteile erkanut haben, einige indessen unter ihnen macht er in seinem Prolog direkt namhaft.[1] Erschien diese Arbeit Alkuin als eine Forderung wissenschaftlicher Exaktheit, so hatte die zweite ein durchaus praktisches Ziel. Er fügte dem vom Papste überkommenen Sakramentar, weil es nicht alle Gebotsformeln enthielt, die zu besitzen der fränkischen Kirche notwendig schien, als zweiten Band eine sorgfältig ausgewählte, korrigierte und geordnete Sammlung gottesdienstlicher Materialien hinzu, die er aus anderen nicht gregorianischen, aber seit längerer Zeit in den fränkischen Gemeinden wohl eingebürgerten Sakramentarien geschöpft hatte.[2] Durch dieses Verfahren erreichte er ein doppeltes: das ehrwürdige Geschenk des Papstes blieb intakt, und doch erhielt die Gemeinde ein allen kirchlichen Bedürfnissen gerecht werdendes, durchaus vollständiges Sakramentar.

Ja nicht genug damit. Noch einen zweiten Nachtrag stellte Alkuin zusammen, der gewissermassen als dritter Band des nunmehr stark erweiterten Gregorianums angesehen werden konnte. Derselbe enthielt indessen nicht wie der zweite solche

---

[1] Vgl. Muratori l. c. II 217: Exceptis his quae in eodem in nativitate vel assumtione beatae Mariae, praecipue vero in quadragesima, virgulis antepositis, lectoris invenerit iugulata solertia ... Missam vero praetitulatam, in natali eiusdem beati Gregorii, virgulis antepositis, iugulatam. Näheres über diese zwischen Gregor und Alkuin aufgekommenen Kirchenfeste bei Probst, Die ältest. röm. Sacrament. S. 324—366. Duchesne, Origines p. 117 s. — Die Klammern lassen sich nachweisen im Sakramentar von Essen, jetzt in der Landesbibliothek zu Düsseldorf Cod. D. 1. Vgl. Archiv d. Gesellsch. f. ältere deutsche Geschichtskunde XI 750 f. Lamprecht, Initial-Ornamentik S. 27.

[2] Es ist der Abschnitt Muratori l. c. II 139—240. Vgl. Probst a. a. O. S. 366—382. Meckel in der Tübinger Theolog. Quartalschrift 1862 S. 76 f. Alkuin sagt darüber in seinem Prolog (Muratori l. c. II 271): Sed quia sunt et alia quaedam, quibus necessario sancta utitur ecclesia, quae idem pater ab allis iam edita esse impiciens praetermittit, idcirco operae pretium duximus ea velut flores pratorum vernantes carpere et in unum congerere atque correcta et emendata suisque capitulis praenotata, in huius corpore codicis morum ponere, ut in hoc opere cuncta inveniret lectoris industria, quaecumque nostris temporibus necessaria esse perspeximus, quamquam pluriora etiam in aliis sacramentorum libellis inveniessemus inserta.

Gebete, an denen die fränkische Kirche als an notwendigen Bestandteilen ihres Gottesdienstes hing, sondern solche, von denen sie nur fakultativen Gebrauch machte.[1]

Für uns handelt es sich hier um einen Abschnitt im ersten alkuinschen Nachtrag.[2] Denn derselbe enthält, und zwar im Cod. Ottobon. reichhaltiger und korrekter, im Cod. Vatic. in gekürztem und teilweise sogar verändertem Wortlaut, die bereits dem Gelasianum eingegliederten und von dorther bekannten Skrutiniengebete und Taufformeln. Dieselben waren also zu Alkuins Zeiten noch immer derartig im Gebrauch der Kirche, dass ein kirchliches Formelbuch, welches dieselben nicht enthielt, für die fränkische Kirche jedenfalls unvollständig erschien. Auch genügte es nicht, dass einige derselben bereits in das Gregorianum eingefügt waren.[3] Die Taufliturgie verlangte nach wie vor dieselben in grösserer Anzahl, und so sah sich denn Alkuin veranlasst, diesem Bedürfnis in seinem ersten Nachtrag gerecht zu werden. Und doch ist der Unterschied zwischen jenen frühern Einschiebseln und diesem Abschnitt im ersten alkuinschen Anhang nur ein quantitativer. Es handelt sich diesmal zwar um eine grössere Anzahl von Gebeten, aber doch nur um solche von gleicher Gattung. Denn beide Male sind der dem Gelasianum eingegliederten Skrutinienliturgie nur Gebete des Aufnahmeskrutiniums, sodann Exorcisationsgebete und endlich Gebete und Formeln des Karsamstagsskrutiniums bezw. des Taufaktes selbst[4] entnommen. Dagegen fehlen dort wie hier die Gebete und Formeln der grossen Skrutinienmesse der Ohrenöffnung.[5] Während also die Bearbeiter des Gregoria-

---

[1] Vgl. Probst a. a. O. S. 382—385 und oben S. 290 Anm.

[2] Nr. 4 finis, Nr. 5. Muratori l. c. II 152—158.

[3] Vgl. oben S. 292 Anm. 2.

[4] Aufnahmeskrutinium Gelas. I 30—32 = Gregor. Murat. II 60 = Gregor. Murat. II 152—154.

Exorcisationsgebete der gewöhnlichen Skrutinienmesse Gelas. I 33 = Gregor. Murat. II 60 = Gregor. Murat. II 154—155.

Karsamstagsskrutinium (Katechisation und Abrenuntiation) Gelas. I 42 = Gregor. Murat. II 61 = Gregor. Murat. II 155—157.

Taufakt Gelas. I 44 = Gregor. Murat. II 63—65 = Gregor. Murat. II 157—158.

[5] Gelas. I 34. 35. 36.

nums nach wie vor auf zahlreiche Bestandteile der Skrutinien Wert legen und es für unbedingt nötig halten, dieselben dem neuen Messbuch passend oder unpassend einzugliedern, lassen sie völlig alles bei Seite, was sich auf das wichtigste und feierlichste Skrutinium bezieht. Das legt aber den Schluss nahe, dass das Zeitalter Karls des Grossen in der Taufliturgie zwar einen gewissen Zusammenhang mit den alten Skrutinien aufrecht erhielt, diese Skrutinien selbst aber nicht mehr in der alten Form handhabte. Das Hauptstück derselben, die Ceremonie der Ohrenöffnung und Symbol- bezw. Vaterunserübergabe, war in Wegfall gekommen.

Dagegen scheinen zwar verschiedene zeitgenössische Urkunden zu sprechen. Denn die Epistola de baptismo des Jesse von Amiens, die Epistola de caerimoniis baptismi des Amalar von Trier, das Aquileiense catechumenorum scrutinium, der Codex Sessorianus 52 [1]) enthalten sämtlich die Skrutinien in ihrer alten Vollständigkeit. Aber diesen Repräsentanten einer zur Neige gehenden Zeit stehen ausser jener tendenziös mangelhaften Ergänzung des Gregorianums gewichtige andere Zeugnisse gegenüber, vor allem die Thatsache, dass uns das offizielle Schema der Taufliturgie im Zeitalter Karls noch heute erhalten ist.

Dass man um die Wende des 8. und 9. Jahrhunderts in vielen Teilen der abendländischen Kirche noch Skrutinienmessen zu halten pflegte, daran zu zweifeln haben wir nicht den mindesten Anlass. Von kleinen provinziellen Verschiedenheiten ist dabei durchaus abzusehen. Schon war der Einfluss Roms für den Occident gross genug, um langsam aber sicher den liturgischen Widerstand der verschiedenen Landeskirchen zu brechen. Andrerseits war man weise genug, den Widerspruch gegen liturgische Abweichungen nicht auf die Spitze zu treiben, man zeigte sich nicht kleinlich, sondern überliess es der Zeit, den eingeleiteten Prozess zum Abschluss zu bringen. Trotz aller Gegenarbeit, trotz zahlreicher Kompromisse hatte sich schliesslich das Gelasianum, hatten sich die mit demselben Hand in Hand gehenden Skrutinien überall durchgesetzt. Sie waren die Form geworden, mit deren Hülfe man in den weiten Teilen des Reiches die Kinder zur Taufe vorbereitete: Rom, Oberitalien,

---

[1]) Vgl. oben S. 211—217.

Frankreich handhabten sie trotz innerer Widersprüche bis in das 9. Jahrhundert hinein.

Und doch kennt das Zeitalter Karls einen durchaus anders gearteten Modus der Taufvorbereitung, von dem man bisher noch nicht erfahren hat, weder woher er stammt, noch wann und wo und wie er eingeführt wurde, noch wie er beschaffen war. Nur die ganz allgemeine Nachricht, dass Karl einen neuen Taufritus in seinem Reiche eingeführt habe, verbunden mit der ebenfalls nur allgemeinen Vorstellung, dass dieser neue Ritus mit der Einführung irgend welcher römischen Liturgie zusammenhing, wird immer wiederholt.

In einem am 23. März 789 von Aachen aus erlassenen Kapitulare gibt Karl den Bischöfen seines Reiches den Befehl, ihre Presbyter darauf hin zu visitieren, ob dieselben nach dem römischen Ritus taufen.[1]) Der Massregel kann kein anderes Motiv zu Grunde gelegen haben als Karls Hochstellung der römischen Tradition, seine Verehrung für die römischen Ordnungen, sein Wertlegen auf Übereinstimmung in den gottesdienstlichen Formen mit Rom.[2])

Geraume Zeit später, im Jahre 813, figuriert die gleiche Frage unter den Verhandlungsgegenständen der Mainzer Synode. Hier werden zwei Charakteristika angegeben für das, was jene Zeit unter einem Taufen nach römischem Ritus verstand, nämlich 1) das Skrutinium, 2) die Beobachtung der beiden altkirchlichen Taufzeiten, Ostern und Pfingsten.[3])

---

[1]) Duplex legat. edict. c. 23: Ut audiant episcopi baptisterium presbyterorum, ut secundum morem Romanum baptizent Boretius M. G. Capit. reg. Franc. I 64.

[2]) Vgl. Hauck, Kirchengesch. Deutschl. II 106.

[3]) Synode zu Mainz 813 can. 4: Sacramenta itaque baptismatis volumus, ut sicut sancta vestra fuit admonitio, ita concorditer atque uniformiter in singulis parochiis secundum Romanum ordinem inter nos celebrentur jugiterque conserventur: id est scrutinium ad ordinem baptismatis sicut in decretis Leonis papae sub duobus continetur capitulis (Ml. 64, 700 sq. 67, 284). In capitulo XI: Duo tempora id est pascha et pentecoste ad baptizandum a Romano pontifice legitima praefixa sunt. Item capitulo XII: Non interdicta licentia quae in baptismo tribuendo quolibet tempore periclitantibus subvenitur. Et Siricius (Ml. 13, 1135. 67, 233): Si in qualibet necessitate opus fuerit sacri unda baptismatis, omni volumus celeritate succurri Mansi, Conc. coll. XIV 66 Hefele, Conciliengesch. (2) III 760.

Auf diese beiden Notizen hat man sich bisher beschränkt, wenn von dem neuen Taufritus die Rede war, aber man hat nicht den Versuch gemacht, jenen selbst zu rekonstruieren.[1]) Und doch fehlt es nicht an reichlichem Material zu einem solchen Unternehmen.

In der Zwischenzeit nämlich hat Karl ein Rundschreiben an die Erzbischöfe seines Reiches erlassen mit der Aufforderung, ein jeder solle ihm das Taufceremoniell wissenschaftlich erklären.[2]) Speciell auf folgende elf Fragen wünscht der Kaiser eine Antwort:

1) Warum wird der Täufling zuerst Katechumene bezw. was ist ein Katechumene?
2) Was ist ein Skrutinium?
3) Wie legen die Abendländer das Symbol aus?
4) Welches ist der Inhalt des Symbols?

---

[1]) Selbst Rettberg, Kirchengesch. Deutschl. I 438 II 783 und Hauck, Kirchengesch. Deutschl. II 107 gehen über diese Linie nicht hinaus. Der einzige, der einen prinzipiellen Unterschied zwischen den früheren und späteren Taufriten empfunden hat, scheint Probst gewesen zu sein. Vgl. Katholik 1880 II 55—75. Indessen konnten seine Untersuchungen zu keinem ursprünglichen Resultate führen, da er bereits Gregor d. Gr. einen ordo baptismi verfassen lässt, der das organische Mittelglied zwischen den Riten des Gelasianums und denen des Rituale Pauls V. bilden soll. Wie aber dieser ordo baptismi Gregors beschaffen gewesen sei, vermochte Probst ebensowenig zu sagen, wie er Beweise für das Vorhandensein desselben beigebracht hat. Gleichwohl bekenne ich, Probst wenigstens die Anregung zu verdanken zu Nachforschungen nach dem Ursprung des spätmittelalterlichen Taufritus. Man wird im 9. Jahrhundert einzusetzen haben und sich nicht gegen das Zugeständnis versperren dürfen, dass den fränkischen Theologen der Löwenanteil bei dieser liturgischen Entwickelung gebührt. Widerspruch gegen meine Hypothese wird vielleicht nicht ausbleiben, aber ich halte es doch für wünschenswert, die Sache in Fluss zu bringen, eingedenk eines Wortes von Hauck, dass die Frage nach der wirklichen Gestalt des Gottesdienstes im Zeitalter Karls d. Gr. einer eingehenden Untersuchung wert sei (Kirchengesch. Deutschl. II 229 Anm. 6).

[2]) Über den ganzen Vorgang vgl. Rettberg, Kirchengesch. Deutschl. I 438; Abel-Simson, Jahrbücher des Fränkischen Reiches unter Karl d. Gr. 1883 II 494—497; sowie meine inzwischen erschienene Schrift: Erzbischof Odilbert von Mailand über die Taufe. Ein Beitrag zur Geschichte der Tauflitugie im Zeitalter Karls d. Gr. S. 1—10.

5) Was heisst dem Teufel, seinem Werk, seinem Wesen entsagen?

6) Warum wird der Täufling angehaucht und exorcisiert?

7) Warum empfängt der Katechumene Salz?

8) Warum berührt man seine Nase und salbt und signiert ihm Brust und Schultern?

9) Warum wird er mit weissen Kleidern angethan?

10) Warum wird sein Haupt mit heiligem Öle gesalbt und mit einem Schleier bedeckt?

11) Warum wird er durch Leib und Blut des Herrn gestärkt?[1]

Von den durch diesen Fragebogen veranlassten Schriften liegen noch zwölf vor und zwar acht direkte Antwortschreiben und vier anderweitige Aufsätze über die Taufe. Sie alle bemühen sich, so gut oder so schlecht es geben will, die einzelnen vom Kaiser namhaft gemachten Ceremonieen mystisch-symbolisch zu erörtern. Dabei ist es nun auffällig, dass nur zwei von diesen zwölf Kommentatoren das System der sieben römischen Skrutinienmessen kennen, — es sind die schon genannten Prälaten Jesse von Amiens und Amalar von Trier —[2] während die zehn anderen, also bei weitem die Mehrzahl, zwar den Begriff Skrutinien erwähnen, schon deshalb weil er auf dem Fragebogen des Kaisers stand, aber von jenem alten Skrutinienwesen, dem Parallelgänger des gelasianischen Sakramentars, nichts zu wissen scheinen.[3] Hingegen repräsentieren

---

[1] Das Rundschreiben Karls ist sehr oft abgedruckt, vgl. ant. and. Jaffé, Monum. Carol. 401 sq. 402 sq. Boretius M. G. Capit. reg. Franc. I 248 sq.

[2] Vgl. oben S. 211—214.

[3] Es sind die Erzbischöfe Leidrad von Lyon (Liber de sacramento baptismi ML 99, 853—872), Magnus von Sens (Libellus de mysterio baptismatis Ml. 102, 981—984), Maxentius von Aquileja (Epistola de significatu rituum et caerimoniarum baptismi Ml. 106, 51—54), Odilbert von Mailand (Liber de baptismo vgl. oben S. 186 Anm. 3 S. 300 Anm. 2), der Bischof Theodulf von Orléans (Liber de ordine baptismi ad Magnum Senonensem Ml. 105, 223—240) und die unbekannten Verfasser der Epistola de ritibus baptismi ad Carolum M. imperatorum Ml. 938 sq., der Collectanea dicta de antiquis ritibus baptismi eorumque significatu ML 106, 53—58 (vgl. oben S. 215 Anm. 1) und eines von D. Germain Morin in

sie unter sich einen gemeinsamen Typus des Taufrituals, der zwar einerseits dem römischen Skrutinienwesen auf den ersten Blick sehr ähnlich sieht, sich aber doch andrerseits scharf von demselben abhebt. Er spiegelt einen römischen Usus wieder und doch auch nicht. Es liegt eine ähnliche Selbsttäuschung vor, wie wenn man die auf gallischem Boden gebrauchten Sakramentarien, das Gelasianum oder Gregorianum, trotz ihrer starken Modifikationen für Gottesdienstordnungen hält, die mit der genuin römischen identisch seien.

Und diese Wahrnehmung wird noch durch eine andere Thatsache verstärkt. Während die durch Jesse von Amiens und Amalar von Trier vertretenen Skrutinienmessen nur durch zwei Urkunden des 9. Jahrhunderts, das aquilejische Skrutinium und den Codex Sessorianus 52, Succurs erhalten, weisen vier weitere Denkmäler jener Zeit ein liturgisches Formular auf, das sich Zug um Zug mit dem Inhalt jener vorgenannten zehn Kommentare zur Tauflitargie deckt.[1]) Also auch hier das numerische Überwiegen eines neuen Typus über einen alten. Beide Typen aber repräsentieren in den Augen des Kaisers und seiner Bischöfe den usus Romanus.

Ich darf zurückkommen auf das, was ich über die Veränderungen gesagt habe, denen Alkuin das Gregorianum unterzog. Die von ihm in dasselbe eingeschobenen Formeln, welche der Taufvorbereitung bezw. dem Taufakt angehörten, galten durchweg als gut römisch und waren ja auch dem römischen Gelasianum, wenngleich erst in seiner fränkischen Umarbeitung, entnommen. Aber jene Zusätze repräsentierten keineswegs die bekannten Skrutinienmessen sondern nur Teile derselben. Alkuin schloss sich bei dieser seiner auswählenden Thätigkeit dem römischen Ritus an, und doch emanzipierte er sich zugleich von ihm.

---

der Rev. Bénéd. 1896 p. 290—292 veröffentlichten Aufsatzes. Aber auch der von Morin l. c. p. 234 n. 2 erwähnte Traktat in Ms. 94 der Bibliothek von Orléans und das Fragment eines Anonymus ML 98, 939 dürften hinzuzuzählen sein.

[1]) Es sind die sog. Traditio baptisterii Ml. 105, 791 sq. (vgl. oben S. 211 Anm. 1 a), der Brevis tractatus de sacramento baptismi (Martene, De antiq. eccl. ritib. 1736 I 172 sq.) und Alkuins epist. 93 ad monachos Gothiae und epist. 261 ad Oduinum presbyt. (Jaffé, Monum. Alcuin. p. 390 sq. 824 sq.).

Dasselbe aber ist bei jenen erzbischöflichen Kommentatoren der Fall.

Der Quellenbefund ist demnach dieser. Wir haben es in der fränkischen Kirche zur Zeit Karls mit einer ganzen Fülle von Urkunden zu thun, die uns teils direkt teils indirekt einen Taufritus vorführen, der sich zwar als mos Romanus gibt und auch durchweg die Züge des bisher bekannten römischen Skrutinienritus trägt, gleichwohl aber mit diesem nichts zu thun hat sondern eine entschiedene Weiterbildung repräsentiert. Aus den Skrutinienmessen ist ein ordo baptismi geworden.

---

§ 17. Das Symbol in der Gesetzgebung Karls des Grossen.

Sieht man von denjenigen Teilen des fränkischen Reiches ab, die noch als Missionsprovinzen galten, und in denen deshalb die individuelle Behandlung erwachsener Katechumenen ebenso wie Massentaufen an der Tagesordnung waren, so gewinnt man auf Grund der kaiserlichen Kapitularien und der liturgischen Schriften des ausgehenden 8. und des beginnenden 9. Jahrhunderts ein klares und gut abgegrenztes Bild des Taufvollzuges in der fränkischen Kirche.

Jede Parochie hat ihre Taufkirche, welche den grössten Teil des Jahres hindurch geschlossen sein muss und jedenfalls zu Beginn der Fasten feierlich versiegelt wird.[1] Denn nach altkirchlicher Gepflogenheit, wie auch um in Bezug auf die vorschriftsmässige Beobachtung der Taufvorbereitung einigermassen eine Garantie zu haben, durfte das Sakrament der Taufe nur in der Oster- und in der Pfingstnacht gespendet werden.[2]

---

[1] Synode zu Salzburg ca. 800 can. 32: Ut per omnes dioeceses legalia baptisteria constituantur et sacra fons ibidem honorifice aedificetur Boretius l. c. I 229 Hefele, Conciliengesch. (2) III 731. Vgl. Hauck, Kirchengesch. Deutschl. II 84. 411 Anm. 2.

[2] Capit. a sacerdot. proposita 802 c. 10: Ut a cunctis sacerdotibus ius et tempus baptismatis temporibus congruis secundum canonicam in-

Andrerseits müssen aber auch alle im Laufe des Jahres geborenen Kinder an einem dieser beiden Termine zur Taufe gebracht werden, falls die Eltern nicht eine empfindliche Geldstrafe gewärtigen wollen.[1]) Obendrein trifft Eltern und Priester die Verantwortung, wenn ein Kind ungetauft stirbt.[2]) Der Priester hat für die Spendung des Sakramentes keine Gebühr zu verlangen, doch darf er solche Gaben, welche ihm Eltern oder Paten freiwillig anbieten, ohne Bedenken annehmen.[3])

---

stitutionem cautissime observetur Borellus l. c. p. 106. Capit. in dioeces. quad. synodo tractata c. 10: Ut nullus baptizare praesumat nisi in pascha et pentecosten, excepto infirmo Boretius l. c. p. 237. Capit. missorum c. 6 Borellus l. c. 182. Vgl. Theodulf von Orléans, Capit. ad presbyt. parochiae suae II ML 106, 209. Halto von Basel, Capit. eccl. c. 7 Boretius l. c. 363. Gleichwohl wurden diese Verordnungen wenig beachtet, vgl. die Klagen der Reformsynode von Paris 829 I 7—8 Mansi, Conc. coll. XIV 541 sq. Hefele, Conciliengesch. (2) IV 59. Die alten Bestimmungen wurden aufs neue von Regino (De synodalib. causis I cap. 267. 272. 273) wiederholt.

[1]) Capit. de partibus Saxoniae c. 19: Quod omnes infantes infra annum baptizentur; et hoc statuimus, ut si quis infantem intra circulum anni ad baptismum offerre contempserit sine consilio vel licentia sacerdotis, si de nobili generi fuerit centum viginti solidos fisco componant, si ingenuus sexaginta, si litus triginta Boretius l. c. p. 69. Die Verfügung bezieht sich zwar speciell auf die sächsischen Verhältnisse, legt aber gleichwohl den Schluss nahe, dass im Frankenreiche die Taufe binnen Jahresfrist kirchliche Ordnung war.

[2]) Theodulf von Orléans, Capit. c. 17. ML. 105, 196. Regino, l. c. I 21: Illud super omnia perscrutandum. si sine baptismo per negligentiam presbyteri aliquis infans in parochia mortuus sit? Vgl. dazu I cap. 130—132.

[3]) Capit. a sacerdot. proposita 802 c. 12 Borellus l. c. p. 108 sq. Theodulf von Orléans, Capit. ad presbyt. parochiae suae ML 105, 209: Ut pro ministerio baptizandi nihil exigant sive a baptizandis sive a parentibus illorum, nihil munusculi, nihil pretii omnino, sed cum gratiarum actione et cum summa devotione hoc peragant. Quod si forte parentes eorum aut qui eos a sacris fontibus susceperint, sponte et gratuito aliquid muneris vobis dare voluerint, accipite nihil haesitantes. Ghärbald von Lüttich, Capitula c. 5: Ut nullus presbyter pro baptizandi causa et communionem tribuendi aliquod pretium exactare faciat nec in minimo nec in maximo. Quod si fecerit et ad nostram notitiam pervenerit, sciat se post haec a gradu sui ordinis periclitari. Boretius l. c. p. 243. — Regino, De synodal. causis I 20: Si pro baptizandis infantibus aut infirmis reconciliandis vel mortuis sepeliendis praemium vel munus exigat? Vgl. dazu I cap. 122.

§ 17. Das Symbol in der Gesetzgebung Karls des Grossen.

Dem eigentlichen Taufakte, über dessen prinzipielle Bedeutung wie liturgische Ausgestaltung man sich in der Hauptsache bereits klar geworden war, gingen eine Reihe von Ceremonieen voraus; diesen letzteren galt insonderheit das Interesse des karolingischen Zeitalters. Denn darüber herrschte zwar vollkommene Übereinstimmung, dass alle Menschen, auch die kleinen Kinder, sich um der allgemeinen Sündhaftigkeit willen einem Katechumenate zu unterziehen hätten, durch den sie allein die rechte Bereitschaft für die Taufe empfangen könnten. Aber die Formen dieser Taufvorbereitung bemassen sich nicht nur nach dem Alter und der Erkenntnisstufe des jeweiligen Taufbewerbers, sondern offenbarten durchweg eine erfreuliche Fortentwickelung über den bisherigen Skrutinienritus hinaus entsprechend dem Umbildungsprozess, den die ganze Liturgie damals durchmachte.

Zwar ist das Ceremoniell der sieben Skrutinienmessen nicht nur in den älteren fränkischen Landesteilen sondern auch in Trier, also auf deutschem Boden, nachweisbar. Aber es muss sofort auffallen, dass Hand in Hand mit ihnen ein lehrhafter Katechumenat auftritt, von dem die verflossenen Jahrhunderte sogut wie nichts wussten.

Gleich die Einführung in die Taufvorbereitung ist eine zwiefältige. Es gilt, die in der Finsternis der Unwissenheit und in den Lüsten des Fleisches Einhergehenden zu neuen Menschen umzuschaffen.[1]) Dies ist aber nur Kindern gegenüber auf dem Wege des Ceremoniells möglich. Nur bei ihnen genügt es, das, was man für sie auf dem Herzen hat, in einem an Gott gerichteten Gebete kurz zusammenfassen, auf welches hin sie dann den Namen Katechumenen führen.[2]) Sind hingegen die Taufbewerber erwachsen, so muss die Eingliederung in den neuen

---

[1]) Amalar von Trier, Epistola de caerim. bapt. XI. 99, 833: Sumus ante baptisma in tenebris ignorantiae, in desideriis carnis ambulantes facimus ea quae non conveniunt: vivimus secundum veterem hominem qui corrumpitur secundum desideria erroris.

[2]) L. c. p. 894: Super parvulos orationem faciant, ut caecitas cordis in eis depellatur, dirumpantur laquei satanae, quibus fuerant colligati, et idonei efficiantur per incrementa et ministrationem membrorum ea cognoscere, quae dimittenda sunt et quae tenenda.

Stand mit Hilfe der Belehrung vor sich gehen. Der Diener der Kirche setzt ihnen den Unterschied zwischen dem Zustande des alten Menschen und dem neuen Leben, in welches sie durch Gottes Gnade in der Taufe hineingeboren werden sollen, auseinander, und belehrt sie, was sie fortan zu glauben und wie sie durch Werke der Liebe diesen Glauben zu bewähren haben.[1]) Mit anderen Worten, bei Erwachsenen tritt wieder die altkirchliche Einführungskatechese in Kraft. Der Taufbewerber, dem sie gehalten wurde, heisst fortan mit Recht wieder Katechumene d. h. der Unterrichtete, der Belehrte oder auch der Hörer.[2]) Und selbst die vor Jahrhunderten gebrauchten, auf die Einführungskatechese bezüglichen Lehrbücher Augustins werden dem Klerus aufs neue als geeignete Mittel zur Orientierung in Erinnerung gebracht.[3])

Dasselbe Bild wiederholt sich beim Katechumenate selbst. Er weist die sieben Skrutiniumsmessen nach wie vor als seinen liturgischen Teil auf, aber deckt sich mit ihnen nicht ausschliesslich. Vielmehr verfolgt er den doppelten Zweck, einmal alles das mit dem Taufkandidaten zu repetieren, was demselben in der Einführungskatechese mitgeteilt ist, und sodann

---

[1]) L. c. p. 893: Ideoque qui desiderat secundum novum hominem reformari, necesse est ut instruatur a doctoribus ecclesiae, qualis ante baptismum sit, qualis post baptismum futurus per dei gratiam, ut de tenebris peccatorum in lucem veritatis convertatur, relicto nomine falsorum deorum colat unum deum vivum et verum. L. c. p. 893 sq.: Non possumus cognoscere veritatem, antequam sciamus quid sit falsum. Igitur oportet nos docere illum, a quo recesserit peccando et in quo errore permanent, et postea in quem oporteat credere et fidem tenere per opera caritatis. Vgl. l. c. p. 897 sq.: Interrogamus illos quos ante instruximus in fide et quos postea scrutati sumus, si adhuc permansissent in his quae primitus didicerunt, et si se caecos cognovissent et modo prosperasse ad lumen, eo quod perfecte id est septies illos scrutati sumus; si abrenuntiant id est contradicant satanae contrariae potestati et omnibus operibus eius et omnibus pompis eius.

[2]) L. c. p. 893: Et postquam haec perceperit a catholico doctore, catechumenus dicitur id est instructus sive auditor.

[3]) L. c. p. 894: Sicut Augustinus ait in libro De fide et operibus. — De qua instructione, si quis vult, satis reperire potest in Augustino De catechizandis rudibus. Vgl. die gleiche Empfehlung durch Alkuin und Hraban oben S. 280 und 283.

ihn geistlich und sittlich auf die Taufe vorzubereiten. Da nun aber die sieben Skrutinienmessen bloss der letzteren Aufgabe nachkommen, so finden sie ihre Ergänzung in einem Lehrverfahren, das sich die Einübung und Repetition des den Taufkandidaten in der Einführungskatechese kurz dargebotenen Glaubensinhaltes zur Aufgabe stellt. Man sieht, durchweg werden die Traditionen der Alten Kirche in der Weise wieder aufgenommen, dass, was jetzt Katechumenat heisst, mit der Kompetentenbehandlung des 4. und 5. Jahrhunderts etwa identisch ist.[1]

Dementsprechend konnte auch über die Form, in welcher jener Katechumenenunterricht stattzufinden hatte, kein Zweifel obwalten. Symbol und Vaterunser werden den erwachsenen Taufkandidaten erklärt und dem Wortlaute nach eingeprägt, nur dass man die neue und doch alte Einrichtung jetzt auch auf die Kinder ausdehnt. Freilich konnte man mit diesen Kleinen die Grundzüge einer Einführungskatechese, die sie nicht gehört hatten, nicht repetieren. Wohl aber konnte die Kirche von den Paten verlangen, dass sie auch in Bezug auf diese Leistung an die Stelle der Kinder traten. Denn sie, die später dafür zu sorgen hatten, dass ihre Patenkinder mit den wichtigsten Bestandteilen der christlichen Lehre bekannt seien, mussten zuvor die Garantie bieten, dass sie selbst fähig seien, gute Lehrmeister abzugeben.[2]

Fasste die Kirche die Skrutinien in dieser Weise auf,

---

[1] L. c. p. 895: Septies perscrutantur, id est perfecte perscrutantur, si ea fixa mente teneant, quae audierunt a magistro, et quodammodo quasi tenebrae fugantur a catechumeno, ut in profecta scrutinii illuminentur ipsi catechumeni. — Jesse von Amiens, Epistola de baptismo Ml. 105, 781: Audit doctrinam percipiendae fidei instituiturque qualiter ad sacri baptismatis lavacrum pervenire debeat.

[2] Man will dies freilich nicht einsehen, sondern sucht, wie schon Isidor es gethan (vgl. oben S. 188), und meist auch mit seinen Worten, einen begrifflichen Unterschied zwischen Katechumenen und Kompetenten künstlich festzuhalten. Vgl. Jesse von Amiens l. c. p. 785; ferner Leidrad von Lyon, Lib. de sacram. bapt. c. 1. Odilbert von Mailand, Lib. de baptismo c. 4. 7 u. and.

[3] Exhortatio ad plebem christianam bei Müllenhoff-Scherer, Denkmäler deutscher Poesie u. Prosa (3) Nr. 55 I 201: Uué mac der furi andran dera calaupa purgeo sin, der dé calaupa noh imo ni uueis?

dann war die Anwendung derselben auf Kinder freilich weder sinn- noch wertlos. Vielmehr gewannen auch die Feierlichkeiten der Symbolübergabe im dritten und der Symbolrückgabe im siebenten Skrutinium eine ihnen bisher kaum eignende Bedeutung. Das Skrutinium der Ohrenöffnung war mit seinem Reichtum an Glanz und Pomp ganz dazu angethan, wie dem erwachsenen Taufkandidaten so auch dem Paten die centrale Bedeutung jener mysteriösen Formeln einzuprägen, welche es zur Mitteilung gelangen liess. Und ebenso erscheint das letzte Skrutinium wieder voll und ganz als das, was es sein wollte, als das Skrutinium der Symbolrückgabe. Denn diese letztere war bisher nur dem Namen nach vorhanden. Die Reihen der Kinder durchschreitend sprach der Priester unter Handauflegung das Nicäno-Konstantinopolitanum über sie hinweg; eine leere Ceremonie, an der man nur der Tradition zuliebe festhielt. Jetzt bekommt dieselbe wieder Leben. Die erwachsenen Katechumenen geben das Symbol in der Weise der Alten Kirche für sich zurück, und für die unerwachsenen leisten die gleiche Pflicht diejenigen, welche bereits in den letzten Wochen beständig für sie eingetreten sind, die Paten. Jetzt werden dieselben einem endgiltigen und scharfen Examen unterstellt, ob sie Symbol und Vaterunser auswendig wissen, und ob sie daraufhin das verantwortungsvolle Amt eines Paten übernehmen können.[1])

Es wird sich noch Gelegenheit finden, auf diese wichtige Erscheinung näher einzugehen.

Indessen bildeten die sieben Skrutinienmessen keineswegs die einzige Form, wie man um die Wende des 8. und 9. Jahrhunderts auf die Taufe vorbereitete. Die Thatsache, dass weder das interpolierte und mit Nachträgen versehene Gregorianum noch die Mehrzahl der Erzbischöfe, die auf Karls Rundschreiben hin sich äusserten, jener Siebenzahl von Messen oder der besonders auffälligen Skrutinienmesse der Ohrenöffnung

---

[1]) Amalar l. c. p. 894: Et docemus orationem dominicam patrinos et matrinas, ut et ipsi similiter faciant, quos suscepturi sunt a sacro baptismate. Similiter docemus symbolum. p. 898: Deinde perscrutamur patrinos et matrinas, si possunt cantare dominicam orationem et symbolum, sicut praemonuimus.

Erwähnung thun, lässt wenigstens darüber nicht den mindesten Zweifel aufkommen. Dagegen stösst man zu wiederholten Malen auf einen Taufordo, bei welchem der eigentliche Taufakt mit den vorbereitenden wie mit den abschliessenden Ceremonieen zu einem einheitlichen Ganzen verschmolzen ist und mit ihnen allen einen einzigen zusammenhängenden Gottesdienst ausmacht. Mögen irgendwelche Pausen zwischen den einleitenden Ceremonieen und dem Taufakte oder zwischen diesem und einem Teil der postbaptismalen Akte eingetreten sein, so waren es jedenfalls eben nur Pausen, die aus praktischen Rücksichten nötig schienen. Jedenfalls steht, wenngleich sich diese Vorgänge auch nicht auf Zeit und Stunde genau berechnen lassen, doch die Einheitlichkeit des ganzen Taufordo unzweifelhaft fest. Man beginnt mit ihm am Oster- bezw. Pfingstsamstag und lässt ihn vor dem Oster- bezw. Pfingstfest zum Abschluss kommen.

Im einzelnen wird der Täufling nach alter Sitte zuerst als Katechumene angesprochen, d. h. er wird vorgestellt als einer, der dem Heidentum und seinem Beherrscher, dem Teufel, entsagt.[1]) Dieser ausschliesslich negative Charakter des Katechumenates kommt in drei Ceremonieen zum Ausdruck, in der Exsufflation oder Ausbauchung des bösen Geistes, in der Exorcisation oder Austreibung desselben durch eine Gebetsformel und in der Darreichung des Salzes.[2]) Diese letzte Ceremonie war durch ihr hohes Alter empfohlen und wurde deshalb beibehalten, wenngleich es nach wie vor nicht gelingen

---

[1]) Theodulf von Orléans, Liber de ordine bapt. c. 1 Ml. 105, 224: Quod modo infantes catechumeni efficiuntur, antiquus mos servatur. — Infantes ergo et audientes et catechumeni fiunt, non quo in eadem aetate et instrui et doceri possint, sed ut antiquus mos servetur, quo apostoli eos quos baptizaturi erant primum docebant et instruebant. Vgl. c. 2. — Leidrad von Lyon, Liber de sacramento baptismi c. 1 Ml. 99, 856: Qui baptizandus est, prius docetur ut credat, id est instruatur fide: hoc est enim catechumenum esse id est instructum. Catechizare est instruere.

[2]) Vgl. Theodulf l. c. p. 225 c. 3: Cur exsuffletur. c. 4: Cur exorcizatur. c. 5: Cur catechumenus accipit salem. Vgl. Leidrad l. c. c. 1. Über die Salbung, welche im Anschluss an Isidor von Sevilla einige Liturgiker an dieser Stelle einschieben, vgl. meine Schrift: Erzbischof Odilbert von Mailand über die Taufe S. 43 f.

wollte, die ihr zu Grunde liegende Idee klar und scharf zu
präcisieren. Immerhin schloss sie zugleich ein positives Moment
in sich; denn indem das Salz als ein Mittel der Ausscheidung
und zugleich der Konservierung gedacht war, und indem es als
Ersatz für das dem Katechumenen noch vorenthaltene Altar-
sakrament galt, prädisponierte es diesen für die zweite Stufe,
auf der er bereits geistliche Gaben zu empfangen gewürdigt war.[1])

Auf dieser zweiten Stufe hiess der Taufbewerber Kompetent.
Als solchem wurde ihm zunächst das apostolische Symbol mitgeteilt,[2]) entweder direkt, indem es der Priester über die Täuflinge hinsprach, oder indirekt, indem er es den Paten zur
Weitergabe an die Kinder überlieferte. Daran schlossen sich
als weitere Kompetentenceremonieen die Skrutinien oder das
Skrutinium.

Hingegen eröffneten den eigentlichen Taufakt das Effeta,[3])
sowie die Salbung an Brust und Schultern verbunden mit der
von den Erwachsenen bezw. den Paten zu leistenden Abrenuntiation und die ebenfalls an die beiden genannten zu richtenden
Glaubensfragen.[4]) Was diese drei letzten Ceremonieen betrifft, so

---

[1]) Vgl. Theodulf l. c. p. 226 c. 5: Cuius fidei firmitas tunc iam
clare elucescit, cum is qui audierat solius dei cultum esse tenendum, unde
audiens vocatus est, et instrui cooperat de verae religionis cultu, unde
catechumenus vocatus est, et per exsufflationem et exorcizationem a maligno
spiritu erutus est, et in datione salis iam habere coepit gustum
divini verbi, tradatur ei symbolum. Unbewusst wirkte hier die Vorstellung vom Salz als dem Surrogate des Altarsakramentes (vgl. oben S. 10
Anm. 1) nach.

[2]) Theodulf l. c.: Et hoc ideo quia post exorcizationem et exsufflationem symboli sequitur traditio. Darauf folgen c. 6: Quae sit interpretatio symboli secundum Latinos, sowie c. 7: De credulitate und c. 8:
De scrutinio.

[3]) Über das Effeta vgl. Leidrad l. c. c. 2 MI. 99, 857: Sciendum
tamen quod de hac re in diversis regionibus diversus teneatur usus. Alii
namque oleo sancto tangunt catechumenorum aures et nares, alii vero
spato, alii absque spato et oleo, alii etiam os tangunt oleo ad exemplum
dominicum. Ferner Magnus von Sens, Lib. de myst. bapt. MI. 102, 983.

[4]) Abrenuntiation und Glaubensfragen waren natürlich nur in deutscher
Sprache denkbar und üblich. Einem etwaigen Übereifer unverständiger
Priester, die auch diese Formeln lateinisch wiedergegeben wissen wollten,

§ 17. Das Symbol in der Gesetzgebung Karls des Grossen. 311

liegt ihre Übereinstimmung mit der zweiten Hälfte des siebenten Skrutiniums, wie dasselbe wenigstens seit geraumer Zeit in der fränkischen Kirche gehalten zu werden pflegte, auf der Hand.[1])

setzten die sog. Statuta Bonifatii (vermutlich Beschlüsse einer Mainzer Synode aus den ersten Jahren des 9. Jahrh.) c. 27 ein Ziel: Nullus sit presbyter qui in ipsa lingua qua nati sunt baptizandos abrenunciationes vel confessiones aperte interrogare non studeat, ut intelligant quibus abrenunciant vel quae confitentur. Et qui taliter agere dedignatur, secedat de parochia. Mansi, Conc. coll. XII 385. Erhalten ist uns noch je ein Beispiel in sächsischer und fränkischer Mundart. Das erstere (Müllenhoff-Scherer, Denkmäler deutsch. Poesie u. Prosa Nr. 61 I 198, II 318—319) fällt nach Scherer in die siebziger Jahre des 8. Jahrh. d. h. in den Anfang der Sachsenmission unter Karl und stammt aus Fulda. Der Täufling antwortet nicht bloss mit Ja, sondern er wiederholt jedesmal die ganze Frage: Forsachistû diobole? Ec forsacho diabole; oder: Gelôbistû in got alemehtigan fader? Ec gelôbo in got alemehtigan fader. Die zweite Abrenuntiationsfrage bezieht sich auf die pompae diaboli, diobolgelde d. h. Idolatrie, Götterkultus. Den opera diaboli wird in Anpassung an die praktischen Verhältnisse noch die weitere Absage beigefügt: And uuordum, Thuner ende Uuôden ende Saxnôte ende allum thêm unholdum thê hira genôtas sint. Vgl. Hauck, Kirchengesch. Deutschl. II 356 f. Die Glaubensfragen beziehen sich nur auf die Personen der Trinität. — Etwas jünger ist das fränkische Taufgelöbnis (Müllenhoff-Scherer a. a. O. Nr. 52 I 199, II 319—323), das im Anfang des 9. Jahrhunderts verfasst sein dürfte. Der Täufling antwortet einfach mit: Ih fursahho bezw. Ih gilaubu. Die Abrenuntiation gilt „den Unholden, den feindseligen Gewalten überhaupt". Denn „der Glaube an die Macht der heidnischen Götter floss mit der kirchlichen Lehre vom Satan und den Dämonen zusammen" (Hauck a. a. O. II 693). Die Zahl der Glaubensfragen ist auf sieben angewachsen, die sich fast genau ebenso in lateinischer Sprache bei Hraban (De cleric. institut. I 27) wiederfinden, was für eine offizielle Geltung wenigstens in der Diöcese Mainz sprechen dürfte; Gilaubistû in got fater almahtîgan (Si credat in deum patrem omnipotentem)? G. in Christ gotes sun nerjenton (In Iesum Christum filium eius unicum dominum nostrum)? G. in heilagan geist (In spiritum sanctum)? G. einan got almahtigan in thrinisse inti in einisse (Unum deum in trinitate et unitate)? G. heilaga gotes chirichûn (Si confitearis unam esse ecclesiam catholicam)? G. thuruh taufunga suntêno forlâznessi (Si credat remissionem peccatorum)? G. lib after tôde (Carnis resurrectionem)?

[1]) Siehe oben S. 245 f. Leidrad l. c. c. 2: Unguntur etiam nunc catechumeni in pectore et inter scapulas oleo exorcisato, cum abrenuntiant satanae et operibus ac pompis eius. c. 3: De abrenuntiatione satanae.

§ 17. Das Symbol in der Gesetzgebung Karls des Grossen.

Aber auch die erste Hälfte jenes siebenten Skrutiniums findet im karolingischen Tauferdo ihr Gegenbild und zwar in jenem Abschnitt, der hier schlechthin als Skrutinium oder Skrutinien bezeichnet wird. Trotz der scheinbaren Widersprüche, in welche sich die fränkischen Liturgiker gerade in Bezug auf auf diesen Begriff verwickeln, dürfte es nicht unmöglich sein, Klarheit in die Sache zu bringen. Denn nach ihrer Aussage handelt es sich bald um ein einfaches Katechismusexamen d. h. um die Feststellung, ob die Taufkandidaten das ihnen mitgeteilte Symbol nach Inhalt und Wortlaut gut beherrschen, bald um eine eingehende Prüfung der Kompetenten in Bezug auf ihre religiöse und sittliche Reife, bald um eine vom Priester auszuführende liturgische Ceremonie, die aus Gebet und Handauflegung besteht [1]) Damit vergleiche man das siebente Skru-

---

c. 6: Duae sunt namque pactiones credentium. Prima pactio est, in qua renuntiavit diabolo et pompis eius et universae conversationi illius; secunda pactio est, in qua se profitetur credere in deum patrem omnipotentem et in Iesum Christum filium eius et in spiritum sanctum (vgl. Isidor, De eccl. offic. II 25, 5. Odilbert von Mailand, Lib. de baptismo c. 14) — Magnus von Sens (Libell. de myst. bapt. Ml. 102, 983) gibt für jeden dieser Akte die mystische Erklärung. Wenn er p. 982 Abrenuntiation und Tauffragen an die Spitze des ganzen Ordo stellt, so erklärt sich dies daraus, dass er sich genau der willkürlichen Reihenfolge auf Karls Fragebogen anschliesst. — Theodulf von Orléans, Lib. de ordine bapt. c. 9—12. c. 13: Pactiones credentium esse duas, unam in qua abrenuntiatur diabolo et pompis eius et omnibus operibus eius, alteram qua re credere confiteantur in patrem et filium et in spiritum sanctum.

[1]) Von den sieben hohen Geistlichen des Reiches, welche als Verfasser von Antwortschreiben auf Karls Fragebogen bekannt sind, kommen Amalar von Trier und Jesse von Amiens hier nicht in Betracht, da sie den Begriff Skrutinien nur im Sinne von Skrutinienmessen kennen. Auch Leidrad von Lyon scheidet aus, da er sich von anderen verführen lässt, unter Skrutinium den Inbegriff aller die Taufe vorbereitenden Akte zu verstehen: Haec tota actio, quae super catechumenis et competentibus celebratur, a quibusdam scrutinium nominatur, non ob aliud, ut putamus, nisi a scrutando, iuxta illud psalmistae: Scrutans corda et renes deus. Eo quod ibi scrutarentur corda credentium et dubitantium a sacerdotibus, ut intelligerent quis ad baptismum iam rite admitteretur, qui adhuc differretur. Iuxta hoc et dominus in evangelio ait: Scrutamini scripturas. Lib. de sacramento bapt. c. 1. Ml. 99, 857. Indessen hat er für sich doch eine richtige Vorstellung von dem, was bei dem Skrutinium das Wesentliche ist, wie sich aus einem Vergleich mit

tinium in seinem ersten Teile.[1]) Dasselbe enthielt die grosse und letzte Exorcisationsformel, welche unter Handauflegung vom Priester über die Täuflinge gesprochen wurde und einschliesslich des Effeta den Namen Katechisation führte, also ein Skrutinium im hergebrachten Sinne des Wortes,[2]) eine

<small>den anderen Definitionen ergibt. Magnus von Sens (Libellus de mysterio baptismatis Ml. 102, 981) lässt die Wahl zwischen einer Prüfung des Glaubensstandes und einem Katechismusexamen: Scrutinium vero dicitur inquisitio, eo quod per illud exploratur qualiter fides catholica in illorum cordibus retinetur. Et aliter scrutinium a scrutando dicitur, quia tunc scrutandi sunt catechumeni, si rectam iam noviter fidem symboli eis traditam firmiter teneant. Das erstere findet grösseren Beifall, so bei Odilbert von Mailand (Liber de baptismo c. 8): Fiunt enim scrutinia, ut explorentur, utrum in eadem doctrina fidei consistant qua pridem docti a sacerdotibus fuerunt vel si renuntient maligno spiritui atque malitiae et pompis illius. — Tunc fiunt illa quae ab ecclesiastica consuetudine scrutinia dicuntur. Perscrutamur eorum corda per fidem, utrum menti suae post renuntiationem diaboli sacra verba defixerint. Ähnlich urteilt Theodulf von Orléans (Lib. de ordine baptismi c. 8 Ml. 105, 228): Qui vero illius sunt iam aetatis ut rationem credulitatis suae reddere possint, diligenti examine scrutandi sunt, utrum veraciter credant, an alicuius falsitatis in eis macula celetur; nedum aut timore aut favore tarrenarum potestatum aut acquisitione quarumdam rerum ad baptismatis sacramentum ignorantibus ministris ecclesiae perveniunt, tradatur sanctum canibus .... Hunc enim morem ecclesia servare consuevit, ut per aliquot dierum spatium hi qui in solemnitate paschali baptizandi sunt scrutentur, ut instructis et doctis et simplici corde ad fidem veram venientibus vitae sacramenta impertiantur. Quibus ut aptiores inveniantur baptismatis sacramento et eorum fides probabilior sit, quaedam fiunt corporaliter, quae spirituali gustu degustata mysticum quid et spirituale sapiant. Die letztere Hindeutung auf liturgische Ceremonieen wird noch deutlicher von Maxentius von Aquileja (Epist. de significatu rituum bapt. c. 2 Ml. 106, 52) ausgesprochen: Per ora sacerdotum et manus impositionem scrutinistum atque purgatum et eiectum exinde spiritum immundum, ex omni parte signatum oleo sanctificato, ad benedictionis gratiam revocatum e: vas fiat domini. Endlich gehört noch die Definition des Begriffes aus dem offiziellen Schema des Taufordo in den beiden alkuinschen Episteln 93 und 261 hierher: Tunc fiunt scrutinia, ut exploretur saepius, quam firmiter post renunciationem satanae sacra verba datae fidei radicitus cordi defixerint.

[1]) Siehe oben S. 236 f.
[2]) Siehe oben S. 16 Anm.</small>

Prüfung des Seelenzustandes der Taufbewerber. Daran schloss sich die Rückgabe des Symbols, die, so sehr sie im Laufe der Jahrhunderte ihre Form geändert haben mochte, der Idee nach noch immer für einen unumgänglich notwendigen Ausweis über die Kenntnis der Hauptlehren des Christentums galt.

Auf beides aber bezog sich der Begriff Skrutinium oder Skrutinien im karolingischen Tauford zurück. Denn was zwischen Symbolübergabe und Effeta fiel, dürfte ebenfalls nichts anderes gewesen sein als ein exorcisierendes Gebet, das der Priester unter Handauflegung über die Täuflinge sprach.[1]) Durch dasselbe wurde der Grad der subjektiven Empfänglichkeit des Kompetenten und damit das Mass seiner seelischen Bereitschaft festgestellt. Insofern führte dieser liturgische Akt den Namen Skrutinium mit Fug und Recht. Daneben gelangte aber auch noch die Erinnerung an die altkirchliche Symbolrückgabe bezw. der Begriff der Katechisation im Skrutinienritus an dieser Stelle zu neuem bedeutungsvollen Ausdruck. Denn unter den Kompetenten befanden sich hier und da auch Erwachsene, denen gegenüber man mit liturgischen Ceremonieen allein nicht ausreichte, dazu kamen die Paten der Kinder, über deren Kenntnisse in den Glaubenslehren man sich ebenfalls vergewissern musste. Für sie alle wurde an dieser Stelle ein wirkliches Examen eingeschoben, das sich natürlich wieder vorzugsweise auf die Kenntnis des Symbolwortlautes bezog.[2]) So liegt denn in der That nicht eigentlich ein Widerspruch vor, wenn die karolingischen Liturgiker den im Tauford zwischen Symbolübergabe und Effeta angeordneten und Skru-

---

[1]) Das geht mit unbedingter Sicherheit aus Hraban, De cleric. institut. I 27 hervor. Denn hier wird das Wort Skrutinium garnicht genannt, wohl aber heisst es an der Stelle, wo dieser Begriff im offiziellen Taufschema figuriert: Dehinc iterum exorcizatur diabolus, ut suam nequitiam agnoscens et iustum super se iudicium dei timens recedat ab homine nec iam contendat eum arte sua subvertere, ne baptismum consequatur, sed magis honorem deo creatori suo exhibens reddat opus factori suo. Postea tanguntur ei nares et aures cum saliva.

[2]) Zu beachten ist der Ausdruck bei Amalar von Trier, Epist. de caerimon. bapt. Ml. 99, 898: Deinde perscrutamur patrinos et matrinas, si possunt cantare dominicam orationem et symbolum. Vgl. oben S. 308 Anm. 1.

tinium benannten Akt verschieden deuten, sondern dieser Akt selbst ist infolge seiner Verwandtschaft mit heterogenen Bestandteilen des altkirchlichen Katechumenates bezw. des Skrutinienmessritus ein komplizierter, indem er bald eine liturgische Ceremonie, bald ein Katechismusexamen repräsentiert.

Alles in allem also schreibt der karolingische Taufordo für die Stufe der Kompetenten vorwiegend solche Ceremonieen vor, welche als ein liturgischer Niederschlag der altkirchlichen Symbolübergabe und Symbolrückgabe bezw. als eine Verkürzung der Skrutinienmesse der Ohrenöffnung und des siebenten Skrutiniums anzusehen sind. Ausserdem aber setzt er die Belehrung und Prüfung der Kompetenten wieder in ihre alten Rechte ein.

Der eigentliche Taufakt besteht, um dies noch zu erwähnen, in einem dreimaligen Untertauchen unter Anrufung der heiligen Dreieinigkeit. Der Abschluss des Ganzen aber zerfällt in vier gesonderte Ceremonieen. Man hüllt den Täufling in das weisse Taufkleid. Der Priester salbt seinen Scheitel mit dem geweihten Chrisma und bedeckt ihn mit dem Schleier. Es folgt die erste Kommunion des Neugetauften und schliesslich seine Konfirmation durch den Bischof.[1]

---

[1] Dass wir es mit dem römischen ordo baptismi zu thun haben, geht unzweifelhaft aus den unmittelbar auf das Schema folgenden Worten Alkuins hervor (Epist. 93 Jaffé, Monum. Alcuin. p. 391): Et ne scismaticus inveniatur et non catholicus, sequatur probatissimam sanctae Romanae ecclesiae auctoritatem. — Mit den obigen Ausführungen harmoniert vortrefflich das Taufritual der Merseburger Handschrift Nr. 58, dem das fränkische Taufgelöbnis (Müllenhoff-Scherer a. a. O. Nr. 52 I 199, vgl. oben S. 311 Anm. 4) entnommen ist. Nur erscheint es fraglich, ob die Erklärungen Adalbert Bezzenbergers (Zeitschr. f. deutsche Philologie 1877 S. 216—236) überall das Richtige treffen. Wohl begegnen Differenzen im Einzelnen und Missriten auf Schritt und Tritt. Unwissenheit wie wohlgesinnter Übereifer führten häufig genug zu Abweichungen von dem offiziellen Taufordo. Gleichwohl dürfte derselbe in den Hauptzügen überall eingehalten sein. Andrerseits ist zu beachten, dass sehr viele Zusammenstellungen von Rubriken und Gebetsformeln in den Handschriften, die wir heutzutage schlechthin als „Rituale" oder „Ordines" bezeichnen, keineswegs auf diesen Namen Anspruch haben, sondern nichts anderes sein wollen, als Aufzeichnungen solcher Stücke aus den Ordines, die dem betroffenden Schreiber besonders wichtig erschienen,

§ 17. Das Symbol in der Gesetzgebung Karls des Grossen.

Die Synode zu Mainz vom Jahre 813 gibt als das Wesentliche der römischen Taufweise einmal die Beobachtung der

bezw. deren Wortlaut er sich für alle Fälle sichern wollte. Auch das sog. Merseburger Ritual ist weder vollständig noch genau geordnet. Wenn dasselbe erst die deutschen Formeln bringt und alsdann die lateinischen, so sind dabei für den Schreiber Bequemlichkeitsrücksichten massgebend gewesen, aber man darf daraus nicht ohne weiteres schliessen, dass im Widerspruch mit einer jahrhundertelangen liturgischen Entwickelung nun auch jene deutschen Formeln das Taufvorbereitungsceremoniell eröffnet hätten. Freilich lässt auch Hraban seinen ordo catechizandi (De cleric. instit. c. 27. vgl. De sacr. ordinih. c. 7. De eccles. discipl. II Ml. 112, 1218) mit der Abrenuntiation und den in den Wortlaut des Symbols gekleideten Glaubensfragen beginnen. Aber auch diese Anordnung steht für Jahrhunderte völlig vereinzelt da (Höfling, D. Sakram. d. Taufe I 337). Über dieselbe Erscheinung bei Magnus von Sens vgl. oben S. 312 Anm. Stellt man hingegen jene deutschen Stücke (Abrenuntiation und Glaubensfragen) dahin, wo sie überall stehen, und wo sie gewiss auch der Schreiber jenes Rituals angewendet haben wird, dicht vor den Taufakt bezw. die Taufwasserweihe, dann stimmt das Merseburger Taufritual aufs beste mit dem obigen Schema überein. Dasselbe enthält I. den Katechumenat d. h. 1) die Exorcisation, mit der die Exsufflation verbunden gewesen sein dürfte, 2) die Kreuzeszeichnung an Stirn und Brust mit entsprechender Formel, 3) zwei Gebete für die Handauflegung, vermutlich zur Auswahl, von denen das zweite sich bereits Gelas. I 30 findet, vgl. oben S. 220. Über die Nichterwähnung dieser beiden ehrwürdigen Aufnahmeceremonieen seitens der fränkischen Liturgiker vgl. meine Schrift: Erzbischof Odilbert von Mailand über die Taufe S. 42 Anm. 2. 4) Salzexorcisation und Salzdarreichung, die Formeln identisch mit Gelas. I 31, vgl. oben S. 220 f. Es folgt II: Die Kompetentenstufe. Sie besteht nur aus dem Skrutinium d. h. der grossen Exorcisationsformel: Nec te latet satanas, Gelas. I 42, vgl. oben S. 237. Hingegen wird weder das apostolische Symbol noch das Patenenamen erwähnt. Beide möchten selbstverständlich sein. III. Der Taufakt. Derselbe wird eröffnet durch 1) das Effeta (Rubrik und Formel, letztere ein längeres sinniges Gebet). Es folgt 2) die Salbung an Brust und Schultern. Da mit ihr die Abrenuntiation und die Glaubensfragen aufs engste zusammengehören, so sind auch jene deutschen Eingangsformeln hierher zu setzen. 3) Ausführlich handelt das Ritual von der Taufwasserweihe, über welche gerade die Liturgiker gewöhnlich mit Stillschweigen hinweggehen, indem es zwei längere Exorcisationsgebete und eine kurze Weiheformel bietet. 4) Die Immersio. Endlich IV: Die postbaptismalen Akte. Dieselben bestehen aus der Salbung durch den Presbyter (Gebetsformel Gelas. I 44 vgl. oben S. 240, die Rubrik fehlt), dem Anlegen des weissen Gewandes und der Kommunion. Dagegen ist die Konfirmation, wohl weil sie dem Bischof vorbehalten war, gar nicht erwähnt. Ein

§ 17. Das Symbol in der Gesetzgebung Karls des Grossen.

kanonischen Taufzeiten und sodann die Abhaltung des Skrutiniums an.¹) Und in der That, nicht darin bestand das Neue und Charakteristische, dass Karl, wie man wohl unfreundlich genug behauptet hat, die Gemeinden, die an einfache Formen in der Art der Pirminschen Taufordnung gewöhnt waren, mit liturgischen Ceremonieen und fremdartigen Ausdrücken dermassen beschwert habe, dass sich selbst der hohe Klerus in ihnen nicht habe zurechtfinden können und man genötigt gewesen sei, sie mit Hülfe dunkler mystischer Deutungen dem Verständnisse des Volkes nahe zu bringen.²) Dies ist zwar bis zu einem gewissen Grade der Fall, aber es deckt sich nicht mit dem Wesentlichen des ganzen Vorganges. Das Bedeutsame war vielmehr dies, dass nunmehr in der deutschen Kirche an Stelle der bisherigen Willkür in Bezug auf den Taufmodus und besonders in Bezug auf die Taufvorbereitung eine feste Ordnung trat, die obendrein nicht planlos zusammengestellt war, sondern Zug um Zug an das Erbe der kirchlichen Vergangenheit anknüpfte.

Dies gilt zunächst in liturgischer Hinsicht. Der deutsche Priester konnte sich der Gewissheit freuen, dass er dieselben Formeln anwende, dass er dieselben Ceremonieen handhabe wie das Zeitalter Augustins, dass er es mit allem, was die Taufe angeht, ebenso halte wie die Kirche seit ihren ältesten Zeiten. Auch dem Kaiser waren in der That diese liturgischen Dinge durchaus nicht gleichgiltig: das beweist sein Rundschreiben an die Erzbischöfe, welches nicht an letzter Stelle von Abrenuntiation und Exorcisation, von Salz und Öl, von weissen Kleidern und Schleier handelt.³) Kommt Karl doch auch sonst in seinen Gesetzen gern auf dergleichen zu sprechen: dass bei der Taufe neues Salböl zu verwenden, das alte zur

---

Schlussgebet, das merkwürdigerweise bald Gott anredet, bald von ihm in der dritten Person spricht, lässt sich nicht sicher unterbringen.

¹) Siehe oben S. 299 Anm. 3. Die Bemerkung Hefeles (Conciliengesch. III 760 Anm. 2) ist nicht ganz richtig. Wiederholt auf der Mainzer Synode 847 c. 3. Mansi l. c. XIV 903 sq. Hefele a. a. O. IV 126.

²) So Rettberg, Kirchengesch. Deutschl. II 782 f.

³) Vgl. Boretius M. G. Capitul. reg. Franc. I 247 sq.

Kirchenbeleuchtung zu benutzen sei;[1] dass der Priester jenes für die Katechumenen bestimmte heilige Öl in besonderer Ampulle bei sich führen solle;[2] dass zu den unumgänglich notwendigen Kenntnissen eines Klerikers auch der Wortlaut des über die Katechumenen zu sprechenden Exorcismus gehöre.[3] Oder die Bischöfe werden aufgefordert, die Pfarrer daran zu erinnern, dass es bei Spendung der Taufe auf Korrektheit und genaue Beobachtung des römischen Ceremoniells ankomme.[4]

Des weiteren offenbart sich jener konservative Zug in dem lehrhaften Moment. Wo man sich darauf beschränkte, ausschliesslich mit Hülfe der sieben Skrutinienmessen den Taufkandidaten vorzubereiten, da besass man wohl den Zusammenhang mit der alten Zeit in Wort und Bild, aber nicht in der Wirklichkeit. Wie ganz anders in der fränkischen Kirche, welche ihre Geistlichen immer wieder darauf hinwies, dass sie neben der strikten Durchführung des Ceremoniells auch die wichtigsten Bestandteile des altkirchlichen Katechumenates, diejenigen, auf welche schon Augustin den grössten Wert gelegt hatte, auch fernerhin in den der Taufe vorausgehenden Vorbereitungswochen zu ihrem Rechte kommen lassen müssten, sowie dass sie Symbol und Vaterunser den Katechumenen und ihren Paten nach Wortlaut und Inhalt einzuprägen und ihnen dadurch die Summe des christlichen Glaubens mit auf den Lebensweg zu geben hätten.[5] Mochte das Symbol den Taufkandidaten in der pomphaften Skrutinienmesse der Ohrenöffnung mitgeteilt und von ihnen in einem siebenten Skrutinium zurückgegeben werden, oder mochte man es in der Weise des kurzen karolingischen Taufordo nur vor dem Taufakt über die Täuflinge hinsprechen und auf eine liturgische Rückgabe desselben ganz verzichten: das war

---

[1] Capit. prim. 769 c. 8. Boretius l. c. p. 45.
[2] Capit. ecclesiast. c. 17. Boretius l. c. p. 179.
[3] Quae a presbyt. discenda sint c. 6. Boretius l. c. p. 235.
[4] Admonit. general. 789 c. 70. Capit. missor. item spec. c. 28. Capit. e canonib. excerpta c. 1. Boretius l. c. p. 59. 103. 173.
[5] Welchen Wert man auf den Unterricht der Katechumenen legte, zeigen die von einem kaiserlichen missus für die eigene Visitationsthätigkeit zusammengestellten Capitula de examinandis ecclesiasticis c. 3 (Boretius l. c. p. 110): Quomodo catecuminos de fide christiana instruere soleant.

schliesslich gleichgiltig. Denn der Nachdruck lag nicht eigentlich mehr auf der Stellung des Symbols im Taufceremoniell, sondern darauf, dass dasselbe samt dem Vaterunser wieder wie in alter Zeit von den Taufkandidaten und, was jetzt noch hinzukam, von ihren Paten fleissig memoriert und seinem Inhalte nach angeeignet wurde.

Jetzt erst versteht man den Eifer, mit welchem Karl in zahlreichen Verfügungen immer und immer wieder auf Symbol und Vaterunser zu sprechen kommt. Diese beiden Lehrstücke hatten sich auch unter der Herrschaft der Skrutinien als integrierende Bestandteile der Taufvorbereitung behauptet: ein Umstand, der ihnen nicht nur eine liturgische Bedeutung sicherte, sondern ihnen zugleich den Charakter eines unveräusserlichen Besitzes für jeden Täufling aufprägte. Und wenn das Zeitalter Karls von jedem erwachsenen Taufkandidaten bezw. von jedem Taufpaten die Rückgabe dieser beiden Stücke verlangte, so stellte es sich damit nur auf den gesunden Standpunkt der augustinischen Epoche, welche neben den vorwiegend liturgischen Skrutinien zugleich die belehrenden Katechisationen zu ihrem Rechte kommen liess.

Indessen war für den Kaiser die traditionelle Stellung von Symbol und Vaterunser im Ganzen der Taufvorbereitung nicht eigentlich das Ausschlaggebende. Seine Interessen und Ziele gingen weiter als bloss auf eine korrekte und den derzeitigen Verhältnissen angepasste Wiederherstellung des altkirchlichen Katechumenates. Ihm war es um die religiöse wie sittliche Bildung des Volkes zu thun, und zu beiden sollten ihm die genannten Hauptstücke helfen. Karl dachte sich dieselben als ein wirkliches Gemeingut der gesamten christlichen Gemeinde. Mindestens könnte und sollte sie jeder Christ wörtlich auswendig wissen. Zu wünschen aber war, dass die meisten auch in das innere Verständnis der beiden Formeln und damit in den Geist des Christentums selbst einzudringen verständen.[1])

---

[1]) Zuerst auf einer Synode von Friaul unter Vorsitz des Paulinus von Aquileja 796 Mansi). c. XIII 845: Symbolum vero et orationem dominicam omnis christianus memoriter sciat, omnis aetas, omnis sexus omnisque conditio: masculi feminae iuvenes senes servi liberi pueri coniugati innuptae-

§ 17. Das Symbol in der Gesetzgebung Karls des Grossen.

Die Möglichkeit, dieses Ziel zu erreichen, stand in erster Linie beim Klerus.

que paellae. Alsdann: Aachen 802, Capit. a sacerdot. proposita c. 5: Ut unusquisque sacerdos orationem dominicam et symbolum populo sibi commisso curiose insinuet. Boretius l. c. p. 106. Weil vom Kaiser bestätigt auch aufgenommen in die Capit. de examinand. ecclesiast. c. 13: Omnibus omnino christianis iubetur simbolum et orationem dominicam discere Boretius l. c. p. 110; ferner in die Capit. de presbyt. admonend. c. 3: Tertio, ut orationem dominicam id est Pater noster, et Credo in deum omnibus sibi subiectis insinuent et sibi reddi faciant tam viros et feminas quamque pueros. Boretius l. c. p. 238; vor allem in das Capit. missorum c. 2: Ut laici symbolum et orationem dominicam ploniter discant. Boretius l. c. p. 147 und in das Capit. missorum it. speciale c. 29 u. c. 30: Ut omnis populus christianus fidem catholicam et dominicam orationem memoriter teneat. Boretius l. c. p. 103. Wiederholt ausserdem in den sog. Statuta Bonifatii c. 25: Adnuncient etiam presbyteri omnibus fidelibus sibi subiectis symbolum et orationem dominicam memoriae commendare, ut fide et oratione sancto spiritu illustrante salventur, Mansi, Conc. coll. XII 385. Vom Kaiser den Bischöfen in einem Hundschreiben eingeschärft, vgl. das an Ghärbald von Lüttich gerichtete Exemplar bei Boretius l. c. p. 241: Ut et qui amplius capere non valuisset, tantommodo orationem dominicam et simbolum fidei catholicae, sicut apostoli docuerunt, tenere et memoriter recitare potuisset. Von diesen an den Klerus weitergegeben, so von Ghärbald selbst (Boretius l. c. p. 242 vgl. Mansi l. c. XIII 1090 c. 1): Ut unusquisque orationem dominicam id est Pater noster qui est in coelis et reliqua quae sequantur, et simbolum sicut docuerunt sancti apostoli, discere et in memoriam retinere student et ore proferre; ferner von Theodulf von Orléans, Capit. ad presbyteros paroch. suae I 22 Ml. 105, 196: Commonendi sunt fideles ut generaliter omnes a minimo usque ad maximum orationem dominicam et symbolum discant; weiter von Haito von Basel, Capitulare c. 2 Boretius l. c. p. 363: Secundo iubendum ut oratio dominica et symbolum apostolorum ab omnibus discatur tam latine quam barbarice: letzteres eine unberechtigte und, wie es scheint, vereinzelte Übertreibung. Die Pfarrer wieder drangen beim Volk auf die Aneignung beider Stücke. Ein Beispiel, deutsch und lateinisch, ist die Freisinger Exhortatio ad plebem christianam (Müllenhoff-Scherer a. a. O. Nr. 54 I 200 f. II 323—331): Nunc igitur omnis qui christianus esse voluerit, hanc fidem et orationem dominicam omni festinatione studeat discere et eos, quos de fonte exceperit. edocere, ne ante tribunal Christi rogatus rationem exsolvere, quia dei iussio est et salus nostra et dominationis nostrae mandatum, nec aliter possumus veniam consequi delictorum. Müllenhoff-Scherer a. a. O. II 326 erklären die Worte: Et orationem dominicam sowie die voraufgehenden Worte: Et etiam orationis dominicae quae ipse dominus ad orationem constituit für eine Interpolation, was indessen nicht nötig ist; denn die sekundäre Be-

Schon vor der Ordination musste sich deshalb der Pfarrer unter anderem auch darüber ausweisen, ob er Symbol und Vaterunser selbst auswendig wisse.[1] Denn es geschah dies nicht nur um seinetwillen, sondern er sollte zugleich eine Garantie bieten, dass er in der Lage sei, beide Stücke seiner Gemeinde beizubringen. Die Erwachsenen musste er zu fleissigem Memorieren der beiden Hauptstücke immer wieder auffordern

---

deutung, welche in der Taufvorbereitung der Alten Kirche bereits dem Vaterunser gegenüber dem Symbol eignete, und die sich auch darin ausspricht, dass im karolingischen Tauforfo wohl auch das Symbol, nicht aber mehr das Vaterunser eine Stelle gefunden hat, dürfte hinreichend den Umstand erklären, dass die Exhortatio eingangs nur von der Regula fidei spricht und erst im weiteren Verlaufe auch das Gebet mit einbegreift. — Die Bestimmungen werden im Laufe des Jahrhunderts des öfteren wiederholt, so auf der Reformsynode von Rheims 813 c. 1: De fidei ratione, ut unusquisque iuxta intellectum suae capacitatis domino largiente discerret et intelligeret atque operibus pleniter observaret. c. 2: Ut orationem (dominicam) verbis discerent et sensu bene intelligerent, quia illam ignorare nulli christiano licet (Mansi l. c. XIV 77 Hefele a. a. O. III 758); ferner auf der Synode von Tours a. 858 c. 16 (Harduin, Acta concil. V 451): De oratione dominica et symbolo ut memoriter omnes teneant; mit kleiner Abweichung auf dem Provinzialkonzil zu Trier, 1. Mai 888 c. 3 bei H. Beyer, Urkundenbuch zur Geschichte der mittelrheinischen Territorien I 134: Nullus alteri suscipiat a fonte infantem, nisi qui apprime signaculum i. e. abrenunciationem diaboli et professionem catholicae fidei tenuerit. Bei Regino, De synodal. causis I 55: si orationem dominicam et symbolum omnibus suis parochianis insinuatum habeat?

[1] Capit. de examinand. ecclesiast. c. 8. 9: Et ipsam orationem vel symboli sensum pleniter discant, et sibimet ipsis sciant et aliis insinuare praevaleant. Boretius l. c. p. 110. Admonit. general. 789 c. 70 Boretius l. c. p. 59. Vgl. die Visitationsfrage des Bischofs c. 1: Interrogo vos, presbyteri, quomodo credatis ut fidem catholicam teneatis seu simbolum et orationem dominicam quomodo sciatis vel intellegitis. Boretius l. c. p. 234. Quae a presbyt. discenda sint c. 2: Symbolum etiam apostolicum; c. 3: Orationem dominicam ad intellegendum pleniter cum expositione sua Boretius l. c. p. 235. Capit. in dioecesana quadam synodo tractata c. 3: Ut (sacerdos dei) signaculum (= symbolum) et baptisterium (= verba et deprecationes in baptismate faciendas) memoriter teneat. Boretius l. c. p. 236. Vgl. sog. Statuta Bonifatii c. 16 Mansi, Conc. coll. XII 385 — Theodulf von Orléans, Capit. ad presbyt. paroch. suae II Mi. 105, 209: Itaque vos, o sacerdotes domini, admonemus, ut fidem catholicam et memoriter teneatis et corde intelligatis, hoc est Credo et Quicumque vult salvus esse.

und nebenbei darüber wachen, dass auch schon die Kinder mit denselben im Elternhause vertraut gemacht würden.[1]) Eine gute Gelegenheit zur Kontrole bot dabei die Beichte. Hier fragte der Pfarrer direkt nach den beiden Formeln und erkundigte sich zugleich, wie es in Bezug auf beide mit den Kindern stehe. Und zwar legte man auf diese Seite der religiösen Volkserziehung einen solchen Wert, dass man selbst das Mittel der Kirchenzucht nicht verschmähte. Wer so gleichgiltig war, dass er sich nicht einmal diesen Inbegriff christlicher Lehre anzueignen oder seine Hausgenossen damit zu versorgen Lust hatte, den wies man am besten auch von der Kommunion zurück.[2])

[1]) Synode zu Frankfurt 794 c. 33: Ut fides catholica sanctae trinitatis et oratio dominica atque symbolum fidei omnibus praedicetur et tradatur. Boretius l. c. p. 77. Capit. missorum it. spec. c. 29: Ut fides catholica ab episcopis et presbyteris diligenter legatur et omni populo praedicetur. Et dominicam orationem ipsi intelligant et omnibus praedicent intelligendam, ut quisque sciat quid petat a deo. Boretius l. c. p. 103. Karl an Ghärbald von Lüttich: Bene igitur recordari credimus sanctitati tuae, qualiter saepius in conventu et concilio nostro monuimus de praedicatione in sancta dei ecclesia, ut unusquisque vestrum secundum sanctorum canonum auctoritatem et praedicare et docere deberet: primo omnium de fide catholica, ut et qui amplius capere non valuisset tantummodo orationem dominicam et symbolum fidei catholicae, sicut apostoli docuerunt, tenere et memoriter recitare potuisset. Boretius l. c. p. 241. Vgl. Ghärbalds Brief an seine Diöcesanen Boretius l. c. p. 242. — Ähnlich ein vereinzelter Satz in der den Weissenburger Katechismus enthaltenden Wolfenbüttler Handschrift Nr. 91, den Scherer in der Zeitschr. f. deutsch. Altertum XII 449 dem Riculf von Mainz zuschreibt: Et unusquisque presbyter ammoneat in suo ministerio, ut omnes tam viri quam feminae orationem dominicam memoriter teneant et symbolum similiter hoc est Credo in deum patrem omnipotentem et cetera. — Commonitorium cuiusque episcopi c. 31 M. 90, 1378: Omnibus parochianis vestris symbolum et orationem dominicam insinuate. Diese sog. Admonitio synodalis ist auf Grund des Cod. lat. Monac. 5515 (Diess. 15) von Morin (Rav. Bénéd. 1892 p. 99—109 1895 p. 390) dem Cäsarius zugewiesen, enthält aber fraglos Bestandteile aus Karls Zeit. Vgl. unten S. 325 Anm. 2 und S. 327 Anm. 1. Regino, De synodal. causis I 55 vgl. oben S. 321. Dazu I cap. 275: Ut omnis presbyter omnibus parochianis suis symbolum et orationem dominicam aut ipse insinuet aut aliis insinnandum iniungat. Vgl. auch Capitula admonitionis Papst Eugen II. auf der grossen römischen Synode 826 c. 10 Pertz M. G. Leges II 2 pag. 14.

[2]) Der Geistliche hatte seine Gemeindeglieder in Bezug auf beide

§ 17. Das Symbol in der Gesetzgebung Karls des Grossen. 323

Gleichwohl gab es noch ein wirksameres und zu Karls
Zeiten jedenfalls weit beliebteres Zwangsmittel, um die Kennt-

Stücke zu examinieren, vgl. Capit. de presbyt. admonend. c. 3 oben S. 820
Dies dürfte in der Beichte geschehen sein, vgl. Regino, De synodal.
causis I cap. 275: Et cum ad confessionem tempore quadragesimali veniunt, haec ab unoquoque memoriter sibi decantari faciat, nec ante
sanctam communionem alicui tradat, nisi haec ex corde pronunciare noverit. Vgl. die Beichtgeständnisse bei Müllenhoff-Scherer a. a. O. Nr. 72
(I 237): That ik mina jungeron endi mina filiolos sô ne lêrda sô ik scolda.
72b (I 238): Inti mîn kind sô ni leerda so ih scolda, inti mîne jungeron
sô ni leerda sô ih scolda, indi mîne filiolâ sô ni leerda sô ih scolda. 72c
(I 240): Enti mîna jungirun ni lêrta sô ih scolta. 75 (I 244): Daz ih
mîne funtdivillolâ sô ne lêrda, sôse ih in dâr antheizo unard. — Indessen
scheint das Abfragen beider Hauptstücke in der Beichte bald ausser Übung
gekommen zu sein. Wenigstens wird es in der pseudoalkuinischen Schrift
De divinis officiis, welche c. 13 einen vollständigen Beichtordo enthält,
nicht mehr erwähnt. Doch thut man überhaupt besser, dieses noch ungeschiedene Konglomerat gar nicht als Quelle für die Karolingerzeit zu
benutzen. Gegen Walter Caspari, Die geschichtliche Grundlage d. gegenwärtig. evangelisch. Gemeindelebens S. 101. — Im übrigen sah sich Karl
genötigt, dem klerikalen Übereifer, der die Kenntnis der beiden Stücke
durch Strafen erzwingen wollte, mit staatsmännischer Weisheit entgegenzutreten. So hatte die Reformsynode zu Mainz 813 c. 45 dekretiert:
Symbolum, quod est signaculum fidei, et orationem dominicam discere
semper admoneant sacerdotes populum christianum. Volumusque ut disciplinam condignam habeant, qui haec discere negligunt, sive in ieiunio
sive in alia castigatione emendentur. Propterea dignum est ut filios suos
donent ad scholam sive ad monasteria sive foras presbyteris, ut fidem catholicam recte discant, et orationem dominicam, ut domi alios edocere
valeant. Et qui aliter non potuerit, vel in sua lingua hoc discat. Mansi,
Conc. Coll. XIV 74 Hefele, Conciliengesch. (2) III 763. Die Reichsversammlung zu Aachen aber begnügte sich statt dessen mit dem kurzen
c. 16: De fide, unusquisque compater vel parentes vel proximi filios suos
spirituales catholice instruant, ita ut coram deo ratiocinare debeat (Boretius l. c. p. 174 vgl. Pertz M. G. Leges II 553 c. 22; Rettberg, Kirchengesch. Deutschl. I 442, Müllenhoff-Scherer a. a. O. II 325). Aus diesem
Grunde ist es mehr als unwahrscheinlich, dass Kapitularien echt sein
sollten, welche talem disciplinam, qualem talis sit contemptor percipere
dignus (Cap. dupl. in Theodonis villa promulg. c. 24 Pertz M. G. Leg. I
135) oder wohl gar die Prügelstrafe (Capit. duo incerta c. 2 Boretius
l. c. p. 257. Zur Unechtheit vgl. Hauck, Kirchengesch. Deutschl. II 241
Anm. 2) auf das Nichterlernen von Symbol und Vaterunser setzen. Eher
dürfte man die Pfarrer als schlechte Seelsorger für jenen Mangel verantwortlich gemacht haben, so Ghärbald an seine Diöcesanen: Ex parte credo,

21*

324   § 17. Das Symbol in der Gesetzgebung Karls des Grossen.

nis von Symbol und Vaterunser rasch beim Volke einzubürgern. Man setzte bei den Paten ein. Nur dasjenige Gemeindeglied wurde zu dem Ehrenamte der Patenschaft zugelassen, welches einerseits sich darüber ausgewiesen hatte, dass es die genannten Formeln wenigstens auswendig wisse, und welches andrerseits sich verpflichtete, auch seine Patenkinder je nach der Altersstufe entweder jetzt schon vor der Taufe oder später, wenn dieselben herangewachsen seien, mit beiden in gleicher Weise vertraut zu machen.[1])

Wie ernst es Karl mit dieser Bestimmung nahm, ist wohl-

---

quod vestra aliquorum negligentia sit. — Ceterum si vos aliquando de ista adnunciatione negligentes eritis, arcius et distinctius vos distringere debemus. Boretius l. c. p. 242.

[1]) Sog. Statuta Bonifatii c. 26 (Mansi, Conc. coll. XII 385. Hefele, Conciliengesch. (2) III 585): Adnuntient presbyteri ut neque viri neque feminae de sacro fonte filiolos vel filiolas suscipiant, si non memoriter symbolum et orationem dominicam tenuerint. Capit. de examinand. ecclesiast. c. 14: Ut nullus infantem vel alium ex paganis de fonte sacro suscipiat, antequam simbolum et orationem dominicam presbitero suo reddat. Boretius l. c. p. 110. Ghärbald, Instruct. pastoral. c. 3 Mansi l. c. XIII 1066, vgl. 1090: Qui in posterum in pascha et pentecosten filios et filias de sacro fonte suscepturi sunt, sciant se orationem dominicam et fidem symboli apostolorum reddere rationem, ut sciamus, qualiter verus fideiussor sit unusquisque illius quem suscepturus est a sacro fonte. Vgl. die Reformsynoden a. 813 zu Arles c. 19: Ut parentes filios suos et patrini eos, quos de fonte lavacri suscipiunt, erudire summopere studeant, illi quia eos genuerunt et eis a domino dati sunt, isti quia pro eis fideiussores existunt (Mansi) l. c. XIV 62. Hefele a. a. O. III. 757) und zu Mainz c. 47: Deinde praecipimus, ut unusquisque compater vel proximi spiritales filiolos suos catholice instruant. Vgl. oben S. 323: Reichsversammlung zu Aachen. Ferner Haito von Basel, Capit. ecclcs. c. 25 Boretius l. c. p. 366. Jonas von Orléans, De institut. laicali I 6. 8. Die Synoden a. 829 von Paris lib. I c. 6. 7 (Mansi l. c. XIV 541 sq.) und Worms c. 1 (Perts M. G. Leg. I. 341), die von Tours 858 c. 55 (Harduin, Acta concil. V 454), die von Metz 888 c. 6 (Mansi l. c. XVIII 79). Auch aufgenommen in die Sammlungen des Ansegisus (Capit. coll. II 35. 44. Boretius l. c. p. 422 sq.), des Benediktus Levita (II 182, auch 174. 175 und Append. c. 1. Perts M. G. Leg. II 2 p. 82. 133) und des Regino, De synodal. causis I cap. 275: Ut nullus suscipiat infantem in baptismo a sacro fonte, antequam idem symbolum et orationem dominicam coram presbytero decantet, et ut presbyter omnibus patrinis adnunciet, quod debitores sunt suis filiolis, cum ad intelligibilem aetatem venerint, haec eadem insinuare.

bekannt. Bei einer Taufe, die ausnahmsweise am Epiphanienfeste stattfand, war der Kaiser bei dem Patenexamen persönlich zugegen. Alle, welche dasselbe nicht bestanden, wurden unbarmherzig zurückgewiesen, obwohl sie versprachen, das Versäumte später nachholen zu wollen. Sie hatten einfach die Wahl, entweder sofort einen besseren Paten für ihre Täuflinge zu stellen oder sich erst an einem der nächsten Tauftermine, Ostern oder Pfingsten, mit den Kindern wieder einzufinden.[1]

Und damit es die einmal zugelassenen Paten nicht etwa nachher an jener zweiten Bedingung fehlen liessen, hatte sich der Bischof bei der Visitation davon zu überzeugen, ob sie wirklich ihren geistlichen Kindern die beiden Stücke selbst beibrächten oder wenigstens dafür Sorge trügen, dass dieses anderweitig geschähe.[2]

Man hat es wohl befremdlich gefunden, dass die kirchliche Gesetzgebung Karls bei dieser Angelegenheit immer in erster Linie auf die Paten rekurriert und nicht auf die Eltern.[3] Aber abgesehen davon, dass diese letzteren keineswegs von der gleichen Pflicht dispensiert, sondern im Gegenteil von jedem gewissenhaften Geistlichen zur Erfüllung derselben scharf herangenommen wurden,[4] handelte es sich ja um eine Frage, die mit der traditionellen Entwickelung der Taufvorbereitung aufs innigste zusammenhing. Bei allem, was die Taufe anging, waren aber die Eltern von jeher hinter den Paten zurück-

---

[1] Karls Bericht über diesen Vorgang an Ghärbald von Lüttich und Ghärbalds Ermahnung an die Diöcesanen siehe bei Boretius l. c. p. 241 sq.

[2] Regino, De synodal. causis II cap. 5, 74: Si patrini filiolis suis symbolum et orationem dominicam insinuant aut insinuari faciunt? Vgl. die Drohung der Exhortatio ad plebem christianam (Müllenhoff-Scherer a. a. O. 1 201): Qui hanc filiolum suum docere neglexerit, in die indicii rationem redditurus erit, und Commonit. cuiusq. episc. c. 45: Patrini suos spirituales filios symbolum et orationem dominicam vel doceant vel docere faciant Ml. 96, 1378.

[3] Vgl. unt. and. v. Zezschwitz, System d. christlich kirchlichen Katechetik I 268. 316.

[4] Vgl. ausser mehreren oben S. 324 Anm. 1 erwähnten Verfügungen noch Benediktus Levita I 96 (Pertz M. G. Leg. II 2 p. 50) und das Kapitulare des Erzbischofs Herard auf der Synode von Tours 858 c. 27 (Harduin, Acta concil. V 452).

getreten. Obendrein konnte man der letzteren besser habhaft werden. Die Verweigerung des Abendmahles war und blieb eine zweischneidige Massregel, die sich sicherlich niemals fest eingebürgert hat. Die Versagung eines kirchlichen Ehrenamtes aber war eher möglich und musste leichter zu dem gewünschten Ziele führen. Waren aber erst einmal die Paten durchweg für ein gründliches Verständnis der in den beiden Hauptstücken niedergelegten Glaubenswahrheiten gewonnen, sie, die selbst Eltern waren oder es werden konnten, so stand zu erwarten, dass das gleiche Interesse und die gleiche Erkenntnis alsbald auch in allen Familien des Reiches Platz greifen würden.

Und in der That lebten sich die beiden Formeln rasch ein. Erlaubte Mittel wie gewagte Empfehlungen trugen dazu bei, sie populär zu machen. Täglich sollte der Christ sie beten, um mit ihnen völlig zu verwachsen.[1]) Ja es konnte vorkommen, dass ein Pfarrer in der Predigt Symbol und Vaterunser neben dem Kreuzschlagen geradezu als eine Art Talisman gegen allerlei heidnische Anfechtungen pries.[2]) Kein Wunder, wenn es dann andrerseits wieder Gemeindeglieder gab, die dergleichen Ausführungen missverstanden und die beiden Formeln, zumal wenn priesterlicher Übereifer ihnen dieselben sogar in lateinischer Sprache beigebracht hatte,[3]) geradezu für Zaubersprüche nahmen.[4])

---

[1]) Theodulf von Orléans, Capit. ad presbyt. paroch. suae I 23 MJ. 105, 198: Ut singulis diebus, qui amplius non potest, saltem duabus vicibus oret, mane scilicet et vespere, dicens symbolum vel orationem dominicam, vgl. c. 22. 29. Ähnliches in der Alten Kirche siehe oben S. 82 Anm. 4.

[2]) Caspari, Eine Augustin fälschlich beigelegte Homilia de sacrilegiis. Christiania 1886 § 27. Vgl. Hauck, Kirchengesch. Deutschl. II 362.

[3]) Haito von Basel, Capitula c. 2 Boretius l. c. p. 363: Ut oratio dominica et symbolum apostolorum ab omnibus discatur tam latine quam barbarice. Rettberg (Kirchengesch. Deutschl. I 454—456) vermag für seine Vermutung „dass die anfängliche Absicht auf nichts Geringeres ging, als dass jeder getaufte Christ jene Formeln lateinisch erlernen solle" nur den indirekten Grund beizubringen, dass die Statuta Bonifatii c. 27 für Abrenuntiation und Glaubensfragen die Volksprache verlangen. „Die Nennung der Volksprache bei letzteren Leistungen schliesst sie sicher bei den ersteren aus." Indessen lässt selbst die Gesetzgebung des Jahres 802, von der jene Statuta Bonifatii einen Teil gebildet haben dürften, in

§ 17. Das Symbol in der Gesetzgebung Karls des Grossen.

Immerhin mögen dieses nur abnorme Erscheinungen gewesen sein. Denn in der Hauptsache waren die Pfarrer bestrebt, wenn sie bei ihren Pflegebefohlenen die wörtliche Einübung von Symbol und Vaterunser überwachten, ihnen zugleich beide Hauptstücke auch inhaltlich nahezubringen. Zu jeder Pfarrbibliothek gehörte deshalb eine Erklärung der beiden Formeln aus der Feder eines orthodoxen Theologen. In sie hatte sich der Pfarrer fleissig zu vertiefen und aus ihr zu schöpfen, wenn er vor der Gemeinde über eines von beiden Hauptstücken sprach. Dass die Geistlichen aber auch dieser Amtspflicht treu nachkämen, davon hatte sich ebenfalls der Bischof bei der Visitation zu überzeugen.[1])

So tritt denn die alte Symbolerklärung wieder in ihr Recht, formell freilich nicht so fest in den Taufschematismus eingegliedert wie früher, aber deshalb nicht minder wirksam. Wo der Ritus der sieben Skrutinienmessen fortbestand, da

---

dieser Frage nicht mehr zu als die Gewissheit, dass Karl dem kirchlichen Rechte einen grösseren Einfluss auf die Gestaltung der kirchlichen Verhältnisse zuliess (vgl. Ann. Lauresh. und Chron. Moiss. z. J. 802 Pertz M. G. Script. I 68 sq. 306 sq.). Deshalb scheinen mir auch Müllenhoff-Scherer a. a. O. II 334 aus den lateinischen Bestandteilen der Freisinger Paternosterauslegung zuviel zu folgern. Den einzigen Anhalt bietet der c. 45 der Mainzer Reformsynode 813 (siehe oben S. 323 Anm.) mit seinem Zusatz: Et qui aliter non potuerit, vel in sua lingua hoc discat. Meiner Meinung nach hat deshalb Karl nie und der damalige Klerus höchstens sehr vereinzelt die Absicht gehabt, „die Hessen und Thüringer zu lateinischen Christen zu machen". Dies auch gegen Müllenhoff-Scherer, Denkmäler II 325. Vgl. Hauck, Kirchengesch. Deutschl. II 241 Anm. 4.

¹) Caspari, Eine Augustin fälschlich beigelegte Homilia de sacrilegiis § 14: Quicumque super sanctum simbulum et orationem dominicam carmina aut incantationes paganorum dicit. Hauck, Kirchengesch. Deutschl. II 361. Eine bedenkliche Gegenüberstellung von „incantationes sanctae" d. h. Symbol und Vaterunser und von „incantationes diabolicae et carmina" „a magis et maleficis adinventae incantationes" findet sich bei Martin von Braga, De correct. rustic. c. 16. Vgl. auch Capitul. Martini c. 74.

¹) Commonit. cuiusq. episc. c. 47 Mi. 96, 1379: Quisque presbyter expositionem symboli vel dominicae orationis habeat scriptam iuxta traditionem orthodoxorum patrum et eam pleniter intelligat et inde praedicando populum sibi commissum assidue ore instruat. Vgl. Regino, De synodal. canis I 82.

mag man unter Umständen beim Skrutinium der Ohrenöffnung mit der Übergabe des Symbols und des Vaterunsers zugleich eine orientierende Ansprache über diese beiden Hauptstücke verbunden haben.[1]) Andernfalls bot einer der letzten Fastensonntage die beste Gelegenheit zu einer Symbolpredigt. Dieselbe hatte den ausgesprochenen Zweck, denjenigen Gemeindegliedern, die am Ostersamstag Pate stehen wollten, die Bedeutung der einzelnen Glaubensartikel aufs neue ins Gedächtnis zurufen.[2])

Natürlich sind es vorwiegend die aus den altkirchlichen Symbolerklärungen bekannten Gedankenreihen, die hier, vielfach nur unzusammenhängend und stümperhaft, aufs neue wiederkehren. Vor allem begegnen die bekannten Beweise für die Heilsnotwendigkeit der beiden Formeln, die schon in der Alten Kirche höchst anfechtbar gewesen waren und sich allenfalls aus dem Mysteriencharakter des Katechumenates hatten erklären lassen.[3]) Im 9. Jahrhundert aber erscheinen sie nur allzusehr als Argumente, die ausschliesslich dazu bestimmt waren, auf die Gemüter einen heilsamen Druck auszuüben. Denn nur der — so wird auf Synoden und Reichstagen dekretiert — kann darauf Anspruch erheben, ein Christ zu sein und ins Himmelreich zu kommen, der Symbol und Vaterunser in Kopf und Herzen hat und beide fleissig anwendet. Ohne Glauben nämlich kann niemand selig werden, zum Glauben hinwiederum gehört, dass man denjenigen, an welchen man glaubt, zuvor

---

[1]) Dies muss man mit Sicherheit daraus schliessen, dass Amalar von Trier seiner Epistola de caerimoniis baptismi unter den Überschriften: Orationem dominicam sic docemus und: Symbolum autem sic die Stichworte einer Erklärung der beiden Hauptstücke eingliedert. ML 99, 895. 896. Ebenso verfügt die Frankfurter Synode 794 c. 33: Ut fides catholica sanctae trinitatis et oratio dominica atque symbolum fidei omnibus praedicetur et tradatur (Boretius l. c. p. 77), was auf eine Übergabe der betreffenden Stücke mit erklärender Ansprache schliessen lässt.

[2]) Hraban, Homil. 13 ML 110, 27—29. Vgl. Leidrad von Lyon, Liber de sacramento baptismi c. 5 ML 99, 861 am Schluss einer Besprechung der Symbolartikel: De his igitur, quibus catechumenos interrogamus, quando baptizantur, sic credimus et sic eis post baptismum praedicamus.

[3]) Siehe oben S. 25—29.

§ 17. Das Symbol in der Gesetzgebung Karls des Grossen. 329

kennt. Auch muss der Glaube des Herzens sich zugleich im Bekenntnis des Mundes äussern.¹)

Es ist der bekannte Trugschluss, der die Notwendigkeit des Glaubens mit der Notwendigkeit der Glaubensformel verwechselt.²) Gleichwohl zog man ihn aufs neue, da man sich auf ehrwürdige Autoritäten berufen konnte, und da er zugleich den Wünschen der damaligen Volkspädagogik zweckmässig erschien.

Es konnte eingeworfen werden, dass alsdann die Seligkeit des Menschen nicht von seiner rechten Herzensstellung, sondern von der rein zufälligen intellektuellen Begabung abhängig sei. Indessen hatte man auch darauf eine Antwort. Man wies nach alter Gewohnheit auf die Kürze beider Formeln hin, die es selbst dem Dummen und Unbegabten erlaubte, sich mit ihnen in einer seinem Seelenheil entsprechenden Weise vertraut zu machen.³)

---

¹) Synode zu Friaul 796 c. 15 Mansi l. c. XIII 845: Quia sine hac benedictione nullus poterit in caelorum regno percipere portionem. Qui autem observaverit haec, et a malis operibus se custodierit et in praesenti saeculo salvus erit et in futuro cum angelis congaudebit. Theodulf von Orléans, Capit. ad presbyt. paroch. suae I 22 Ml. 105, 198: Dicendum est quod in his duabus sententiis omne fidei christianae fundamentum incumbit, et nisi quis has duas sententias et memoriter tenuerit et ex toto corde crediderit, et in oratione saepissime frequentaverit, catholicus esse non poterit. — Regino, De synodal. causis I cap. 276: Si quidem sine horum scientia nullus salvus esse poterit. In uno enim fides et credulitas christiana continetur, in alio, quid orare et petere a deo debeamus, exprimitur. Quod vero sine fide nemo possit esse salvus, dominus ostendit, quum dicit: Qui crediderit et baptizatus fuerit, salvus erit. Nullus autem credere potest, quod nescit nec audivit; ait enim Paulus: Quomodo credent ei, quem non audierunt? Nec sola sufficit fides in corde, nisi etiam verbis enuncietur, ut idem apostolus testis est: Corde, inquit, creditur ad iustitiam, ore autem confessio fit ad salutem.

²) Richtiger drückt sich Ghärbald von Lüttich an seine Diöcesanen aus: Qualiter per rectam fidem et orationem et opus bonum ad caelestia regna perveniant. Boretius l. c. p. 242.

³) Regino l. c.: Nullus autem de stoliditate sensus vel tenuitate ingenii causetur, quia haec tam parva sunt, ut nemo tam hebes et barbarus sit, qui hoc discere et verbis communibus pronunciare non possit, tam magna, ut, qui horum scientiam plenite caperer potuerit, sufficere sibi credatur ad salutem perpetuam.

§ 17. Das Symbol in der Gesetzgebung Karls des Grossen.

Das Symbol erscheint also abermals — und nicht mehr bloss dem Namen nach, sondern in Wirklichkeit — als das verbum abbreviatum, als die kurze Zusammenfassung alles Lehr- und Lernbaren im Christentum, und es gilt dementsprechend aufs neue als schlechthin notwendig zur Seligkeit.[1] Hatte man ihm samt dem Vaterunser zur Zeit des Skrutinienritus eine zwar angesehene, aber doch ausschliesslich liturgische Stellung zugewiesen, so kehrt das Zeitalter Karls zu den Traditionen der Alten Kirche zurück, welche in beiden Formeln die wichtigsten Hülfsmittel für die Taufvorbereitung der Katechumenen sah. Denn im 9. Jahrhundert bilden Symbol und Vaterunser den Grundstock einer Anzahl von kleinen Lehr- und Erbauungsschriften, durch welche die Gemeinde der Getauften bei der christlichen Wahrheit festgehalten und in ihr immer mehr vertieft werden soll. Beide zielen wieder, und zwar in viel stärkerem Masse als dies je der Fall war, auf die Erziehung des christlichen Volkes ab. Man übersetzte sie an verschiedenen Orten Deutschlands in den heimischen Dialekt,[2] man fügte bald kurze Noten, bald längere Erklärungen hinzu,[3] im Kloster Weissenburg endlich stellte man damals bereits ein Büchlein zusammen, das ausser Symbol und Vaterunser noch eine Reihe anderer Hauptstücke der christlichen Lehre, den Katalog der Hauptsünden, das Symbolum quicumque, das Gloria in excelsis, das Laudamus enthielt.[4] Es waren die ersten Katechismen. Zwar fehlte noch viel zu ihrer Vollkommenheit, nicht einmal über ihren Umfang war man sich

---

[1] Siehe oben S. 34 Anm. 2. S. 188 Anm. 4.

[2] Sangaller Paternoster und Credo bei Müllenhoff-Scherer a. a. O. Nr. 57 I 209. Über die Fehlerhaftigkeit dieser Übersetzung vgl. a. a. O. II 343.

[3] Vgl. die Freisinger Auslegung des Paternoster bei Müllenhoff-Scherer a. a. O. Nr. 55 I 202 f.

[4] Der Weissenburger Katechismus (bei Müllenhoff-Scherer a. a. O. Nr. 56 I 204–209, II 335–341, wo seine Abfassung auf die Admonitio generalis 789 c. 82. 61. 70. 82 Boretius l. c. p. 56—62 und auf die Verfügung der Frankfurter Synode 794 c. 33 l. c. p. 77 zurückgeführt wird) enthält das Vaterunser mit Erklärung, von den übrigen Stücken aber nur die Texte. Vgl. dazu Hauck, Kirchengesch. Deutschl. II 240 f.

klar. Erst einer viel späteren Zeit war es vorbehalten, diesen Gedanken konsequent durchzuführen. Aber gefasst hat ihn bereits die deutsche Kirche im Zeitalter Karls des Grossen. Zur religiösen Erziehung des Volkes bedurfte es einer beschränkten Anzahl von ehrwürdigen Formeln, die man dem Gedächtnis aller Gemeindeglieder unbedingt fest einprägte, und an die man anknüpfte, wenn man dem Einzelnen je nach seiner Fassungskraft die christliche Wahrheit nahe bringen wollte. Obenan unter diesen Formeln stand das apostolische Symbol als der Inbegriff und die kurze Zusammenfassung des evangelischen Lehrgehaltes.

Es erübrigt noch der Nachweis, inwieweit es der karolingischen Theologie gelungen ist, den Inhalt des Symbols zu erfassen und vor der Gemeinde zur Darstellung zu bringen.

§ 18. Wiederaufnahme der altkirchlichen Symbolerklärung im 9. Jahrhundert.

Das 9. Jahrhundert war fest davon überzeugt, dass zur Taufhandlung auch irgendwie eine Besprechung des apostolischen Symboles und eine Erklärung seiner einzelnen Artikel gehöre. Man dürfte daher kaum einer liturgischen Schrift über Taufe oder Taufvorbereitung aus jener Zeit begegnen, in der nicht irgendwie zum Symbole Stellung genommen ist. Ja in der Regel enthalten derartige wissenschaftliche Abhandlungen sogar an der betreffenden Stelle eine Art Musterkatechese über das Symbol als Ganzes wie über seine einzelnen Teile. Karl der Grosse, auf dessen Anregung sich diese Litteraturgattung überhaupt vorwiegend zurückführt, hat in seinem schon erwähnten Rundschreiben an die Erzbischöfe vom Jahre 812 auch jenes Punktes namentlich gedacht. Denn er wünscht von seinen Prälaten nicht nur eine Erklärung der einzelnen liturgischen Ceremonieen, sondern er richtet mitten dazwischen an sie auch die beiden Fragen, einmal wie der

Begriff Symbol von den Lateinern erklärt werde, und sodann worin der Inhalt der einzelnen Symbolstücke bestehe.

Letzteres fasst Karl zusammen unter dem Namen der Credulitas, was etwa dasselbe besagen will wie Regula fidei, wie denn auch diese beiden Begriffe öfters für ein und dieselbe Sache gebraucht werden.[1]) Dementsprechend bieten nicht nur die Antwortschreiben der Erzbischöfe, sondern auch alle jene zahlreichen Schriften über die Taufe, welche von bekannten oder von anonymen Verfassern im 9. Jahrhundert nicht selten auf Grund derselben Quellen und daher mit ähnlichen oder gleichen Worten zusammengestellt sind, in der Regel auch zwei Paragraphen, von denen der eine unter dem Titel: De symbolo über die Entstehungssage des Apostolikums referiert und eine Übersetzung des Wortes Symbol gibt, während der andere die Credulitas enthält, d. h. entweder eine Paraphrase über das Symbol in der Weise der alten Regula fidei oder kurze Randbemerkungen zu den einzelnen, namentlich aufgezählten Artikeln. Eine Auseinandersetzung über die Taufe, welche diese Paragraphen nicht enthielt, galt geradezu als unvollständig und ergänzungsbedürftig.[2])

Am vollständigsten üben diese Praxis Leidrad von Lyon, Theodulf von Orléans und Hraban. Andere wieder, wie Maxentius von Aquileja, Magnus von Sens und Jesse von Amiens, begnügen sich damit, über das Symbol im allgemeinen, über seine Entstehung wie über seine Bedeutung kurz zu

---

[1]) Die Credulitas gilt auch als Steigerung der fides „quae fidem animo semel ex audita conceptam assensu intimo amplexatur et sequitur" (Braida's Dissertatio in S. Nicetam ML 52, 1110—1112). Vgl. Aquil. catechum. scrutinium p. 241 (oben S. 259): Venit tempus fidei, credulitatis dies, confessionis hora. Dementsprechend heisst das Symbol auch credulitatis salubre compendium. Messbuch von Auxerre Nr. 11. Mabillon, De Liturg. Gallic. pag. 339.

[2]) Vgl. oben S. 300, 3. 4. De symbolo, quae sit eius interpretatio secundum Latinos. De credulitate, quomodo credendum sit in deum patrem omnipotentem, et in Jesum Christum filium eius natum et passum, et in spiritum sanctum, sanctam ecclesiam catholicam et cetera quae sequuntur in eodem symbolo. Ferner meine Schrift: Erzbischof Odilbert von Mailand über die Taufe S. 21 f. 24. Über den Versuch, dem Antwortschreiben Odilberts die fehlende Credulitas einzufügen vgl. a. a. O. S. 16 f.

§ 18. Wiederaufnahme d. altkirchl. Symbolerklärung im 9. Jahrh. 333

referieren.[1]) Eine dritte Gruppe endlich, zu der Amalar von Trier und ebenfalls Hraban gehören, bietet eine detaillierte Erklärung der einzelnen Artikel im Anschluss an eine solche der sieben Bitten, betont also die sachliche Zusammengehörig-

---

[1]) Maxentius von Aquileja, Epist. de significatu rituum bapt. c. 4 ML. 106, 53: Erklärung des Namens und unbedeutende Paraphrase, die der bekannten Schlussrede im Gelasianum (I 35): Haec summa est fidei nostrae (vgl. oben S. 233. 260) entnommen ist. Dies zur Korrektur von Kattenbusch, D. apost. Symb. I 179 f. und Hahn, Biblioth. d. Symb. (3) S. 44 Anm. 68. — Magnus von Sens, Libellus de myst. bapt. ML. 102, 981 sq.: Erklärung des Namens und eine nicht viel ausführlichere Paraphrase, teilweise mit Benützung von Isidor, De eccl. off. II 24. Vgl. Hahn, Biblioth. d. Symb. (3) S. 79. 80. 355. — Jesse von Amiens (Epist. de bapt. ML. 105, 789) hat weder Paraphrase des Symbols noch Erklärung der einzelnen Artikel, wohl weil er, auf dem Standpunkt der Skrutinienmessen stehend, ein näheres Eingehen auf den Symbolinhalt bei der Taufe nicht für unbedingt nötig erachtet. Letzteres um so weniger als in seiner Diöcese ausschliesslich die Kindertaufe üblich war, vgl. l. c. p. 782: Scribantur nomina infantum et eorum qui eos suscepturi sunt, ab acolytho, et tunc vocentur ipsi infantes ab acolytho infra ecclesiam, p. 784: Tunc accipiat acolythus unum ex ipsis infantibus masculum, tenens eum in sinistro brachio ponatque manum super caput eius, p. 788: Ut vitiis exclusis parvulos sale sapientiae bonae conditos deo pacificos offerant. Dagegen erörtert er eingehend, warum das Symbol nicht niedergeschrieben werden dürfe, in einer dem oben S. 28 Gesagten analogen Weise p. 789: Ubi vero dei gratia, donatio divina, consistit ad pactum, fides et altitudo cordis sufficit ad secretum. — Inter deum vero et homines symbolum fidei sola fide firmatur; non litterae sed spiritui creditur, quia divinum creditum humanam non indiget cautionem. — Die anonyme Epistola de ritibus baptismi ML. 98, 938 sq. bietet im Anschluss an eine kurze Bemerkung über Bedeutung und Entstehung des Symbols unter der charakteristischen Überschrift: Catechumenis tradimus, instruentes eos secundum vividam symboli regulam, ut credant in deum patrem omnipotentem, den pseudoaugustinischen Sermo 242 (ML 39, 2192 sq. vgl. oben S. 250—252) etwas gekürzt, aber nur mit einer bedeutenderen Abweichung, nämlich: Conceptus est de spiritu sancto, natus est ex Maria virgine, id est dono et gratia dei tanta illius humilitas nobis concessa est, ut totum hominem suscipere dignaretur in utero virginis, quem post passionem glorificatum super caelos in dextra dei patris collocaret, während sich die Erklärung der communio sanctorum hat eine kleine Ergänzung gefallen lassen müssen: Se teneri posse societate fidei et spei communione cum his qui hac defuncti sunt fide. Vgl. oben S. 252 Anm. 2. — Der Anonymus des Cod. Bruxell. (vgl. Rev. Bénéd. 1896 p. 291 und oben S. 302 Anm. 3) endlich schreibt einfach das Symbolum Nicänum als seinen Glauben ab.

§ 18. Wiederaufnahme d. altkirchl. Symbolerklärung im 9. Jahrh.

keit dieser beiden Hauptstücke.¹) Trotz dieser formellen Verschiedenheit stimmt aber alles, was die genannten Theologen an dieser Stelle vom Symbol bieten, in der Hauptsache überein und deckt sich nicht selten miteinander sogar wörtlich. Denn da die Theologie des 9. Jahrhunderts konservativ genug war, um auf eigene Gedanken zu verzichten und sich vielmehr mit weiser Vorsicht an die anerkannten Häupter der kirchlichen Orthodoxie anzuschliessen, so boten sich meist dieselben Autoritäten, unter denen wiederum Isidor von Sevilla eine besonders bevorzugte Stellung einnahm.²)

Gleich Leidrad³) schöpft in seiner Antwort an Karl das, was er über das Symbol im allgemeinen sowie über die beiden ersten Artikel zu sagen hat, wörtlich aus Isidor, um dann nur noch recht unvermittelt jener kurzen Darstellung eine ausführ-

---

¹) Amalar von Trier, Epist. de caerim. bapt. Ml. 895 sq. Vgl. oben S. 328 Anm. 1. Hraban, De ecclesiast. discipl. II Ml. 112, 1222—1228. Beide geben dieselbe Motivierung l. c. p. 894 bezw. p. 1217: Docemus orationem dominicam patrinos et matrinas ut et ipsi similiter faciant quos susceperi sunt a sacro baptismate. Similiter docemus symbolum. Vgl. oben S. 308 Anm. 1.

²) Isidor, De eccl. offic. II 23: De Symbolo findet sich wörtlich wieder in den Collectanea dicta de antiquis ritibus c. 4. 5 Ml. 106, 55 sq., und ebenso mit einer einzigen Auslassung bei Hraban, De cleric. institut. II 56. Demnach ist auch die von Hauck (Kirchengesch. Deutschl. II 583 Anm. 2) als hrabanisch verwertete und ebenso von mir (Erzbischof Odilbert von Mailand über die Taufe S. 14 f. 31) jüngst dem Leidrad abgesprochene Definition von Symbol in Wirklichkeit isidorisch. Dasselbe gilt von Hrabans Regula fidei (De cleric. institut. II 57, vgl. Hauck a. a. O. II 583 Anm. 3, Hahn d. Biblioth., Symb. (3) S. 357 ff.); dieselbe ist identisch mit Isidor, De eccl. offic. II 24: De regula fidei. Und ebenso ist Isidor die von Kattenbusch (D. apost. Symb. I 182 Anm. 13) gemutmasste „patristische Quelle", aus welcher Magnus von Sens und Leidrad von Lyon geschöpft haben. Siehe oben S. 333 Anm. 1 und unten Anm. 3.

³) Leidrad von Lyon, Lib. de sacram. bapt. c. 4. 5. Ml. 99, 859—861. c. 4: De symbolo = Isidor, De eccl. offic. II 23, 8 und teilweise II 23, 4. 5. c. 5: De credulitate = Isidor l. c. II 24, 1 und Anfang von II 24, 2. Dies zur Korrektur von Kattenbusch, D. apost. Symb. I 181 f. und Hahn, Biblioth. d. Symb. (3) S. 60. 356 f. Identisch mit Leidrad c. 4 ist auch c. 3 einer Erklärung des Taufsymb. in 11 Kapiteln, welche sich im Cod. St. Paull in Karinth. XXV $\frac{a}{5}$ Bl. 147—149v handschriftlich findet. Vgl. meine Schrift: Erzbischof Odilbert von Mailand über die Taufe S. 21 f.

liche Besprechung der einzelnen Stücke des dritten Artikels anzuschliessen.[1]) Denn auf Fleischwerdung und Leiden und Auferstehung Christi folgt im Symbol die Anempfehlung der heiligen katholischen Kirche. Nachdem von Gott die Rede gewesen ist, gedenkt man dieses seines Tempels, der heiligen, einen, wahren, katholischen Kirche, die gegen alle Häresien siegreich ankämpft. Jene schiessen als unnütze Triebe, die man abschneidet, aus ihr hervor; die Kirche hingegen, mit allen Eigenschaften ausgerüstet, ist der wurzelechte Weinstock, der in der Liebe gründet; die Pforten der Hölle werden sie nicht überwinden. Wir glauben an eine Vergebung der Sünden. Wer ohne diesen Glauben zur Taufe kommt, der versperrt sich selbst den Zugang zur Gnade. Alle und jede Art von Sünden tilgt die heilige Taufe, sie erneuert den Menschen, sie vergibt die Verbrechen dessen, der nicht auf Verdienste pocht, sie eilt den Kindern voran, so dass durch Christus frei sind, die in Adam zuvor vom Teufel gefangen gehalten wurden. Für die leichten täglichen Sünden ist ausserdem das Vaterunser da, dessen Wirkung sich immer aufs neue geltend macht. Gemeine Verbrechen endlich machen eine wirkliche Bussleistung nötig und schliessen von der Kirche aus. Daher gibt es also drei sündentilgende Mittel: Taufe, Vaterunser, Kirchenbusse. Aber nur die Getauften können überhaupt auf Vergebung der Sünden rechnen.[2]) Wir glauben auch an eine Auferstehung des Fleisches. Christus als Haupt ist uns hier vorangegangen, so wird auch dieser Leib ihm hierin folgen. Und zwar werden Gute und Böse auferstehen, freilich die einen zur ewigen Seligkeit, die andern zum immerwährenden Feuer. Wir glauben an das ewige Leben, wo wir unverdorben wie die Engel Gottes sein werden, an ein unvergängliches und ewiges Vaterland, in welchem Christus selbst unser Leben sein wird, an ein von Gott uns verheissenes Gut, von dem wir leichter sagen können, an welchen Mängeln es nicht leidet, als worin seine reichen Vorzüge bestehen.

---

[1]) In diesem Abschnitt begegnen eine Reihe von wörtlichen Citaten aus Augustins Sermo de symbolo ad catechumenos Ml. 40, 627—636, vgl. oben S. 47 f.

[2]) Vgl. oben S. 48 Anm. 1.

So faßt der Erzbischof alle jene Stücke, nach denen er die Katechumenen bei der Taufe fragt, im Glauben auf, und so predigt er über sie zu den Getauften.

Mit dieser Erklärung des dritten Artikels zeigen die entsprechenden Abschnitte einer um einige Jahrzehnte jüngeren Symbolerklärung eine gewisse Verwandtschaft, die sich vielleicht auf gemeinsame augustinische Abstammung zurückführt. Auch sie gehört einer Sammlung von liturgischen Excerpten an, die jenen erzbischöflichen Antwortschreiben an Karl nicht unähnlich sieht, und die den Titel Ordo vel brevis explanatio de catechizandis rudibus führt.[1]

Der, an den wir glauben, ist Gott in Ansehung seiner Macht, Vater in Ansehung seiner Güte. Wie glücklich wir, die wir in unserm Gott einen Vater finden, der uns erlaubt, uns alles Guten von ihm zu versehen, da er allmächtig ist und infolgedessen in der Lage, alles zu thun, was er will.[2] Der Glaube gilt weiter seinem einzigen Sohne Jesus Christus, unserm Herrn, der dem Vater in allem gleich, in nichts unähnlich ist, von derselben Beschaffenheit, Allmacht und wundervollen Hoheit, dem Vater gleichewig und von gleichem Wesen. Er heisst der einzige, weil er allein wahrer Gott von dem wahren Gott als dem Vater gezeugt ist, und durch ihn alles, was ist, gemacht ist. Unter Mitwirkung des heiligen Geistes nahm er einen wirklichen Leib von einer Jungfrau an. Wahrer Gott wurde er wahrer Mensch, um das menschliche Geschlecht zu retten. Er wurde Mensch um des Menschen willen, indem

---

[1] Die fragliche Symbolauslegung ist von Caspari in den Alten und neuen Quellen S. 282—289 abgedruckt und besprochen worden. Vgl. Hahn, Biblioth. d. Symb. (3) S. 60. Caspari hält sie samt dem ganzen Ordo für ein Produkt aus der zweiten Hälfte des 9. oder der ersten Hälfte des 10. Jahrhunderts und vergleicht den Ordo mit den erzbischöflichen Antwortschreiben an Karl. Hingegen stellt Kattenbusch (D. apost. Symb. I 209 f.) die Vermutung auf, dass er zu den letzteren selbst gehöre und vielleicht die Antwort des Johannes von Arles sei. Ich konnte die Handschrift leider nicht zur Einsicht bekommen und habe daher in der Frage kein eigenes Urteil. Dass speciell die Symbolerklärung in hohem Masse von Augustin abhängig ist, hat bereits Caspari gezeigt; ich entnehme ihm daher vorzugsweise die folgenden Parallelen.

[2] Vgl. August. Sermo 213 c. 1. Siehe oben S. 64.

er annahm, was ihm nicht eigen war, die Menschennatur, ohne dabei aufzugeben, was sein war, die Gottheit; er wurde unser einziger Erlöser und Heiland.¹) Obwohl er alles im Himmel und auf der Erde besass, erlöste er uns doch mit seinem eigenen Blute. Er litt und starb nach seiner menschlichen Natur und blieb doch leidenslos und unsterblich nach seiner Gottheit. Indem er so für uns litt, gab er uns zugleich die Lehre, alles, was uns widerwärtiges begegnet, geduldig um seines Namens willen zu tragen. Begraben dem Fleische nach, stieg er der Seele und ihrer göttlichen Kraft nach zur Unterwelt hinab. Als guter Hirte besuchte er die Stätten unseres Elends und rief uns, seine wiedergefundenen Schafe, zu den Scharen der Engel. Denn wohin der verklagte Mensch geraten war, dorthin stieg der barmherzige Gott hinab, um den nichtswürdigen Betrüger zu überwinden und die Seele des Sünders zu rechtfertigen.²) Der eingeborene Gott liess sein Fleisch wieder aufleben, um seine Kirche zu sichern. Selbst ohne Sünden, beglich er unsere Schuld und befreite uns von jeder harten Verbindlichkeit. Er starb, um uns von der Schuld des Todes zu befreien, er stand wieder auf, um uns durch seine Gabe zu bereichern. Indem er herabstieg, suchte er uns auf Erden, indem er auffuhr, versetzte er uns in den Himmel und bereitete uns dort einen Platz mit den Engeln. Daher besteht die Rechte Gottes in der ewigen Seligkeit, die ewige Herrlichkeit aber ist frei von Not.³) Von dannen er kommen wird zu richten die Lebendigen und die Toten, in derselben Gestalt, in der er unserer Sterblichkeit teilhaftig geworden ist. Lebendige und Tote können wirklich genommen werden vom Standpunkte des Gerichtstages aus, doch kann man auch Gerechte und Sünder darunter verstehen, von denen die einen mit dem ewigen Leben begabt, die anderen mit dem ewigen Tode bestraft werden.⁴) Ich glaube an den heiligen Geist, der vom Vater

---

¹) Vgl. August. Sermo 213 c. 2. Siehe oben S. 84.
²) Vgl. hierzu Walter Caspari, Der Descensus Christi ad Inferos in „Halte was du hast" XX 57.
³) Vgl. August. sermo de symb. ad catech. c. 11. Siehe oben S. 47.
⁴) Vgl. August. sermo de symb. ad catech. c. 12. Siehe oben S. 47.

und vom Sohne ausgeht und durchaus nichts anderes ist als mit dem Vater und Sohn zusammen der eine wahre Gott. Denn er ist zugleich von Natur der eine Gott, die heilige Trinität, welcher eine Gottheit, gleiche Ewigkeit, unbesiegte Macht und unermessliche Majestät des Vaters und des Sohnes und des heiligen Geistes eignet. Und wie vom wahren Vater ein wahrer Sohn gezeugt ist, so ist vom wahren Vater und vom wahren Sohne der wahre heilige Geist ausgegangen, dem dort, woher ihm von Natur ein ewiger Ausgang zuteil wurde, von Natur ein ewiges Verbleiben zusteht. Daher findet eine wirkliche Unterscheidung in den Personen statt, weil im Vater weder der Sohn noch der heilige Geist persönlich ist, sondern der Vater immer Vater, der Sohn immer Sohn, der heilige Geist immer der heilige Geist ist. Nunmehr folgt, nachdem von Gott und Christi Geburt und Amt die Rede war, die heilige katholische Kirche, die Gemeinde der Heiligen d. h. Gottes heiliger Tempel, der ihr seid, wie der Apostel sagt. Diese heilige wahre katholische Kirche ist die allgemeine, welche in der Einheit von Glauben, Hoffnung und Liebe über den ganzen Erdkreis sich erstreckt.[1]) Daher kann man nur inmitten der katholischen Kirche Vergebung der Sünden empfangen und zwar sowohl im Taufbad wie auch in der demütigen Busse und im täglichen Vaterunser.[2]) Wie wir nun durch Christus diese Vergebung der Sünden empfangen, so erhoffen wir auch durch ihn die Auferstehung unseres jetzigen Fleisches und das ewige Leben.[3])

Gehören diese beiden Symbolerklärungen nicht nur zeitlich, sondern um ihrer gemeinsamen augustinischen Abstammung willen auch nach Inhalt und Form zusammen, so gehen hingegen Amalar von Trier und Theodulf von Orléans durchaus ihre eigenen Wege. Auch zählen die Arbeiten dieser beiden

---

[1]) Vgl. August. sermo de symb. ad catech. c. 14 und Leidrad, Lib. de sacram. bapt. ML 99, 860 B. Siehe oben S. 47 und S. 335. Über das Fehlen der communio sanctorum vgl. Zahn, D. apost. Symb. S. 91 Anm. 2.

[2]) Vgl. August. sermo 213 c. 8. Sermo de symb. ad catech. c. 16 und Leidrad l. c. 860 C. D. Siehe oben S. 85, S. 48 Anm. 1 und S. 335 Anm. 2.

[3]) Vgl. August. sermo 215 c. 8. Siehe oben S. 85.

§ 18. Wiederaufnahme d. altkirchl. Symbolerklärung im 9. Jahrh. 339

Kirchenfürsten entschieden zu den besten Leistungen, die Karls Rundschreiben hervorgerufen hat. Dementsprechend hat Amalar einen speciellen kaiserlichen Dank eingeheimst,[1]) und vielleicht wäre ein solcher auch Theodulf zuteil geworden, wenn seine Schrift überhaupt für den Kaiser und nicht bloss als das Schriftstück eines einfachen Diöcesanbischofs für den Metropoliten Magnus von Sens bestimmt gewesen wäre.[2])

Indessen hat sich Theodulf jedenfalls sehr gewissenhaft an die Stichworte des kaiserlichen Rundschreibens gehalten.[3]) Auf die Frage, was Symbol auf lateinisch bedeute, bringt er zunächst eine Reihe von sprachlichen Erklärungsversuchen, erwähnt dann im Anschluss an die Bezeichnung collatio kurz die Abfassungslegende und schliesst mit einer Erörterung über den Begriff des verbum abbreviatum. Ebenso fasst er die Frage Karls nach der im Symbol enthaltenen Credulitas nicht so auf, als ob er eine Erklärung der einzelnen Artikel zu geben habe, sondern er bietet in der That die kurze Zusammenfassung dessen, was der Täufling als Inhalt seines Glaubens aus dem Symbol schöpfen kann und soll.[4]) Dieses oder jenes

---

[1]) Jaffé, Monum. Carol. p. 409: Scripta nobis tua sanctitate directa grata suscepimus dextera. Pro quo tibi laudes et gracias referimus; maxime quia, cum ipsam perlegere in presencia nostra fecisemus, catholicam et omni laude dignam invenimus. Et hoc, quod nobis obediens fuisti et nostris lumionibus accelerare curasti, graciam agimus. Vgl. oben S. 213.

[2]) Theodulf von Orléans, Liber de ordine baptismi Ml. 105, 223: Reverendissimo atque carissimo fratri Magno episcopo Theodulfus salutem. Praeceptum tuum, vir venerabilis Magne, peregi et si non sollerti efficacia, plena tamen oboedientia. Praecepisti enim mihi, imo per te caritas praecepit, ut quibusdam quaestionibus de ordine baptismi a domino et glorioso imperatore Carolo tibi transmissis breviter et cito responderem.

[3]) L. c. c. 6: Quae sit interpretatio symboli secundum Latinos. c. 7: De credulitate, quomodo credendum sit in deum patrem omnipotentem et in Iesum Christum filium eius et in spiritum sanctum, sanctam ecclesiam catholicam et cetera quae sequuntur in eodem symbolo Ml. 105, 223—228. Vgl. Hahn, Biblioth. d. Symb. (3) S. 79. 355 f. Beide Kapitel sind samt anderen Bestandteilen der Theodulfschen Schrift von Hraban in seinen Liber de sacris ordinibus, sacramentis divinis et vestimentis sacerdotalibus (I 8. 9) herübergenommen worden.

[4]) Vgl. den Anfang von c. 7: Ceterum fides, quae in hoc symbolo

Symbolstichwort, wie gelitten unter Pontius Pilatus, bleibt völlig unerwähnt, andere, wie Gemeinde der Heiligen, werden nur gestreift[1]) oder gruppenweise zusammengefasst, andernorts schiebt der Bischof solche Lehrdarstellungen, von denen der Wortlaut des Symbols nichts weiss, die ihm aber wichtig erscheinen mochten, bald in Form kurzer Bemerkungen, wie bei dem semper virgo, bald in breiteren Ausführungen ein. Dazu bekommt das Ganze neben seinem auf die Täuflinge abzielenden Eingang noch einen entsprechenden Schluss, der von der Erziehung der unerwachsenen Täuflinge im Glauben und von den Paten handelt. Alles in allem bietet also Theodulf einen Einblick in die Resultate des Taufunterrichtes, wie er an der Hand des Symbols erwachsenen Täuflingen bezw. Paten erteilt zu werden pflegte. Man kann des Theodulf Credulitas als die Quintessenz der von ihm gehaltenen Symbolkatechesen bezeichnen.

Ganz anders Amalar, dessen Schrift durchweg die liturgischen Anschauungen einer zur Neige gehenden Zeit repräsentiert. Denn neben Jesse von Amiens hebt er sich von seinen übrigen Kollegen dadurch ab, dass er der auf dem Aussterbeetat stehenden sieben Skrutinienmessen samt der feierlichen Messe der Ohrenöffnung ausführlich Erwähnung thut.[2]) Dementsprechend bietet er denn auch eine jener kurzen Paraphrasen des Vaterunsers, wie sie bei der Skrutinienmesse der Ohrenöffnung üblich waren, und von denen das in Franken modifizierte gelasianische Messbuch ein Musterschema enthält.[3]) Und zwar thut er dies, ohne dass ihm Karl durch eine Anfrage dazu Veranlassung gegeben hätte, bloss um der in

---

continetur, ita ab his qui baptizandi sunt intelligi debet, ut credant in deum etc.

[1]) Im Anschluss an sanctam ecclesiam heisst es nur: A cuius communione discedentes schismatici et haeretici vocantur et aeterna damnatione puniuntur. In eius vero communione permanentes et membra Christi esse et remissionem peccatorum percipere et ad vitam aeternam pertinere.

[2]) Siehe oben S. 213 f. Hahn, Biblioth. d. Symb. (3) S. 100 f. Kattenbusch, D. apost. Symb. I 178 f.

[3]) Epistola de caerim. baptismi Ml. 99, 895 sq.: De oratione dominica. Orationem dominicam sic docemus: Dominus etc. Siehe oben S. 328 Anm. 1. S. 334 Anm. 1. Vgl. Gelas. I 36. Siehe oben S. 234.

seinem Taufritus liegenden inneren Nötigung willen. Ähnliches gilt von der sich mit den Worten: Symbolum autem sic unmittelbar daran anschliessenden Besprechung des Symbols. Im ursprünglichen Skrutinienritus hatte eine solche keinen Platz, wenigstens wurde in der Skrutinienmesse der Ohrenöffnung die Übergabe des Symbols nur von stereotypen Eingangs- und Schlussreden begleitet. Immerhin mag es in der Diöcese Trier damals üblich gewesen sein, dass mit der Übergabe eine wirkliche Erklärung des Symbols verbunden wurde. Ältere fränkische Traditionen können hier nachgewirkt haben, welche eine Symbolrede allen liturgischen Änderungen zum Trotz für unumgänglich notwendig erscheinen liessen.[1]) Aber ebensowohl ist es auch möglich, dass die praktische Missionsarbeit, welche dem Erzbischof in seinen Grenzdistrikten bis Hamburg hinunter oblag, ihm jenen Ritus erwachsenen Katechumenen gegenüber ganz besonders empfahl. Aus dieser gerade entgegengesetzten Verwendung der Skrutinienmessen — früher zur Taufvorbereitung von Kindern in christlichen Provinzen, jetzt von Erwachsenen in Missionsgebieten — erklärt sich sehr wohl, dass man im Gegensatz zu römischen Gepflogenheiten[2]) jetzt in die Skrutinienmesse der Ohrenöffnung eine wirkliche Symbolrede einschob. Jedenfalls bietet Amalar zu einer solchen die dürren Stichworte, wie ähnliches wohl früher schon vorkam. Natürlich ist von einer übersichtlichen Zusammenfassung des Ganzen keine Spur, dafür ist aber auch kein Wort des Textes, kein Teil eines Artikels übergangen. Vermutlich ist das Ganze überhaupt nicht als eigentliche Rede gedacht, sondern eher als ein Schema, welches den Priester, der das Symbol übergab, daran erinnern sollte, welche Worte zu übersetzen bezw. welche unbedingt notwendigen Erklärungen hinzuzufügen seien. Obendrein sind manche Definitionen überaus originell und begegnen hier zum ersten Male. Gleich eingangs fällt auf, dass die Allmacht Gottes, statt wie gewöhnlich

---

[1]) Siehe oben S. 247 f.
[2]) Siehe oben S. 233. Daher bietet auch Hraban in seiner der speciellen Missionsarbeit gewidmeten Schrift De ecclesiastica disciplina neben einer Erklärung des Vaterunsers noch eine solche des Symbols. Siehe oben S. 286.

zur Weltschöpfung in Beziehung gesetzt zu werden, von Amalar hauptsächlich als die Fähigkeit bezeichnet wird, Sünder und Gerechte nach ihrem Verdienste zu lohnen; ebenso dass Himmel und Erde die geistliche und die leibliche Kreatur bedeuten sollen. Weiter wird der Verdeutschung der Namen eine besondere Aufmerksamkeit geschenkt; der Täufling muss wissen, dass Jesus der Heiland, Christus der Gesalbte, Pontius der aus einer Insel des Pontus Stammende heisst.[1]) Unter des letzteren Präsidium ist Jesus gekreuzigt d. h. er ist am Kreuze aufgehängt; er ist einerseits körperlich gestorben, begraben und wieder auferstanden, andrerseits geistig zur Unterwelt gefahren. Er thront zur Rechten Gottes d. h. im Reiche seines Vaters, in dem es nichts Linkes gibt. Wenn er zum Gericht über Lebende und Tote d. h. über Gerechte und Ungerechte wiederkommen wird, dann zeigt er sich in seinem Kreuzigungsleibe allen, in seiner himmlischen Gestalt aber nur den Frommen. Dagegen fehlen die sonst bei der Erklärung des zweiten Artikels üblichen Erörterungen über das Wesen der Trinität. Amalar beschränkt sich vielmehr darauf, in Erinnerung an den rotfarbenen einsamen Keltertreter (Jes. 63)[2]) Christum als den einzuführen, der allein uns mit seinem kostbaren Blute erlöst hat, hingegen in Bezug auf den heiligen Geist nur hervorzuheben, dass eben in dieser Gabe Gottes, in dieser liebevollen Mitteilung des Vaters und Sohnes uns Vergebung aller Sünden zuteil wird, sodass folgerichtig jeder, der den heiligen Geist lästert, sich von der Möglichkeit, seine Sünden in dieser oder in jener Welt loszuwerden, ausschliesst. Und auch zum Schluss geht der Verfasser meist eigenartige Wege, so wenn er die Kirche als die allgemeine Versammlung der Gerechten und die Einheit des Glaubens bezeichnet, oder wenn er von der Gemeinde der Heiligen nur sagt, dass sie die Einigkeit im Geiste durch das Band des Friedens bewahre; besonders aber wenn er verhältnismässig ausführlich auseinandersetzt, wie die Gerechten, ihres irdischen Leibes ledig, dem achten Tage als dem Sabbat

---

[1]) Vgl. im Weissenburger Katechismus (Müllenhoff-Scherer a. a. O. I 305): In heilanton Christ — bi pontiegen Pilâti.
[2]) Rufini expos. in symb. apostol. c. 25. Vgl. oben S. 102.

entgegeneilen, wie sie sodann eine Stunde grosser Freude durchmachen und den achten Tag erwarten, an dem sie ihre unversehrten und vollkommenen Leiber erhalten.[1]

Man sieht, das Ganze ist nichts weniger als eine Credulitas im Sinne des Kaisers. Vielmehr hat der vorliegende Zweck, einer Schar von Täuflingen das apostolische Symbol zu übermitteln,[2] Amalar veranlasst, die specifisch dogmatischen Gesichtspunkte bei seite zu lassen und sich nur auf die Erklärung des Wortlautes der einzelnen Artikel wie auf einige rein praktische Winke mit gutem Takte zu beschränken.

Man findet also nicht eine einzige Schrift über Taufe und Taufvorbereitung im 9. Jahrhundert, welche nicht zugleich des apostolischen Symbols irgendwie Erwähnung thäte. Hingegen scheint dies hinsichtlich des Vaterunsers nur da der Fall zu sein, wo wie bei Amalar oder Hraban eine direkte Beziehung des Verfassers bezw. des Adressaten zur praktischen Missionsarbeit stattfindet. Das war indessen in solcher Ausschliesslichkeit nicht beabsichtigt. Vaterunser und Symbol nahmen in der kirchlichen Gesetzgebung Karls eine gleichwertige Stellung ein. Beide waren als Mittel zur religiösen Erziehung des fränkischen Volkes gedacht. Mit beiden Formeln sollten sich die erwachsenen Gemeindeglieder nach Wortlaut wie Inhalt befreunden. Daher übersetzte man beide zu wiederholten Malen in die verschiedenen deutschen Dialekte und stellte sie mit anderen Hauptstücken zu einer Art deutschem Katechismus zusammen.

Und gerade weil auf ein richtiges Verständnis der einzelnen

---

[1] L. c. p. 896: Septimam sabbati credo iustos recipere absolutos a corpore terreno, et erunt in magno gaudio secundum unuscuiusque mansionem, atque exspectare octavum diem, in quo corpora sua recipiant integra atque perfecta, impii ad supplicium, iusti ad vitam aeternam.

[2] Im vierten Teile der Wolfenbüttler Handschrift Nr. 91, welche im fünften Teile den Weissenburger Katechismus enthält, findet sich Bl. 106 v eine kurze Allocution über das apostolische Glaubensbekenntnis und das Vaterunser als Einleitung zu einer Erklärung der zwölf Artikel des ersteren (bis Bl. 111r). Zeitschr. f. deutsch. Altertum XII 448. Ich konnte die Handschrift nicht einsehen, weiss also auch nicht, um was für eine Erklärung es sich handelt, vermute aber, dass dieselbe an dieser Stelle zu besprechen sein würde.

Bitten sehr viel ankam, weil es nicht gleichgiltig war, ob die Gemeindeglieder sich darüber Rechenschaft geben konnten oder nicht, um was sie im Vaterunser baten, pflegte man jene Übersetzungen des Gebetes in der Regel mit einer kurzen deutschen Erklärung zu versehen.[1]

Beim apostolischen Symbol war eine derartige Massregel nicht nötig. Denn in seinen Gedankengang wurde die Gemeinde anderweitig zur Genüge eingeführt.[2]

Bei weitem die meisten Predigten des ausgehenden 8. und des 9. Jahrhunderts zielten, sofern sie nicht als einfache Moralpredigten vor Lastern warnten oder Tugenden einschärften, darauf ab, die vom Symbol umschlossenen einzelnen Heilsthatsachen der Gemeinde einzuprägen. Hatte doch die Gesetzgebung Karls gerade diese beiden Predigtgruppen den Geistlichen mit Nachdruck anempfohlen.[3] Und wenngleich auch

---

[1] Admonit. general. 789 c. 70 Boretius l. c. p. 59: Et dominicam orationem ipsi intellegant et omnibus praedicent intellegendam, ut quisque sciat quid petat a deo. Synode zu Frankfort 794 c. 33 Boretius l. c. p. 77: Ut fides catholica sanctae trinitatis et oratio dominica atque symbolum fidei omnibus praedicetur et tradatur. — Vgl. die Freisinger Auslegung des Paternosters bei Müllenhoff-Scherer a. a. O. I 202 f. und die Vaterunsererklärung im Weissenburger Katechismus a. a. O. I 204 f. und oben S. 321 Anm. 1: Quae a presbyt. discenda sint.

[2] Daher entbehren die Symbolübersetzungen jener Zeit aller erklärenden Zusätze. In Frage kommen hier das Sangaller Credo und das im Weissenburger Katechismus. Ersteres (Müllenhoff-Scherer a. a. O. I 209; Hahn, Biblioth. d. Symb. (3) S. 97 f.) hat nur den Zusatz: Kiporan fona Mariûn macadi ôouīkern, der indessen keine Erklärung sein will, sondern sich in den Symbolformeln jener Zeit überhaupt häufig findet, vgl. Admonit. general. 789 c. 82; pseudobonifat. Sermo 14 c. 2 Ml. 89, 869; Theodulf von Orléans, Lib. de ord. bapt. c. 7 u. and. Beispiele bei Müllenhoff-Scherer a. a. O. II 342 f. Hier auch über die Vorlage wie über die Güte der Übersetzung (z. B. in klauslūu Pīlâtes d. h. sub potentia Pilati statt sub Pontio Pilato). — Das Credo des Weissenburger Katechismus (Müllenhoff-Scherer a. a. O. I 205, Hahn a. a. O. S. 99 f.) hat ant. end.: In heilenton Christ — giboran fona Mariûn magadi — bi pontisgen Pilâte. Siehe oben S. 342 Anm. 1.

[3] Admonit. general. 789 Boretius l. c. p. 58 sqq. c. 82: Primo omnium, ut fides sanctae trinitatis et incarnationis Christi, passionis et resurrectionis et ascensionis in caelos diligenter omnibus praedicetur. c. 61: Primo omnium, ut fides catholica ab episcopis et presbyteris diligenter

sein Zeitalter bereits die Idee einer Gemeindepredigt an der Hand der biblischen Perikopen faßte, so kam man in Wirklichkeit doch damals noch nicht über den Standpunkt der Katechismusreden und Katechismuserläuterungen hinaus.[1]) Vor den Tod-

---

legatur et omni populo praedicetur. c. 82: Primo omnium praedicandum est omnibus generaliter, ut credant patrem et filium et spiritum sanctum unum esse deum omnipotentem, aeternum, invisibilem, qui creavit caelum et terram, mare et omnia quae in eis sunt, et unam esse deitatem, substantiam et maiestatem in tribus personis patris et filii et spiritus sancti. Item praedicandum est, quomodo dei filius incarnatus est de spiritu sancto et ex Maria semper virgine pro salute et reparatione humani generis, passus, sepultus et tertia die resurrexit et ascendit in caelis; et quomodo iterum venturus sit in maiestate divina, iudicare omnes homines secundum merita propria; et quomodo impii propter scelera sua cum diabolo in ignem aeternum mittentur, et iusti cum Christo et sanctis angelis suis in vitam aeternam. Item diligenter praedicandum est de resurrectione mortuorum, ut sciant et credant in iisdem corporibus praemia meritorum accepturos. Andrerseits c. 64: Ammonendi sunt omnes diligenter ut caveant periurium. c. 66: Item praedicari necesse est, quantum malum sit odium vel invidia. Ausserdem c. 65. 67—69, bes. c. 82: Item cum omni diligentia cunctis praedicandum est, pro quibus criminibus deputentur cum diabolo in aeternum supplicium. Legimus enim apostolo dicente: Manifesta autem sunt opera carnis, quae sunt fornicatio, immunditia, luxuria, idolorum servitus, veneficia, inimicitiae, contentiones, aemulationes, animositates, irae, rixae, dissensiones, haereses, sectae, invidiae, homicidia, ebrietates, comessationes et his similia: quae praedico vobis, sicut praedixi, quoniam qui talia agunt, regnum dei non possidebunt. Ideo haec eadem quae magnus praedicator ecclesiae dei singillatim nominavit, cum omni studio prohibete, intellegentes quam sit terribile illud quod dixit: Qui talia agunt, regnum dei non consequentur. Sed omni instantia ammonete eos de dilectione dei et proximi, de fide et spe in deo, de humilitate et patientia, de castitate et continentia, de benignitate et misericordia, de elimosinis et confessione peccatorum suorum, et ut debitoribus suis secundum dominicam orationem sua debita dimittant: scientes certissime, quod qui talia agunt, regnum dei possidebunt. Vgl. auch Missi cuiusdam admonitio bei Boretius l. c. p. 239, wo auch der Inhalt des christlichen Glaubens an der Hand des Symbols, sodann die Tugenden und Laster zur Sprache kommen. — Ein gutes Beispiel bietet auch die sog. lateinische Musterpredigt, welche im Cod. lat. Monac. 6330 Fria. 130 der Freisinger Paternosterauslegung unmittelbar vorangeht. Sie ist von Scherer in der Zeitschr. f. deutsch. Altertum XII 436—446 abgedruckt und besprochen worden.

[1]) Das Homiliar Karls des Grossen enthielt vorwiegend Predigten über biblische Texte. Aber sein Einfluss blieb vorläufig auf die klöster-

sünden wird gewarnt, zu einem tugendreichen Leben wird gelockt. Die Bitten des Vaterunsers werden hier und da durchgesprochen. Vor allem aber bilden Trinität, Allmacht Gottes, Menschwerdung, Leiden und Erhöhung Christi, Vergebung der Sünden, Auferstehung des Fleisches, ewiges Leben, also die Hauptpunkte des apostolischen Symbols, den immer wiederkehrenden Stoff der Gemeindepredigt im fränkischen Reiche. Von der Symbolformel bekam daher zu jener Zeit die christliche Gemeinde sowohl in einzelnen Ausführungen wie in grösseren Zusammenhängen genug zu hören.[1]

Vor allem aber fehlten jenem Zeitalter auch solche Predigten nicht, bei denen das apostolische Symbol Selbstzweck war.

An einem der letzten Fastensonntage predigte der Pfarrer über das Glaubensbekenntnis. Man kann in dieser Sitte eine Erinnerung daran sehen, dass in alten Zeiten sowohl in Afrika und Italien, wie auch in Gallien bei der Symbolübergabe an die Kompetenten zugleich eine Rede über das Symbol gehalten wurde. Näher liegt indessen die Annahme, dass es einfach praktische Bedürfnisse waren, welche in der fränkisch-deutschen Kirche des 9. Jahrhunderts zu jener Gepflogenheit führten. Aufs neue war die Osternacht als einer der Tauftermine eingeschärft worden, die man nur im Notfalle ausser acht lassen dürfe. Die Gemeinde rüstete sich also mit der zur Neige gehenden Passionszeit auf jene Freudenfeier. Da lag es denn auch für den Pfarrer nahe, dieser Stimmung entgegen zu kommen und sie in kirchlicher Weise zu beeinflussen. Er hatte erwachsene Katechumenen vor sich, denen gegenüber es galt, eindringlich von dem zu reden, was ihrer harrte; nicht minder bedurften die Eltern und Paten, dass man ihnen ernst die Verpflichtungen einschärfte, welche sie den unerwachsenen Täuf-

---

lichen Vigilien beschränkt und wurde für die Gemeindepredigt erst im späteren Mittelalter massgebend.

[1] Hierher gehört gleich der erste der fälschlich unter des Bonifatius Namen gehenden 15 Sermone ML 89, 843—972. In den folgenden wird wiederholt das unentwegte Festhalten an der Glaubensformel, am Vaterunser, an der Abrenuntiation als besondere Pflicht eines tugendhaften Christen bezeichnet. Vgl. Sermo V 1. 3. VI 1. VII 2. XV 1. 2. 4.

lingen gegenüber auf sich nehmen wollten. Der Inbegriff alles dessen, was einem Christen um seiner Seligkeit willen zu glauben und zu wissen not that, musste ihnen allen noch einmal nahe gebracht werden. Da man aber diesen Inbegriff von alters her im apostolischen Symbol zusammengefasst wusste, so lag nichts näher, als an der Hand des letzteren der Gemeinde noch einmal in einer Predigt die Heilswahrheiten des Christentums vorzuführen.¹) Dies umsomehr, als sich ja erwachsene Katechumenen bezw. Paten vor der Taufe darüber ausweisen mussten, ob sie das Symbol dem Wortlaute nach beherrschten. Sollte jene kirchliche Bestimmung nicht der Anlass zu einer unfruchtbaren Gedächtnisbelastung werden, so schien angesichts des bevorstehenden Katechismusexamens ein näheres Eingehen auf den Inhalt des Symbols der Gemeinde gegenüber als eine gebieterische Notwendigkeit.

Wenn deshalb der Pfarrer am fünften Fastensonntage an Stelle der gewöhnlichen Predigt seiner Gemeinde Artikel für Artikel das Symbol erklärte, so beabsichtigte er damit nichts anderes als die österlichen Tauffeierlichkeiten einzuleiten.

Auch offiziell wurde diesem Gemeindeerfordernis Rechnung getragen.

Als Paulus Diakonus im Auftrage des Kaisers ein Homiliarium zusammenstellte, da hatte er ebenso wie Karl dabei in erster Linie die Anforderungen der klösterlichen Vigilien im Auge. Gleichzeitig war er sich aber jedenfalls dessen bewusst, dass naturgemäss eine solche zur priesterlichen Erbauung veranstaltete Predigtsammlung den Geistlichen von selbst zu einem Predigtmagazin werden musste, das sie auch dann ohne weiteres zu Rate zogen, wenn sie vor der Gemeinde zu predigen hatten. Nur so erklärt es sich, dass Paulus Diakonus auch solche Predigten in sein Homiliarium aufnahm, welche auf bestimmte

---

¹) Die Einleitung einer solchen Predigt ist vermutlich in dem sionigen Traktat erhalten, der, indem er die That Adams und das Leben Christi einander gegenüberstellt, zur Abfassung des Symbols durch die Apostel und damit zu diesem selbst überleitet. Er wurde später mit der Explanatio symboli des Niceta von Remesiana zur sog. Expositio Origenis zusammengeschweisst. Caspari, Alte und neue Quellen S. 309—315. Siehe oben S. 114 Anm. 4.

Zustände und Einrichtungen in der Gemeinde abzielten. Unter ihnen steht gleich jene Symbolerklärung voran, welche Maximus von Turin einst bei Gelegenheit der Übergabe des Symbols an erwachsene Kompetenten vor diesen gehalten hatte. Paulus Diakonus schob sie zwischen den fünften und sechsten Fastensonntag ein und gab ihr den unmissverständlichen Titel: In traditione symboli. Kein Priester, in dessen Hand das Homiliarium kam, konnte im Zweifel sein, zu welcher Zeit und in welcher Absicht er diese von alters her beliebte Rede auch fernerhin seiner Gemeinde mitzuteilen habe.[1]

Dass der fünfte Fastensonntag aber der eigentliche Symbolsonntag war, bezeugt ein Menschenalter später noch Hraban. Denn auch in seiner Predigtsammlung ist für Judika eine Erklärung des apostolischen Symbols vorgesehen.[2] Wie der Leib, so beginnt der Erzbischof, durch das Fasten in diesen Wochen abgetötet wird, so soll gleichzeitig die Seele lebendig gemacht und erleuchtet werden durch geistliches Studium und durch das Wort Gottes, damit wir durch die Willensrichtung des inneren wie durch den Wandel des äusseren Menschen in allen Stücken unserem Schöpfer zu gefallen vermögen. Zu dem Zwecke bittet der Prediger die Gemeinde, aufmerksam auf seine Erklärung des Symbols zu achten, denn der Lehre dieses Symbols eignet die Kraft des Sakraments, sie erleuchtet die Seele, sie macht den Glauben vollkommen. Dasselbe umfasst die Trinität nach ihrer Einheit wie nach ihrer Dreiheit, die Schöpfermacht und das Versöhnungsleiden; es beseitigt den Unglauben, es öffnet den Eingang zum Leben, es bereitet ewigen Ruhm. Darum mögen es die Zuhörer schnell und sicher ihrem Gedächtnis einprägen. Wollen sie aber demnächst erwachsene Kinder zur Taufe bringen, so mögen sie zugleich Sorge dafür tragen, dass auch diese das Bekenntnis, das sie abzulegen haben, zuvor wohl wissen; sind hingegen jene Kinder noch unerwachsen, so seien sie selbst dessen eingedenk, dass sie,

---

[1] Siehe oben S. 137 Anm. 2.
[2] Hraban, Homil. 13 ML 110, 27—29. Identisch mit Sermo 242 in August. opp. Tom. V Appendix ML 39, 2191—2193. Vgl. oben S. 250—252. Mit kleinen Änderungen auch in die Schrift De ecclesiastica disciplina lib. II ML 112, 1225 sq. aufgenommen. Vgl. oben S. 286 Anm. 4. S. 333 Anm.

indem sie jetzt für die Kinder jenes Bekenntnis ablegen, zugleich damit die Verpflichtung übernehmen, es ihnen später ihrerseits beizubringen. Nach dieser Einleitung sagt der Erzbischof den Wortlaut des von den Aposteln der Kirche übergebenen und von ihr bewahrten Symboles zur besseren Einprägung zweimal auf, wobei es wahrscheinlich die Gemeinde Satz für Satz nachgegesprochen hat, und geht dann sofort zur Erklärung der einzelnen Artikel über.

Hatte sich Hraban schon in dem, was er zur allgemeinen Empfehlung des Symbols in der Einleitung gesagt hatte, der Gedanken und Worte einer allbekannten fränkischen Symbolrede bedient, so ist auch die folgende Besprechung der einzelnen Artikel nichts anderes als eine fast wörtliche, nur gekürzte und hier und da etwas modifizierte Wiedergabe eben jener Symbolerklärung, die ebenso unter den pseudoaugustinischen Sermonen figuriert, wie sie eine Aufnahme in das Messbuch von Auxerre gefunden hat. Die an sich schon mageren Erläuterungen sind stellenweise bis zur Ungeniessbarkeit beschnitten und reihen sich ohne inneren Zusammenhang eine an die andere. Hier und da begegnet eine kleine inhaltliche Ergänzung oder Änderung. So liegt bei der Empfängnis und Geburt Christi der Nachdruck mehr auf der immerwährenden Jungfräulichkeit der Maria, entsprechend dem in jener Zeit beliebten Zusatze semper virgo, als auf der Gottessohnschaft. Vom Kreuze heisst es charakteristischerweise nicht bloss, dass es der Christ an der Stirne trägt, sondern dass es ihn auch vor dem Feinde schützt, ein bedenklicher Zusatz gegenüber einem zum Aberglauben geneigten Volke.[1]) Wenn Christus in der Himmelfahrt die beschränkte Menschennatur, die er mit uns gemeinsam hatte, über die Himmel bis zur Rechten des Vaters erhob, so that er dies, um daselbst für uns als Versöhner aufzutreten.[2]) Die Erklärung der Gemeinde der Heiligen war im fränkischen Original überaus dunkel, Hraban machte sich und

---

[1]) Homil. 18: Crucem illam, in qua ille crucifixus est corpore, nos per similitudinem gestamus in fronte, et per hanc defendimur ab hoste. Vgl. oben S. 262 Anm. 1.

[2]) L. c.: Ut pro nobis propitiator existeret.

seinen Zuhörern die Sache einfacher: wir hoffen auf eine Genossenschaft im Himmel mit denen, welche in diesem Glauben, d. h. wohl im Glauben an die durch die Symbolformel umschriebenen Stücke, gestorben sind.[1]) Von der Vergebung der Sünden hatte die Vorlage gelehrt, dass sie in der Taufe durch den Glauben erfolge, und hatte daraus zugleich die Notwendigkeit, an dem letzteren treu festzuhalten, abgeleitet; hingegen betonte Hraban, dass man hoffen dürfe, die nach der Taufe begangenen Sünden durch aufrichtige Busse, durch Beichte und gute Werke auszugleichen.[2]) Man sieht, die Änderungen sind keineswegs überall Besserungen. An Stelle des aus Augustin entlehnten längeren Epilogs der Vorlage begnügt sich Hraban mit dem kurzen Schlusswunsche, dass seine Zuhörer das mitgeteilte Symbol ihrem Gedächtnis wohl einprägen und durch einen entsprechenden Wandel bis ans Ende ihres Lebens bewähren mögen; nur dann wird es sie der ewigen Belohnung aus Christi Hand teilhaftig machen.

Der Ertrag aus den Symbolerklärungen des 9. Jahrhunderts ist gering. Überall versucht man kümmerliche Anleihen bei der Vergangenheit, ohne im stande zu sein, mit ihrer Hilfe erfolgreich weiter zu arbeiten. Augustin, Maximus und Isidor werden ausgeschrieben, die Excerpte wandern von Hand zu Hand, von Gemeinde zu Gemeinde, teilweise vielleicht nicht einmal verstanden und jedenfalls nicht wirksam genug, um neues Leben zu wecken. Es bleibt bei der Anknüpfung an die Anschauungen der Alten Kirche. Zu einer normalen Weiterbildung kommt es nicht.

Und dasselbe gilt von den Einrichtungen, die Karl zum Besten der religiösen Bildung seines Volkes getroffen hatte, überhaupt. Wer wollte leugnen, dass er auch hier Grosses gewollt und Grosses erreicht hat, aber die Bewegung erlahmte rasch, und die Wirkungen waren nur von kurzer Dauer. Der neue Taufritus freilich bürgerte sich mehr und mehr ein, hingegen geriet der ihm entsprechende selbständige Jugendunterricht an der Hand der

---

[1]) L. c.: Illorum, qui in hac fide defuncti sunt, societatem in coelis speramus. Vgl. oben S. 252 Anm. 2. S. 333 Anm.

[2]) L. c.: Et ea quae post baptismum committimus, per confessionem et veram poenitentiam ac bona opera speramus dimitti.

beiden altehrwürdigen Katechumenatslehrstücke wieder in Verfall. Die Kirche traf andere Einrichtungen und bevorzugte andere Mittel der Gemeinde gegenüber, als die waren, welche ihr Karl auf dem Wege der Gesetzgebung vorgezeichnet hatte. Ihr lag nicht sowohl der Wunsch am Herzen, den Getauften mit Hilfe des Symbols eine religiöse und zugleich sittliche Erziehung zu bieten, als das Streben, die Massen durch Gottesdienst und Beichte zu beherrschen. Diesem verschobenen Ziele entspricht aber zugleich der durchaus veränderte Gebrauch, den das Mittelalter in seinem weiteren Verlaufe vom apostolischen Symbolum machte.

I. Namen- und Sachregister.

A.

Aachen (Kapitularien) 299. 323. 324.
Abälard 137.
Abednego 158. 238.
Abendmahl 12. 31. 118—120. 149. 199. 210. 226. 240. 301. 315. 322.
Aberglaube 136. 349.
Abkündigungsformel 199. 219.
Abraham 65. 79.
Abrenuntiation 65. 69. 113 f. 118. 121. 159. 187. 191. 198. 206. 237. 245 f. 268 f. 274 f. 282. 292. 297. 301. 310 ff. 316. 317. 326. 346.
Absage, Absageformel, vgl. Abrenuntiation.
Adam 93. 101. 166. 267. 335. 347.
Äthiope 143.
Afrika 26. 53. 89. 142. 188. 346.
Agnus Dei (Messe) 289.
Agrigent 143.
Akklamationen 123 f. 230.
Akoluthen 185. 220. 223 f. 231 f. 236. 259.
Akrostichon 59 f.
Alamannien 266. 268.
Alarich 120.
Alkuin 277—283. 290. 294—297. 302.
Amalar von Trier (Metz) 213 f. 217. 266. 298. 301 f. 312. 328. 333 f. 338—343.
Ambarvalien 134.
Ambo 38. 153. 230.
Ambrosius 12. 17. 26. 39—41. 62. 69—77. 181. 238.
Amiens 211—213. 229. 247.
Amphitheater 57.
Ampulle 318.
Ananias 52.
Angelhaken 100.
Angelsachsen 271.
Angilbert, Abt 294.
Anhauchung 9. 14. 54. 196. 301.
Ansegisus (Kapitulariensammlung) 324.
Antichrist 104.
Antiphone 223.
Apertio aurium, vgl. Effeta.
Apollinaris, Apollinarismus 50 f. 80.
Apologeten 98. 101.
Apostel als Verfasser des Symbols 38—42. 70 f. 75 f. 93. 94. 137. 160. 161. 270 f. 347.
Apotheose 111 f.
Applaus, vgl. Akklamationen.
Apsis 155.
Aquileja, Mission 277. Museum 110. Rufin 38 f. 91. Skrutinien 214—216. 223—225. 229. 232. 245 f. 258—260. 298. 302. 332. Symbol 73. 92. 95. 96. 107.

I. Namen- und Sachregister.

Arius, Arianer 45. 50 f. 56—60. 62. 64—66. 68 f. 72 f. 75. 77. 82. 88. 105. 121. 162. 176. 199. 205. 232. 245.
Arn von Salzburg 277 f.
Astrologie 112.
Athanasius 78.
Aufnahmeakt, vgl. Einführungsakt.
Augustin 4—36. 43—49. 53. 64. 82—90. 107—109. 111 f. 118. 163. 181—183. 195—197. 200. 234. 252. 280. 283—285. 306. 317—319. 335 —338. 350. Pseudoaugustinische Schriften 16. 44. 49—60. 71. 88. 150. 167. 248. 250—252. 254—256. 333. 348 f.
Augustin von Kanterbury 241. 271.
Auster 242.
Avaren und Slavenmission 277—287.
Avitus von Vienne 167.

B.

Dabel 94.
Bäumer, P. Suitbert 203.
Balkan, -halbinsel 108. 142.
Baptisterium 16 f. 159. 196. 228. 234 f. 239 f. 303.
Barnabas 176.
Basnage, Jakob 202.
Bayern 265. 271 f.
Beichte 322 f. 350 f.
Beichtgeständnisse 323.
Beichtordo 323.
Bekenntnis des Mundes 36. 63. 79. 83 f. 89. 163.
Bekreuzigung, vgl. Stirnzeichnung.
Benedicite (Hymnus trium puerorum) 152 f.
Benedictus (Messe) 147 f. 150. 162 f.
Benedictus, hl. 266.
Benedictus Levita 324. 325.
Bernold von Konstanz 294.
Besançon 155.
Bienen 28.
Bodensee 241. 266.
Bona, Kardinal 202.

Bonifatius 264—266. 271—275. Sog. Bonifatiuspredigten 344. 346. Sog. Statuta Bonifatii 311. 320. 321. 324. 326.
Brust- und Schultersalbung, vgl. Salbung.
Büßer, vgl. Busse.
Burchard von Würzburg 172 f.
Burgund 147. 243.
Busse 10. 48. 194. 335. 338. 350.

C.

Cäsarius von Arelate 148. 150. 166 —168. 185. 241. 247. 256.
Cancellen 155.
Caspari, Paul 212. 216 f.
Cassianus, Joh. 41. 71.
Cassiodor 113.
Celsus, hl. 121.
Chlodovech 241.
Chorgesang, vgl. Vigilien.
Chrisma 159. 240. 268. 274. 301. 315.
Chronika, B. d. 105.
Chrysologus, vgl. PetrusChrysologus.
Chrysostomus 170. 174.
Cirkus 57. 174.
Cividale 215 f.
Cölestin I Papst 40. 142.
Collatio 41. 70 f. 94. 339.
Collectio ante nomina 153.
Collectio post nomina 153. 156.
Collectio post prophetiam 148.
Comicus, Liber 193.
Cornelius 126.
Credulitas 332. 339. 340. 343.
Crisconius 143.
Cyrill von Jerusalem 91—93. 98. 100.

D.

Dacien 108. 110. 112.
Dänemark 263.
Daniel 59. 104. 153.
David 59.
Dekalog 19.
Deogratias 1 f. 7.

Deukalion und Pyrrha 98.
Diakonen 30. 223—225. 229 f. 235. 259 f.
Diakonissen 30.
Diana 184.
Didache 18.
Dionysius Exiguus 142.
Dioskur 32.
Dioskuren 98.
Diptychen 153. 156.
Doketen 60.
Donatus, Donatisten 14. 105.
Donau 277. 285.
Doppelgebot der Liebe 19.
Duchesne 202—205.

E.

Eanbald von York 295.
Ebion, Ebioniten 80. 105.
Effeta 170. 196 f. 218. 226. 236 f. 245 f. 292. 301. 310. 313 f.
Einführungsakt 9 f. 193 f. 207. 218. 219—222. 244. 297. 305.
Einführungskatechese 7 f. 11. 18. 24. 306.
Eligius von Noyon 263.
Elisabeth 59.
Elsass 266.
Enns 277. 285.
Epheser 99.
Epiklese 148. 154.
Esra 106.
Esther 104.
Eucharistie, vgl. Abendmahl.
Eugen II. Papst 322.
Eunomius 105.
Eusebius von Emesa 71. 181.
Eusebius von Vercelli 62. 69. 72.
Eutychianer 235.
Evangeliar des Burchard 172 f. Ev. von Neapel 169 f. 174. 218.
Evangelienbuch 155. 229 f. 235.
Evangelienübergabe, vgl. Skrutinium der Ohrenöffnung.
Evangelisten 230 f. 235.

Exorcismationen, Exorcismen 14—16. 21. 44. 54. 57. 59. 70. 111. 150 f. 153. 187. 190. 192. 194—196. 207 f. 220 f. 223—225. 236 f. 244 f. 297. 301. 309. 313. 317 f.
Exorcisten 196.
Exsufflation 16. 309.
Ezechiel 230. 258.

F.

Fabianus (Arianer) 88.
Faustinus 88. 165.
Faustus von Riez 71. 150. 160—168. 168. 181.
Ferrandus 143 f.
Florenz 232. 256 f.
Freising, Exhortatio 320 f. 325. Paternosterauslegung 327. 330. 344.
Friesen, Friesland 263 f. 272.
Fulda 283. 311.
Fulgentius von Ruspe 88. 143.
Fusswaschung 160.

G.

Gabriel 253. 255.
Galla Placidia 120.
Galläcien 169—193. 196 f. 241. 271.
Gaudentius von Brescia 119 f.
Gelasianum, vgl. Sakramentar.
Gelasius I. Papst 142. 201—204. 241.
Gennadius 108. 111—113. 118 f.
Germanus von Paris 145. 149. 157. 243.
Gewerbe, unehrliche 23 f.
Ghärbald von Lüttich 320. 322—325. 329.
Gideon 130.
Gläubigenmesse 149. 152. 156. 225.
Glaubensfragen. vgl. Tauffragen.
Gloria in excelsis 330.
Gnostiker 60.
Gregor d. Gr., Papst 13. 143. 154. 166. 192. 201—206. 226. 241. 287 f. 295. 300.
Gregor II. Papst 265. 271. 273. 295.

Gregor III. Papst 285.
Gregor von Elvira 62.
Gregorianum, vgl. Sakramentar.
Griechisch im Gottesdienst 231 f.
Grimoldus von St. Gallen 293.
Gründonnerstag 188. 190. 192. 195. 198.

H.

Habakuk 59.
Hadrian I. Papst 202. 287 f. 291.
Hadrian von Nisita 173.
Hagios (Meuz) 152 f.
Haito von Basel 320. 324. 326.
Hamburg 214. 341.
Handauflegung 2 f. 14. 145. 160. 195 f. 220. 223. 225. 237. 264. 274. 313 f.
Handschriften: Autun 290. Brüssel 333. Cividale 216. Florenz 290. St. Gallen 69. 201. St. Germain 92. Karlsruhe 62. Köln 290. 293. Lambach 69. Le Mans 289. 290. London 169. 194. Mainz 289. 290. Merseburg 315. Modena 290. München 76. 173. 345. Nürnberg 76. Orléans 302. Paris 88. 194. 201. 294. St. Paul in Kärnten 186. 334. Rom, Vatikan 69 (Bobienz). 201. 208. 210. 244. 246. (Ottobon. 313). 290. 291. 297. (Regin. 316). 289. 290. 291. 297. (Regin. 337). Rom, Vittorio Eman. 216. 298. Rouen 111. Verona 78. Wien 62. 104. 336. Wolfenbüttel 322. 343. Würzburg 173. Zürich 201.
Heiligenverehrung 165.
Helgoland 263.
Herard von Tours 325.
Hermas 12. 105.
Herodes 101. 178.
Hessen 264. 271. 327.
Hieronymus 40. 290.
Hilarius von Poitiers 25.

Hiob 46. 48.
Hippo 83. 87.
Homiliarien 148. Sog. Burchardhomiliar 188. Hom. Karls d. Gr. 69. 137. 173. 345. 347 f. Hom. von Toledo 184. 195. 199.
Honorius, Kais. 112.
Honorius I. Papst 206.
Hosea (Josua) 96.
Hoses, Proph. 101.
Hrabanus Maurus 283 – 286. 311. 316. 332 – 334. 339. 341. 343. 346 – 350.
Hrodrad von Corbie 294.
Hunnen 135 f.

I, J.

Jahreswechsel 135.
Jakobus 46.
Januariusmesse 205.
Jeremias 28. 69. 106.
Jerusalem 20. 199.
Jesaias 59. 66. 112. 127. 238. 253.
Jesse von Amiens 211 – 213. 232. 298. 301 f. 312. 332 f. 340.
Ildefonsus von Toledo 182. 187. 191. 193 – 199.
Immolatio 154.
Innocenz I. Papst 242.
Insufflation 195.
Invitatorium 159.
Johannes (Evangel.) 75.
Johannes (Täufer) 54. 59. 148. 187. 194.
Johannes VIII. Papst 204.
Johannes von Arles 336.
Johannes Chrysostomus, vgl. Chrysostomus.
Johannes von Neapel 32. 120. 173. 174. 181.
Johannes Diakonus (VI. Jahrh.) 16. 144 f. 186. 218.
Johannes Diakonus (IX. Jahrh.) 204 f.
Jonas 158. 238.
Jonas von Orléans 321.
Irenaeus 86.

Iroschotten 272.
Isaak 238.
Isidor von Sevilla 185—188. 190.
  195 f. 222. 286. 307. 309. 334. 350.
Judas 101.
Judenbekehrung 50 f. 143.
Judicium des Petrus 105.
Judika 137. 170—173. 177. 206. 208.
  209. 218. 244. 247. 292. 348.
Juliana, bl. 206.

K.

Kämmerer aus Mohrenland 124. 126.
Kärnten 278. 284 f.
Kanon (Bibel) 104 f.
Kanon (Messe) 154.
Karl d. Gr. 15. 186. 202. 211—215.
  275—280. 287 f. 290 f. 293. 298—
  301. 303—332. 334. 336. 339. 340.
  343 f. 347. 350.
Karl Martell 266. 272.
Karthago 4.
Katakomben 238.
Katechismus 86. 89. 322. 330. 342
  —344.
Katechumenatsklassen 10. 12.
Katechumenenmesse 12. 149. 152. 225.
Kattenbusch 216.
Kerzen 229. 239.
Ketzer 11. 245.
Kindertaufe 168. 281. 333.
Kirchenbeleuchtung 318.
Kirchenzucht 48. 322. 326. 335.
Klöster: Bobbio 147. Fécamp 111.
  Fleury 201. St. Gallen 201. Gellone
  201. Lambach 69. Luxeuil 145.
  147. Monte Cassino 179. Nürnberg,
  Katharinenkl. 76. St. Paul in
  Kärnten 186. 334. Rheinau 301.
  St. Riquier 294. Silos 193. St.
  Vaast 295. Weissenburg 330.
Köln 241.
Königsbücher 104.
Kommunion, vgl. Abendmahl.
Konfirmation 160. 199. 208—210.
  239 f. 284. 315.

Konsignation 239 f. 292.
Konsignatorium 240.
Konstantin d. Gr. 4. 110.
Konstantina 235.
Konstantinopel 211. 214.
Kontestation 154. 160.
Kopfwaschung 188.
Kreuzerhebung (Fest.) 206. 295.
Kreuzessymbolik 93. 95.
Kyrie eleison 152 f.

L.

Lätare 170—172. 193—195. 206.
  208 f. 217 f. 244. 247. 292.
Laudamus (Gebet) 330.
Laurentius, Freund Augustins 87.
Laurentius von Concordia 91.
Lazarus 46. 48. 154. 158.
Leander von Sevilla 186. 190.
Leidrad von Lyon 301. 312. 332.
  334—336. 338.
Leinendecken 155.
Lektionar von Luxeuil (Gallicanum)
  145 f. 152. 155. 158. 160. L. von
  Toledo 193. 198. 199.
Lektionen, vgl. Perikopen.
Leo I. Papst 16. 40 f. 142.
Leo III. Papst 211.
Leodegarfest 146.
Leonianum, vgl. Sakramentar.
Liber 98.
Lichterweihe 209.
Litanei 239.
Lorch 285.
Lot 50. 187.
Lothar, Kais. 211.
Lucifer von Calaris 62.
Ludwig d. Fr. 211.
Ludwig II. Kais. 217.
Lupo von Aquileja 216.
Lyon 156.

M.

Mabillon 209.
Macedonianer 245.

Magie 111 f.
Magnus, hl. 206.
Magnus von Sens 16. 301. 312 f. 316. 332—334. 339.
Mailand 27. 31. 70. 73. 215. 238.
Makarius 112.
Manichäer 56. 59. 90. 105 f. 112.
Marcion 105.
S. Maria in Porto (Ravenna) 235.
Maria von Bethanien 151.
Marienlage 295.
Martin von Braga 189—191. 196 f. 283. 269 f. 327.
Martin von Tours 10.
Mathematiker 112.
Mausefalle 100.
Maxentius von Aquileja 215. 301. 313. 332 f.
Maximus (Aquileja) 110.
Maximus von Turin 25. 64. 133—145. 181. 250. 348. 350.
Mayer, Johann 196. 202 f. 207.
Meckel 207.
Merseburger Ritual 315—317.
Mesach 168. 238.
Messbuch, vgl. Sakramentar.
Messe, gallikanische 151—154.
Messopfer, vgl. Gläubigenmesse.
Mikrologus 205. 294.
Minerva 98.
Mirjam 238.
Missa fidelium, vgl. Gläubigenmesse.
Missale 291. 296, vgl. Sakramentar.
Mission 110. 112. 243. 263 f. 277—287. 341. 343.
Mondfinsternis 135.
Moralkatechese 18—24. 55 f. 109—112. 168. 195.
Moris 238.
Morin, D. Germain 160. 193. 216 f.
Morin, Johannes 202.
Mosaikdekoration 234—236. 239.
Moses 57. 59. 114. 158. 168. 238.
Mozarabische Liturgie 197.
Muratori 202.
Musseus, Presbyt. 205.

Musterkatechese 7 f. 285.
Myrmidonen 98.
Mysterienwesen 8 f. 14. 25 f. 34. 36. 42 f. 61. 89. 118. 141. 157. 184. 329.

N.

Namensgabe 13. 191. 195. 269 f.
Nazarius 121.
Neapel 169—177. 218.
Nebukadnezar 59.
Nehemia 105.
Neophytenmessen 199. 210. 240.
Neophytenzeit, Dauer der 118. 141. 190.
Nestorianer 245.
Neustor 243.
Niceta von Remesiana 108—120. 181. 251. 256. 347.
Nikolaus I. Papst 217.
Noah 50. 238.
Norikum 285.
Normandie 241.
Novatus 105.

O.

Odilbert von Mailand 186. 301. 313.
Odoaker 232.
Ölweihe 151. 197. 209. 292.
Offertorium 158. 225. 248.
Officium, vgl. Vigilien.
Ohrenöffnung, vgl. Skrutinium der Ohrenöffnung und Effeta.
Okuli 170—172. 206—210. 217—219. 244. 292.
Opferwesen, heidnisches 274.
Ordination 321.
Ordo, 7. römischer 171. 206—210. 212 f. 216 f. 219. 223. 247.
Origenes 114. 347.
Osterfesttermin 191 f.
Ostervigilie 140. 158. 209. 238.
Ostgoten 211. 232.

P.

Palladius 72 f.
Palmsonntag 146 f. 151—157. 160. 166. 168. 192. 196 f. 245—247.

Pannonien 278.
Passau 277. 285.
Paten 168 f. 184 f. 187. 191 f. 193. 194. 218. 220. 223—226. 234. 236. 239. 243. 266. 269 f. 286. 304. 307 f. 310. 314. 318 f. 324—326. 328. 340. 346 f.
Patenexamen 308. 314. 325. 347.
Paternoster, vgl. Vaterunser.
Patriarchengeschichte 18.
Patripassianismus 37. 73. 96.
Paul V. Papst 300.
Paulinus von Aquileja 278. 319.
Paulinus von Nola 17. 110.
Paulus, Apost. 21. 52. 69. 94. 124. 125. 176. 235. 250.
Paulus Diakonus 173. 215. 347 f.
Paulus von Samosata 106.
Pelagianer 56. 112. 183. 245.
Perikopen 30. 152. 164. 155. 158. 160. 171. 183. 189. 190. 194. 196—198. 206 f. 217. 225 f. 229. 238. 245.
Peter und Paul (Fest) 205.
Peter von Nonantula 214.
Petrus, Apost. 39—41. 52. 76. 102. 235.
Petrus Chrysologus von Ravenna 64. 112 f. 120—133. 137. 181 f.
Pfaff, Christ. Matth. 202.
Pfarrbibliothek 327.
Pfingsten als Tauftermin 208 f. 227.
Pharao 119. 144.
Phönix 98.
Photin, Photinianer 91. 105. 245.
Pippin 277 f.
Pirminius 266—271. 225 f. 317.
Piscina 159.
Polytheismus 116. 129.
Pontius Pilatus 45. 67. 80. 84. 99—101. 115. 131. 138. 176. 219. 251. 269. 340. 342. 344.
Portogruaro 91.
Präfationen 152.
Präsanktifikatenmesse 153.
Precis 149 f. 153.
Predigt 4. 8. 10—12. 25. 148 f. 153.

155. 157. 193. 196. 199. 222. 247 f. 328. 344—347.
Priscillian 112. 245.
Priscus, hl. 206.
Probst 203.
Profuturus von Braga 182.
Prophetia (Messe) 148. 152 f.
Procession 229.
Psalmen (22) 102. (23) 121 f. (24) 103. (42) 238. (45) 66. (110) 66. (117) 172. (139) 55.
Psalmenübergabe 170—172.

Q.

Qui pridie (Abendmahlsbericht) 154.

R.

Raab 277.
Ranke, Ernst 203.
Ravenna 108. 120—125. 211. 234 f.
Reginbald 283.
Regino, Abt 321—325. 327. 329.
Regula fidei 286. 321. 332.
Responsorium 225. 229.
Ritual, römisches 201. 300.
Rom: Apostolisch. Symbol 37—41. 42. 73. 76. 95 f. 161. Liturgie 146—149. 151. 157. 169—173. 177. 186. 199. 201—206. 216 f. 218. 229. 232. 241—245. 247. 287—289. 292. 298. Taufritus 271—278. 293. 302 f. 315. 316. 318.
Rotes Meer 55. 144. 238.
Robeis, Bern de 216.
Ruffus, hl. 206.
Rufinus 38—42. 64. 71. 73. 90—107. 114. 181 f. 342.
Rundschreiben Karls d. Gr. 212—214. 331 f.
Rustikus von Narbonne 150.
Ruth 104.

S.

Sabellius, Sabellianer 64 f. 68 f. 73. 77. 245.

I. Namen- und Sachregister.

Sachsen 214. 277—279. 304. 311.
Sadrach 158. 235.
Sakramentar von Autun 146 f. 154—156. 159—160. S. von Auxerre 147 f. 151. 158. 160. 244. 248—252. 332. 349. Burgund. S. von Bobbio 147 f. 152. 155. 159 f. 244. 248. 252 f. S. Gelasianum 146—148. 151. 170 f. 200—210. 212. 215. 218 f. 224. 241. 244. 246. 248. 250. 288 f. 291 f. 297 f. 300—302. 333. 340. S. Gregorianum 202. 208. 246. 287—303. 305. S. Leonianum 289.
Sakristei 229 f.
Salbung 150. 161. 170. 187. 195—197. 228. 237. 281. 301. 309. Brust- u. Schultersalbung 208. 237. 245 f. 301. 310.
Salomo 47.
Salona 17. 239.
Salzdarreichung 9 f. 150. 171. 187. 196. 221. 301. 305 f. 317.
Samuel 104.
Sangaller Paternoster und Credo 330. 344.
Schächer am Kreuz 126.
Schleier 301. 315. 317.
Sekundianus 72 f.
Semiarianer 81.
Senarius 16. 114. 218.
Sentenzen 20.
Sibylle 59.
Signation, vgl. Stirnzeichnung.
Silentium 230.
Silvia 17. 20. 85.
Simeon 59.
Siricius I. Papst 13. 142.
Sixtus III. Papst 40.
Skrutinien, altkirchliche 14. 16. 20 f. 70. 110. 142 f. 183. 223. Begriff 14—16. 212. 312—315. Dreizahl 146. 170 f. 177. 206. 208 f. 218. 222. Siebenzahl 171. 177. 183—185. 195. 205—217. 217—238. 243—245. 275. 305 f. 318. 340.

Skrutinienmesstermine 26. 226 f. 227. 259.
Skrutinium der Ohrenöffnung 147. 148. 173. 207. 210. 212. 217. 227—234. 235. 245 f. 248. 257. 259. 297 f. 306. 315—318. 328. 340. 341.
Skrutinium VII. 209—210. 228. 235—238. 245 f. 292. 297. 308. 311—315. 318.
Slaven 277—287.
Sozomenus 34.
Spanien 142. 150. 185—200. 228. 275.
Stationen 245 f.
Stephanus 83.
Sterndeuter 112.
Stirnzeichnung 9. 14. 64. 72. 76. 107. 110. 111. 113. 133. 146. 150. 157 f. 195. 220 f. 223—225. 236 f. 240. 252. 274. 276. 326. 349.
Strafen 323.
Subdiakon 230.
Sucven 189 f. 192. 241.
Symbolum Nicaenum 34. 333. S. Nicaeno-Konstantinopolitanum 31. 231 f. 238. 257. 306. S. Quicumque 330.
Synoden: Aachen (802) 320. Agde (506) 151. Aquileja (381) 72. Arles (813) 324. Auxerre (585) 142. Braga I (561) 189. 190. 193. 241. Braga II (572) 13. 186. 189. 190. Deutsche S. (742) 223. Elvira (305) 186. 189. Epaon (517) 155. Fränkische gemeinsame S. (745) 273. Frankfurt (794) 322. 328. 330. 344. Friaul (Cividale) (796) 319. 321. Hippo (303) 87. Laodicea (341—381) 142. Lestinnes (743) 273. Macon II (585) 142. 153. Mainz (ca. 803) 311 (813) 299. 318. 323. 324. 327. (847) 317. Metz (888) 324. Orange (441) 149. Palästina (190—200) 182. Paris (829) 301. 324. Rheims (813) 321. Rom (465) 133. (826) 322. Salzburg (ca. 800) 303. Toledo IV

(853) 180. 193. 194. XI (675) 193.
XVII (694) 186. Tours (858) 321.
324. 325. Trier (888) 321. Vaison
II (529) 148. 152. Valencia (524)
149. Vannes (466) 155. Worms
(829) 324.

T.

Talisman 28. 42. 77. 118. 326. 340.
Taufakt 158. 199. 208—210. 238—
240. 268 f. 282. 315.
Tauffragen 141. 159. 191 f. 194. 239.
246. 268 f. 275. 282. 310—312. 316.
326.
Taufgebühren 304.
Taufkirche, vgl. Baptisterium.
Taufkleider 160. 199. 240. 268. 301.
315. 317.
Taufordo 211. 215. 241. 246. 287—
303. 309—315. 318. 321.
Taufwasserweihe 159. 198. 206—210.
239. 282. 292.
Taufzeiten 141—143. 150. 158. 271.
273. 281. 290. 303 f. 317. 325. 346.
Teppiche 155.
Tertullian 86.
Tetraden 76.
Theater 57.
Theodor von Kanterbury 173.
Theodorich 144. 201.
Theodotianer 245.
Theodulf von Orléans 16. 301. 313.
320 f. 326. 329. 332. 334—340. 344.
Thüringen 265. 271 f. 327.
Tierorakel 135.
Todsünden 267 f. 271. 275. 330.
Toledo 193—200.
Tommasi 202 f. 207.
Toulouse 241.
Tours 155.
Tridentinisches Gebiet 134.
Trier 213 f. 305. 341.
Turris 153.

U.

Übergabe- und Rückgabetermin 26 f.
30. 32. 37. 44.

V.

Valentin (Gnost.) 106.
Valentinian III. Kais. 112. 120.
122.
Vandalen 53.
Vaterunser: Auslegungen 113. 147.
172. 246. 327. 328. 330. 340. 341.
344. 346. Lehrgegenstand 166.
286. 302 f. 318 f. 321. 327. 330.
343. Mittel zur Sündentilgung 48.
335. 338. Stellung in der Liturgie
154. Talisman 326. Übergabe und
Rückgabe 26 f. 30 f. 123. 125. 143.
170. 172. 184. 199. 227 f. 234. 245.
247. 282. 298. 328. 330.
Venantius Fortunatus von Poitiers
94. 142. 181. 191.
Venus 98.
Verbum abbreviatum 34. 44. 83.
86. 89. 117. 161—163. 191. 270 f.
330. 339.
Vergil 59.
Victricius von Rouen 242.
Vienne 232.
Vigilantius 165.
Vigilien 158. 189. 345 f. 347. Vgl.
Ostervigilie.
Vigilius, Papst 241.
Vigilius von Thapsus 49. 78.
Virgil von Salzburg 277.
Visitation 325. 327.
Vogelflug 135.
Vokontus von Mauretanien 59. 205.
Volkssprache 326. 330.
Vollbad der Taufkandidaten 188.

W.

Wattarich 203.
Weihnachtstag 190.
Weihrauch 229.

Weisheitslitteratur 11.
Werke, gute 350.
Westgoten 120.
Wilfrid 263.
Willibrord 263. 272.
Wuotan 264.

Z.

Zacharias, Vater d. Johannes 52.
Zacharias, Papst 265f. 273—276.
Zaubersprüche 326 f.
Zehnten 277.
Ziegenfell 54. 194.
Zwei Wege 19. 106.

II. Verzeichnis der besprochenen Symbolerklärungen.

A.

Amalar von Trier, Epistola de caerimoniis baptismi. 328. 334. 340—343.
Ambrosius, Explanatio symboli 40—42. 69—77.
[Ambrosius], Exhortatio ad neophytos, vgl. Exhortatio.
Aquileiense catechumenorum scrutinium 259 f.
Augustin, De fide et symbolo 87.
De agone christiano 87.
Enchiridion ad Laurentium 87 f.
Sermo 212. — 21. 82 f.
Sermo 213. 214. 215. — 12. 83—85. 336—338.
Sermo 216 (Moralkatechese) — 12. 20 f.
Sermo de symbolo ad catechumenos 43—49. 335. 337 f.
[Augustin], Expositio super symbolum, vgl. Expositio super symbolum.
Sermo 237—239. — 49—53.
Sermo 240. — 256.
Sermo 241. — 71. 254 f.
Sermo 242. — 250—252. 333. 348 f.
Sermo 243. — 167. 256.
Sermo 244. — 167. 256.
Sermo II. III. IV. de symbolo ad catechumenos. 16. 44. 53—55. 57—59.
Sermo de symbolo contra Iudaeos, paganos et Arianos 53. 59 f.
Sermo de symbolo 88.
Avitus von Vienne, Fragmente 167.

B.

Burnsche Symbolerklärung, vgl. Sangaller Codex Nr. 27.

C.

Cäsarius von Arelate, vgl. [Augustin], Sermo 244.
Chrysostomus, Predigten, vgl. Johannes von Neapel.
Collectanea dicta de antiquis ritibus 334.

E.

Enarratio Pseudo-Athanasiana in symbolum 78—82.
Epistola de ritibus baptismi 333.
Eusebius von Emesa, vgl. Faustus von Riez.

II. Verzeichnis der besprochenen Symbolerklärungen. 363

Eusebius von Vercelli, vgl. Exhortatio.
Exhortatio [sancti Ambrosii episcopi] ad neophytos de symbolo 62—69. 77 f.
Expositio [beati Augustini episcopi] super symbolum 250. 256.
Expositio fidei s. de fide catholica 256.
Expositio [Origenis] 114. 347.
Expositio symboli apostolici [sancti Fulgentii episcopi] 88.

F.

[S. Faustini] tractatus de symbolo 88. 165.
Faustus von Riez, Homilien 161—166.
Florentiner Missale, vgl. Tractatus symboli.
Fulgentius von Ruspe, Libri X contra Fabianum Arianum 89.
[Fulgentius], vgl. Expositio symboli apostolici.

H.

Haec summa est fidei nostrae 233. 248. 257. 260. 333.
Hrabanus Maurus, De ecclesiastica disciplina lib. II. — 286. 334. 341. 348.
De clericorum institutione II 56. 57. — 334.
Homilia 13. — 321. 348—350.

J, L

Jesse von Amiens, Epistola de baptismo 333.
Ildefonsus von Toledo, Adnotationes de cognitione baptismi c. 32—96. — 182. 193. 195 f.
Johannes von Neapel, Symbolpredigten 26 n. 27. — 174—177.
Isidor von Sevilla, De ecclesiasticis officiis II 23. 24. — 186. 188. 333. 334.

L.

Leidrad von Lyon, Liber de sacramento baptismi c. 4. 5. — 334 f. 338.
Lucifer von Calaris, vgl. Exhortatio.

M.

Magnus von Sens, Libellus de mysterio baptismi 333. 334.
Maxentius von Aquileja, Epistola de significatu rituum baptismi 333.
Maximus von Turin, Homilia 83. — 137—140. 348.
Messbuch von Auxerre. I. Symbolrede 248—250. II. Symbolrede, vgl. [Augustin] Sermo 242.
Messbuch von Bobbio 252—253.
Missale et Sacramentarium ad usum ecclesiae cuiusdam Florentinae, vgl. Tractatus symboli.
Missale Gallicanum vetus, vgl. Messbuch von Auxerre.

N.

Niceta von Remesiana, Explanatio symboli 113—118. 261. 347.

O.

Ordo vel brevis explanatio de catechizandis rudibus 330—333.
Origenis expositio, vgl. Expositio [Origenis].

P.

Petrus Chrysologus von Ravenna, Sermo 57—62. — 125—133.

R.

Rufinus, Expositio in symbolum apostolorum 38 f. 41. 73. 90—107. 342.

S.

Sacramentarium Gallicanum, vgl. Messbuch von Bobbio.

Sacramentarium Gelasianum, vgl.
  Haec summa est fidei nostrae.
Sangaller Codex Nr. 27. — 251.

T.

Tauforde von St. Paul. 334.
Theodulf von Orléans, Liber de ordine baptismi 339 f.
Tractatus de symbolo, vgl. [S. Faustini].

Tractatus in symbolum apostolorum
  s. tractatus de trinitate 86.
Tractatus symboli 256—258.

V.

Venantius Fortunatus, Expositio
  symboli 94. 181 f.

W.

Wolfenbütteler Handschrift Nr. 91.
  — 343.

www.ingramcontent.com/pod-product-compliance
Lightning Source LLC
Chambersburg PA
CBHW032046220426
43664CB00008B/878